幕末維新期の社会的政治史研究

幕末維新期の社会的政治史研究

宮 地 正 人 著

岩 波 書 店

本書の視角

本書において私が貫こうとした視角は二つある。一つは過渡期国家論であり、一つは政局史的政治史を真に政局史たらしめる上で不可欠な社会史的分析＝社会的政治史の観点である。

戦後当初には、ペリー来航より西南戦争までを、あくまでも一体のものとして論理的に把握しようとする姿勢が堅持されていた。当該時期の政治史を考察しようとする際、その立場の如何を問わず、必ず参照すべき遠山茂樹氏の『明治維新』(一九五一年刊行)は、「西南の役の終結は、明治維新の主体勢力であった倒幕派の政治的生命が終末したことを意味した。この時までの政治過程を貫く法則は、幕末政治史の延長であった」と断言している。

しかしながら、時代の展開とともに、研究対象は次第に近世史と近代史の二つに分化していった。近世史の側からは、ペリー来航以降は幕藩体制解体過程と一括され、解体の終着駅はせいぜい大政奉還どまりであり、しかも解体の諸段階は明らかにされるにしろ、近世史が創り出した如何なるものがこの解体の諸段階を必然化せしめるのか、という課題の設定はなされない。他方、近代史の側においては、その視座は確立された天皇制国家期に立ったものであり、自己の出生証明に役立つものを拾いあげるだけになりがちである。その結果論的説明に合致しないかあるいは矛盾する諸事件・諸事象に関しては、無謀だの見通しの無さだの時代遅れだのといった、思いつきの域を出ないレッテル貼りが政治過程の分析に代替される。

だが、ペリー来航によってつきつけられた国家的民族的課題は如何にしたら解決できるのか、その回答と処方箋は当時の人々に既知のものとしては、なんら与えられてはいなかった。それは実践と行動の過程で模索され、わがものにする以外になかったのである。幕府を含むあらゆる階層と政治諸集団は、その課題遂行主体となりうる可能性を有していた。どの可能性が現実性に転化しうるかは具体的な政治過程においてしか決定されない。過渡期の継起する諸局面の中で、どのような国内政治と国際政治の結合＝政策複合こそが、この幕末維新期なる過渡期を止揚することができるのか、この解明の試みが本書の第一の課題である。

この幕末維新期なる巨大でダイナミックな過渡期を動態としてとらえつくそうとするならば、それは社会的な広りと深みから政治過程を逆照射していかなければならないだろう。著者はそれを社会的政治史の方法と名づけている。戦前、文部省維新史料編纂事務局は、明治末より国家的規模において史料の蒐集と編纂をおこない、しかもその内主要な諸史料は日本史籍協会なる外郭団体から日本史籍協会叢書として続々と活字化されていった。このような規模の活動は戦後ではもはや不可能となり、また政治史レヴェルでの史料の蒐集と史実の確定は戦前段階において相当程度すでになされているのである。史籍協会叢書を駆使し精緻に政治史分析をおこなっても、元来この活字化された諸史料も含めた厖大な史料から四千余冊の「大維新史料稿本」が編纂され、それをもとに五冊本の『維新史』がまとめられている以上、抜本的な研究の発展なるものを期待することは不可能であるだろう。

もしも、今日的段階での研究の前進を図ろうとするならば、従来利用されてはこず、そしてこの過渡期を社会レヴェルから光を当てることの可能な諸史料を貪欲に渉猟しつつ多面的に分析すべきだと私は思っている。そのことによって始めて、狭い枠の中で考えられがちな政治史の流れが、本来それが位置していた社会的な全体構造の中に定置されることになり、しかも政治史の凝集点である政局史が社会の深みよりとらえかえされることが可能となるのである。政治史対社会史といった二元的な発想法が如何に不毛なものでしかないのか、ということは、幕末維新期の諸史料を扱う中で痛感させられる。そこでの政治なるものは三千万の日本人の社会生活に直結しており、他方、そこでの社会レヴェルの諸矛盾はきわめて容易に政治の場に浮上する。

しかしながら、過渡期国家論と社会的政治史論が幕末維新期の具体的分析の中で、視角としてどこまで貫徹できているのかどうか、読者諸氏の忌憚ない御批判をあおぎたい。

目次

序　章　ナポレオン戦争とフェートン号事件

はじめに

一八〇八(文化五)年におきたフェートン号事件は、日本近世史の中でも著名な事件である。西暦一八〇八年一〇月四日、オランダ国旗をかかげつつ長崎港に進入した、F・ペリュー艦長指揮する英国フリゲート艦フェートン号は、湾内のオランダ船の有無を捜索、碇泊していないことを確かめた後は、オランダ商館員を人質として、薪水と野菜・牛・山羊などを要求、長崎全市を大混乱に陥れたうえで六日に平然と出航する。長崎奉行松平康英は、同艦の出港を阻止しえなかった責任をとって六日夜自刃、同年の長崎警備を担当していた佐賀藩主鍋島斉直は江戸で逼塞処分を受け、また直接の責任者だった佐賀藩番頭二名が切腹に追いこまれた。(1)

一八〇六年・七年の両年にわたるロシアの樺太・千島襲撃に極度に神経をたかぶらせていた幕府は、この英艦長崎進入事件に大きな衝撃をうけ、全国的な海岸防禦体制をさらに堅めるとともに、海外情報に関し、出島商館長ドゥーフに詳細に問い糺すのであった。

近年日蘭学会によって翻訳されたドゥーフの秘密日記には、この間の事情がくわしく記されている。(2) 幕府は、一七九〇年代末から長崎に入港してきたオランダ東印度会社雇船の米国船乗組員が、実はイギリス人ではなかったのかとの疑いをいだいたのである。ドゥーフは苦しい立場におかれることとなる。ナポレオン戦争下の東アジアでのオランダの脆弱な立場(一八〇六年、ナポレオンの弟がオランダ国王となる)を可能なかぎり幕府に隠蔽しておかなければならず、また蘭英間の争いによって関係のない日本人がとばちりをうけたという悪印象をぬぐい去らなければならなかった。彼は日本側に、米国の反英独立戦争をこまかく説明するとともに、英国はロシアと提携しており、ロシアの日本侵略を手助けする役割を果たしているのだという、架空の国際情勢論を創りあげていく。

*

ところで、この事件をオランダの側からではなく、イギリスの側から見ていくと話の展開は少しく異なったものとなるだろう。明治維新史の発端は、異口同音にペリー来航だが、安政五ヵ国条約以降、日清戦争期までの東アジアにおいて圧倒的な影響力をふるったのは大英帝国の軍事力と外交力だということは周知の事実である。このイギリスがインドの地を中核とするアジア地域に決定的な地歩を築いたのが、一七九〇年代から一八一五年にかけて闘われたいわゆるナポレオン戦争の時期であった。この戦争は、イギリス国内では、進行中の産業革命を加速し完成させる巨大な梃子の機能を果たしたが、国外的には、ヨーロッパ地域でのみ闘われたものではなかった。北米、カリブ海、南アフリカ、さらにアジア、インド洋と世界の各地において激戦がくりひろげられ、七つの海すべてにユニオン・ジャックをはためかすことを可能にさせた世界的規模の戦争だったのである。そして、このような世界各地域の軍事的暴力的包摂過程こそが、イギリス国内の経済的発展に強力な刺激を与え、やがて世界資本主義の外延的完成を実現させる原動力を創出していった。一八〇八年のフェートン号事件は、広い歴史的視野でみれば、このような我が日本の世界史への編入過程における一つの微少な、しかも必然的な極東でのエピソードとして考えられるのではないだろうか。では、具体的にはどのように位置づけられうるのか？　以下、少しく試論をくりひろげてみることとする。

1　ナポレオン戦争とアジア

イギリスとフランスの敵対関係はすでに一七九三年に開始していた。そして九四年の末から九五年の初頭にかけオランダに仏軍が侵入、同年一月、国王ウィレム五世が国外に逃亡し、バタヴィア共和国が樹立されるや、イギリスは同年、インド航路の安全を確保するため、南アフリカのケープ植民地をオランダから奪取するとともに、オランダ領のセイロンとマラッカを占領した。さらに九六年、オランダとスペインがフランスと結んで対英宣戦布告をなすや、九七年にはカリブ海にあるスペイン領トリニダード島を占領する。またスペイン領フィリピンはイギリスの要警戒地域に転化した。

英仏間の争いは世界各地の海岸や島嶼地域に限定されていたわけでは決してなかった。とりわけ九八年五月に開始されたナポレオンのエジプト遠征は、イギリス東印度会社のインド支配を脅かす目的をも有していたため、この年就任したインド総督ウェルズリーの警戒心をいやがうえにも高めることとなった。他方、イギリスを宿敵とするインド南部マイソールのスルタン・ティプーは、一七九八年四月、インド洋におけるフランスの軍事拠点モーリシャス島(イール・ド・フランス)に使節を派遣し、同盟交渉と仏軍への補助金を提案していた。(3) ナポレオンも九八年一二月、スエズを占領するとともに、書翰をモーリシャス島総督とティプーに送るが、いずれも警戒中の英艦に捕捉される。(4) マイソール王国とティプーの抹殺を狙った東印度会社は九九年二月に戦争を仕掛け、五月ついにティプーを殺害した。この攻撃の中心部にいたのがウェルズリー総督の弟で、九七年以降インドで軍人として活動していたアーサー・ウェルズリー、後に一八〇八年以降のイベリア半島戦役や一八一五年のワーテルローの戦いの指揮官となるウェリントンその人である。

ウェルズリー総督は、これ以降、各土侯国から自主的外交権を奪い去るとともに、会社の部隊を駐留させる政策を採り、さらに会社に対する毎年の貢金を課するのであった。そして貢金支払いの遅滞は領地の割譲を意味するものとなった。ナポレオン戦争期はインドにおける東印度会社勢力地域の急速な拡大期と正確に一致する。

＊

英仏間には、一八〇二年三月に締結されたアミアン条約によって、一時的な休戦状態がうまれる。ロシアにおいて、イギリス東印度会社を模倣した重商主義的な露米会社が設立されるのが一七九九年、同社の北太平洋地域全域での飛躍的発展を意図し、日本に通商を求めるレザノフとクルーゼンシュテルンの世界周航艦隊がクロンシュタットを出航するのが、この和平期を利用した一八〇三年八月のことである。この構想の背後には、一八世紀の末期、インドと広東において、イギリス東印度会社の旺盛な対中国貿易をつぶさに観察した元英国海軍研修士官クルーゼンシュテルンの確かな目と頭脳が存在していた。

だが、植民帝国の再建をめざすフランスとの間には和平は長くは続かず、イギリスは一八〇三年四月、最後通牒を発して再度交戦状態に突入、〇五年八月には英墺露対仏同盟が調印されて、ロシアも北太平洋地域に力をさく余裕がなくなるのである。

制海権に関しては、一八〇五年一〇月、カディス沖のトラファルガー海戦において仏西連合艦隊がネルソン艦隊に大敗したことにより、イギリスが圧倒的優位に立つが、雪辱を期すフランス艦船と私掠船は各地でイギリス商船を攻撃、さらに一八〇六年五月、ルイ・ナポレオンのオランダ国王就任は、蘭領ジャヴァに対するイギリスの警戒心をいっそう厳しいものとしたのだった。

＊

このような全体的情況のもとで、フェートン号とF・ペリュー(一七八九・一二・一三～一八六二)が我々の舞台に登場する。

フェートン号は一七八二年、リヴァプールで建造された縦一四一フィート、幅三九フィート、三八門のカノン砲を搭載したフリゲート艦である。(5) 一八〇四年二月まで北米のイギリス基地で活動し、同年三月、インドに向け出航、七月よりインド基地で軍事行動に従事することとなる。艦長は一八〇六年一月までG・コクバーン、二月よりJ・ウッドである。(6)

F・ペリューは海軍軍人エドワード・ペリュー(一七五七〜一八三三)の子供である。(7) E・ペリューは一七九三年の英仏開戦以来数々の対仏海戦において軍功をあげ、九九年三月には七四門艦アンペテュー号の艦長を勤め、五月に発生した艦内反乱を断乎鎮圧もしていた。アミアン条約によって一時帰国するが、一八〇四年四月には海軍少将に昇進し、東印度艦隊の司令長官に任命される。赴任は翌〇五年の夏、旗艦カロデン号(七四門)によってであり、さらに海軍省との間に防衛方策に関し意見の対立があったため、彼の防衛構想が全面的に展開するのは一八〇六年になってからであった。彼がもっとも危惧したのは、仏国艦隊のモーリシャス島からの出撃と英国商船への襲撃およびジャヴァにおけるオランダ艦隊の存在であった。これに対し彼は広東・インド間の幹線貿易ルートの安全を保障するため、東印度艦隊によって護送艦隊を編成したのである。彼の離任に際し、一八〇八年一二月、ボンベイの貿易商人が感謝状を呈しているが、(8) それによれば、一八〇六年より〇八年の三年間、一一〇艘の中国貿易商船が護衛され、僅か二八艘のみが、航海時期の関係上無護衛であったこと、保険の対象となった商品の金額は総計六七〇万ポンド、内、敵艦の捕獲による損失は僅かに六万一〇〇〇ポンド、海難による損失六万九〇〇〇ポンドにも及ばなかったこと、利益は三一万四〇〇〇ポンドに達したことが述べられている。

E・ペリューは、この幹線貿易ルートを保持するため、一八〇六年と一八〇七年の両年にわたり蘭領ジャヴァの軍事能力を破壊しようとする。この攻撃艦隊の中に彼の息子が加わるのであった。息子のフルネームは、Fleetwood Broughton Reynolds Pellew であり、当時の習慣に従って、早くも九九年三月には九歳の若さで父の指揮するアンペテュー号に乗り込み、それ以降一貫して父と行動を共にする。一八〇五年にはカロデン号で父とともにインドに赴き、同年九月には一五歳で海軍大尉に任ぜられる。

一八〇六年後半、E・ペリューは四戦艦、二フリゲート艦、一ブリック艦を編成してジャヴァ海域に赴き、オランダ主力艦隊を捕捉しようとするが、(9) この時には失敗する。F・ペリューは当然ながらこの軍事行動に参加しており、一一月二七日にはオランダ商船を拿捕・破壊する戦功を挙げている。[10] 翌一八〇七年には、六月一八日付の父の命をうけ、フリゲート艦プシケ号を指揮、オランダの拠点スラバヤ周辺をカロライン号とともに偵察、サラマンク附近の海域でオランダのコルベット艦スキピオ号(二四門)・ブリック艦セレス号(一二門)・七〇〇トンの武装商船レゾルツィー号を捕獲するのだった。[11] このような偵察活動によってオランダ艦隊の結集地点を確定したE・ペリューは、旗艦カロデン号を中核に、パワフル号(七四門)・カロライン号(三六門)・フォックス号(三二門)・ビクトル号(一八門)・サラマンク号(一八門)・シーフラワー号(一四門)・ジャスール号(一二門)からなる艦隊を編成、[12] 一二月、スラバヤ近くのグリースの海戦において、オランダ艦隊に壊滅的打撃を与えた。[13] 七〇門艦レヴォルツィー号・七〇門艦プルトー号・六八門艦コステナン号が破壊されたのである。息子のF・ペリューは、この闘いに、七四門艦パワフル号を指揮して参加していた。彼は一八〇七年一〇月、海軍中佐に任じられたばかりであったが、父は彼に acting Captain として同艦の指揮を任せたのである。

2　イギリスのマカオ占領計画

イギリスのフランスに対する警戒心は、一八〇七年一一月三〇日の仏軍のリスボン占領によって、さらにたかまることとなった。この結果、イギリスと盟友関係にあったポルトガル王室はブラジルに逃亡せざるをえなかったのである。アジアにおけるポルトガルの拠点は、広東のすぐそばのマカオである。ここに仏国艦隊と仏軍が駐留することになれば、広東でおこなわれているイギリスの対中国貿易は危機にさらされる。しかもマカオの東方のフィリピンとその首都マニラはフランスと同盟しているスペイン領なのであり、蘭領ジャヴァも、既存の海軍力には決定的な打撃を与えたとはいえ、オランダないしフランスの艦隊の拠点にいつなるかわからない。このようなアジア全域の情勢分析をもとに、ミント印度総督は一八〇八年五月九日、東印度艦隊司令長官E・ペリューに対し、イギリス軍によるマカオ占領を命令するのだった。[14] E・ペリューは六月二四日付でミント総督に返書を送り、「第三〇連隊の二〇〇名の兵士を乗船させたので、海軍少将ドゥルリーは、ラッセル艦で明日〔マドラスを〕出航する」と報告している。[15] すでにこの夏、広東にはフリゲート艦デデヌーズ号が碇泊しており、またラッセル艦と前後して数艘の艦船が広東をめざし出航することとなる。

八月二三日付で、ラッセル艦上のドゥルリー少将は東印度会社広東委員会会頭に、「マカオ占領の目的は、我々の対中国貿易を破壊することになるだろう仏人によるマカオ接収を阻止することにある」と通告する。[16] しかしながらこの時点で、ミントもペリューもドゥルリーも、マカオという中国領（ポルトガルは借地していただけである）に外国軍が上陸することが、どのような中国側の反発を招くかを十分に考慮に入れておらず（おそらくインド土侯国に対する感覚でしかなかったのではないだろうか）、またゴア総督からのマカオ占領に関する合意書ないしそれに該当するマカオ総督宛指令書も入手しないままの占領行動であった。イギリス人のポルトガル蔑視意識が、ここでも政策の最後のつめを甘くさせたのである。平素イギリス人を快く思ってはいないマカオのポルトガル人とマカオ総督が、これではイギリスの思うままになろうはずがなかった。

ドゥルリーとラッセル艦は、九月一一日マカオに到着、[17] 同月一九日には、ドゥルリーは広東総督に対し、「フランスがポルトガルを占領し、同国王室は南米に蒙塵したこと、同国王室との昔からの同盟者にして友人であるイギリス国王は、同国の主権と同国のすべての海外にある居留地を邪悪なフランスの野心から防禦しようと欲していること、もしも我が支配下の艦隊が阻止しないならば、現在この海域でその陸海軍兵力を増強しているフランスは、マニラにその軍事力を結集するだろうこと」を指摘し、[18] フランスの急襲を阻むため、マカオを占領する旨を告げたのである。そして同月二一日、二〇〇名の兵士がマカオに上陸した。マカオ総督はこれを認めず、中国側はイギリスの強引なやり方に激怒しドゥルリーとの会見を拒絶、一〇月の始めからは対英交易を中止させる措置に出た。この対立は、一〇月二二日、ドゥルリーがベンガルからの追加部隊をマカオに上陸させたことによって、さらに激化していったのである。

依然としてドゥルリーは強硬姿勢をとりつづけ、一一月二一日には、広東からの全英国商船の引揚げを指令し、二三日から二六日にかけ、会頭J・W・ロバーツ以外の全職員はマカオに移動させられた。一一月二七日、ドゥルリーはロバーツ宛書翰で、「このような交渉に、インドで強く求められている我が艦隊をいつまでも浪費するわけにはいかない、部隊の撤収は我国の名誉・尊厳・価値ある地位を放棄することであり、貴下と対中国貿易とを、種々の侮蔑と強要に従属させるものだ、貴下は広東から撤退し、マカオを会社にとっての巨大な貯蔵庫にすべきなのだ、……金というものこそ至高の原動力なのだから、イギリスの居留地となるマカオは、短期間のうちに中国貿易の中心地となり、そこではイギリス人に黙認される者以外の居住は許されなくなるだろう、貴下の目的は、この大独占の中、あらゆる他者を、いかなる競争からも追放することによって実現されるだろう[19]」と彼の意見を率直に述べている。

だが、ドゥルリーの強硬方針に反対したのは、中国政府やマカオ総督のみではなかった。東印度会社の会社船の船長も、貿易上の理由から事態の平和的解決を強く求めるようになる。一二月三日、この期の交易に広東に来航していた一四艘の内一二艘の会社船の船長は、このままでは戦争となる、なんとか平和裡に解決してほしい旨の書翰をロバーツに送るのだった。

さらに一二月四日、中国皇帝の書翰が伝えられる。そこには、「仏葡間の戦争ははるか遠方のことであって、我帝国にまったく無関係だ、汝は厚顔にもはるかこの帝国まで来り、マカオに軍隊を上陸させたことは、法外な犯罪行為だ、マカオに来た理由は、ポルトガルの弱体につけ込んで、同地を奪いとることにある、撤収すれば交易を再開させよう、さもなくば、食料品の供給を杜絶させるのみならず、広東総督に命じて無数の大軍を派遣し、汝を包囲させよう、その時後悔しても時は既に遅い[20]」との威嚇的文言が溢れていた。

一二月八日には、広東にいる全英人殺害の命令が出されたとの噂が流れ、買弁はイギリス船に顔をみせなくなり、中国船もイギリス船に近づこうとはしなくなった。

このような四面楚歌の状態では、ドゥルリーも強圧的方針をついに変更せざるをえなくなった。一二月一〇日、交易を再開させることを条件に、撤退する意図を中国側に伝えた彼は、上陸させていた部隊の乗船を同月一五日に開始させ、二〇日に終了させた。東印度会社広東委員会が広東にとどまっていた会頭ロバーツのもとに再会するのは、翌一八〇九年一月八日のことである。

ただし、ドゥルリーが本心で方針変更をおこなったのではないことは、退去当日の一二月二三日付の上官E・ペリュー宛の次の書翰からも明らかだろう。彼はそこで、「もし仮に、商人や会社役員、会社船船長、ペルシャ人、ポルトガル人、僧侶、総督などが計画の遂行に対しいかなる発言権も有しないとしたら、同じほどの少しの兵力で私はマカオを占領することができるし、中国兵のいかなる攻撃に対しても一連隊あれば同地を守ることが可能だ、一二ヵ月もたてば、中国人はこのような措置と完全に折り合っていることだろう、そしてマカオは、これまでなかったような恒常性と有利性をもった、中国貿易の中心地となるだろう[21]」と力説するのだった。

3　フェートン号長崎進入事件

このように見てくると、フェートン号事件は、東印度艦隊とイギリス部隊によるマカオ占領計画の一環であった可能性がでてくる。そしてフェートン号の航海日誌を見るかぎり、そう断言して間違いなさそうである。

F・ペリューは、一八〇七年一二月、パワフル艦の艦長としてグリースの海戦に参加後、一八〇八年に入ると五〇門艦コーンウォリス号の艦長、そして同年四月からは三八門フリゲート艦フェートン号の艦長となっている。

ではフェートン号はどのような行動をとるのだろうか。四月中旬にはボンベイに碇泊、二〇日に出航して二二日にセイロン島のコロンボ着、五月三日から一四日の間はマドラスに碇泊、一五日にマドラスからペナンに向け出航、同月二九日から六月五日までペナン碇泊、六月六日にはマドラスに向け出航、七月四日からマドラスに碇泊する。(22) 五月中旬から六月下旬はマカオ占領計画がインド政庁と東印度艦隊で練られていた時期であり、フェートン号のペナン行きもなにか関係がありそうであるが、詳しくは不明である。航海日誌の七月一一日の項には、"From Madras Towards China"とあり、マカオ占領計画との関連での出航は明らかだが、さらに七月一九日付のドゥルリー宛E・ペリュー書翰では、「当月一〇日付にて、フェートン号によって貴下に連絡をとった(23)」旨の一節があり、この航海は、司令長官書翰をラッセル艦のドゥルリーに伝達する使命を有していたことも判明する。フェートン号は七月二七日マラッカに入港、翌二八日には中国に向け出航しているので、おそらくはマラッカにおいて書翰を手交し、自艦の行動に関しドゥルリーの指令を受領したと考えられる。その傍証としては、一八〇九年六月二五日付でE・ペリューが海軍省に宛てF・ペリューの報告書を送附する際の文言がある。そこで彼は"information relative to the harbour of Nagasakie, which he had visited in His Majesty's Ship Phaeton while under the orders of Rear Admiral Drury"と説明しているからである。(24) ドゥルリーにしてみれば、マカオの長期占領とその外敵からの防禦に当たってとくに注意しなければならないのは、周辺海域での敵艦の結集しうる要地の状況であり、具体的には蘭領ジャヴァ、マニラ、そしてとりわけまったく現地からの情報を得ることのできていないオランダ商館の存在する長崎の三ヵ所(この内マニラとジャヴァは比較的容易に情報を入手できていた)なのであった。快速船たるフリゲート艦により、北方への航海が可能なぎりぎりの季節までに、北緯三二度以北まで航行させ、長崎港での敵国艦隊の有無と同港の軍事的機能如何を確認させる、これがマラッカにおけるドゥルリーの指令だったと、筆者は今のところ推測している。

フェートン号がマカオに到着したのが八月一〇日、諸準備に追われたのだろうか、いよいよ八月三一日にマカオを日本に向け出航する。(25) 航海日誌の緯度・経度の記載から航路を復元すると、九月一日、マカオの南東に一旦出たのち、台湾海峡を北上し、八日には台湾北端基隆の沖合に出、その後真北に北上、一五日北緯三〇度の地点で大きく東に移動、一六日から一〇月一日までの半月間は、北緯三一度、東経一二七度附近で遊弋している。海域としては薩摩半島の西方、男女群島の南方に当たるところである。長崎を一路目指しているわけではないので、長崎から出航して南下するオランダ艦ないしフランス艦を待伏せしていたものと思われる。一〇月三日から四日にかけて北東の方向に進むが、F・ペリューの報告書によると、伊王島があまり陸地に接近しすぎていたため、そのまま通過しようとしたところ、同島の見張小屋からオランダ国旗が掲げられたため、長崎への進入口を確認することができたのである。

一〇月四日から六日のフェートン号の動きを、航海日誌(26)やペリュー報告書から再現すると、次のようなものとなるだろう。

四日、夜明け前から航行、午後三時半頃、小島の見張小屋からオランダ国旗が掲げられるのを発見、長崎湾内に進入する。出島商館から二名のオランダ人が日本人とともに小船で近づいてきたが、ボートをおろし、剣で脅迫し、五時半にこの二名の蘭人を捕えて艦内に移送、湾内での艦船の有無を糺問する。彼等は、会社に雇いあげられた米船マウント・ヴァーノン号が昨年当港を去って以来、いかなる艦船も入港していないと主張する。六時に碇をおろす。碇泊地点は、長崎の町を北東四四度の角度に見、四マイルの距離、高鉾島を北西七六度の角度に見、四分の三マイルの距離に当たる地点である。七時に三艘の武装したボートをおろし、ペリュー艦長以下が、出島商館のごく近傍もふくめて長崎湾内をくまなく捜索するが、三艘の中国船以外は発見できず、九時半に帰艦する。一〇時に知事(長崎奉行のこと)からの小船が近づき、何を欲しているのか、どこから来たのかと質問する。しかしフェートン号との間に距離をとるので、フェートン号からボートをおろし、彼等のメッセージを聞きに遣らねばならない。ペリューは入港の真の目的を日本側に告げようとするが、二蘭人が、もしイギリス船といえば、欠乏品は供給されないと懇請するので、我々は食糧が不足したベンガル船だと答える。小船の日本人は、二名のオランダ人の返還の保証としてイギリス人水夫一名の人質を求め、翌朝薪・水・野菜を搬入する時に戻すと約束するが、ペリューはとりあわない。またペリューは、去勢雄牛(bullock)を搬入するように要求する。

一〇月五日朝、日本人は水と野菜、そして非常に良質の薪を運び込む。日本人は我々に対し、住民を虐待しないよう要請し、我々はその旨を約束する。この時ペリューは再度去勢雄牛を要求する。同日午後三時、日本人から四頭の去勢雄牛と一〇頭から一二頭の山羊、大量の野菜、そして薩摩芋、薪と水を受けとる。彼等はその代価として、いかなるものの受取りも拒否する。午後九時、抑留していた二名の蘭人を岸に送り届ける。

一〇月六日朝四時、日本人から水、少量の果物と野菜が送られる。午前一一時四五分抜錨、正午には湾からぬけ出す。快風が北東より吹く。

以上のような三日間の行動は、オランダ側の記述と比較すると多少の出入りはあるが、長崎湾に進入してきたイギリス艦の側からみて、何に関心をよせ、何を記録するに値するものと考えていたかは、右の要約から知ることが可能だろう。ペリューの報告書からは、オランダ人に対する蔑視感が、交戦相手だということも加わって随処ににじみ出ている。イギリス人水夫一名の人質要求を拒絶したことについて彼は、「この拒絶は、オランダ人を軽蔑し、彼等に対し高圧的態度をとることに慣れてきた〔日本の〕人々をある程度驚かせたにちがいない」と誇らしげに述べているのである。またペリューは、オランダ人から、日本では牛は荷役用のみに使用され、食用にはされないと教えられたにもかかわらず、強硬に搬入を要求し、報告書に、「我々の船は長崎で去勢雄牛を獲得した、まさに最初の船であったのだ」と自慢げに記しているように、日本に対しても、その優越感を率直にあらわしていた。以上のような、敵国艦船の有無の確認というナポレオン戦争の一環としての粗暴な軍事的行動に終始したペリューとフェートン号の乗組員にとって、彼等の三日間の行動が、長崎の町をどのような混乱におとしいれたのか、思いやる能力はまったくなかったし、出航のその夜、長崎奉行が責任をとって自刃したことを知る由もなかったのである。

4　その後のペリューとフェートン号

一〇月一三日、マカオに戻ったペリューとフェートン号は、ただちにドゥルリーのもとで行動を開始することになる。すなわちマカオと広東間の往復であり、ドゥルリーの広東行への警固であり、そして、東印度会社船を予想される非常事態から防禦することであった。結局ドゥルリーが事態の圧力に屈し、一二月二三日インドに向け引き揚げるが、この時フェートン号は連隊兵を自艦に乗船させるとともに、ラッセル艦と協力して東印度会社船を護送する任務を担うこととなった。出船は二三日午前七時であり、常に会社船の安全を確認しつつ航海をつづけ、翌一八〇九年一月二日マラッカに到着、翌三日に出航するが、四日護送の役を新たに合流してきたドリス艦に引き渡し、フェートン号は八日ペナン島のコンマリス港に入っている。ここでペリューは長崎報告書と長崎を含む日本海図を海軍省宛として東印度艦隊司令長官の父(一八〇九年帰国)に発送するのであった(27)。そして二月七日まではマラッカ海峡を巡航して警衛の任に当たっている。八日、いよいよベンガルに向けペナンを出航、三月九日にカルカッタに遡るべく、フーグリー河河口に到着するのである(海軍大佐への昇進は一八〇八年一〇月)。

ペリューとフェートン号は、一八〇九年もまた東印度会社の対中国貿易に関係することとなる。すなわち、七月初旬、カルカッタよりマドラスに赴き、同月三〇日にペナンに向け出航、一〇月にはマカオに到着、一二月六日にはマカオから帰路インドに向け出航するのであった。

だが、一八一〇年はそうはならなかった。フランスのインド洋における海軍拠点となっていたモーリシャス島攻撃が綿密に練られるのである。フェートン号は七月から八月一杯ベンガル湾を巡航しつづけていたが、九月二三日には攻撃艦隊の一艦としてマドラスからモーリシャス島に向けて抜錨、同島を南アフリカ艦隊と協同で攻略した後、一一月八日、インドに向けて帆を揚げるのである。

モーリシャス島を攻略した後のイギリス東印度艦隊の次の狙いは、ジャヴァ島それ自体をわがものとすることであった。当然のことながら、フェートン号とペリューもこの遠征に参加する。全島の占領を意図しているだけに陸軍部隊は一万二〇〇〇名(内ヨーロッパ人五三四四人)がインド各地から動員されていた。[28] フェートン号は一八一一年四月二四日、陸軍部隊の一部とともに、ペナンに向けマドラスを出航、五月二一日ペナンに到着、マラッカで主力部隊が合流した後、いよいよ七月二八日ジャヴァに向け出航するのであった。八月四日、バタヴィアの東方一二マイルの地点に上陸したイギリス陸軍部隊は同月八日にバタヴィアのオランダ守備兵を降伏させ、さらに東方へと進軍する。フェートン号も八月末に東部ジャヴァのサマサプを攻略、九月には海軍に支援された陸軍部隊がサラマンクとスラバヤを陥れることによって、ジャヴァ全島はイギリスの領土となったのである。この結果、フェートン号は一〇月四日、カルカッタにむけ出航することとなる。

一八一二年はいよいよペリューとフェートン号にとってイギリス帰国の年となった。フェートン号は多くの東印度会社船を護送しつつ、八月イギリスに到着、東印度会社から感謝の意を表されるのであった。それにしても、ペリューにとっては、一七九九年、九歳の若さで戦艦に乗り込んで以降、二二歳で本国に帰るまで、その青少年期は血なまぐさく殺伐とした戦争の連続であった。しかも一貫して海軍高官の父の手厚い庇護下に置かれつづけていたのである。このような異常な成長の仕方は、果たして本人の性格に影響しないものなのだろうか?

おわりに

ペリューは一八一三年一月、四六門艦レジスタンス号の艦長として地中海に出動したが、艦内で反乱が発生、ペリューは数名に死刑、数名に笞刑を宣告した。しかし、事の原因がペリューの粗暴さにあることがはっきりしていたため、軍事裁判手続き上に誤りがあったとして刑の執行が延期され、事態を知った海軍省は一四年二月ペリューと同艦を本国に召還した。

ペリューはこれ以降きわめて長期にわたって艦隊生活を去ることとなる。そのような半ば引退生活を過していた彼が海軍少将に昇進するのが一八四六年一一月、そして五二年一二月には東印度および中国艦隊司令長官に任命される。同月二一日付の『タイムズ』は社説においてこの人事を強硬に批判、蒸気船の時代に、一八一三年にその最後の勤務をした軍人がどうして務まるのか、ビルマ植民地戦争の過程で、イラワジ河の泥の中に身をおいている蒸気艦隊の指揮をとるのに彼は然るべき人物なのかと世論に訴えかけるのである。

ペリューがウィンチェスター艦に旗艦旗をかかげるのが五三年四月、そして九月にはホンコンに入港する。すでに八月上旬、ペリー艦隊は第一回の日本渡航を終え、翌年の再渡航と米日条約の締結準備のため同地に引き揚げていた。この地でペリーは、四五年前日本に赴いたペリューと交叉する。

しかしながら、期待と野心と名誉欲、そしてプチャーチン艦隊に江戸行きの先を越されないかという異常な不安感が渾然一体となっていたエネルギッシュなペリー提督と比較し、ペリュー提督の影はすでに消えようとしていた。一一月八日、一八ヵ月もの間上陸を許されていなかったウィンチェスター艦の乗組員が休暇を請願、ペリューが拒絶したことによって不満が増大、艦内には不穏な状況が発生した。ペリューはこれに対し、ただちに戦闘行動をとらせる太鼓をうたせ、数名の者が服従しないと見るや、抜刀した士官達に、不服従者を部署に駆り出させた。この結果、二名の者が重傷を負う事態となったのである。

このニュースがロンドンに到着するや、『タイムズ』はただちに一八五四年一月五日付の社説で、一八一三年の「反乱」事件とあわせて取りあげ、今回の事件の「調査の結果、もしペリューの側に残酷さないし専制性の点で非が存在することがはっきりとしたならば、即時に召還し、明白に不適任な現職から罷免すべきだ」と断乎として主張した。海軍省は、この社説も関係してだろうが、判断力の憐むべきほどの欠如を露呈したペリューをすぐさま本国に呼

びかえす。彼は一八五〇年代の大英帝国の膨張になんら寄与することなく、一八六一年にこの世を去ったのである。(29)

(1) 中野礼四郎編『鍋島直正公伝』第一巻(一九二〇年)一五三〜七頁。
(2) 日蘭学会編『長崎オランダ商館日記 四』(雄松堂、一九九二年)。
(3) A. Archer, *Tippoo's Tiger*, Victoria and Albert Museum, 1959, p. 10.
(4) アンリ・カルヴェ『ナポレオン』(白水社、一九六六年)四八頁。
(5) J. J. Colledge, *Ships of the Royal Navy*, Vol. 1, p. 419.
(6) 各月の *List of the Royal Navy* による。
(7) ペリュー父子の経歴は *Dictionary of National Biography* による。
(8) E. Osler, *The Life of Admiral Viscount Exmouth*, 1841, p. 241.
(9) J. Marshall, *Royal Naval Biography Supplement Part I*, 1827, p. 223.
(10) *op. cit.*, p. 402.
(11) *op. cit.*, p. 403.
(12) *op. cit.*, p. 404.
(13) H. B. Morse, *The Chronicles of the East India Company Trading to China 1635-1834*, Vol. 3, 1926, p. 81.
(14) Public Record Office ADM 1/180 Minto to E. Pellew (1808. 5. 9).
(15) ADM 1/180 E. Pellew to Minto (1808. 6. 24).
(16) ADM 1/181 Drury to President of Select Committee of Supercargoes (1808. 8. 25).
(17) ドゥルリー艦隊の広東・マカオでの動きは注(13)のモースの本がふれている。
(18) ADM 1/181 Drury to the Viceroy of Canton (1808. 9. 19).
(19) ADM 1/181 Drury to the President of the Select Committee of Supercargoes (1808. 11. 27).
(20) ADM 1/181 The letter of the Emperor of China (1808. 12. 4).
(21) ADM 1/181 Drury to E. Pellew (1808. 12. 23).

(22) ADM 52/4229にある航海日誌による。
(23) ADM 1/180 E. Pellew to Drury (1808. 7. 19).
(24) ADM 1/181 E. Pellew to W. W. Pole Secretary to the Admiralty (1809. 6. 25).
(25) ADM 52/3853にある航海日誌による。
(26) ADM 51/1952, ADM 52/3853, ADM 52/4229にある三種の航海日誌および注(24)にあるペリュー報告書による。
(27) ADM 1/2334 F. Pellew to W. W. Pole Secretary to the Admiralty (1809. 1. 22).
(28) W. L. Clowes, *The Royal Navy a History from the Earliest Times to the Present*, Vol. 5, 1900, p. 297. また一八一一年度の *The Annual Register* によれば、動員された陸軍部隊は、マドラスの第一四・五九・六九歩兵連隊、カルカッタの第七八歩兵連隊、騎兵二大隊、第二二竜騎兵四大隊、砲兵隊から成り立っていた。
(29) 参考のため、ADM 1/181に収められているペリュー報告書の全文を訳出しておく。

英国軍艦フェートン号艦長フリートウッド・ブロートン・レイノルド・ペリュー氏による日本の長崎港に関する意見

長崎港は、あらゆる点から考えて、おそらく世界でもっとも素晴しく、またもっとも安全な港の一つだろう。同港は日本帝国を形成する巨大な鎖の一環である大きな島九州にある。日本帝国の中心部分は日本(Nemphon)であり、そこには皇帝の居住地であり首都でもある江戸が位置している。そして長崎港は、多分記述されることのもっとも少なかった港の一つだろう。それは、外国人の排斥、あらゆる種類の外国製品やすべての改革の禁止の方向を恒常的に目指している日本人自身の政策に淵源しているのみではない。またオランダ人によっていつも守られてきた深い沈黙にも起因している。

彼等はポルトガル人が追放されて以降ほぼ一五〇年の間、日本人との間に、ともあれ貿易を許されてきた唯一の国民である。この交易が利益のあがるものだと考えるオランダ人は、もちろんのことながら、日本が知れ渡るのを隠蔽することに関心を持つだけではない。非常に危険だとの観念がこの地域への航海と結合されることを切望してもいる。このために、彼等は自分達の航路に係わるいかなる海図をも決して公開してこなかったし、また、彼等のどのような発見——それは、しかしながら私は思うのだが、非常に限られたものだ——をも、他の諸国民の福祉のために伝達しようとはしなかった。そしてあらゆる海洋諸国民の中で、オランダ人が航海科学への寄与がもっとも乏しかったということは、すべての航海者の間で確かに悪名高いものになっている。どんな発見を彼等がなしたにしろ、概していえば、彼等につきまとって離れない狭量で下劣な政策の結果、彼等の海図は、世界のいかなるものよりも、依拠されることが少ない。経度は相変わらず推測航法によって決定されており、航海についておこなわれた現代的で重要な諸改善は、彼等にとっては知られていないか、考慮には値しないもののように見える。

新発見のためのロシア艦二艘が数ヵ月間、一八〇四年の年に長崎に碇泊した。私は彼等から非常に良質の情報が得られると信じているし、またその通りなのだ。私は、フェートン号がこの港に入港した始めての英国船であり、私がここで与える情報は、それが見たことに関しては、正確さについて依拠しうると信ずる理由を有している。しかしながら、このロシア人達は、彼等の長期滞在により、正確性をもった経度決定に関しては、より良い機会をもっていた。彼等は五〇〇回の観測により、緯度を北緯三二度四五分三〇秒、経度をグリニッヂより東方一二九度五六分一五秒と測定した。同じ所でフェートン号は、長崎の町がそこから東北約四マイルの所に位置し、その外部碇泊地と見做されている高鉾島附近に錨を下ろした。ここの緯度は北緯三二度四三分五〇秒、経度は二回の月の位置による観測――月の東と西にある星と月との間の観測および近距離にある太陽と月の観測――によって一三〇度一〇分〇〇秒、クロノメーター計測では、東経一二九度五〇分一〇秒と測定された。しかしクロノメーターの数値は非常に変動することが判っているので、それほど正確には依拠できない。とはいうものの、私は一二九度五〇分〇〇秒というのが正確な経度だと考えている。

オランダ会社に昨年雇傭された船舶の一艘であるマウント・ヴァーノン号に提供されたものの一つであるオランダの手書き海図は、島々や港の形についてはきわめて正確なものであることが判明した。そして、我々が海測作業の中で発見できたかぎりにおいて、この地域になじみのない船舶にとっての主たる困難は、オランダ人がカヴァレス(Cavalles)島と呼んでいる島(伊王島)が、(本島の)海岸に非常に接近していることから難しくなっているところの、入口を発見する困難性である。この島は入口の西岸を形づくり、とくに緯度について自信のない船の場合には、きわめて鋭い見張りなしでは、容易に見過されてしまう。この地域になじみのない船は、いつも緯度を三二度四七分か四八分にとり、南の方向にむけて航海すべきである。何故ならば、ここでの風は、北東貿易風圏内にあって、常に東か北東から吹いているからだ。そして、とてつもなく嶮しく草木のない海岸から二・五マイルか三マイル以内に位置を取れば、それを見過すことはほとんど不可能だ。フェートン号は緯度の正確性を疑ってしまったことから、また海岸から伊王島が離れているとはほとんど見えなかったことから、すんでのことで通過してしまうところだった。その時、島に、日本人により、信号として、オランダ国旗が掲げられたことで失敗が判った。緯度三二度四六分で陸地に向かえば、船はごつごつした外見の島々から三マイルほど風下のところに位置することとなる。この島の一つは、極端に目立つもので、円錐状の棒砂糖の形をした、まったくの荒涼とした島であり、またもっとも大きいのは狭い尾根を持ち岩がちの外見をしている。これらの島々から長崎の入口を形づくっている島までは危険はない。この島はこれらの島々から南東に約九から一〇マイルのところにある。

その先端から離れていくつかの小さな岩がちの小島が附属している、一つの高く切り立った岬をはっきりと見ることができるだろう。そして、もし近づくと、その背後には陸地は見られないだろう。フェートン号が、港はその風下にあると想像して航行していたのが、この岬に向かってだったのだ。この岬から七マイル北方の地点にあり、真の入口をなす島が発見されたなら、船は長崎の南に行かないよう気をつけなければならない。何故なら、三週間の間、我々はその沖合にいたのだが、ほとんど変化なく、風は常に北東から吹き、風はその方角から強く吹くので、陸地に帰り着くのを困難にさせてしまうのだ。先に言及した、切り立った岬の上には、小さな家が、いや面白い形の屋根がある見張り塔が、とても見つけやすい形で、その頂き近くに存在している。そして北に約三マイルほどのところにある小島の上にも、より低い位置に、同じ形の見張り塔があり、そして第三のものが、入口を形づくり、信号が掲げられた伊王島の中腹に位置しているのだ。これらの目印に注意すれば、場所を見誤ることはほとんど不可能だ。

本島のずっと奥の相当高い丘の上に、とても目立つ隆起、いや高台がある。それは自然のものだが、ここからだと四角の形をした塔のように見える。この丘は長崎の真うしろに位置している。入口を形づくっている島の岬を切り抜けたのちは、内部の入口を形づくっている高鉾島と、そのそばのいくつかの小さな島々、さらに島々の西側に近く、オランダ人によって Bone Rooster と呼ばれている岩々の砂洲を容易に見分けることができる。この箇所を、船の右手方向に進み、日本の本島に沿いつづけ、高鉾島より外海側にある小さな島々に舵を向けなければならない。その内一番外側にある島はごつごつした岩がちの、木がまばらにある島である。一〇〇ヤード以内で通過することができ、手で鉛測しても海底には届かない。これらの島々は船の左舷に見なければならない。いくらかの小さな島々が反対側にあるが、それらは見誤られることはないだろう。そして、そこには水路はない。高鉾島を過ぎると、ただちに町と港の全景をみるだろう。港は、ここでは深く広々とした湾を抱き、北東の方角に突然として姿を現すのだ。高鉾島は丸い形をした、英国の樅によく似た木々におおわれた島であり、また、ある種の囲いをつくるための柵を伴った小さな町が、高鉾島の反対側、東寄りに見ることができる。湾の上部と船舶を擁した全市がよく見えたので、フェートン号はここに碇泊した。高鉾島を北西七六度¾に、また町を北東四四度に見る地点、高鉾島から四分の三マイル、町からは四マイルの地点である。暗くなった時、私は三艘のボートを武装させ、人を乗り込ませた。そして町に向かった。そこでは三艘の大きなジャンクと、無数の異なった大きさの小船以外には、なにも碇泊してはいなかった。大きな規模の複数の番船と多くの小さな種々の帆船が、ずっと我々を監視していたが、うるさがらせはしなかった。彼等の警報である鐘々の音が頻繁に聞こえた。港は町から少し離れ、真北にいったところにあり、そこは水位は浅く、川以外のなにものでもなかった。

オランダ商人達のすべての建物が存在し、町の南側に近く位置した出島は、町とは石橋でつながっており、そこでは複数のオランダ国旗が一本の旗竿にはためいていた。我々はボートでピストルの射程距離にまで近づき、もしもそれが我々の目標であったとしたら、上陸したかもしれない。これらの不運なオランダ商人達が居住することを運命づけられているものよりも、みじめな状態を想像するのは不可能である。厳しい警備隊がこの島にはつけられており、そこから彼等は離れることを決して許されてはいない。どのような種類の書籍ですら彼等には許されず、書籍や禁じられている他の品物を密輸入しようとするいかなる試みも死罪をはっきりと伴っている。船が見えたので、八名の商館員の内の二名が、彼等を監禁下に置いている日本人官吏とともに船に向かうことを許される。二名の者が、その時点でオランダ国旗を掲げていたフェートン号を迎えるため高鉾島まで来た。そして彼等は、我々が実はいかなる者か疑っていないように見えたので、私は一艘のボートを送り、彼等を捕えた。最初、彼等はボートに移るのをためらったが、ボートの乗組員が剣を抜いたので、日本人は船の外に飛びおり、二名のオランダ人はボートに移った。彼等は艦にのぼるや、誠意をもって、どのような船も、この季節、いや、この仕事に雇われたマウント・ヴァーノン号が長崎を出帆した後から今日まで、存在しなかったことを請けあった。

彼等の外見は、彼等に普通の服装を許そうとせず、いかなるヨーロッパ製品の輸入をも阻止する日本人の並みはずれた厳格さについての彼等の言明を裏づけるものだった。それらは、合意というよりも、黙認によって、船が入港した時に入手されるのである。そして、この時期、船が入港しなかった結果、この種の品物の供給が非常に欠乏しているように見えた。彼等はみすぼらしいみなりをしていたのである。日本人の極端な警戒はそのようなものなので、彼等は海岸から離れる際には、浜辺に行くまでに異なる三ヵ所において検査され、個人が所有しているすべての、錠や筆箱等にいたるまでの品物に関しての正確な目録が作成され、彼等が上陸した時には、すべての持物について説明することが義務づけられている。さもなければ、自らの生命を失う危険を冒すことになるのである。我々は彼等に、古いのを船に残して、靴と帽子を受けとるように説得した。何故ならば、これらの物と、船から持ち帰るものとの違いを日本人は気付きはしないだろうと想像したからである。しかしながら、我々が彼等にワインや、受けとられるだろうと思ったすべての品物を贈ろうとしたのに、彼等はこのような考えにとてつもなく怯え、一貫して拒絶しつづけた。夜一〇時ごろ、知事からのボートが来て、我々は何を望んでいるのか、どこから来たのかを尋問した。だが、距離をたもち、決してそばに来ようとはしなかったので、我々はその口上を聞きにボートを送らざるをえなかった。私は、我々の来訪の真の目的を述べたかったのだが、二人の囚人の切なる懇請のため、我々はベンガルからの船で、食糧が欠乏していると回答することに同意した。彼等は、もし我々のは英国船だといったら、我々の欠乏品は供給されないだろうということを、我々に納得させようと努力した。しかし本当の理由は、日本人が、我々の出現が日本人に引き起こした不安と彼等の例の港湾規則を我々が無視せざるをえなかったことに対し、不運な商館に報復するだろうことへの恐怖だったのである。彼等は、我々の言明から、我々は交易に来たのではなく、唯一、日本人が知っていることだが、我々が交戦しているオランダ人を悩ますために来たということが判った時、このことをやりかねなかっただろう。このボートは、オランダ人の安全な帰還のための人質として、ヨーロッパ人水夫一名を連れかえるよう指令されていた。彼等は、この人質を良好に取り扱い、彼を翌朝、彼等が薪水と野菜を送り届ける際帰すことを誠意をもって約束した。しかしながら私は、彼等がこの約束を守っただろうことを疑いなく知っているのだが、私はどうしても同意しようとはしなかった。この拒絶は、オランダ人を軽蔑し、彼等に対し高圧的態度をとることに慣れてきた〔日本の〕人々をある程度驚かせたにちがいない。私はまた、囚人を釈き放す以前に、彼等に幾頭かの去勢雄牛を送り届けるよう強く要求した。このことは、彼等の規則に大変違反することである。何故ならば、彼等は、多くの豚や山羊を与える一方で、これまで決してどのような船に対しても、去勢雄牛を与えてはこなかったからだ。このボートは、我々のこのような回答をたずさえて帰っていった。我々は、荷揚げしたり荷積みする最中、オランダ船に一団の護衛とともに常にとどまっている主要人物の誰かが訪問してくれるだろうと心の準備をした。だが、多数の大砲と、日本人が見慣れたことのない多数のヨーロッパ人が船上にいること、ならびにボートが港にまで赴き、大型ボートには船首に大砲がつまれていたことは、非常な恐怖心を彼等に吹き込んだので、誰一人あえて船にのぼろうとはしなかった。

翌朝、彼等は我々に水と野菜を送ってきた。水はとても清潔な大樽に容れられて運ばれてきた。それらは彼等のボートの中ほどに据えられ、一バットより多くの水がはいっていた。薪も我々のもとに送られたが、きわめて良質なもので、目的にかなった長さに切り揃えられていた。かなりの身分の男が、全体を監督するため、我々の近くにいた。そして我々は、あらゆるものを気前よく彼に差し出したのだが、彼は御礼にどのようなものをも、決して受け取ろうとはしなかったし、船に上ってくるように説き伏せられもしなかった。彼等は長崎に寄港するあらゆる船に対し、その欠乏品を供給することを不変の規則としている。我々はまた、住民を虐待しないように要請され、そのようなことはしないと我々は約束した。

私がなおも去勢雄牛を強く要求しつづけたので、彼等はそれらを入手するのに多大な努力をおこない、夕刻に我々は四頭の良質な去勢雄牛と一〇頭から一二頭の山羊、大量の野菜と薩摩芋、そしてまたもや薪と水とを受け取った。我々の船は長崎で去勢雄牛を獲得した、まさに最初の船であったのだ。

牛は、我々があのオランダ人達から聞いたところによると、完全なる荷役獣として彼等が使役しており、それゆえに彼等にとって価値の高いものである。そして、実用や娯楽のためのすべての乗物は、牛によって牽引されるのである。馬は儀式の機会を除いては、ほとんど使用されない。

彼等のボートは、形からみても、操作性からみても、とても良好とは到底いうことはできない。それはペナン島のインド式ボートにきわめて類似している。ボートは一般的にみて、竹でつくられた天蓋と、その上にかぶせる莚をそなえている。そして非常に清潔だ。我々が見た内のあるものは、外観上は舷外浮材をもち、荒れた海でも安全のように見える南太平洋の島々の人々のカヌーとよく似ている。ジャンクは中国のそれとそっくりなもので、何門かの大砲を有しているかのようだ。しかし、私は大砲を載せるのは不可能だと考える。大砲が搭載されていないのは確かだ。

我々が見た、たった二ヵ所の軍隊駐屯地はお互い向き合っており、それぞれ船から一マイル半ほど長崎寄り、三マイルほど長崎からこちら寄りに位置していた。一ヵ所は皇帝番所(戸町番所)、もう一ヵ所は皇后番所(西泊番所)と呼ばれており、日本の皇帝と皇后が置いたものだ。左舷にある番所は六箇の銃眼を有しているが、外見上は拙劣に考案されており、大砲はない。部隊はそれぞれに駐屯しており、部隊はとても奇妙な旗によって区別されている。そして駐屯地は、柱によって支えられ、彼等の正面全体にひろがった長く白いカーテンでなりたっているだけだ。そのカーテンは約一ヤードの規則的距離を置いて黒い部分があり、そこにはそれぞれ白い十字が描かれている。その後ろに彼等の小屋とテントがある。兵士達は彼等の服装によって区別されているようには見えず、ただ一般的に弓と矢と刀からなりたっている彼等の武器によって区別されている。

人々は、風貌と服装と風習において、中国の人々にとてもよく似ている。そして私は、彼等が中国人にくらべ、より勇敢であるとか、より精力的だとかいうことをまったく感じはしなかった。普通の着物は粗末な青の製品である。彼等はとほうもなくお茶が好きなようだ。

我々の滞在した全時間、彼等は我々を非常に恐れていたようだ。夜、私はボートで岸に近づき、長崎の反対側にある村に上陸し、小ぎれいでがっちりした外見の家に立ち寄った。そうしたところ、居住者達はびっくり仰天してみな逃げてしまった。

港のもっとも狭隘な場所は、二つの駐屯地、つまり番所の前のところだ。そして幅は一マイルと四分の一よりはない。町に近づいた部分ははるかに広がっている。町は大きな谷の部分を占めており、厖大な数の住民を擁しているにちがいない。周囲の土地はきわめてよく耕作されており、我々が見ることのできるかぎり、丘の上にいたるまで、手のかけられていない部分はどこにも残ってはいない。そして、多くの小さな境界から考えると、人口が非常に多いという印象を受ける。

湾内では、高潮間隙は七時間四七分であり、満潮時もっとも高いところで一一フィートに達し、干潮時では僅か一四インチである。気候は快適で、温度計は七四度と七三度であった。風は一年中心地よく、ひんやりした爽やかなそよ風であり、不順で雨がちの季節は一二月と一月に始まる。

主要な輸出品は銅である。それは、オランダ商人達がいうところによると、すべて小さな箱に荷作りされている。フェートン号は一八〇八年一〇月五日と六日に碇泊していた。

フリートウッド・ペリュー

第Ⅰ部　総　論

第一章　幕末維新期の政治過程

1　問題設定

維新変革とは、きわめて単純化していえば、一八五三年ペリー来航以降、急速に全国民の前にその軍事的・政治的な無能力さが暴露されていった幕藩制国家(その中核には強力な「将軍＝譜代結合」の政権が存在していた)にかわり、どのような諸勢力・諸集団の政治的編成(＝政権)のみが、欧米諸列強の軍事的・政治的・経済的な圧力に耐え、国家として対等なかたちできわめて権力政治的構造をもつ東アジア国際政治の渦中で伍していけるのかをめぐっての、諸政治集団間の激しい諸闘争の総過程にほかならない。そして、このような力量を有するようになった政権のみが、国内的に国民を支配する国家的権威を確実につかみとることができるのである。

欧米諸列強による資本主義の世界的形成と、アジア・アフリカ諸地域のそれへの強力的編入過程において、彼等は驚くほど多種多様な種族・社会・国家に遭遇する。そこでの一八五〇年代の日本は以下のような特徴をもっていた。

第一に、いまだブルジョア階級の形成をみなかったとはいえ、全国市場を前提とする高度に発達した封建国家・社会として、民族・国家意識は歴史の異なる沖縄を除き相当程度つくりあげられ、さらに一八世紀末以降のロシアとのたび重なる接触、一八四〇年代初頭の英清間のアヘン戦争等は、その対外認識の枠を明確に規定してきていた。だが同時に、それは、近代的な意味での民族・国家意識というよりは、むしろ、異文明接触と反発を直接的契機とした、国学的・国体論的なそれであった。ペリー来航直後、秀吉の「朝鮮征伐」記の類が出版され、日本の過去の国家的「栄光」がくり返し国民の間に喚起されていくことは、当時の民族・国家意識のあり方の一斑をよく物語る。

第二に、幕藩制国家での基本的な被支配階級であった農民階級は、すでに恣意的な収奪の対象物にはとどまってはおらず、強烈な土地保有意識とともに、非法な支配に対しては、それをはねのける社会的力量を十分に有していた。彼等は、支配階級の軍事的な弱体化と国家統治の無能力さを鋭く批判しながら、支配階級が農民階級への負担転嫁によって事態を切り抜けていこうとする動きを決して許容せず、歴史の後退作用にはっきりと歯止めをかけていくのであった。そして農民階級の上層部分たる豪農層は、自らを形成さるべき国家の不可欠のファクターとして位置づけつつ、幕末以降の政治過程に積極的に参画していく。

第三に、幕藩制国家は、世界の封建国家史上、特異にも、軍役体制を根幹とした常備軍制度を前提として成立する国家であった。その国家支配はしたがってきわめて軍事支配的な性格が強く、吉田東伍の言をかりるなら、江戸時代は「三百年間の戒厳令下」(1)の支配にほかならない。ここにおいては、将軍は、ヨーロッパ史的な国王としてよりは、むしろ軍事統帥者的側面から評価されやすく、幕府による軍事的無能力さの表明は、国王によるそれよりもはるかに致命的なものにならざるをえなかったのである。また、全体として弱体化しつつあるとはいえ、支配階級としてのサムライ階級は、自らの支配者たる自己規定と自己意識を唯一「国家の干城」、「国家の警固者」に求めており、「外圧→国内体制の弱体→要求の全面受諾」といった、国内体制現状維持を結論づけるためだけにつくりだされた幕府の「理論」をそのまま受け入れることは、彼等にとって文字通りの自己矛盾にほかならなかった。その打開をめざして前面に出てくるものが、武士意識の異常な高揚と、新しい軍事体制確立への必死の模索、そして、軍事改革派への自らのダイナミックな党派形成なのである。

以上の三点を行論の前提としながら、では維新変革の総過程において、継起的に形成され、そして解体していく諸政権の運動と構造、そこにおける国家と外交がはらむ問題とは何であったかを、筆者の試論として以下展開していくこととする。

2　朝幕京都政権と一橋慶喜

一八五四年の日米和親条約締結の場合と異なり、神奈川・長崎・箱館三港の五九年開港、兵庫・新潟二港、江戸・大坂二市の六〇～六三年開港開市等々、世界資本主義への日本の全面的編入という未曾有の事態に直面し、形成されつつあった幕府官僚層や国持大名層の間から、「公儀」の国家的権威を再編・強化すべく、一方で日米修好通商条約勅許による幕府行為の正当化(公武合体による公権力の強化)、他方で、「賢明」との世評の高い一橋慶喜の将軍後継者化による諸大名・武士等の人心収攬(将軍への軍事統帥者的性格の付与)の動きが活発化するのも当然のことながら、反動として、あくまで血統を重視し、政策決定権を「将軍＝譜代結合」が掌握しつづけようとする政治潮流が強められていくのも、幕府政治力学上の必然であった。結局、譜代藩筆頭の彦根藩主井伊直弼が老中をまったく介さない将軍の直接の上意により急遽大老に就任するのが、五八(安政五)年四月、英仏連合艦隊の首都近接地天津における清国軍撃破、同艦隊日本来航の可能性濃厚という、アヘン戦争での清国敗北の報どころではない衝撃的急報により、勅許を得ることなく条約に幕府が調印するのが六月、事態は何人の見通しをも超えて、急速度に展開していく(2)。

軍事的敗北の恐怖からの条約調印は、「公儀」の力量の実態を天下に明白なかたちで暴露することとなり、翌年の三港開港、そこでの激しい貨幣投機、幕府の一連の貨幣改悪作業、物価騰貴、さらに六一年の露艦対馬占領等の諸事件は、新事態に対応しえない幕府の国家的無能力さを国民に強く印象づける。

幕府は、この政治的な窮境を、安政大獄に象徴される酷薄な政治テロリズムで切り抜けようと試みる。だが六〇年三月の桜田門外事件、六一年五月の東禅寺事件、六二年一月の坂下門外事件等、続発する諸事件は、新政治情況に際し、幕府がかちえていなければならないはずの、封建支配者階級の内面的合意が存在せず、その内部対立が激化していることを物語っていた。換言すれば、幕府は、無勅許開国路線に封建支配者階級を統合する能力をもはや持ちえない。この動きの中で、譜代宇都宮藩までが、六一年八月、江戸善福寺にある米国公使館の守衛拒否の態度を表明するにいたる。

「将軍＝譜代結合」による正面突破政策の挫折と彼等の士気沮喪に反比例しながら、幕府がなんら朝廷・神宮・畿内の防衛策を持ちえず、それに追随することは、自らの社稷と、自らが中心に組みこまれたかたちでの国家そのもの（「国体」）を危機にさらすことだと鋭く意識し、あくまで条約勅許せずを貫いてきた孝明天皇と朝廷の政治的地位が急速度に浮上してくる。(3) 勅命が現実の法として機能しはじめる。朝廷を軸とした外圧に抗しうる「強力国家」が構想される。

この新事態を切り開くものこそ、六二（文久二）年四月、薩摩藩主の実父島津久光の挙兵上京と、勅命を得ての国事周旋の開始であった。(4) 幕府からみれば明瞭な国家的反逆行為にほかならない久光のこのような行為を処罰し、幕府法を実現するための強力機関の責任者たる京都所司代譜代小浜藩主酒井忠義は、すでに戦意を喪失、なすすべを知らなかった。

久光の狙いは、「将軍＝譜代結合」を朝廷の権威を擁して破壊することにあった。強力な朝権の確立、朝廷の圧力による将軍後見職への一橋慶喜の就任、同様なかたちで、老中より上位に立つ政事総裁職の新設、同職への家門・国持大名の二重性格をもつ越前藩前藩主松平春嶽の就任、そのうえでの国持大名勢力の新政権への積極的参画が彼の構想していたところのものであった。

だが、久光の用いた方法は、彼の意図に反し、大名勢力以外の諸ファクターと朝廷との結合をも、始めて可能とすることができたのである。大名制の枠を取り払った武士階級および草莽層と朝廷との直接結合がそれであった。

長州藩に典型的なかたちにみられる武士階級・草莽勢力の軍事改革派としての出発点は、ペリー来航以来主張されつづけた「武備充実論」との最終的な訣別であった。(5) 彼等は、第一に、この間幕府・諸藩ともになんら武備充実と軍事改革がなされていない、第二に、日本側が現体制を温存したままで、徐々に武備充実にとりかかったとしても、欧米諸列強は、それに数倍する早さで軍事力の強化をおこなっているのであり、年がたてばたつほどギャップは広がるばかりだ、との論拠のもとに同論を否定、かわって、破約攘夷→臨戦体制の設定→敗戦という事態をも含む軍事的激変の惹起→国内政治体制の変改→皇室を中軸とし、また民衆の民族意識に即応しうる新たな政治的・軍事的支配体制の模索という見通しを提起する。そして、彼等が全面的な対外臨戦体制の発動を、幕府の奉勅攘夷方針とその軍役動員権能に求める以上、彼等のこの時期の京都での行動は、幕府に破約攘夷の約束をさせること、幕府に全国的な軍役動員をさせること等々、いかに幕府をこの状況に追い込むかに集中するのであった(6)。

六二(文久二)年・三(同三)年の混沌とした政治情況のもとで、幕府につきつけられた選択肢は以下の三つであった。すなわち、①奉勅攘夷体制を強化し、上洛・財政等での朝廷尊崇の諸手段をとることにより、朝廷との結合を深め、朝廷と大名・武士階級との間において、征夷大将軍職という軍事統帥権をあくまでも確保しつづけるか、②征夷大将軍職を辞し、他の大名と同等の資格の大名となって(但し八〇〇万石の最大の大名として)、朝廷を中軸とし、公的意思を創出しうる新政治体制をつくるのか、③または、幕政改革それ自体に反対する「将軍＝譜代結合」の復元力が、もう一度自らの意志を「公儀」の意志として朝廷に押しつけることができるのか。

幕府内部で激しい対立がありながら、結果的には①の線が実現されていく。

まず六二年閏八月、従来有力譜代藩が任ぜられ、朝廷への探題的機能を果たしてきた京都所司代の上位機関として京都守護職が創設され、家門会津藩主松平容保《かたもり》が同職に任ぜられる(7)。同職は単純な所司代機能の補強物ではない。同職は強力な軍事力をもつとともに、所司代・京町奉行をはじめ、畿内の幕府諸機関と諸大名に対し、独自の命令権と非常時大権を有し、また老中の指揮下に入らないところの、半ば自立して幕府権能の主要部分を京地に分有するという、きわめて特異な機関であったのである。さらに、尊王主義と禁裏・京都守衛を前提とした創設経過と任務・指揮体制からして、幕府を介さない朝廷との直接結合や、朝廷からの頻繁な指揮・命令受領も同職の特徴の一つであった。いいかえれば、幕府との深い関係を保持したままの、一種の「朝臣」化のケースなのである。

第二に、幕府は、軍事統帥権維持のため奉勅攘夷体制を敷き、六三年三月将軍家茂が上洛、同月あらためて朝廷から征夷大将軍の任を保証される。

だが、新政治情況のもとでの地位保全の強い意向と、自らが軍事責任のすべてを負わされることへの恐怖との矛盾は増大する一方であり、六三年五月江戸での幕府責任者たちは、五大州を敵にとり開戦するのは、「実に社稷の御安危に拘る」(8)との意見をもって、総辞職するにいたる。

ここにおいて、一大大名としてではなく、天皇・朝廷と諸大名との間に介在する幕府の地位確保という死活のルートをあくまでも固守し、しかも自らの権限の源泉が、「将軍=譜代結合」のところ以外にないということを明確に自覚しつつ、七月、破約攘夷では不可能だが、横浜鎖港ならば大いに努力しなければならないという線まで反対派を抑えつけて幕議を誘導するのが、ほかならぬ将軍後見職一橋慶喜だったのである。

久光の挙兵上京以降の政治過程は、以上のごとく、天皇・朝廷を国家的中軸としつつ、そこに糾合されようとする、不定型の三政治勢力の相互対立が激化する過程であった。これは早晩なんらかのかたちで三者の力関係に結着がつけられなければならない。そして、このイニシアティブを執るのが孝明天皇その人だったのである。彼の国家構想は、朝権が優位したところの、欧米諸列強を「攘夷」しうる「強力国家」ではあったが、そこでは幕府・大名・武士階級の身分制が前提となっていた。が六二年四月以降の事態の進展は彼の個別意志、朝廷上層部の意図よりも、はるかに進んだところで展開していく。理念型としての「国家=天皇」が、独自に破約攘夷派公卿と武士層の一部に体現され、自己運動する。「実に血気の堂上、此儘にては万事只々我意募りて、予〔天皇〕・関白失権」(9)と日夜心配する天皇・朝廷上層部は、六三年八月の天皇親征計画に直面したとき、幕府との決定的対決にのめりこもうとする自己を発見する。

事態がここにいたれば、朝廷内部の厳格な秩序化が優先せざるをえない。「攘夷は其上と申す事」[10]なのである。彼は中川宮をブレーンとし、京都守護職の武力と禁裏九門警備の大名たちを勅命によって動員、長州派武士と長州派公卿を京都から完全に一掃する古典的クーデタの主導者となる。八・一八クーデタにより、主要な三政治勢力のうちの一つは、新しい国家形態の枠外に決定的に排除され、日本は三条らを擁立する長州藩を半独立的存在とする「分裂国家」のかたちをとることとなった。

この情況は、久光をはじめとする有志大名層にとって、自らの政権構想を実現しうる絶好の機会であった。勅命を受け続々と上京する彼等は、一二月、これまた上京した一橋慶喜を交え、二条城内に国事を議する集会所を設置し、同月から翌年一月にかけ、久光・春嶽・山内容堂・伊達宗城《むねなり》等は、慶喜・容保とならんで参与の職[11]に任ぜられ、朝議に参画することになる。この時点での彼等の具体的目標は、長州藩の動きをにらみつつ、自らのイニシアティブをもって対外的「必戦」の体制をつくり（鎖港策ではない）、それと連結する「人目一新破胆」の政策をとるなかで、国内統合を急速に実現し、「上下離心、天下土崩瓦解」[12]を阻止するところにあった。

だが、このような有志大名層の動きを完全に封殺してしまうのが一橋慶喜であった。彼は、極度に弱体化している幕府が再び「公儀」の威権を回復し、排他的な公権力として存立するためには、朝廷への接近とそれへの融合以外にとる道がないことを、幕府内でももっとも知りぬいていた人物であった。この彼がその目的を実現するために解決しなければならない第一の課題が、有志大名層の、彼のそれとは異なる形態での、天皇・朝廷を中軸とした国家構想を破産させることだったのである。

彼の第二の課題は、一方で朝廷により接近し、他方で「将軍＝譜代結合」から明確な距離を置き、自らの自由な行動半径をいっそう拡大することであった。彼は、将軍を大坂城に滞在させ、一種の朝幕京都政権をつくりあげることを望んでいたが、これは「将軍＝譜代結合」のもっている慶喜への反発、京都からの離心力、さらに旧態への復元志向等によって、直接的なかたちでは実現できなかった。彼の実際にとった道は、六二年朝命によって任ぜられた将軍後見職から免ぜられることによって幕府の行為の責任から自由となり、さらにまた朝命によって「禁裏守衛総督摂海防禦指揮」に任ぜられる(六四年三月)ことによって、当時の局面では最重要の意味をもつ京都・畿内全域の軍事指揮権を自らが掌握することであった。容保の場合以上の、より完成したかたちでの「朝臣」化なのである。これ以降、京都守護職とその軍事力は禁裏守衛の指揮下に入り、また四月、京都所司代に容保の実弟で家門桑名藩主である松平定敬が就任、さらに同月京都見廻役が新設され、いずれも慶喜の指揮に従うことになる。「将軍＝譜代結合」から完全に自立した、媒介されたかたちでの朝幕政権(いわゆる「一・会・桑」政権)がここに形成される。

彼の第三の課題は、対外強硬姿勢を横浜鎖港政策にしっかりと結びつけることであった。この姿勢は天皇・朝廷勢力、武士階級および一般民衆に対しどうしても必要であったのだが、他方、彼は自己の依拠する立場上、外交問題での長州藩的な介入はもちろん、抜本的な軍事改革あるいは有志大名による参画すら許容しえない。そうであるならば、場は奉勅攘夷の際のような日本全国ではなく、幕府だけが関与しえ、しかも江戸近辺の地、すなわち天領の横浜となり、交渉形態は外交折衝というかたちをとらざるをえない。

一八六四(元治元)年四月、朝廷は幕府に勅し、(1)政令一途に出るためいっさい幕府に委任、ただし国家の大政大議は奏聞を遂ぐべきこと、(2)横浜を鎖港すべきこと、(3)朝廷を尊崇すべきことを命じ、これらをすべて受けた慶喜・政事総裁職松平直克・老中等は連署して、とくに(3)に関しては、代替りごとの将軍上洛、万石以上家督官位御礼上洛等、尊崇箇条一八ヵ条[13]を奏請、ここに、それ以前からすでにとられていた種々の新政策の追認を含め、新国家形態における朝幕関係が明確化される。

だが、六四年の時点において、世界資本主義市場への封建日本の編入を断固として貫徹し、それを阻み、抵抗するいかなる勢力に対しても軍事力行使を躊躇しないことを決意していた欧米諸列強は、五三年、五八年の事態を大きく上回るところの、第三回目の軍事行動をとり、決定的打撃を日本に加えることに踏み切るのであった。

六四年七月の、長州勢の挙兵上京と禁門の変の勃発は、欧米連合艦隊襲来を前に、軍事力をもってしても京都政局を八・一八以前に強引に引き戻し、外敵と闘う体制をつくりあげようとした、諸隊を組織しはじめた同藩軍事改革派の狙いに起因したが、そこで彼等は完敗[14]、朝敵の名をかぶせられ、さらに主力軍の欠落したままでの八月、英仏蘭米四ヵ国連合艦隊との下関戦争での敗北により、彼等は、欧米諸列強の圧倒的軍事力の優位性を、あらためて認識させられる。この敗北によって、彼等がもっとも痛切に感じさせられたこと、それは、外圧に抗するためには、彼等が従来考えてきた以上の強力な国家的・軍事的集中が必要だということであった。すでに、幕府が攘夷のための全国的軍役動員を放棄し、長州藩が朝敵とされた現在、奉勅攘夷の線を執りつづけることは無意味となり、かわって、六三年薩英戦争の経験から長藩と同様の認識となっていた西郷隆盛[15]をリーダーとする薩藩軍事改革派との間に薩長同盟を結び、国家的・軍事的集中をはばむ幕府そのものの解体(討幕)への方向をとりはじめる。そして当面さしせまっての課題として、幕府の組織する朝敵長州藩討伐軍と闘うべく、防長二州の全民衆を、軍役体制を完全に破砕した強力な諸隊勢力に編成していくのであった。

ところで、一・会・桑政権にとって、長州の朝敵化は、一方で、横浜鎖港政策の一時的棚上げを可能にするとともに、他方で、長州を討伐することによって、国内の「分裂国家」的情況を克服し、形成してきた新たな朝幕国家の排他的公権力の独占を確実にするまたとない好機であった。一橋慶喜は、第一次征長軍の総督尾張前藩主徳川慶勝の純形式的な長州処分(六四年一一月)を激しく非難、「将軍＝譜代結合」の反対をおさえつけ、将軍自らの出馬と、徳川譜代勢力の総動員をもっての第二次征長軍(六五年五月将軍江戸進発)組織の主導者となるのである。

そして、天皇と朝廷上層部は、このような政治過程のなかで、結局のところ、長州藩軍事改革派等の目ざした、外圧を媒介とした全国的軍事・政治改革も、幕府と一橋慶喜の反対を押し切って、朝廷・大名直結政権形成への道をもとろうとしなかったのである。そのような彼等にとって、六五(慶応元)年一〇月条約勅許を是が非でも獲得しようと、摂海に乗り込んできた九艘の連合艦隊の軍事的圧力を前に、大坂に結集した幕府・譜代諸藩の厖大な数にのぼる精鋭部隊がそのなすすべを知らなかった以上、慶喜の激論の前に条約勅許を拒否しえただろうか。彼等には、戻るべき道はすでになかった。

しかしながら、このことは、大多数の公卿にとって、朝廷を幕府や一・会・桑とともに心中させることにほかならない。彼等は孝明天皇の条約勅許行為に憤激しながら、再度天皇の意志=国家意思とし、理念型の国家の中軸に、あるべき天皇・朝廷を位置づけるべく全精力を注いでいく。このためには、第一に朝廷はこれ以上幕府や一・会・桑と共同歩調をとらず、関係を断ち切っていくこと、第二に、新しい朝権の柱石として薩摩と長州を位置づけること、第三に個別の天皇のデスポット化を防止するため近世的天皇・朝廷制度を解体・再編成すること、第四に、対外政策上の確固不抜の朝議を樹立することが必要となる。要するに、明確な王政復古の方針がここで岩倉具視を中心にねりあげられはじめるのである。

3　維新政府と廃藩置県

一・会・桑に媒介されたかたちでの朝幕政権は、条約勅許と、長州諸隊および全国的農民一揆の激発をもっての第二次征長の役の完敗(六六年七月)により、その崩壊期に入るが、討幕勢力の未結集は、その構造を維持させ、慶喜の将軍宣下(六六年一二月)により、いっそう朝幕京都政権の形式を整えすらした。六七(慶応三)年夏以降、幕府力量のさらなる低下は、一方で、討幕派公卿・諸藩の討幕路線の明確化と、他方、大政奉還をおこなうことによっての、幕府・譜代勢力の実質的温存という慶喜路線の対抗を具体化させ、一〇月一四日の大政奉還から一二月九日の討幕派クーデタにいたる二ヵ月間は、京都は息づまる宮廷陰謀におおわれる。

幕府的存在を決定的に排除しつつ王政復古政権を構想しようとした薩藩等により決行された一二・九クーデタ以降、箱館戦争の終結にいたる一九ヵ月の全国的戊辰の動乱において、新政府は、「御一新」をスローガンとし、幕府と朝廷とを極限的にまで対比させ、新政権のもとにおいて始めて民族的国家的集中と民政安定が実現すると訴え、政治参加層の底辺の拡大と自発性の喚起につとめ、自己への諸藩をはじめとする諸勢力の結集に全力を傾ける。

そして、戦時から平時への移行期である六九(明治二)年三〜七月期において、戊辰戦争を朝廷側で遂行した諸勢力全体を律し結合していた正統性の国家的制度化がおこなわれる。岩倉が「大政維新ノ鴻業ハ何ニ由テ成就シタルカト言ヘバ、即チ天下ノ公論ニ由テ成就スト言ハザルヲ得ズ」[16]といった「天下ノ公論」の制度化である。六九年三月、諸藩の公議結集のため公議所が開設され、また四月以降、(1)祭政一致・皇道興隆の件、(2)版籍奉還後諸侯知藩事任命の件、(3)蝦夷地経営の件、(4)信義を尋ね条理を追い、愈以独立自主の体裁確立のための外国交際の件、(5)会計の件に関し、宮公卿諸侯中下大夫上士等に対し国是諮詢がそれなりに徹底的におこなわれる。版籍奉還も天下の公論を聞いたという形式をとって六月許可される。このような「国是確立」と戦没者の「招魂祭」という段取を経て、七月、神祇官・太政官の二官、民部・大蔵・兵部・刑部・外務・宮内の六省と集議院・大学校・弾正台等の国家機構、また留守官・開拓使・按察使をはじめとする府・藩・県等の地方行政機構が定められる。

六九年七月成立した太政官政府(維新政府)は次のような特徴を有していた。

(1)、府・藩・県三治一致体制を前提に、維新政府は諸藩の上に超越的に存在する。維新政府の論理の中では、薩長等が他の諸藩と質的に異なる扱いを受ける論理はいまだ確立していない。

(2)、「天下公論」「公議輿論」の制度化は、維新政府の構造の内部に不可欠なものとして定置される。『太政官日誌』と並び『公議所日誌』『集議院日誌』が作成・頒布される所以である。

(3)、固有の栄典制度と国家的価値序列を、戊辰・己巳戦争賞典や復古功臣賞典等によってつくっていく。その際の価値基準は、王政復古から戊辰・箱館戦争にかけての国家的貢献度より成立し、薩長等特定藩の排他的国家権力の占有とは異質なものであった[17]。

また、維新政府を、その構成する政治諸集団からみれば、薩長土肥等の有力諸藩グループ以外に次の集団が存在する。

(1)、宮廷・公卿グループ――彼等は幕藩体制期から維新期にかけ、独自に種々の諸勢力と関係をもつ。外務卿沢宣嘉が、生野乱後潜伏していた豫州・讃州の豪農・草莽層や戊辰期での北越豪農層と深い結びつきをもっていたのは、その一例である。

(2)、諸藩勢力――彼等は戊辰戦争を遂行するなかで、長州諸隊の例に学びながら、軍役制度を解体、豪農・草莽層のエネルギーを吸収しつつ、諸隊組織をつくりあげる。たとえば久留米藩の新激隊、応変隊、山筒隊等がそれである。

(3)、草莽層の勢力――この勢力は、戊辰戦争から箱館戦争の時期に、もっとも全国的に活性化し、組織されてくる。十津川郷兵や黒谷浪士隊、また北越三隊等は、それ以降も軍事組織として存在しつづける。彼等に共通してみられることは、一方での、在地豪農・郷士層の系譜からくる士大夫的自意識であり、他方での、強烈な朝廷直属意識である。

ところで、六九年七月前後を境として、維新変革は新しい歴史的段階に入りこみつつあった。それ以前は、朝廷・公卿グループ、諸藩軍事改革派、草莽・豪農層等々、あらゆるアクティブな政治諸集団が、より強力な、外圧に抗しうる民族・国家的結集と民政安定を目ざし、旧国家体制とそれを支える諸機構・諸勢力を破壊していく急激な政治運動期であり、民衆の政治的関心への喚起と積極性の引きだし、組織化が生死を決する課題となっていた。だが、これ以降は、旧幕国家機構を引き継いでの国家的編成が課題として登場し、自生性や社会性の尊重ではなく、制度化や序列化・行政化が求められ、土着的な国家観念や風土への愛着の鼓吹ではなく、抽象的合理的な国家への拝跪が命令され、以前には口外がはばかられた西洋的文物・制度が、新国家にとって効率的でありさえすれば、どしどし導入されるべきなのである。しかし形成されはじめた国家官僚は、維新官僚とはいえても、いまだ天皇制官僚とも藩閥官僚とも呼ぶことはできない。第一に、彼等は出身藩から自立できておらず、第二に、天皇制と十分には結合しておらず、第三に、薩長等の出身者は排他的に官僚機構を掌握してはいなかったのである。

では、諸藩連合の上に超越的に定置された太政官政府という、重層的構造をもった維新政府における矛盾とはなにか、二種類のものがある。第一の種類は政府構造そのものより発生する。

まず、政府・諸藩対抗があげられる。維新政府において、権力の正統性を賦与するものは公議所・集議院であった。だが、それは容易に政府と対立、諸藩の不満の結集する場に転化する。たとえば、六九年六月、政府が金札と引換えに諸藩から正貨を供出させようとしたとき、議員は反対建白をおこなうが、たび重なる建白は短期間に全国的に写し取られ、不満が全国化させられる。しかも、維新政府が諸藩の上に超越的に存在しつづけようとするかぎり、構造的に変化のないかぎり、いかに薩長土肥といえども、自らが維新政府と対立関係に陥った場合は、集議院こそが自藩の依拠すべき場とならざるをえない。七〇(明治三)年六・七月、政府は藩歳入の五分の一の兵税賦課を提起、土佐藩は「藩にて兵隊を養、其上五歩一は両税の形」と反対、薩藩権大参事伊地知正治も同様の理由で反対、国家財政を審議・可決する権利を集議院に与えよと主張する。政府と集議院の対立の激化は、政府の基盤の不安定化をいっそう促進する。

次に、君徳培養の問題がある。天皇への教育は、この時期は伝統的朝廷教育を加味した国体論的教育が、平田派国学者や公卿によっておこなわれ、木戸孝允的な維新官僚の意見はなかなか通りにくかった。

さらに帝都所在地をめぐって意見が真二つに割れたままであった。六八年九月の東京行幸、六九年三月の東京再幸、同年一〇月の中宮行啓にあたって、京都は騒然たる情況となる。薩長土肥のグループが遷都を考え、公卿・大名層、諸藩士や草莽層、さらに京都市民が反対にまわる。結局のところ、遷都は決定できず、行幸のかたちをとり、還幸が約束されるが、それも不可能、反対派の弾圧は、政府部内の対立と結び、危険が大きすぎるというジレンマのままに、七一年までこの問題は持ち越される。

第二の種類は、政策上の矛盾であった。

まず、最大の対立は外交問題に現れる。維新政府はなによりもこの問題の解決をもって自らの存在のあかしとしなければならない。このことは十二分に理解されていた。が、現実には、外交の衝にあたる者は「洋癖家」とされ、攻撃する者は「攘夷家」と非難される。国際的諸関係を維持し、安定化することを前提に外交交渉を進めようとすれば、治外法権と低率関税を二本柱とする不平等条約の破砕といった巨大な課題の解決は到底覚束ない。かといって維新政府的構造のもとで国民的力量を結集しようとすれば、それはきわめて容易に政府のコントロールから逸脱し、逆に政府自体を窮地においつめていってしまうだろう。樺太問題の処理をとっても、それはすぐ政府部内を二つに割り、強硬派は実に容易に征韓論派に結びつく。

次にくるのが軍隊編成問題である。幕末・戊辰戦争の過程で、二種の軍事組織が形成される。一つは、豪農・草莽層が人的・財政的担い手となる草莽隊・親兵組織である。その本質は、富裕階層による、栄誉ある志願兵制的軍事組織である。あと一つは、前述したような諸藩の諸隊組織である。彼等は自らを、太政官政府内の「藩兵＝国軍」として位置づけ、その全国的結集こそが、日本の軍事力を組織・強化するのだと思惟する。さらに、諸隊化した諸藩兵にとっては、対外的緊張が強まることが、自らの政治的社会的存在を確実にするための必須条件なのである。

だが、大村益次郎に代表される維新政府がとった方針は、これらを否定、近代的官僚的軍隊組織を上から創設することであった。すでに存在していた二種の軍事組織との衝突は不可避であり、六九年九月、大村は京都で暗殺者集団に襲われ、その負傷がもとで一一月死亡する。さらに長州藩出身維新官僚のとった同藩諸隊解体策は、諸隊の大反乱を引き起こし、七〇年二月、政府はからくも鎮圧することができたが、この反乱は全国を震撼させる。その後も政府の軍事政策は進展をはばまれたままであった。

第三に大学・教育問題がある。この問題は当初から帝都所在地問題と不可分離な関係としてくすぶりつづけていたが、七〇年三月、国体論的色彩を弱めた「大学規則」が制定されたことが、問題を激化させ、大学教官内の国漢両派が結束、政府の大学政策に抗議するなかで、政府は事態を収拾できず、結局七月、関係する大学行政官・教官全員の罷免、大学本校閉鎖の挙に出ざるをえない。そして大学・教育政策の不在は、これまた、反政府派の恰好の攻撃材料として利用される。

そして最後に民部・大蔵合併省の分離問題(=「民蔵分離」)がくる。これまでは、維新政府の政治的基盤と国家機構の中での維新官僚の機能とが抱えざるをえない構造的矛盾とはなにかという点をみてきたのだが、この問題は、維新官僚内部の激しい対立の結果である。大隈重信・伊藤博文・井上馨などは、中央集権性を強化すべく民蔵両省を合併、通商司を設置して全国の流通網を官僚統制下に入れるなど、当初から地方行政担当者と摩擦を起こし、内部の亀裂を拡大、木戸をバックとする同派と大久保利通・広沢真臣《さねおみ》等のグループが対立するなかで、七〇年七月、両省は分離することとなる。

次に以上のような諸矛盾は、どのように展開していったのか。

第一段階は、六九年七月から一一月であり、諸藩の反発、大村暗殺襲撃事件等々があったにしろ、散発的・個別的な動きにとどまっていた。

第二段階は、一一月長州諸隊反乱をもって開始する。第一に諸藩や豪農・草莽層にとっては、この事件は他人事ではなかった。第二に反政府運動が、反乱の際にみられたごとく農民一揆と結合しはじめた。第三に都市部、とくに京・大阪の民衆との連合が憂慮されはじめる。第四に諸隊脱徒と各藩の反薩長派グループが結合しはじめる。第五にこの問題とその処理をめぐって、政府内での意見対立と分裂が加速される。なお、七〇年四月発覚した雲井龍雄事件も、当時の反政府運動の多様性と、事態進展如何による諸グループの連合の可能性をも示しはじめていた。

第三段階は、七〇年七月である。官僚制軍隊編成上不可欠の財政保証では、薩土両藩も反対にまわり、樺太問題では外務大丞丸山作楽《さくら》が強硬論をもって他の政府メンバーと対立、大学は収拾のつかない混乱に陥り、兵部省のおしすめていた軍隊編成もデッド・ロックに乗りあげ、府・藩・県三治一致体制の上にそびえ立っているべき太政官政府そのものが、権力結集核の稀薄な諸勢力の相抗する場に転落、さらに民蔵分離をめぐる木戸・大隈派対大久保・広沢派の対立が深刻化するのだった。もはやこれまでの国家構造のままでは、進退ともにきわまってしまう。そして最後のとどめが、薩藩全体の対政府不満を劇的に表現した、七月二七日同藩士横山正太郎の集議院建白「諫死」事件だったのである。

事ここにいたれば、維新政府体制の維持・再生産は問題でなくなり、同政府体制を変質させ、薩長土肥の藩閥的権力を急速に形成させていくこと、しかもこの中に、西郷以下の薩藩当局と藩軍事力を全面的に吸収しつくし、絶対に反政府勢力の側にまわらせないようにすること、まさにこの一点にその後の岩倉・木戸・大久保らの総力が集中されていく。

その第一が、九月から一二月にかけてのドラスティックな人事政策であり、この中で始めて、それまでは力関係からいって実行できなかった横井小楠暗殺者集団の処刑が一〇月断行される。その第二が、岩倉自らが勅使となって鹿児島にいたり、西郷と薩藩軍事力を上京させることによって、新たな権力核を確立することであった。

だが、動は反動をよぶ。政府の強硬策は反政府派をも強硬にする。一一月に入るや、政府がもっとも恐れていた反政府諸グループ・「脱徒」と広範な農民一揆との結びつきが現実の問題となってきた。日田に大一揆が勃発、同月から一二月にかけ、北信一帯に藩・県権力を圧倒する一揆が荒狂い、一一月、三陸地方にも一揆が広がる。さらに東京・京都の各藩邸の動向そのものが、政府の厳戒すべき対象そのものだったのである。

政府は全神経を張りつめ、全国各地の動向を凝視する。一揆が、諸藩士が、草莽が個々ばらばらに動くのか、あるいは二者が結合するのか、または全国的連絡のもとに展開していくのか。この緊張が頂点に達しようとした七一(明治四)年一月九日、岩倉・大久保・木戸らの西下した後の東京の総責任者的地位にあった広沢が暗殺される。嫌疑の対象は藩体制そのものと薩長土肥グループ以外すべての在朝官人に拡大、三月七日、公卿外山光輔捕縛を皮切りに、在官者の反および非薩長土肥系人物の総罷免が強行され、事の本質は誰が権力を保持するかの一点にしぼられる。兵部大輔山県有朋は同月一六日、「当今ノ形勢熟思仕候ニ、厳緩ノ目的位ニてハ百事瓦解、只可学秦始皇也、外ニ好手段ハ無之、暴断暴行ト唱、全国ノ人心一時戦慄仕候様無之てハ、大有為ノ目途ニハ達不申」[18]と断言する。

薩長土三藩の精鋭部隊の上京命令が二月一三日、四月、石巻と小倉に鎮台設置、六月五日、親兵第二連隊第一大隊半大隊四小隊は石巻鎮台白石《しろいし》分営出張を命ぜられ、同月一九日白石城に入城、そして調練始めは、まさしく廃藩置県の当日、七月一四日のことであった。

4　留守政府と征韓論分裂

廃藩置県クーデタにより、諸藩連合の枠組みの上に定置された維新政府にかわり、最大限の国家的集中を狙う旧薩長土肥四藩連合政権[19][20]がここに成立する。クーデタの結果、国家権力の正統性の重点は、「天下公論」から、旧四藩が従来の維新変革を先導してきたという歴史的「事実」に急転する。が、このことは同時に、旧四藩が団結した統体として存続しなければならないこと、これまで解決されなかった維新変革の国家的諸課題が彼等によってすみやかに処理されねばならないことをも意味するのである。さらに旧四藩連合の結集核を形成し、全国士族層の反政府感情の悪化をくいとめたものが薩士族軍団とその指導者西郷隆盛であった[21]。西郷が新政権のカナメ的機能をになわざるをえなかったこと、これも廃藩置県クーデタの論理的帰結であった[22]。

新政権は、クーデタと廃藩の正当性を、「万国対峙」体制を創出するためという一点にしぼる。この二〇年間、弱化し、解体されつづけてきた国家機能の十全の展開を、不満にみちた士族層も含め、国民の前に示し、国家権威を急速に確立できるかどうか、まさにこの一点に発足以来の新政権の命脈はかかっていた。ここに、欧米諸列強の条約改正要求に先手をうち、[23] 彼等の交渉開始を引きのばし(その間に改正に必要な国内体制を強引に造成し)、さらに、不平等条約の廃棄そのものを狙い[24]とする新政権総力をあげての岩倉使節が一八七一(明治四)年一一月に米欧に向け出発する。その意気込みは、岩倉自身、「此度使節の義は、興廃を一挙に決候程の心組」[25]と語っているとおりであった。[26]

だが、国際政治の現実と、欧米資本主義が世界的体制として展開していた不平等条約体制の重圧は、彼等の切望と楽観論を完全に破砕する。[27]「使節は痛く失望した。彼等は、自分たちがそこにあらわれるだけで、すぐさま、彼等の最高の野望、治外法権の撤廃が実現すると思いこんでいた。そのことが不可能となった瞬間から使節は重い心とともに旅をすることとなった。[28] 周囲の華麗さ、上流社会のあたたかい応接や貴婦人たちの優雅なほほえみも、もはや彼等をなごませることはなかった」(『ジャパン・メイル』一八七四年一月一七日号)。

使節団の現実が、当初の壮大なもくろみ(しかもこれは、新政権の成立過程から必然化させられたものであった)と大きく相違したことにより、[29] 西郷をはじめとする留守政府が、国内の政治諸関係からもいやおうなしに突きあげられながら、国家的能動性を顕示する主体となっていく。[30]

最初の動きは、日本が能動的にアジアの大国との間に国際関係をつくっていくのだとのイデオロギーを展開しながらの、日清修好条規締結交渉であり、批准書交換につづいておこなわれた外務卿副島種臣の、欧米公使に先立っての同治帝への単独謁見の強引な実現(七三年六月)も、国内の反響を十二分に計算に入れてのことであった。[31]

第二の動きは、一八七二(明治五)年九月、琉球慶賀使を上京・参内させ、国王を藩王に封じたことである。[32]

第三の動きは、朝鮮との国交樹立であった。しかも、一八六六年九月の米国シャーマン号事件、同年一一月の仏艦撃退、七一年六〜七月の米国艦隊撃退と、三度までの欧米側の対朝鮮攻撃の失敗後にあっては、日本が朝鮮に対しどう動くかはきわめて国際政治的重要性を帯びてきていたのである[33]。

だが、この課題は朝鮮側の強硬な旧規旧例固守政策に直面[34]、なんら進展を示さず、朝鮮の態度は日本を侮辱していると激昂する士族層は、七二年の段階から強力に征韓論を主張[35]、徴兵令の発布は朝鮮との開戦切迫との流言[36]と結び、人心を恟々としたものにおとしいれる。そして、この喪失しつづけた国家的権威の回復を主張する士族層の動きを廃藩置県前よりいっそう全国的なものにする物質的基盤が存在する[37]。クーデタにより失った彼等の「常職」をどう設定するかであり、これなしの秩禄所得はますます「坐食」の誹謗にさらされるだろうことであった。

他方、発足以来の新政権・留守政府内では、新しい国家とそこへの士族層の編入方法に関し、なんらの方針・合意も存在しない。きわめて漠然とした士族層全体の、少なくとも消極的中立を確保することが当面要求されていることである。駐日英国代理公使ワトソンは、七二年一二月一九日、「今の政府は強力を有している。政府は支配的地位から転落した者たちによって特定の階級や党派のために働いていると非難されることもありえない。政府は現時点ではサムライ階級の全体を支持している[38]」と政府に報告する。このきわめて微妙な構造の上に国家を安定させ、その権威を確立させようとするとき、しかも条約改正という当初の共通目標の実現が不可能となり、さらに士族層自体が異常に政治化せざるをえなくなってきているとき、留守政府の、外交的困難を軍事力をもって解決しようとする少しの姿勢すらもが、士族層の驚くほどの活性化を引き起こす。

ところで、東アジアでの日本の国家権威を軍事力で形成しようとする動きは、その障害が少ないと考えられた台湾出兵計画において最初に現実化する。人民保護義務を有する政府が、琉球漂流民五四名を殺害した台湾現住部族を処罰するというのが名分となる。七三年八月一八日、パークスは、台湾出兵の目的は、「軍事的名声を確立し、極東での日本の権威を増大させるところにある[39]」と政府に報ずる。

「万国対峙」を国民糾合と国家形成の基軸にしながら旧四藩連合政権が成立したにもかかわらず、条約改正事業の挫折と連動しつつ、留守政府は、東アジアでの国家権威の確立を方針化し、積極外交にとどまらず、[40]しだいに軍事行動すら日程にのせはじめ、[41]しかも、その軍事行動の展開計画には、士族層の介入を防禦する一線がまったく画されてはいなかった。[42]新政権成立当初、維新鴻業の柱石旧四藩の結合をもって正面突破、国家権威の確立を狙った政治集団内には、七三年初頭には、もはや修復しがたい亀裂が走りはじめていく。

廃藩置県によって、旧四藩人士が官職の中心を占める全国的新県の設定が第一に引き起こしたもの、それは在地性の鋭い否定であった。だが、在地性の否定はすぐさま中央集権的、天皇制官僚的支配の確立を意味しはしなかった。まず新政権の一挙的全国府県支配の実現は、地方支配の衝にあたる大蔵省のきわめて専制的かつ画一的行政となって現れざるをえない。[43]このことは、一方において、大蔵省の重圧と、民衆の下からの強い不満との間にはさまれ、矛盾の凝縮する場に置かれた各地方の民政担当者をして、新しい地域統治と行政のあり方を切実に要求させていくとともに、他方、創業期の各省が、それぞれ地域行政を展開する過程で、行財政の全権をにぎる大蔵省との間に激しい対立をつくりだしていく。結局後者の問題は、七三年五月、歳入出決定が正院専掌事務とされ、井上大蔵大輔が辞職することで結着がつけられる。

この劇的事件は、藩閥対立の結果であるとともに、留守政府固有の矛盾の結果でもある。新政権は、薩長土肥旧四藩の連合政権であった。同政権は、国家権力の掌握のために、外に向かって防禦的に強固なまとまりをみせたにせよ、求心的な権力核とでもいうべきものは、西郷の人間的威信を除いては、なんら存在してはいなかった。維新変革の柱石四藩のほぼ対等なかたちでの連合政権のみが、かろうじて権力の正統性を外部に向けて主張しうるのであるかぎり、その内部の諸省間で対立が発生したならば、簡単に解決することは不可能であった。唯一の方途は、行政府たる諸省と立法府ならびに権力の中枢である正院を峻別し、参議を増加させ、正院でなんとか連合政権的なまとまりをつけることだったのである。だが、正院ですら結着がつかなかったときはどうなるのか。また、このような連合政権の論理からして、そこから官僚制的支配の根軸となり、しかも官僚制そのものを形成していくべき硬度な権力中枢自身が容易にはつくりだされてこないことにもなるのだった。

ただし、深刻な財政問題の展開のなかで、問題の所在がどこにあるのかが、しだいに明白になっていく。すなわち、唯一の削減の可能性のある華士族秩禄支出に対し、政府はいかなる態度をとるべきなのか(44)。

留守政府の中央集権的支配は、単なる専制的支配ではなく、新政権の最大の野望、すなわち条約改正を可能にしうる国内体制の「鋳造」こそがその狙いである(45)。法制度では七二年初頭からナポレオン法典の導入が図られ(46)、ヨーロッパ法の導入によって条約改正の前提を創出する課題(47)と天皇制強化の課題との兼合いが鋭く問われていたが(48)、キリスト教解禁の問題はより深刻なものがあった(49)。条約改正でなんらかの前進をかちとろうとするかぎり、禁教は不可能であり、かといって全面解禁は、焦眉の課題である天皇制強化政策と矛盾する。この矛盾を解決しようと全国的に展開されるのが留守政府の教部省政策である(50)。一方で邪宗門高札を除去し、他方で神職・僧侶すべてを教導職に任命、天皇崇敬・国体尊崇・キリスト教邪教観を民衆の中に教化活動として浸透させていこうとする。その際も民衆動員は、大区小区の惣代・戸長らの行政命令によっていた。このように、「文明開化」は単なる社会現象ではなく、条約改正の基盤づくりを狙いに入れた国家的な社会「鋳造」の強引な過程と不可分離な現象であった。ここで対立し衝突せざるをえなかったもの、それは伝統と土着性を頑強に有した日本社会そのものだったのである。『ジャパン・メイル』(一八七三年一月九日付『ノース・チャイナ・ヘラルド』引用)も、「新しい諸法令への鋭い不満が日本人の中にあふれている。政府は国民の進歩を押し進めようとする余り、進歩そのものを民衆に嫌悪させる道をまっしぐらに突き進んでいる」と非難するようになる(51)。七三年の大分・越前・北条・松前・鳥取、そして六月の福岡県大一揆をそのピークとする全国各地の大規模な続発しつづける農民一揆は、留守政府の強引な「文明開化」政策と民衆との間の深刻な矛盾の暴発にほかならなかった。七三年七月八日、パークスは、この原因を租税金納化政策に求め、さらにこう続ける、「この原因に加え、民衆は宗教・教育・徴兵・服制・髪型・暦・多くの新税など、あらゆる分野にわたるたえまない立法に悩まされ続け、この性急で過度な立法措置がとうとう抵抗を生みだした。民衆はこのような政府のやり方に真正面から反対し、一様に旧慣への復帰を求めている。もっとも憂慮すべき蜂起は福岡のそれである。なぜなら、サムライが農民と結びついており、農民に指導者を供給している。この結果、彼等は県庁所在地の占領に成功し、城を破壊し、多くの県官を殺害した。事態はあの悪名高い井上・渋沢建言書が予言したとおりに進展しつつある」(52)と。

新政権に対する華族・士族層内部の政治的不満は、旧有志大名のリーダーであった島津久光にその代弁者を見出す。七二(明治五)年六月、鹿児島に行幸中の天皇に差し出した彼の一四ヵ条意見書は、たちまちのうちに全国に流布し、『タイムズ』(七二・一〇・四)にも報道される。西郷は旧主と折合いをつけるべく、同(明治五)年一一月やむなく帰鹿、行幸供奉中久光のもとに伺わなかったことに関し謝罪書を提出する。(53)留守政府は、重大な存在になりつつある久光をなんとか上京させ、彼と妥協できる線を見つけだしながら、事態をのりきろうとする。七三年四月二三日、久光は勅使に従って着京、この際彼は数百の帯刀の家臣を引き連れ、社会に異様な衝撃を与える。(54)同月一九日、後藤象二郎・江藤新平・大木喬任が参議となるが、久光の政治舞台への登場と、それに対抗しての正院強化は、対応した動きであった。また久光の上京は、肥前をはじめ各地の封建党的結集をつくる跳躍台となったのである。(55)

留守政府の中心人物で、薩藩軍事改革派の首領であった西郷は、久光や封建党のように、徴兵令に反対し、あくまで士族層の特権に固執し、身分差別を維持していこうとする立場(56)に基本的に反対だった。だが徴兵令(57)に反対せず、それに一定の意味を認めたことは、必ずしも軍事官僚制への突進や、士族層への敵対的関係を意味しない。幕末期から一八七六年頃までの日本は、今日ではもう想像できなくなったほどのさまざまなモメントの組みあわせの可能性があり、またさまざまな諸集団の結合の可能性があった。天皇制国家の成立過程は、このような種々の可能性のどれが現実性に転化するかをめぐっての、久光的コースまでも含めての、激しい政治闘争の過程にほかならなかったのである。第一に薩摩の士族軍団が徴兵令によって解隊されることは問題にならない[58]。第二に西郷は幕末からの外圧の強さ[59]からいって、国家の必要とする軍事力は強力なものにしなければならないと考えていた[60]。他方徴兵令で創出されるものは、内乱鎮圧を目的とした平時最大兵員三万強にすぎない。外圧と闘い外患に処するには、自ら育成してきた士族軍団を先頭とし、必要となった場合には各地の士族層を動員するほかない[61][62]。

ところで、輦轂の下に三藩軍事力を結集、クーデタをもって国家権力を掌握した新政権は、「万国対峙」をスローガンに、中央集権を徹底化しつつ、維新変革での最大の課題・国家的自立を一挙にかちとろうとする。その旧四藩連合政権の中心に西郷は位置する。が、新政権の期待をかけた条約改正事業は、欧米列強の厚い壁にはばまれて少しも前進の気配をみせず、国内での上からの中央集権的方法をもっての社会「鋳造」は民衆の抵抗に阻止されて停滞させられ、徴兵令の布告は、士族層の不安と不満を増大させる。このような立場に追いつめられていった西郷に、久光は、留守政府の方針をこのまま継続して、当初の広言どおり、「万国対峙」「御国威盛大」がかちとられるのか、と鋭く詰問するのだった[63]。

だが西郷は久光的方針にけっして与することはできなかった。七三年五月、久光の手勢数百を退京させるのは、ほかならぬ西郷の「兵隊」だったのである[64]。とともに、この行為は、久光等が突きつけてきた西郷・留守政府批判に、明確な回答を与えなければならなくなったことをも意味する。しかも士族層の不満は福岡のごとく、全県一揆にその一部が加わるか、あるいは好意的対応をしはじめてきたことによって、留守政府の事態打開の緊急性により拍車をかけるのだった。

ここに、七一年七月、廃藩置県クーデタにより成立、維新の事業を正面突破的になしとげようとした旧四藩連合政権は、決定的分裂の道に入りはじめる[65]。西郷らは、中央政府の強化、国家の確立を、はっきりと軍事行動による国家権威の展開と結びつけ、農民一揆と結合の危険性すらある士族層をこの方向に巻き込み、[66]「士気」を高め、[67]また彼等を部分的に国家的軍事力の中に編成していこうとする。そして条約改正のコースを、日本の極東における軍事的・国家的権威の強大化の中に見出していく。[68]西郷はこの方向への突破口として朝鮮問題を位置づける。[69]

だが、中央政府強化を目ざしての西郷的方向の明確化は、同時に、同じく中央政府強化を狙っての岩倉・大久保的方向を明確化させることにもなる。[70]彼等にとっても中央政府主導によって国家権威を確立することだけが、自らの国家支配を安定化させるのだということに関しなんらの疑念もなかった。が、西郷的方式をもっての朝鮮への軍事侵略は、士族兵の動員を必然化し、徴兵制的軍隊編成への展望を閉ざすとともに、国家内部に制禦しようのない軍事集団を、従来より大きな比重でかかえこまなければならなくなる。これは絶対に回避すべきである。

八月一七日の西郷遣使内決から一〇月二五日、征韓論分裂による西郷ら五参議下野、岩倉・大久保政権成立にいたる二ヵ月間は、権力頂点部分での激烈な政治闘争の過程であり、その中で、八月二二日、副島は日本軍の朝鮮侵略に際し、露領上陸許可を駐日露国公使に依頼、[71]その構想は、士族層を中心とする五万の兵力を朝鮮北東・北西部に送り、退路を断った後、二方面より南下、勝利後、朝鮮よりの歳入をもって士族層の秩禄部分にあてるというものであった。[72]

両派の一歩も譲らぬ、日増しに激化する対立は、太政大臣三条を一時的錯乱状態にまで追いつめる。そして、この連合政権の収拾しようのない混乱に終止符を打つことができたもの、それは唯一明治天皇の決断のみであったのである。[73]

5　岩倉・大久保政権と台湾・朝鮮問題

権力中枢部に強力な結合力を樹立し、薩長出身者の国家官僚的結集を狙った岩倉・大久保政権が直面したのは、一八六七(慶応三)年冬と同一の、混沌として、見通しのまったくきかない政治情況だった。だが、この事態を的確に把握し、果断に対処するなかでしか、岩倉・大久保政権と藩閥官僚制は確立されない。[74][75]

第一に、同政権には国家支配の正統性が欠如したままである。[76] 太政官分裂・旧四藩連合なる正統性形式の突然の崩壊は、すぐさま(七四年一月)、板垣らの「民選議院設立建白」と「有司専政」批判を生みだす。[77] これに対処するためには、国家官僚制のもとで、国家権威を急速に実現させるか、さもなければ旧四藩連合形態を自己の統制下に復元し、国民的要求が結合しようとする当の個人や政治集団を国民から切断するかのいずれかしかない。また正統性の崩壊は、大名・公家華族の政治的結集をも可能とし、その中心に久光が位置するようになる。[78]

第二に、国家支配における軍事力編成の問題がある。[79] これは太政官分裂直後の薩土近衛兵瓦解問題にとどまらない。全国の鎮台兵は東京の一部を除き、依然としてすべて壮兵、しかも士族層の動揺を直接に受ける。このため、政権としては、士族層が政府攻撃をおこなう武器となるナショナルな課題、国家権威の問題に決して受身の立場をとらず、国家官僚制的方法で解決することで、士族層の手からナショナルな課題を奪還し、彼等の反政府的国民結集の名分を消去するとともに、鎮台壮兵と政府にはさまれ、もっとも矛盾の集中した位置におかれている軍将校を、士族の側ではなく、軍事官僚として形成されていくコースに、是が非でもひきずりこまなければならない。

だが、事態は政権の予想をはるかに越え、[80] 七三年一二月の鹿児島分営の放火・解隊、熊本鎮台内の暴動、高松分営の動揺、七四年一月の東京の鹿児島県士族邏卒罷免から、同月の赤坂喰違坂事件等と発展、ついに二月の佐賀の蜂起にいたる。しかし、その波及を阻止し、大久保自身の陣頭指揮により佐賀士族の蜂起を敗北させえたもの、それは戊辰戦争期とは異質の軍事情況の出現であった。七一年から三年にかけ全国的に確立した電信網を掌握することにより、政府は各地の蜂起のみならず、前提となる動揺のニュースすら瞬時にして入手でき、即座に対応することが可能となる。大規模な蜂起に必要な波及・連絡・合意形成といった貴重な時間(それを幕末の軍事改革派は持ちえ、その中で自己をきたえあげたのだが)を蜂起者側はもはや所有することができない。さらに政府側に集中された蒸気船団は、迅速な兵員輸送を少なくとも国内においては可能にしつつあった。ここに、日本での官僚制、とりわけ軍事改革派から分岐しつつあった軍事官僚制が形成されうる物質的基礎がある。

が、佐賀の乱鎮圧は、たんに士族層の機先を制したにすぎない。薩士族の動きを制御するだけでなく、鎮台兵の全国的動揺をくいとめなければならない。台湾出兵をもっとも積極的に主張するのは陸軍の将校だったのである。[81]

国民保護・国権擁護を理由にしながらの四月、台湾への大規模な軍事行動は幕末維新期を通じて始めてのものであり、全国の耳目を集中させ、対外戦争の期待をもった士族層をまがりなりにも統制下におくことができた。[83] そして、この外征行為をもって創出した国内情況を安定化させるために、「礼服復旧」・「兵士復旧」[82]の主張者として天下周知の久光を、三条太政大臣の次席、岩倉右大臣より上席の左大臣に任ずるのが、同じく四月二七日のことである。[84]

だが、岩倉・大久保政権が国内掌握を図るため外征政策をとったことは、国内的矛盾を国際的矛盾に転化したことを意味する。ここでは、相手側の出方は日本の統禦できる性格のものではない。原住民への戦闘は、五月下旬から六月上旬にかけ、早くも終了する。が、清国政府の黙諾のもとに、台湾出兵を成功させ、国内のナショナルな問題を梃子としての士族層の反政府連合の名分を取り除くとともに、岩倉・大久保政権のもっとも必要としていた国家権威を自らの統禦できる軍事力をもって獲得しようという当初の甘い目論見はすでに破産していた。――清国政府の強硬な撤退要求は国民の間で周知の事実になっており、その中で日本軍が撤退できるのか。撤退は同政権の脆弱な威信に致命的な傷をつけ、反政府諸集団の結束強化に絶好の口実を与えるだけである。この事態は是が非でも回避しなければならない。かといって撤退しなければ、日清開戦という最悪の事態すら覚悟せざるをえなくなる。[85] だが、その際は大規模な長期戦以外ありえず、現有常備軍だけで遂行することは不可能となるだろう。とすれば、士族層の軍事編成以外なにに依拠できるのか――。しかし、まさにこの点こそ、岩倉・大久保ラインが太政官政府分裂を賭しても阻止しようとした当のものではなかったのか。深刻なジレンマに直面した岩倉・大久保は、ついに七月八日、撤退せず、開戦やむなしと決定、戦争準備を始動させる。[86] 彼等は勝利の展望をもっていたわけでは決してない。また、開戦した場合、国内の事態がどうなるかも、あまりに明白に見えもしていた。が、他の通路がすべて自己の政権の命運をふさぎ、この方向のみが可能性を示しているとかぎわけたとき、彼等はためらうことなく決断する。Salto mortale 必死の跳躍が開始する。[87][88]

その規模・期間ともに予想がつかない日清開戦に対しては、現今政府はあまりに基盤が脆弱であった。開戦に際しなによりも必要となる安定した戦争指導内閣を形成するために、開戦と同時に西郷・木戸・板垣らを呼び戻すことが決められ、あわせて開戦とともに士族に武職を賦与することが検討される。[89][90] 後退枠としては、旧四藩連合政権の枠組みが彼等にとっては唯一のものであった。八月一七日には地方官会議の延期が決定、九月八日には一八四九(嘉永二)年より五一(同四)年出生壮丁の臨時徴兵が布告、さらに同月二八日、日清開戦に備え、あらゆる準備がなされねばならないとの太政官達が全国に達せられる。戦争への予感が国民をおおいつくす。そして当該局面の重みを一身に負って全権弁理大臣大久保利通が北京に到着するのが九月一〇日のことであった。

だが、士族層を動員しても開戦を辞せずとの日本側の徹底した強硬姿勢が、土壇場において岩倉・大久保政権を救出することとなった。[91][92][93] 清国は最終局面で結局戦争には踏み切ることができなかった。撤退を前提に清国は日本の出兵を非難せず、金を支払うとの条款の両国調印が一〇月三一日、逆転劇ともいえるドラスティックな状況急変の中でおこなわれる。岩倉・大久保政権は Salto mortale 必死の跳躍に成功した。[94]

七三年一〇月、征韓論分裂で誕生した岩倉・大久保藩閥官僚政権は、日清間の軍事緊張をギリギリのところまで詰めきり、一つの回答を引き出すことによって、換言すれば、東アジアの国際関係に媒介されて、始めて自己の有していた可能性を現実性に転化することができた。[95]

なによりもまず、権力政治的意味での国家権威なるものの実物を、岩倉・大久保政権はここに始めて入手することができた。

第二に、士族層から、彼等が国民結集をしようとする際用いるナショナルな名分のうち重要なもの（＝「国民保護」）を一つ、政府は彼等からもぎとることができた。

第三に、形成されつつある軍事官僚に、彼等の位置と力量に自信を与え、また軍事改革派や士族層への彼等の結合や連動の可能性を切断するめどを政府はもつことができた。

第四に、次の国権的課題になるだろう日朝国交樹立問題で、政府はかなり明瞭な見通しをつけることができるようになった。清国の出方とその力量、その際の士族層の動員の必要性如何、等々、一〇月までまったくといっていいほど予測のつかなかった東アジアの国際政治とその力学を、彼等はいまやわがものとすることができたのである。(96)(97)

国家権威の獲得によって岩倉・大久保政権が最初に手に入れることが可能になったもの、それは英仏駐留軍の七五年二月横浜撤退であった。パークスは政府の安定性に、最終的に確信をもつことができたのである。維新政権以降、国家主権の一目瞭然たる侵害として、たえまない政府攻撃の手段とされ、政権のノドに突きささりつづけてきた鋭い魚骨が、ここに除去される。

だが、岩倉・大久保政権にとっての不安定要因は依然として大きかった。一方で、その内部に華族・門閥士族層の政治潮流を代表する左大臣島津久光を抱えざるをえなかったし、他方、台湾出兵に消極的だった長州閥との関係の改善は焦眉のものとなっていた。とりわけ大久保と対等な地位にあるとみなされていた木戸孝允は台湾出兵そのものに反対、七四年四月参議を辞しており、木戸を政権内部に取りこまないまま、内外政策を展開できるとは岩倉や大久保等は決して考えていなかった。

岩倉・大久保等が、木戸との和解、彼の入閣によって薩長藩閥の結合をより本格的なものに発展させようと考えれば、(98)木戸は木戸で、彼の持論であった漸進的立憲政体への方向を彼等に認めさせるとともに、薩閥に対抗しうる自らの勢力基盤をつくっておくためにも、板垣・後藤等を自己とともに政府に引き入れようとする。さらに板垣の立場からすれば、民選議院設立建白の一石が、何人の予想をも越えて急速に全国にその波紋をひろげ、士族層と豪農層とを結びつけていったのに自信をもちつつ、木戸と連携入閣することによって自己の影響力をつくりあげようと決意する。ここに七五年二月、大阪会議での「立君定律」といういきわめて解釈幅の広い確認とともに、木戸・大久保・板垣は、思惑を異にしたまま、ともに政権を担うことに合意、三月の木戸・板垣の参議任命、四月立憲政体の詔勅、元老院・大審院の開設という運びになる。この時点では、岩倉・大久保ラインは、人的関係の形成を主導する主体的力量をいまだ有してはいなかった(岩倉は大阪会議に不満、以後参朝しない)。むしろ木戸が地方官会議や元老院での前面に押し出されてくる(99)。だが彼は、岩倉・大久保ラインと異質な漸進立憲主義の具体的な担当主体を見出せるだろうか。七月ころまでに彼が理解せざるをえなかったこと、それは、岩倉・大久保的な藩閥官僚的コースと、板垣が代弁する初期民権的コースとの間に架橋し、中間に漸進主義を体現する政治主体を創出しようとする自己の狙いがいかに困難であるかということであった。しかも岩倉・大久保政権の主流勢力は、民権運動の全国的進展を阻止し、形成されつつある自律的「社会」から政府批判能力を奪うため、六月二八日、讒謗律と新聞紙条例を公布する。政治レヴェルでの取込みと社会レヴェルでの抑圧との結合という天皇制国家の本質的特徴がここにその姿を現しはじめる。また元老院章程自体の改悪作業も法制局長官伊藤博文のもとに押し進められようとする。板垣的立場からすれば、政府内にとどまるかぎり、ある時点で自らの政治的立場を明確にし、局面突破を図る必要性をぬきさしならないものにしていくのである。ここにおいて彼は激しく参議・省卿の兼任禁止と参議への権限集中の実現を主張することとなる。

板垣の動きに対応しつつ、三条の指導力の欠如、岩倉の不参朝等々の状況下で華族をバックに左大臣久光の行動も活発化する(100)。彼は局面のヘゲモニーそのものを掌握しようとする。九月末にいたると、木戸は、久光派と板垣派の連携の動向をにらみつつ、これまで回避しようと努めてきた薩閥との提携によってしか、事態乗切りは不可能と考えるようになる。漸進立憲主義は放棄されねばならない。

薩長藩閥官僚政府の未確立からくる諸党派の錯綜した構造と運動は、七五年九月二〇日の江華島事件の勃発によってきわめて明瞭に現れる。(101)

久光は朝鮮問題＝国権問題の全面的浮上と士族層の異常な活性化を背景に、従来の持論を実現すべく、一挙に三条の追落としを図り、板垣と組んで政権改造を遂行しようとする。(102)

他方、この事件の勃発は、これまで自己の政権の不安定さのため、政権強化と政権基盤拡大の間の矛盾に悩まされ、久光勢力・板垣勢力を含まざるをえず、木戸との間（薩長藩閥形成が順調にいくかどうかということは、政権にとっては死活の問題である）も円滑にはいっていなかった岩倉・大久保政権にとってまたとない好機となった。

第一に、木戸を板垣と対立させつつ、政権の主導力の側に引きずりこむことを可能とする。

第二に、永年の懸案であった朝鮮問題を軍事力を駆使しても「解決」させ、権力政治的意味における国家権威を確立するとともに、軍部を完全に政権の指導のもとに従わせ、軍事官僚として固定化するとともに、あわせて士族層から国民結集のスローガンとしての「征韓論」を最終的に奪いとることによって、廃藩置県以降、未解決のままだった士族と国家との関係（西郷と薩士族も含め）に決定的な結着をつけることを可能とする。

第三に、第一、第二の見通しがつけられるとすれば、七二年以降、政権組織上不可欠の構成要素だった久光勢力の放逐という歴史的課題を解決することが始めて可能となる。また板垣勢力の排除も、木戸が完全に薩長藩閥結合の側に歩みよったことによって可能となる。

そして、征韓論分裂と質を同じくするこの劇的な局面急転に決定的役割を果したのは、またしても明治天皇であった。彼は事件の報に接するや、一〇月三日岩倉に政局復帰を命ずる勅諭を下し、板垣の主張を退け、二二日久光上奏を却下する。一〇月二六日、久光と板垣が宸裁を得た後政権から排除され、翌二七日、この強硬な正面突破政策を唯一保証するものとして、「開戦を辞せず暴挙詰問せん」との明確な方針が樹立される。

6　一八七六年の転換

七六年二月、国権外交の強行による日朝修好条規の締結[103]が、薩長藩閥官僚政府の主導により、士族層の介入なしに実現されたことによって、幕末以来の根本的課題であった国家権力の確立問題は、支配の正統性の局面を棚上げにしたまま、ここに一応の結末を迎えることとなる。岩倉・大久保政権は、藩閥官僚制的方法をもって国家権威をしっかりと手に入れ、軍部を軍事官僚として確定させ、士族層の掌中から国民結集の「大義名分」として駆使されてきた国家的諸課題のうち、条約改正を除き、ほぼすべてを取りあげることができた。士族層の武職常職論をもっての国家権力への編入の可能性は、ここにようやく消滅する。

薩長藩閥政府による東アジア国際関係の樹立と、そこでの権力政治的意味における対外的な国家権威の確立[104]は、そのまま国内政治にみごとに表現されていく[105]。従来は国内的政治力学から実施が不可能だった諸施策が、いまや実行可能になったとして全面的に士族も含めた国民に臆面もなく押しつけられてくる[106]。廃刀令布告が七六年三月、政府の意のままに新聞・雑誌そのものの発行を禁停止するようになるのが七月、そして金禄公債証書発行条例の布告が八月のことである。

このように考えるとき、一八七六年は、幕末以来の基本的政治課題であった国家確立をめぐる路線の対立と抗争に終止符がうたれ、維新変革の時代が終了する年であるとともに、それにかわり、薩長藩閥官僚政府がいかに社会的諸階級・諸集団を自らの国家の枠の中に包摂していくのか[107]、また逆に社会的諸階級・諸集団が自らの自律性と諸集団の連合・提携によって、いかにその圧力に抗し、日本の社会的力量を形成していくかという新しい段階での闘争の出発の年ともなったのである[108]。

(1) 吉田東伍『維新史八講』(冨山房、一九一〇年)一八頁。
(2) 小野正雄『幕藩権力解体過程の研究』(校倉書房、一九九三年)第二章「井伊直弼の下での幕政」参照のこと。
(3) 幕末期の天皇と朝廷を思想史的に扱ったものとして、吉田昌彦『幕末における「王」と「覇者」』(ぺりかん社、一九九七年)がある。
(4) 宮地正人『天皇制の政治史的研究』(校倉書房、一九八一年)第三章「幕末過渡期国家論」に詳細は譲る。
(5) 『日本思想大系56 幕末政治論集』(岩波書店、一九七六年)所収、久坂玄瑞「廻瀾条議」(文久二年八月一日)参照のこと。また膳所藩儒で有志者の高橋作也(正功)も、「唯兵の強きを是れ欲し、兵の衆きを是れ求む……十数年の後を期すと雖も終に得べからざるのみ」「兵の強弱は衆寡に在らずして勢の屈伸に在り、兵の勇怯は衆寡に在らずして気の充餒《じゅうだい》に在る也、……嗚呼勝敗は兵家の常、禍を転じて福と為し、小敗に因りて大勝を得る者有らざらん乎」(『修補殉難録稿』中篇、四三二～六頁)。
(6) この時期の幕府軍制改革については、三谷博『明治維新とナショナリズム』(山川出版社、一九九七年)第六章「徳川将軍家の再軍備計画――文久幕制改革」を参照のこと。
(7) 幕末期会津藩の動向に関しては、家近良樹『幕末政治と倒幕運動』(吉川弘文館、一九九五年)序章～第四章を参照のこと。
(8) 渋沢栄一『徳川慶喜公伝』第五巻(一九一八年)五二八頁。
(9) 『孝明天皇紀』第八四巻(一九〇七年)文久三年四月二二日付中川宮宛宸翰。
(10) 同右第八六巻、文久三年五月二九日付中川宮宛近衛忠熙書翰。
(11) 原口清「参預考」(『名城商学』第四五巻一号、一九九五年)参照のこと。
(12) 中根雪江『続再夢紀事』第二巻(一九二一年)四一六頁。
(13) 箱石大「公武合体による朝幕関係の再編――解体期江戸幕府の対朝廷政策」(山本博文編『新しい近世史』第一巻(新人物往来社、一九九六年)所収)参照のこと。
(14) 原口清「禁門の変の一考察」(一)(二)(『名城商学』第四六巻二・三号、一九九六年)参照のこと。
(15) この時期の西郷の位置づけに関しては、青山忠正『幕末維新――奔流の時代』(文英堂、一九九六年)第三章二「龍馬と薩長盟約」の「征長総督府参謀」を参照のこと。
(16) 『岩倉公実記』中巻(岩倉公旧蹟保存会、一九二七年)六八六頁。

(17)　この期の研究としては、下山三郎『近代天皇制研究序説』(岩波書店、一九七六年)を参照のこと。

(18)　木戸公伝記編纂所編『松菊木戸公伝』下巻(一九二七年)一四一四頁。

(19)　維新後の長州藩の動向については、田中彰『幕末維新史の研究』(吉川弘文館、一九九六年)第七章「明治藩政改革と維新官僚」を参照のこと。

(20)　維新後の佐賀藩の動向については、長野暹編『西南諸藩と廃藩置県』(九州大学出版会、一九九七年)序章、七・九・十章を参照のこと。

(21)　廃藩置県直前の政府内人事改革を、七一年九月一日付の『ノース・チャイナ・ヘラルド』(以下N・C・Hと略記)は、「総ての官職は薩摩の役人及び non-Mikado men によって占められることとなった」と報じ、さらに同月一五日付同紙は、「日本事情にもっとも通暁している某氏は、最近の内閣改造はいい傾向だと考えている。西郷吉之助という名は中国ではほとんど知られていないが、勇敢なる軍人の名前であって、政府に提起されている国家の軍隊を組織するという重大任務を委ねるのに、彼以上の人物を見いだすのはほとんど不可能だ」との記事をのせている。

(22)　筆者の見解とは異なるものとして、廃藩置県直後の政府の主導権を急進開化派=木戸派にあるとする高橋秀直「廃藩政府論」(『日本史研究』一九九二年四月号)がある。

(23)　駐清公使オールコックは、英清天津条約改正交渉をすでに一八六八年に開始しており、強力な圧力のもと清国政府から多大の譲歩をかちとったが、内容に不満をもつ在華英商の反対により、英国政府は結局七〇年七月改正条約を批准しないことを決定した。在日英国公使館も七一年五月二二日、パークスが日本政府に、条約改正交渉に入る時期は翌年七月一日だと告げて以降、各地の在日英商に対し条約改正要求諸事項の調査を精力的におこなっており、内地通行権の獲得、混交裁判の実施、関税の引下げ、武器販売の自由化、禁輸品目の解除等の意見が寄せられている。また七一年一一月二二日付N・C・Hは、「外国人のための日本内地の開放」を改正の第一課題だとしている。

(24)　駐日代理公使アダムスは、七二年五月一日、条約改正全権委任状獲得のため大久保・伊藤が帰国したことを、使節帰国後に改正交渉を開始するとの岩倉使節出発時の約束違反だと怒り、熱心に情報を蒐集するが、彼に対し伊藤は率直に、(帰国してからの交渉ではなく)「使節が必要なのは成果なのだ」と語る(FO 46/153, No. 82, 7/5/1872, Adams to Granville)。太政大臣三条実美は、「条約が改正されるのは早ければ早いほどいい」と述べて(FO 410/14, 20/5/1872, Adams to Granville)、アダムスを激昂させ、「日本支配層の巨大な目的は、彼等の国がすべての他の諸国と対等だということを明らかにすることだ。彼等は、内心では非現実的だと思ってはいても、国民の前では、これらの諸国よりも優越しているとの態度を取ろうとさえする。全条約締結国全権が参加する大会議をヨーロッパで開催することほど彼等の虚栄心に心地のよいものはない」と彼をして言わしめる(同上)。彼は帰国の途次ワシントンに寄り、岩倉使節の意図を決定的に破砕する。

(25) 明治五年二月一日付鮫島尚信宛書翰(『岩倉具視関係文書』第五巻、九八頁)。

(26) 岩倉は米国国務長官に対し条約改正の眼目は、①司法制度の確立に伴っての領事裁判の廃止、②外国通貨の国内流通の停止、③中立規定の確立、④関税決定権の回復、⑤犯罪人の相互引渡し制度の合意、⑥両国間紛争の仲裁による解決、⑦平和時における外国軍隊の駐留禁止の七点だと述べる(FO 410/13, 22/3/1872, Thornton to Granville)。長官は駐米英国大使に、「(使節の)発言の到るところに、彼等は、独立諸国家に互して、日本をより高い地位と序列に引き上げようとする大いなる欲求をあらわしている」と語るのだった(FO 410/13, 15/3/1872, Thornton to Granville)。

(27) 駐仏日本公使館顧問のF・マーシャルは英国外相にこう述べている、「使節がヨーロッパに来るまで、いかなる日本人も、日本を縛っている諸条約の国際的な意味に関し正しい認識を有していなかった。使節がヨーロッパに着いてのち、とくにパリに滞在する間に、始めて彼等はこの問題を徹底的に学ぶことができた。彼等はようやく理解できた、日本の諸条約は、ヨーロッパがトルコとのカピチュレイション以来、東方諸国家との取りきめに際し適用しつづけてきた諸規定・諸規範の単なる応用に過ぎないのだということを。彼等は発見した、日本は他のアジア諸国と同様、明瞭な劣等性の原則の上にのみ取り扱われていること、諸条約は、国家的自由のもっとも重要な表象たる独立と法権という国家主権を部分的に剝奪しているのだということを」(FO 410/14, 6/5/1874, Marshall to Derby)。

(28) FO 46/176, 18/1/1874, Parkes's private letter Encl.

(29) 「日本政府と世論は、使節の長期滞米と四〇万ドルにものぼる滞在費用に見合う成果が存在しないことに関し公然たる失望感を表明している」と英国代理公使ワトソンは報告し(FO 46/155, No. 112, 17/9/1872, Watson to Granville)、人々は「条約は結び損ひ金は捨て、国へ帰つてなんと岩倉」(岩波文庫版『戊辰物語』一〇六頁)と諷刺する。岩倉・大久保・木戸・伊藤等の政府内部の権威が必然的に低下することとなる。

(30) 英国公使館が、日本政府とイタリア公使の間で内地開放に関する交渉の存在をつかんだのが七二年七月、それ以降事態の進展を阻止しようとする外交団と留守政府との間の争点となっていく。日本政府は、イタリア側の蚕種需要を逆手にとり、内地旅行を許可するかわりに、旅行者を日本の法権下に置くことを狙ったのである(広瀬靖子「明治初年の対欧米関係と外国人内地旅行問題」㈠㈡(『史学雑誌』一九七四年一一・一二月号)参照)。また明治五年六月に発生したペルー船マリールーズ号事件の本質は、ペルー船に日本の法権が及ぶかどうか、また慶応三年一〇月制定の横浜居留地取締規則第四条の「条約未済の外国人取締向並に刑法は外国コンシュルに相談の上取計ふべき事」という条項に違反するかどうかであった。政府は明治六年二月、この規則を、「司法省官吏は神奈川県内に居留する定約未済国人民上に裁判の権を施すべし」と変更させることに成功する。

しかし、内地旅行権問題に関しては、在日外交団のみならず英国本国政府そのものが仏独露三国と共同してイタリア政府に圧力をかけ、個別交渉を明治六年九月にストップさせる、条約改正の根幹に触れる問題だったからである。また明治六年八月の日本ペルー条約締結に際し、クーリー輸送船には同国領事の司法権が及ばない旨の一項を日本政府は挿入させることはできず、「締結後も、領事の司法権がそのような船舶に及ばないと日本政府は理解する」との一文を副島がペルー側に渡すだけが精一杯のところであった。ペルーの背後には日本と対決する条約締結諸国全体がひかえていたのである。

(31)　一八七三年八月二日付N・C・Hは、北京での副島の外交的成功に関し、*Hiogo News* が「副島種臣のような政治家が国家行政の中に多くいるならば、帝国の権益と威信が脅かされる恐れはほとんど存在しなくなるだろう」との記事を掲載した、と報じている。西郷隆盛も「副島君の如き立派の使節は出来申さず」(明治六年七月二九日付板垣退助宛書翰、『大西郷全集』第二巻、七三七頁)と感嘆している。

(32)　琉球の処分については、すでに「内地一軌ノ制度ニ御引直スベシ」との大蔵省意見が明治五年五月に出されていたが、日清両属廃棄は清国との争端を開くこととなる、また琉球国主は「琉球ノ人類」であって「国内ノ人類」ではない、華族宣下や藩王化はしたがっておかしいとの左院の意見が六月に提出されてもいた(「太政類典」第二編第三類地方三五、第一号史料)。これがはっきりとした置藩となるのは、前年一一月の琉球人の台湾での殺害事件がからんでいる。大山鹿児島県参事は七月二八日、「自ら赴いて巨魁をたおし、以て皇威を海外に宣揚」(『西郷都督と樺山総督』資料編、四九頁)せんと上奏、樺山資紀を始めとする薩摩士族は明治五年八月上旬から東京で猛運動し、この結果、日本への帰属の方向を明確化し台湾出兵を可能にする置藩手段がとられることとなる(『西郷都督と樺山総督』参照のこと)。英国代理公使ワトソンは、「政府は慶賀使の上京を機に、琉球を完全に自己の保護下においてしまい、そして県ではなく藩として自己の帝国の一部に転化した」(FO 46/156, No. 132, 22/10/1872,

Watson to Granville)と報告する。
　なお、小笠原の所属問題も、不開港場である同島での外国交易とからみ、明治六年一月から提起され始めたことも留意する必要があろう(「太政類典」第二編第三類地方三七、第一号史料)。近代的対外交易体制の確立は国境確定と表裏一体の関係にある。
(33)　七一年七月二八日付N・C・Hは、社説で「[今回の失敗により]我々の権威は極東において失墜するだろう。西洋諸国の真の軍事的強力さにまったく無知な民衆には、我々の権威を維持しつづけることが必要なのだ。西洋の強力さへの畏敬を弱めるいかなる事態といえども、極東に住む我々にとっては危険なのだ」と述べる。また英国で代表的な評論誌『エジンバラ・レヴュー』七二年一〇月号は「朝鮮論」をかかげたが、それは「権威というものが強力の別名にすぎず、それのみが生命と財産を保たせ、通商上の諸権利を享受させうる国々においては、我国の権威を一刻も早く回復せねばならない」と主張していた。この記事は同年一二月一二日付N・C・H紙社説で大きく引用され、あわせて日本と清国の朝鮮遠征計画の噂が紹介され、「他のすべてのヨーロッパ諸国が朝鮮を忘却しようとも、ロシアだけはそうではない」と結ばれていた。
　このような情況のもとで、在華英人を先頭とする欧米人は日本の対朝鮮政策に注視しつづける。七二年一年間におけるN・C・H紙(週刊)上での日本の朝鮮政策への言及は、二月二二日、三月二一日、四月四日、八月二四日・三一日、九月七日・二八日、一〇月一七日、一一月一四日・二一日、一二月一二日・一九日・二六日の一三回に達している。
(34)　対馬の旧臣は明治五年五月、「文書の回答は六、七年かかる」との返答を得、同年八月、中央政府にすべての朝鮮関係外交事務を収めるとの決定を受けて釜山に赴いた花房外務大丞は、使節対面問題で朝鮮側と対立し、朝鮮側は、従来草梁館司に送付してきた入用品を撤する挙に出た。花房の日本帰国直後、代理公使ワトソンは、「彼のうけた非礼は、日本のある階級内において容易ならざる不満をひきおこした如くである」(FO 46/156, No. 162, 16/12/1872, Watson to Granville)と本国に報告する。
(35)　明治五年六月の『日新真事誌』に、三年以前の日本を侮辱する朝鮮答書なるものと、朝鮮の態度を難じる手紙が紹介され、七月一八日(明治五年六月一三日)付『ジャパン・ガゼット』に翻訳される。つづいて『日新真事誌』に、右の記事をうけ、征韓論を強硬に主張する投書が掲載され、これまた八月二四日(明治五年七月二一日)付N・C・H等によって広く海外に報道され、ついには同月二八日付『タイムズ』にすら報ぜられる。また花房使節の渡航に関しても、『ジャパン・ガゼット』は「その結果は平和的性格どころでは決してないものとなるだろう。……江戸では次のように広く噂されている、いかなる使節も受けいれられない、日本が挑戦するつもりなら、朝鮮の船員にわかるように警告書を帆柱に貼りつけてくるがいい、宣戦が布告されるだろう、との朝鮮の回答が少し前政府に到達した」と報じていた(七二年一〇月一七日付N・C・H)。
(36)　三条家文書(神宮文庫)五門九四一〇号史料所収明治六年三月風聞報告書。
(37)　明治四年一一月二二日、伊万里県庁は士卒に対し、「郡県ノ御政体ニテ士族卒文武ノ常職ハ勿論、他ノ使役モ無之ニテハ、給禄ノママ頂戴難仕ニ付、尚又将来ノ覚悟即今ヨリ相付候ハデ不相叶」(「太政類典」第二編第三類保民一七、第二四号史料)との布達を発して、大動揺をひきおこし、明治五年七月、水戸城に分営が設置されるや、兵隊駐屯を拒絶するため、同月二六日、三木左太夫等の水戸士族は水戸城に放火、焼失させた(「太政類典」第二編第六類治罪三、第九号史料)。
(38)　FO 46/156, No. 168, 19/12/1872, Watson to Granville.
(39)　FO 46/167, No. 62, 18/8/1873, Parkes to Granville.
(40)　留守政府の外交政策が固まるのが明治五年八月、同月八日には彭城中平・池上四郎・武市熊吉が清国に、また同月別府晋介と北村重頼が朝鮮に派遣され、同年一〇月には樺山資紀に台湾視察が下命される(「太政類典」第二編第二類外国交際三〇、第二三・二四・二九号史料)。同月、台湾問題をにらんで上海・福州・香港の三港に領事館が開設され、上海領事に品川忠道、福州領事に井田譲(明治六年に総領事となる)、香港領事に林道三郎が任命される(「太政類典」第二編第二類外国交際二八、第四四号史料)。さらに明治六年二月、成富忠蔵・福島九成・黒岡勇之丞・水野惇造に清国視察が命じられる。
(41)　明治五年一〇月、井上馨等は「既に外務省にて台湾進取之建議有之(是ハ琉球人民台湾中生蕃と唱ふる種族之殺害を受候ニ力を以て支那を慴服せしめ、其勢に乗し台湾島を我版図ニ帰せしむるの論なり)」と在米中の吉田清成に報じ(『明治前期財政経済史料集成』第一〇巻、三二九頁)、明治六年一月、大原重実は「(副島)卿の趣意は斯の機会を以て、日本亜細亜に威を張の時節と見込まれ候。其故は台湾は亜細亜の咽喉とも云ふへき土地にて土地産物も豊饒なり。且台湾島との戦争は我国兵を実地に練るの一端亦可なりと云へし」(『岩倉具視関係文書』第五巻、二一八頁)と書通する。渡清した副島使節団は六月二一日の対清交渉において、台湾生蕃は化外の民であり、朝鮮の和戦権利に干渉せず、との言質を取るが、このことに関し樺山資紀は日記の同日条に、「咄嗟ノ事件ニテ更ニ異論モ生セス、却テ朝鮮事件ニ及ンテモ清国ニ於テ関係スルノ限リニ非ストノ意志モアリト、意外果敢ノ結果ヲナシ、雀躍爽快ノ心情ヲ一同惹起セリ」(『西郷都督と樺山総督』資料編、一九九頁)と大悦びで記している。帰国後のパークス宛副島発言によれば、留守政府は対清交渉において、日本の対朝鮮・対台湾の二つの想定される軍事行動に対する清国側の出方を確認することを狙っていた。パークスはただちに中国公使ウェードに、日本の対台湾・対朝鮮出兵の危険性を書通する(FO 228/527, 25/8/1873, Parkes to Wade)。

(42)　士族も留守政府の積極的行動に敏感に反応する。岡山県士族の指導的人物であった杉山岩三郎は、明治六年四月に正院、五月に左院に、台湾出兵の建白をおこない、人民保護の義務を果たせと主張、士族を兵に結ぶことを力説する(三条家文書(神宮文庫)五門九八三号文書)。

(43)　明治五年一一月、額田県権典事は、「新置七十二県、其名重クシテ其実軽シ、県治ノ施ストコロ、執法ノ権ハ司法ヲ派出シ、学校教法ハ文部ニ属シ、非常ノ警ハ鎮台ニ仰ク、纔ニ所専任者ハ戸籍・租税ノ二也、〔然るに〕一切ニ有制限、蔵省ノ決ヲ仰ク、一モ専任ヲ得ス、宛然タル大蔵ノ派出タリ、一小事件ト雖モ専決ノ事アレハ蔵省必ス之ヲ譴メサルヲ得ス、於是実地ノ好機モ其時ヲ失フニ至リ、彼是見込牴牾致シ候ヨリ、省県ノ間自ラ呉越ヲナスニ至ル、是今日ノ弊害ヲ生スル根源ト云ヘシ」とのべている(三条家文書(神宮文庫)五門一〇五四、額田県権典事平松雪枝建白書)。なお当該時期の地方政治のあり方については、有泉貞夫『明治政治史の基礎過程』(吉川弘文館、一九八〇年)第一章第一節「廃藩置県後の地方統治」を参照されたい。

(44)　パークスは、①『ブラックウッズ・マガジン』七二年九月号に掲載された七一年度財政表、②ウィーン博覧会用に作成された七二年度財政表、③井上・渋沢建議書への反駁として作成された大隈の「歳出入見込会計表」を詳細に比較・検討し、とくに華士族秩禄支出が、①が一九〇〇万円、②が二四〇〇万円に達しているのに、③では一二六一万円にすぎない点に関し、「何故このような減少がおこったか不明である」と報告している。また彼が同封した『ジャパン・ヘラルド』は、③の中の「外債ヲ償ニハ諸族ノ禄制ヲ定メ、有余ヲ以テ不足ヲ償フノ規ヲ設ケテ、以テ之ヲ支消ス」の一項に読者の注意を向け、「大隈は、外債の削減に関し華士族の秩禄をあてにし、必要なだけそこから絞り取ろうと示唆しているかのようだ。これは至極単純なことだ。だが政府は、自らを顚覆させ、国内を無政府状態と流血の惨事にひきずりこみかねない反乱を引きおこさずに、この措置を果たして取りうるだろうか」と述べていた(FO 46/166, No. 29, 23/6/1873, Parkes to Granville)。

(45)　「来年、外国交際改正の期限に相成り居り候て、迚も十分の交際相調わず、外国同様の分に相成り候えば、互いの婚姻を免し、何方にても自由居住を致させ、或いは遊歩も定限なく自在にいたし候様これなく候わでは相済まざる由にて、改正の期限を五年位に相延べ、其の内、国内の事業を振起し、民法は勿論、宣教の道も行き届き候上ならでは相済まざる故、期限の間に確定致させ候賦に相済」(『大西郷全集』第二巻(平凡社、一九二七年)五五二〜三頁)したと、西郷が盟友桂四郎に書通するのは使節出発前の明治四年一一月三日のことだが、明治五年三月、全権委任状入手のため帰国した大久保等が、条約改正に関連する国内改革の重点として政府に稟議した方針は、(1)内治の整理するに従い、漸次居留区域を拡大すること、(2)裁判所を公開とし、権を我に復し、治外法権廃止にもっていくこと、当分は法律改良、(3)キリシタン禁令を廃止すること、の三項であった(勝田孫弥『大久保利通伝』下巻、三八頁)。

(46)　七二年一月一五日付『タイムズ』には、「二人の法律家が、ナポレオン法典に基いた新法典の制定を援助するため日本に出発する」とのパリ通信が載り、英国代理公使ワトソンは、同年一二月二四日、「日本は、ユスチニウスとナポレオンの法典に基づいて、治外法権の必要性をまったく取り除いてしまう法典を遠からず完成しようとしている。しばらく前から、ブスケが司法省に雇われ、日本人官吏とともに、その仕事に従事している」(FO 46/156, No. 178, 24/12/1872, Watson to Granville)と報告する。

(47)　明治六年二月、神奈川県雇米人ヒールは拷問廃止を建議するが、これに添えられた神奈川県伺書に、「〔外国人の渡来の増大に対応して〕従前苛刻ノ訊法御改革不相成候テハ、外国人肯テ我カ馭撫検策ヲ受サルコト亦必セリ、然ル上ハ究竟国憲ヲ不失ノ条約ニ御改正ノ儀無覚束」(「太政類典」第二編第六類治罪三、第一号史料)と述べられているように、あらゆる法改正は条約改正と連動させられていた。

(48)　明治六年よりの太陽暦採用にも同じ論理が働いていた。一方においては、外交団との断え間ない接触・交渉や貿易活動の増大から、さらに一般的な欧化方針から、暦法を欧米のそれに合致させる必要が強まってくる。しかし、この問題でのワトソンとの話し合いの際、大隈が、「日曜の採用は、国内では宗教との関係で考えられてしまう。彼等は、それをキリスト教導入の第一ステップととらえるだろう。そのようなことをして国民の嫌悪感をひきおこすことは、現政府にとって得策ではない」(FO 46/156, No. 149, 12/11/1872, Watson to Granville)と答えているように、政府は、欧米側の要求に対応し、上から国民に太陽暦を押し付けつつも、その中に、あくまでも国家的な対処をし、自己に有利な形にもっていこうとする。太陽暦採用に当たって用いられる紀元法が西暦ではなく、神武紀元であり、あわせて五節句が廃止され、かわって紀元節や天長節等の天皇制的祝祭日システムが前面に登場するのであった。

(49)　七二年から七三年にかけての『タイムズ』では、日本関係の報道・投書の中で、キリスト教徒迫害に関するものがもっとも多く、七二年二月一二日、三月一二日・一六日、五月二〇日・三〇日、一二月一一日・一七日、七三年一月一一日・一五日・一六日・二八日・二九日、三月一五日、四月一〇日、五月一九日(浦上教徒二〇〇〇名釈放)にそれぞれ掲載されていた。

(50)　この時期の神道と天皇制がかかえた問題に関しては、安丸良夫『近代天皇像の形成』(岩波書店、一九九二年)第六章「権威と文明のシンボル」および第七章「近代天皇像への対抗」を参照のこと。

(51) 七三年二月二七日付N・C・Hも、「政府のやり方は、大多数の在日外国人の意見によると、性急で、しかも誤っている。髪型を洋風にせよとの法令等はこまかすぎる干渉であり、民衆の不満をひきおこすのは当然だ。あまりにすべてのものを一挙に獲得しようとする衝動は、また経済に配慮をしておらず馬鹿げている。早晩財政危機を必ずや惹起するだろう」と指摘する。

(52) ここには、一月の大分県一揆、四月の越前一揆、五月の北条県一揆、六月の鳥取県一揆、福岡県一揆、北海道江差一揆、弘前県士族の動揺等が詳細に報ぜられている。パークスは、福岡県一揆における士族層の加担の事実を指摘しているが(FO 46/167, No. 39, 8/7/1873, Parkes to Granville)、大分県一揆にも士族一四〇名、卒族一七二名が参加していた(「太政類典」第二編第三類保民一八、第二五号史料)。また、山口県庁作成の大幅な地租軽減を認める地租改正案が、佐賀の乱勃発直後の明治七年二月一八日に、ようやく政府に承認されている(田村貞雄校注『初代山口県令中野梧一日記』(マツノ書店、一九九五年)四七〇頁)。士族の動向と農民の動向の結合如何が政治的な第一義的重要性をもつことを言外にかたる好例である。

(53) ワトソンは、七二年一〇月一六日、前々日の新橋横浜間の鉄道開業式に関連し、島津忠義と西郷隆盛の欠席を報じ、「これは多分島津三郎を怒らせることを恐れたからだ。三郎はミカドに対し、主上はヨーロッパ方式で国政をおこなっている、西郷はそのような政策を支持し、難ぜらるべきだ、と強く非難したといわれている。今回の出来事は注目に値する」と述べている(FO 46/156, No. 126, 16/10/1872, Watson to Granville)。

また西郷の帰鹿と時を同じくして、久光は家臣和田八之進を上京させ、左院に封建論を建白させる(『明治文化全集 憲政篇』所収宮島誠一郎「国憲編纂起原」三四七頁)。

(54) 久光の上京を、西郷は「鹿児島県より老先生方東京へ出掛け、是非本の娑婆に引き戻すとの論に御座候。二百五十名、其の外門閥方一同、副城公御供にて刀大小を帯び、半髪大評判に御座候。川畑伊右衛門殿抔大先生にて、奇妙な人物能く揃ったものに御座候」(『大西郷全集』第二巻、七〇八〜九頁)と寺田平之進に書通する。

(55) 肥前での憂国党結成は、島義勇の弟副島義高が久光と同様に四月に上京、政府に建白した直後のことであり(『西南紀伝』下巻の一、七三二頁)、熊本では、鎌田平十郎・池辺吉十郎・井上治部丞等が久光に従って上京、国元と連絡をとることとした(三条家文書(神宮文庫)五門八九四、荘村省三探索報告書)。高知県でも、「島津三郎君、此節出府、大建言との風聞当県専らにて、当県の人情、多くは若も是にて政体変り候事もやと、よも頼のありさまに御座候」(明治六年五月佐々木宛斎藤利行書翰、『保古飛呂比五』三九四頁）という状況を呈していた。

(56)　久光の家臣川畑伊右衛門は、一八七三年五月二六日、「旧藩島津久光君先度十四ヶ条ノ建言天理当然」との前提の上に、以下のごとき激しい建白を政府におこなった。

一、封建制度ノ長ヲ取、郡県ノ制、短ヲ捨可キ事、

一、四民合一ノ法ヲ除キ、士農工商ノ道ヲ立、尊卑高下ノ分ヲ定ムベキ事、

一、上ハ朝廷百官ノ俸禄、下ハ兵士ノ糧・士族ノ世禄ヲ足シ、不時臨時ノ備・軍国ノ需貯フ可キ事、

一、軍備ヲ熾ンニ張リ、国賊ハ勿論、外夷防禦ノ道厳重ニシ、仁義ノ勇兵可相備事、

一、士族ノ戎卒ヲ改メ近衛兵士ト称シ、士族ノ月給ヲ増シ、名分ヲ正フス可キ事、

一、農兵市兵ハ都テ戎卒ト唱ヘ脱刀ニテ半髪タルベキ事、

一、今般旧暦ヲ廃シ新暦ヲ用玉フ義、其然ル所以ヲ知ラス

右は、留守政府の方針に対する全面的批判であると同時に、最高責任者的立場に立たされていた西郷個人に対する厳しい非難でもあった（三条家文書（神宮文庫）五門一四九〇号文書）。

(57)　徴兵令をめぐる穏当な評価は原口清『日本近代国家の形成』（岩波書店、一九六八年）第二章第二節三「徴兵令・学制」を参照のこと。本書全体の叙述も、無理のない、均整のとれたものとなっている。

徴兵令に関する最近の仕事としては、加藤陽子『徴兵制と近代日本』（吉川弘文館、一九九六年）Ⅲ「徴兵制導入にあたっての論理と兵士の数」を参照のこと。

(58)　廃藩置県の報に接した在国の桂四郎が八月一七日に西郷に念を押したのも、まさにこの点であった。「鹿児島を初め外城に至る迄、皆兵を以て今日人心の方向を相定め維持いたし居り候事にて、兵賦より兵が余ると申して解隊共相成り候わば、とても致し方はこれある間敷、益兵隊辺の処は御繰り立ての勢いにこれなく候わでは、兵隊の人気を相損じ候ては、もふは致し様はこれなき賦りに相考え居り申し候」（『西郷隆盛全集』第五巻（大和書房、一九八一年）四六〇頁）と彼は述べている。

この考えのもとに、西郷は、酒田県において、一八七二年、旧庄内藩士三〇〇〇名が、自らも常備兵三六〇名も含め、隊伍組織をそのまま温存しつつ開墾隊に再編成していくことを、強く支持したのであった。

(59)　外圧に対する西郷の士族の位置づけは、明治一〇年一月末の対政府報告書中の「桐野ノ説ニ、大先生ノ外患アルノ機会ヲ待

ツトノ事、其説古シト嘲ケリシト云評判」(『大久保利通伝』下巻、六〇〇頁)という箇条によっても裏づけることができる。

(60) 西郷自刃直後の明治一〇年一〇月三・四・五日の三日間、『東京日日新聞』は「論西郷隆盛」を掲げた。この論評は西郷の心中をよく説いたものと筆者は判断している。四日の記事を左に引用する。

〔明治二年の西郷の帰国は〕今徒ニ此ノ実権ヲ有セザル政府ニ立テ天下ノ怨府タランヨリハ、寧ロ鹿児島ニ置キテ兵士ノ心ヲ収メ以テ他日衡ヲ中原ニ争フノ備ヲ成スニ若カズト、是レ西郷ガ兵力ヲ恃ムノ所以ニシテ、鹿児島一藩ノ兵士ガ西郷ニ心服セシモ亦実ニ此時ニアリシト思ハル

(中略)西郷ガ官ヲ去ルノ原因ハ征韓論ニアラズシテ徴兵令ニアリ(中略)、明治五年一二月徴兵令ヲ発セラルルニ当リ、其ノ制度ハ太ダ西郷ガ喜ハザル所タリト雖モ、衆説ト正理トニ敵シ難キヲ以テ、枉テ之ニ服従シタルガ如シ、夫レ徴兵ノ制ト西郷ノ志トハ到底両立スベキ者ニアラズ、徴兵令ニシテ行ハレル時ハ、西郷ハ其ノ親兵タル薩州ノ兵隊ヲ解カザル可カラズ、此ノ兵隊ヲ解ケバ其時ヨリシテ西郷ハ其ノ実力ヲ失ヒ、尋常ノ一参議ニ異ナラザルヲ以テ、廟堂ニ止リテ其ノ親兵ヲ失ハンヨリハ、寧ロ官ヲ棄ルモ此ノ兵力ヲ保守セザル可カラズト決シタレトモ、姑ク一挙両得ノ方法ヲ尋ネテ之ニ拠ラント思ヒシガ故ニ、征韓ノ議ハ初テ其ノ思想中ニ起リ、釁ヲ朝鮮ニ開クノ機ニ乗ジテ、彼ノ解散ノ薩兵ヲシテ征韓ノ為ニ復隊セシメント試ミタルナリ、是故ニ西郷ノ目的ハ朝鮮ヲ悪ムニ在ラズシテ戦端ヲ開クニ在リ、戦端ヲ開クニ在ラズシテ鹿児島ノ兵力ヲ保守シ以テ渠カ実力ヲ天下ニ失ハザランコトヲ欲スルニ在リト云フベシ、

〔下野帰国後〕新政ノ鋭進ヲ見激論ノ紛起ヲ聞ク毎ニ窃ニ謂ク、斯ノ如クナレバ事変ノ何時ニ起リテ政府ヲ顚覆スベキヲ測リ難シ、鎮台ノ徴兵ハ固ヨリ頼ムニ足ラザルナリ、此厄運ニ際シテ力征ヲ以テ天下ヲ経営シ、上ハ皇室ヲ泰山ノ安キニ置キ下ハ人民ヲ塗炭ノ難ニ救フ者ハ我ヲ棄テ夫レ誰ソヤ、此ノ大義ヲ他日ニ懐クニ於テハ藩政俄ニ変革ス可カラズ、士族俄ニ窮迫セシム可カラズ、而シテ我ガ指揮ヲ奉ズルノ壮兵ハ決シテ解ク可カラザル也ト自カラ天下ノ重ニ任ジテ、却テ時勢ノ真相ニ背馳スルヲ知ラザリシガ如シ

(61) この時期の西郷の位置づけに関しては、福地惇『明治新政権の権力構造』(吉川弘文館、一九九六年)第六章「西郷隆盛の政治意識と行動」を参照のこと。

(62) 士族問題への対処方法は、島津久光、西郷、大久保の三コース以外に、士族の地方行政への参画と地方分権化を統合させた内治優先の福沢的代案(明治九年一一月付序文を有する「分権論」)もありえた。その場合には、中央集権化と官僚制化への減速

効果も見込まれているのである。

(63)　明治五年一一月、帰国した西郷に久光は鋭く、こう詰問する(『鹿児島県史料　玉里島津家史料六』三九二一～三頁)。

一、去年上京之節之申口ニ違ひ、其前よりも官員相重ミ、且兵隊打崩し御国威衰弱ヲ醸成事、如何、

一、一統商法ニ押移り、士風弥微弱、何ヲ以御国威可相立哉、如何、

一、其方ハ、方今通ニ而御国威盛大之見留有之と相見得候所存如何、

(64)　大西郷全集刊行会編『大西郷全集』第二巻(平凡社、一九二七年)七一一～四頁、明治六年五月一七日付桂四郎宛西郷隆盛書翰。

(65)　征韓論争に関して新見解を出した毛利敏彦『明治六年政変の研究』以降の研究動向に関しては、勝田政治「征韓論政変と国家目標」(『社会科学討究』第一二二号、一九九六年)を参照されたい。

(66)　明治七年二月、岩倉暗殺計画に加わった元近衛三番砲隊で高知県士族の小尉下村義明は、「〔征韓論〕廟議御一決ノ上ハ砕身尽力可致ノ心得ニ有之処、(中略)征韓ノ議相止候テハ国威不振」と述べているように、朝鮮侵略の兵力の中心は、士族だけから構成されていた近衛兵と各鎮台兵だった。しかしながら、さらに士族層全体の動員を狙っていたことは、明治六年九月一一日、左院議官宮島誠一郎が、板垣から征韓論のことを聞き、「旧時封建ノ兵制トモ違ヒ、徴兵令モ布令アリ、今又俄ニ藩兵ヲ用ユル如キ実ニ不堪驚嘆」(『明治文化全集　憲政篇』所収「国憲編纂起原」)と抗弁していることからも明白である。

(67)　西郷問題と複雑にからんでくるのは、幕藩制国家を破壊したあとに創りあげなければならない、国家を下から支える内発的発条力を那辺に求めるかということである。国家を純機構的に、人民を権力的・行政的に動員可能な客体として捉える立場に立たないかぎり、この課題は国家形成期には、どうしてもつきまとってくる。一つの解答は、豪農・草莽層的コースにみられる在地名望家的エートスであった。それは廃藩置県とともに挫折するが、在地的主体性を基とした国民形成論は、福沢諭吉によって斬新かつ核心を衝く形で提起され、地域社会に浸透していった。

西郷の見出していた解答は、幕末・維新期の軍事改革派の固有の経験の中にあった。その立場は、封建的軍役体制を打破しつつも、主体性論としては、武士的・国家警衛者的自意識＝「士気」の異様なほどの燃焼を強調する。「戊辰ノ役、撥乱反正、身ヲ致シテ以テ皇運ヲ更張スル者、偏ニ是レ士気ノ奮励ニ由ル、士存《スレバ》則国存《シ》、士亡《ブレバ》国亡《ブ》」(三条家文書(神宮文庫)五門一〇七五号文書)とは、下野した西郷の呼びもどしを政府に求めた鹿児島士族折田年秀の明治七年四月の言だが、この発想はそのまま西

郷のそれでもあった。「学校は善士を育する所以なり、ただ一郷一国の善士のみならず、必ず天下の善士たらんと欲す、夫れ戊辰の役に、名を正し義を踏み、血戦奮闘して斃れたるは、乃ち天下の善士也」とは、明治八年の彼の「私学校祭文」の一節である。

(68) 熊本郷士の宮崎八郎(真郷)等は、明治七年二月九日、左院に建白し、「宇内ノ形勢ヲ考フルニ、名文明開化ト称ストイヘドモ、真実ハ則弱肉強食、互ニ呑噬ヲ逞スルニ過サルノミ、今我邦直ニ欧米強大ノ諸国ト平行ノ権利ヲ持セント欲ス、窃ニ恐ル、力ノ未タ足ラザルヲ、愚以為、先ツ近隣弱小未開ノ諸国ニ対シ我権利ヲ張リ、我威武ヲ振ヒ、漸ク其力ヲ蓄養セハ、欧米各邦ト匹敵スルノ権利自ラ立ニ至ラン、兵法ニ曰ハスヤ、実ヲ避ケテ虚ヲ撃ツト、是ニ因テ之ヲ視レハ、朝鮮ノ事、実ニ千載ノ一機、失フヘカラサルモノ也」(『太政類典』第二編第二類外国交際三三、第三七号史料)とのべている。

また、下野後、桐野利秋(元陸軍少将)はこう語っている。「西郷並に野生の嚮に臆慮する所、征韓の挙を為さば、之に托して猶両三年の期を延すに在り、而して征韓の事、既に其効を為し、少しく国声の海外に振ふあらば、各国の日本を見る所、又今日に異なるべし。是に於て断然たる談判を以て彼我適宜の条々を定め、自主併立の条約を確定する、復難きことなしと」(『西南紀伝』上の一、四八八頁)。

(69) 明治六年五月、朝鮮東萊府使が掲げた対馬商人以外の者の全面的禁止令は西郷等の征韓論者にとって恰好の材料となった。同文中の「彼、人に制を受ると雖も恥じず」「彼人の所為を見るに、無法の国と謂ふべし」(『大日本外交文書』第六巻、二八二頁)等の文言は、国交樹立交渉が明治元年以来まったく進捗しないことにいらだち、局面打開を狙っていた留守政府を激昂させることとなる。この後、八月一七日、閣議での西郷遣使内決決定まで彼は異例の努力をおこなったが、この過程での全面的軍事行動をひきおこす彼のロジックは次のごとくであった。

第一、従来の台湾出兵計画を朝鮮への軍事行動計画に転換する。台湾での、清国の曖昧な態度につけ込んでの「蛮人征伐」よりは、国家対国家の国交樹立での外交対決の方が、全面化させるには名分が立つ。

第二、最初に軍隊を派遣することには反対する。「朝鮮不遜」「国威侮辱」との国内的感情をいっそう昂揚させ、爆発点にまでたかめるには、まず国政の最高責任者中一名を朝鮮に送り、政治折衝に当たらせ、全国の耳目を集中させたうえで、強硬姿勢を貫くことで決裂にもちこむ(時には使節団殺害をも朝鮮側に引きおこさせる)ことが必要である。

第三、使節団構成は、薩摩だけでなく、もっと広げたものにすべきである。そのことは、国内的輿論を結集するのに有利である。

このロジックにも、彼の軍事行動を発想する枠組みが、幕末維新期に、軍事改革派のリーダーとして活動するなかで獲得されてきた性格のものであることがよく判る。

(70)　留守政府の内政政策に関しても大久保・岩倉は不満をもった。八月、大久保(五月二六日帰国)は「処々方々、或ハ徴兵ノ為トカ或ハ徴租ノ為トカ一揆蜂起、是ハ如何ニモ源因ノ有之候事歟、此等ハ此儘ニ御差置ニモ相成ルマシ、(中略)政府之令朝令暮改、諸規則繁密ハ必ス人民ノ所不堪ナルヘシ」(前掲「国憲編纂起原」三五五頁)と宮島に語り、九月六日には彼と内務省創設に関し内談する。一〇月四日、岩倉(九月一三日帰国)はパークスに対し、「日本の変化は満足すべきものではない。進歩について多くが語られているが、我々の進歩は内実のない皮相的なもので、最近の行政には誠実さと永続性が欠如している。やり方はもっと慎重に考慮されねばならず、我が人民の実際の情況に、より適合させられねばならない。現在日本が英国民や米国民と比肩しうると思うのは間違いだ。我々は未だ必要な富や必要な知識を獲得していない。内政面でも、江戸では一見うまくいっているように見えるが、政府は、そこでこそ自らの有効性を確証しなければならない地方において甚大な不満を創り出してしまった」(FO 46/168, No. 81, 6/10/1873, Parkes to Granville)と語っている。

(71)　Э. Я. **ФАИНБЕРГ РУССКО ЯПОНСКИЕ ОТНОШЕНИЯ В** 1697-1875(1960) СТР. 277.

(72)　下野直後の一〇月二九日、副島はパークスに対し概略こう語っている。「秀吉の失敗は兵力を南部に上陸させたことだ。今回は五万の兵力を組織し、半数を清国国境に近い北西部に、半数をロシア国境に近い北東部に上陸させ、一方で朝鮮側の退路を断ち、他方で外部からの介入を防ぐ、各々一万の兵力を駐留させたうえで、主力軍を二方面より南下させ、一〇〇日以内に勝利できるだろう。五万もの兵力を送れるのか、現在の常備兵力ははるか下廻っているのに、とパークスは質す。訓練を重ねてきた何万もの人々が他に存在している。輸送は？　距離はさほど無く問題ない。ロシアをどう考えているのか？　中立を保つだろう。そうでないとしても、ニコラエフスク以南に兵力を有してはいない。それは間違っている。ロシアの司令部は朝露国境に近いウラジヴォストークに移転しつつある、とパークスは反駁する。それにしても大丈夫だ。樺太をロシアに与えることによって中立は確保できる。その件をすでにロシア側に提案したのか？　いや、しかし自分はそうだと確信している、と副島ははぐらかす。戦争をおこなって何の利益があるのか？　朝鮮には鉱物と生糸が豊富なのだ。だが、日本にもあるではないか？　その通りだ。しかし朝鮮からの諸歳入は一〇万の軍人を養うに足り、日本にとって有益なものとなるだろう」(FO 46/168, No. 91, 3/11/1873,

Parkes to Granville)。

パークスは、副島の話の末尾をふまえ、こう報告する。「彼の目的はここにある。日本は今財政的苦境にあり、正規軍の経費と、解隊されほうり出されて不満一杯のサムライ達への支給の両者を実現させることはできないからなのだ。また日本は自らの権威を増大させることを欲している。（中略）もし日本が（朝鮮占領のような）企画を成功させたとすれば、鼓吹されたその自尊心は、すぐさま己れを他の紛争にまきこませることになるだろう」（同上）と。

(73) この問題に関しては、岩井忠熊『明治天皇』（三省堂、一九九七年）第二章「能動的君主への道」においても正しく論じられている。

(74) 諸藩連合政権が廃藩置県を経て薩長土肥出身官僚の連合政権へ、同政権が征韓論分裂を経て岩倉＝大久保政権に移行する、という遠山茂樹の的確な指摘がある（『遠山茂樹著作集第一巻 明治維新』（岩波書店、一九九一年）一八九頁）。

(75) 征韓論分裂から日朝修好条規締結までの外交と内政の関係をきわめて的確に論じたものに、坂野潤治「征韓論争後の「内治派」と「外征派」」（『近代日本の外交と政治』（研文出版、一九八五年）、論文初出は一九八一年）がある。またこの論点は、同氏の『近代日本の国家構想』（岩波書店、一九九六年）第一章第一節「維新目的の再定義と新攘夷論の挫折」でも、より広い視野から論じられている。

(76) 留守政府期からこの正統性賦与問題は底流に存在しつづけていた。政府部内でも左院議官宮島誠一郎は、明治六年七月二八日、大久保に対し、「今日ノ時勢ヲ熟察シテ至当ノ議院ヲ起シ、立法行政司法ノ三大権ヲ平均シテ、以テ国法ヲ一定シ、廃藩置県ノ全局ヲ御結了有之度」（前掲「国憲編纂起原」三五四頁）と迫っていた。政府部外では、早くも明治五年三月、新治、木更津両県士族二名は建白し、旧四藩連合政権の人材採用のあり方を、「人材ハ西県ニ止マルト云フガ如シ、人材豈然ランヤ」と激しく批判、「竟ニ朋党ノ形ヲ為」すとして、「朝廷今ヨリ左院ヲ更張盛大ニシ、一県数員ノ貢士ヲ採リ……後、任ズルニ官ヲ以テセバ、唯信ヲ天下ニ取ルノミナラズ」云々と述べていた（三条家文書（神宮文庫）五門三九〇九号文書）。また熊本県初期民権運動のリーダー崎村常雄も、明治六年九月に建白、留守政府のあり方を、「各省議院ニ特権無ク、万般総テ正院ニ専決ス、而其裁決ノ権ハ則参議ノ掌握ニアリ、吁嗟僅々タル参議五六員ノ心胸ヲ以、天下無限ノ事務ヲ専決ス」と非難、この欠点是正のため上下両院の開設を提言し、上院は諸官員の入札、下院は「各県公選代理人」より構成し、「租税金穀ノ権」を賦与すべしと主張する（三条家文書（神宮文庫）五門五四一一号文書）。このような底流が政府分裂によって、一挙に表面化するとみた方が事実に即している。

(77)　征韓論分裂直後は、旧四藩連合への復帰要求は、一つの強い政治潮流にもなっていた。華族の西園寺実満が「西郷以下再任シ、以テ天下ノ洶々ヲ解」けと述べ(三条家文書(神宮文庫)五門一一五五号文書)、高知県士族の岩神昂が「西郷ト板垣ハ海内ノ豪傑、是ヲ用ヒズシテ政府争カ《いかで》能ク立ン」(同右五門五三八六号文書)と主張し、栃木県士族藤野近昌が「上ハ国家ノ紀綱ヲ張リ大ニ新政ヲ布キ、下ハ国民ヲシテ天下大義ノアル処ヲ知ラシメ、剰イ闔国ノ人心ヲシテ協和戮力セシムル挙ハ、全ク廟堂ノ有志ト前参議数氏ノ力ニ依レリ、是レ此ノ英断ハ誰カ俊傑ノ所為ト曰ハザルベケンヤ(中略)真ニ前参議数氏ノ如キハ国家ノ柱石トモ国民ノ標準トモ依頼スベキ人々ナリ」「前参議ノ退職ヲ其儘ニ差許サバ、豈国家ノ土崩瓦解ヲ招ク者ト云ハザルベケンヤ」(同右五門一五三一号文書)と絶叫するごとくである。

(78)　征韓論分裂による支配の正統性の崩壊は、華族層を能動化させ、彼等は島津久光と暗黙裡に連携をとりつつ、皇室の藩屛をめざし自己の組織化を図っていく。明治六年一二月の段階で、正親町公董・五条為栄・壬生基修・平松時厚・秋月種樹等のグループと、中山忠能・松平慶永・嵯峨実愛・大原重徳・中御門経之・伊達宗城・池田慶徳等のグループは、各々独自に結集しはじめていた(島津久光の内閣顧問就任は明治六年一二月二五日のこと)が、民選議院設立建白直後の明治七年一月二八日、両者合同のことが決せられ、六月一日、華族会館創立集会が開かれ、ついで熾仁親王が館長に、嵯峨実愛が副館長に推挙される。この華族層の活発化に関しては、大久保利謙『岩倉具視』(中公新書、一九九〇年増補版)二二九頁を参照のこと。

(79)　常職を廃藩置県によって剝奪された全国の士族層は、秩禄を裏付けする「常職」を求めて、留守政府期から政治不安の一つの源泉をなしていた。明治五年八月、樋口真彦は、「禁軍」の数わずか一万二五〇〇、「何を以てか外に威を示さん」と、諸県より精鋭の士を貢させ、都下三里以内に集中せしむべし、と主張(三条家文書(神宮文庫)五門三九八七号文書)、同月新治県士族葛原喜成も、「彼活計等ニ差支候士族中ヨリ、身材強健ノ者ヲバ召出シ鎮台兵ニ伍シ申スベシ」と述べていた(同右五門一一一五号文書)。明治六年一〇月、会津士族高橋小右衛門は、「鮮台の際戦争起り不申候ては、我輩は餓死可致」と語り(同右五門九〇七号文書)、前出の崎村常雄も、その建白書中、「士族ハ則身体強壮、兵役ニ堪ヘヘキモノハ之ヲ納メテ常備兵トシ、諸芸能アルモノ、器ニ随テ職ニ任ズベシ」と記していた。明治七年に入っても、この士族層の志向は弱まってはいなかった。同年四月、折田年秀は「鎮台分営所在其府県ノ士族ヲ役使シテ可ナリ、抑又任ニ堪ルノ可否ニ於テハ、士族ト平民ト、其得失瞭然トシテ分ル、何ゾ識者ノ弁ヲ待タンヤ、今ノ時ニ兵制ヲ変更シ、人心ヲ繁《(マ》スンバ《マ)》、恐クハ不日意外ノ変故ヲ醸サン」(同右五門一〇七五号文書)といっているし、また同月高知県士族は「方今ノ政体ニテハ、衆庶中第一士族所ヲ失ウ者不少、今日ノ政体ヲ一変シ、士ヲシテ常職ニツカシムム、是第一ナラン、亦諸県ニ兵ヲ置キ、県令之ヲ令セズンバ、天下ニ国賊起リシ秋、何ヲ以テ防禦セン、鎮台兵頼ニ不足」(同右五門九〇六号文書)と語っている。このような底流が存在する以上、機会があれば、士族の志願兵運動がすぐさま表面化するのである。

(80) 明治六年一〇月二八日、伊藤博文は木戸に、「万一モ先年長州ノ変動ノ如キニ至リ、兵隊ノ変動ヲ生シ、自然鎮台ニ波及シ、諸県モ雷同スルニ至ルトキハ、積年ノ末今日ニ至リ候事モ水泡ニ可帰」(『松菊木戸公伝』下巻、一六一三頁)と語る。そして大久保との不仲もあって政府出仕をためらっていた木戸に入閣の決意を固めさせたものは、鹿児島分営事件であった。『木戸孝允日記』一一月二二日条には、「井上世外、余に出仕を促せり、今日薩摩の分営放火、其際も亦瓦解の説あり、然るときは、将来の形勢難図、見難而不能退、故に又今日の形勢に随ひ断然其難きに当らんと決心せり」と記されている。また同月二六日、大久保は岩倉に、「段々事情切迫、今日之事は一歩を誤候得は実に国家之安危に関係仕候間、寸陰を争い不申候而は不相成時節」(『岩倉具視関係文書』第五巻、四一〇頁)と書通する。明治七年一月七日、その岩倉は大久保に、「当今形勢に付ては、東国一体の事ながら、庄内の如き頻りに薩人依頼之旨有之に付而は、万一心得違等致し、一度動き立候はば、東北一体之御手煩」(同右、四二三頁)と危惧を吐露し、一三日に、井上馨は伊藤に対し、反政府勢力の機先を制する必要性を、「一人二人より百千万之暴徒集合之力以、終ニ被圧様成行候歟と此一事のみ懸念至極ニ御座候(中略)何分にも速ニ切狂言ニ立至リ不申而は快復は六ツケ敷と申噂計ニ候(中略)今一応廃藩之挙を被成候御気力ニ無之而ハ終ニ噬臍之憂ニ立至リ可申候、肥後之大佐、其隊を鎮圧スルモ機ニ先ゼシ故、若シ後ルレバ必被制ニ至リ可申候」(『世外井上公伝』第二巻、五九一～二頁)と強調する。この翌日、岩倉暗殺を狙った喰違坂事件が発生する。九名の犯人達は、すべて高知県士族、内四名は元近衛兵、三名は元官員、七名ともに政変で辞職した者達であった。

(81) 佐賀の乱勃発以前の明治七年二月六日、人心を外に転ぜさせるため、岩倉邸で台湾蕃地処分要略が確定され、同月一三日、寺島外務卿は某外国公使に、「国内の争いを回避するため必要となるならば、政府は朝鮮との戦争を認めるかも知れない」(FO 46/177, No. 27, 16/2/1874, Parkes to Granville)と語る。熊本鎮台の崩壊をかろうじて阻止した司令長官谷干城は、「夫れ一の営所已に瓦解、加之に本台亦瓦解せば、恐くは天下の景況復た之を如何ともする能はざるべし。(中略)干城思ふ、今日の事、和気平心、薬の甘苦を不問、只病を医するを以て良とし、策の巧拙を不問、只時を救を上とす」(『谷干城遺稿』下巻、五七頁)と建白する。征韓論と民選議院設立を呼号する反政府連合の形成を阻止し、同時に日本の国家的権威をたかめ、自らの政権の位置を安定化する目的をもった台湾侵略計画が急速に進展する中、同月三〇日、谷は正院において、「過日九州紛紜の際、元熊本藩士等の情実一時尤危険の趣、及び其外元柳川藩士等の情実、於佐賀城鎮台兵苦戦の趣」(『木戸孝允日記』第二巻、明治七年三月三〇日の条)を陳述する。

(82)　この点に関しては牧原憲夫『明治七年の大論争――建白書から見た近代国家と民衆』(日本経済評論社、一九九〇年)第二章「徴兵制か士族兵制か」を参照のこと。

(83)　パークスは日本の目的を次のように本国に報告する。「日本はある種の征服行為によって、自国の名声を拡大しようと必死になっている。この目的を実現するため、彼等はこの一年間、サハリン・朝鮮・台湾の三地域を検討し……結局台湾に的を絞った。彼等はこう助告されている、台湾の部分的領有は、やがて全島のそれに発展するだろう、台湾は中国の沿岸と海を押さえる位置にある、今回の目的は蛮人懲罰による台湾の文明化、航行の保護、同島の通商への開放に存すると宣言することで、諸外国の支持は得られるだろう、と」(FO 46/178, No. 66, 14/4/1874, Parkes to Granville)、「日本の行動は、一時的便宜や、その時々の支配的人物によって律せられている。彼等の目的は蛮人懲罰ではなく、国内において、さもなくばやっかいものになっただろう一階級を外地征服によって満足させること、そして、もし可能ならば国民全体を満足させることである」(FO 46/179, No. 95, 26/5/1874, Parkes to Derby)、と。

(84)　この時点で、久光は華族層の輿望を担っていただけではない。「御家禄モ半分拝借不仰付候ニ付、一同人気モ宜、善イ事ハ孰レモ左府公左府公ト申居候」(三条家文書(神宮文庫)五門六〇三号所収史料)と報告されているように、士族層もこの人事には好意的であった。

(85)　出兵時の目的が軍事的に終了した以上、撤退するのでないかぎり、早急に次の目的を確定させなければ軍の統師が不可能となる。またしても直接の推進力となったのは、軍将校、とりわけ出兵軍将校の激しい圧力であった。谷干城は台湾での戦闘終了後、ただちに上京、「若し支那和信を破る時は、我等は勿論の事、何れ此の上は條公始め有職の面々、弾丸に斃れざるより外ある間敷、左候得ば、自然有志の輩奮発する時は、如末の処は寸分も御懸念に及ぶ間敷候、最早此の上は、実に人民情義已むを得ざるの儀より、此の如き御盛挙なりし主意を以て、何方迄も御貫き、斃れて止むを、今日の進退互いに大機の得失に関係少なからず」(『西郷隆盛全集』第五巻、五三一～二頁)、との立場から、激烈に政府に迫った。川村海軍大輔も同じ主張である。山県をはじめとする長閥軍部は、日清開戦というあまりに不可測な事態に躊躇を示していた。

(86) 六月一〇日、駐清英国公使ウェードは、中国は今交渉のみせかけをしているが、これは同国政府が十分強力な兵力を結集する時間稼ぎにすぎない、その時日本が撤退を拒めば、中国は日本軍を台湾から放逐するだろうと、パークスに中国政府の態度を伝える(FO 46/180, No. 121, 6/7/1874, Parkes to Derby に同封)。また英国極東艦隊司令長官シャドウェルは、五月以降、戦艦を派遣しつづけ、日本軍の動向をきわめて詳細に監視していたが、七月七日、現在日本は台湾より撤退のそぶりを示すどころか、南部を領有、植民地を樹立しようとしている、中国は外国法権が同地域に確立されることになり、このまま放置することは不可能、戦争の方向に進んでいる、但し、中国は即時行動の準備がなく、その時間を要するだろう、とパークスに報告する(FO 46/180, No. 126, 18/7/1874, Parkes to Derby に同封)。

一般紙の報道でも、『ジャパン・メイル』は七月はじめ、今のまま推移すれば、日本が屈辱的な形で撤退するか、あるいは占拠しつづけ、中国に戦争をおこさせるかの、二つに一つだと述べ、江戸では西郷司令官が、中国兵の台湾大挙渡来を理由に、五〇〇〇の増派を求めたとの噂が流れている、と述べているし(七月一一日付N・C・H)、同月の天津通信員は、台湾戦争の話題で、当地官界はもちきりだ、李鴻章は日本軍をつまみ出そうと主張している、とのニュースを上海に送る(七月一八日付N・C・H)。

パークスも英国の極東貿易を大混乱に陥れる危険性のあるこの紛争に関し、必死で情報を蒐集し分析する。開戦も辞さずとの閣議決定の前日、パークスと面会した岩倉はこう語る。台湾の原住民居住地域への権利を中国はまったく有していない、日本は原住民に対し秩序を保たせ、難破船乗組員への残虐行為の再発を阻止するため、あらゆる手段を用いる完全な権利をもっている、と。そしてパークスの問いに対し、きわめて断定的に、中国政府から撤退要求がなされようと、日本はそれを拒否する、と答えるのである(FO 46/180, No. 126, 18/7/1874, Parkes to Derby)。

(87) パークスは八月三日、日本政府は中国の戦争準備に非常な関心を寄せている、彼等は江戸湾と瀬戸内海への防備強化を指示、あわせて輸送船をさらに購入しつづけている、と情況を報告(FO 46/181, No. 138, 3/8/1874, Parkes to Derby)、一三日には、両国は軍備を増強している、このまま進めば、両国とも回避しようと望んでいるにもかかわらず、最悪の事態を迎えるだろうと分析(FO 46/181, No. 148, 13/8/1874, Parkes to Derby)、さらに二一日には、両国開戦の際、日本海軍内にいる英人将校の進退に関し、本国政府の訓令を仰ぐのであった(FO 46/181, No. 158, 21/8/1874, Parkes to Derby)。

(88)　八月に入ると一般紙の論調もエスカレートする。同月初旬『ジャパン・ヘラルド』は、中国では台湾にいる日本軍と闘うよりはるかに大きな開戦準備がなされている、一説によると四万の兵員に購入されたばかりの小銃が支給された、さらに中国は琉球を占領しようとしている、との日本の流言を報ずるし(八月八日付N・C・H)、同月、中国では、一〇万の日本軍が南西側より、一〇万の日本軍が南東側より入台、西郷司令官は大艦隊で島を回った、日本は台湾全土を領有しようとしている、台湾の次には朝鮮を狙っている、との噂がひろまっていた(八月一五日付N・C・H)。

『ジャパン・ヘラルド』は九月に入り、日本は大久保使節の交渉と同時に、宣戦布告なしに、三万の軍勢を長崎より、台湾ではなく、北京そのものへ発進させようとしている、と報じ(九月一九日付N・C・H)、天津の通信員は同月、当地では、日本のやり方は非常な侮辱行為ととらえられ、人々は中国の名誉が武力によって回復されることを切望している、あらゆるところで、日本人を台湾から追い出すための最大限の準備がなされている、と上海に連絡する(九月一二日付N・C・H)。

事態の悪化に伴い、パークスの分析もその総体性を増していった。八月二六日、彼はシャドウェル宛書翰で、日本が何故撤退できないのかをこう説明する。「それは現政府を危機にさらすからだ。撤退は政敵には失敗と映り、政府顛覆に結果しかねない攻撃の材料となる。したがって現政府にとっては日清開戦はより小さい悪なのだ。戦争の危機に臨めば、全政派は共通の敵に対し統一を余儀なくされる」(FO 46/182, No. 167, 12/9/1874, Parkes to Derby, Encl.)。九月一一日、岩倉は彼に対し、開戦の危険は差し迫っていると述べ、撤退しない理由を、「中国が敵対行為の準備をし、日本に謝罪を求めるような情況下で、そのような行動をとることは困難だ」と説明、あわせて外国の仲裁は求めないと明言する(FO 46/182, No. 169, 12/9/1874, Parkes to Derby)。日清開戦は極東に巨大な通商権益を確立していた英国にとっては重大な関心事だった。パークスはくり返し岩倉に接触し、日本政府の動向を探る。同月一五日に続き、二三日にも彼は岩倉と会談する。岩倉は語る。戦争は不幸なことにサムライを再び前面に登場させるだろう。サムライの数は四〇万に達しており、開戦の際は戦場に投入できる。彼等はみな闘いを望んでおり、政府は彼等の熱望をくい止めることが困難だ、と(FO 46/182, No. 176, 28/9/1874, Parkes to Derby, Encl. 2)。

(89)　谷干城は台湾から上京、工作中の七月、壮兵徴募を建白し、「[士族]本禄三分一を税せしめ是を以て壮兵の用に供せば、人好で兵と成る者必ず多かるべし、是れ上より之を収むる理に当り下之れを出す亦義に当る事たる甚だ易々なり」(『谷干城遺稿』下巻、五九〜六二頁)と主張、また九月三〇日付在北京大久保利通宛大隈重信書翰にも、「闔国人心一致宣戦ノ日ニ方ラハ兵員ニ加リ国難ニ死スルノ情願書面、府県ヨリ日々数通差出申候、且俸給ヲ割キ家禄ヲ分チ又私金ヲ輸シテ軍資ヲ相助ケ申度旨願出ノ者累々無数ニ有之、全体気力更張皆戦意相決居候付、此機不取失統御之術相尽交戦及候得ハ、屹度衆寡相敵シ勝算無疑被存候」（『大隈重信関係文書』第三巻、二五頁）とある。しかも岩倉具視はすでに八月一七日以前に「〔交和断たれなば〕一般士族に武職を至急に与へる下命の事」（『岩倉具視関係文書』第六巻、二六〇頁）という事態を想定していたのである。

(90) 士族の動向への配慮は、明治七年九月二〇日付大蔵省の、家禄賞典禄の正米支給を命ずる大蔵省布達にも如実にあらわされた。八月二九日、大蔵省は政府に対し、従来石代で支給してきたが、従来も石代・正米格差への士族の苦情が多大であり、「此上蕃地ノ形勢内地へ差響候節ハ正米弥増高直ニ可相成歟、其節ニ至リ是迄ノ通リ石代ヲ以テ致渡方候時ハ、自然一大変事可相醸モ難計情状モ相聞候」（「太政類典」第二編第五類理財三六、第二一号史料）との理由で正米支給の伺を政府に提出、やむなく承認されたのである（明治八年九月金禄に変更）。

(91) 九月一四日に第一回会談がおこなわれるが、冒頭から台湾が中国の版図かどうかで交渉が難航、一〇月五日には一時決裂、一八日、始めて日本側がもち出した償金問題を中国側が拒否、二三日再度決裂、大久保は二四・二五日の両日、英露米独仏各国公使に離別の挨拶をおこない、二五日、版図問題と、日本軍の行動に「寇讎」の名をきせたことに対する最後通牒的照会を総理衛門大臣に発した。両国政府の一歩も引かない主張のぶつかりあいは、ついに日清開戦に帰結するかに見えた。この一〇月は、国内においても、開戦に備えての動きが急速に押し進められていった月であった。川村海軍大輔が長崎に赴き、諸般の準備にとりかかれば、フィリピンにまで船を求めて人が派遣され（FO 46/183, No. 192, 9/11/1874, Parkes to Derby）、伊藤も長州に下り、木戸引き出しを図り、三条太政大臣は、書翰をもって開戦時の入閣要請を板垣におこなう。また三条は同月、木戸へも協力を求めて同様の書翰を送っている。その中で、財政難を嘆じて「方今上下疲弊之極、万一募債ノ事ニ至ラバ、窮困之士民、怨嗟之極、禍乱実ニ不可測」と危惧し、また日清間の戦争での士族動員に関し、「右等之驕兵ヲ以テ征戦功ヲ奏スルアラバ、其勢自ラ封建ノ旧ニ復スベシ」と予測し、つづけて「此際駕馭措置方、実ニ難事ト存候。事既ニ此ニ至ル。騎虎ノ勢、今名義ナク徒ニ中止スベカラズ」（『松菊木戸公伝』下巻、一七七三～五頁）と心中の苦痛をあますところなく、幕末以来の一貫した盟友に縷々述べるのであった。

(92) 具体的な交渉経過に関しては、石井孝『明治初期の日本と東アジア』（有隣堂、一九八二年）を参照のこと。

(93) 台湾出兵に連動する外務省の大規模な機構改革については、田中正弘『近代日本と幕末外交文書編纂の研究』（思文閣出版、一九九八年）二三一頁参照のこと。

(94)　岩倉は清国が賠償金を出したことに耳を疑い(FO 46/183, No. 192, 9/11/1874, Parkes to Derby)、伊藤は「支那葛藤意外の大幸」(『木戸日記』一一月二三日の条)、井上馨も、「支那関係一件モ終ニ償金迄モ相払候様立至リ候由、実以御ケシ《ママ》之算外ニ出ル不可量」(『世外井上公伝』第二巻、六一〇頁)と事態の意想外の展開に舌を巻く。そして誰よりも、歴史の重圧から解放されたものは、交渉の総責任者大久保利通であった。彼は『日記』一〇月三一日の条に、「是迄焦思苦心、言語ノ尽ス所ニアラズ、生涯又如此ノコトアラザルベシ。此日終世不可忘ナリ」と記す。彼はこれまでも、文久二年の寺田屋事件や戊辰戦争、廃藩置県など、維新変革の諸局面に中心的な役割を果たしつづけてきた。だが、彼のそれまでの経歴の中で、もっとも精根を使い果たさせたもの、それは、歴史の局面展開の回転軸がただ彼一人の双肩にのしかかり続けた台湾出兵をめぐる日清交渉にほかならなかったのである。

(95)　井上は、「実ニ内外之威権、一度又政府ニ帰シ申候」(『世外井上公伝』第二巻、六一四頁)と述べ、一一月二三日付『ジャパン・ヘラルド』は、中国は屈辱的な地位に落ち、逆に日本は世界に尊敬されるべきものとなった、日本は交渉で最大限のものを獲得した、日本政府は危機を脱し、反対勢力に対する自己の抵抗力に自信をもってきた、と論説し(FO 46/183, No. 205, 30/11/1874, Parkes to Derby, Encl.)、七五年三月二五日付N・C・H紙も、日本政府は、海外での行為によって、国内での権威を獲得した、同政府がその力と安定性を増しつつあることに、誰人も疑うことはできない、と指摘する。

(96)　台湾出兵は日本の近世的な対外関係とあいまいな国境観念を近代的なそれに転換する巨大な転轍手の機能をも果たした。それまで外務省の管轄だった琉球藩は、出兵の最中の明治七年七月一二日、内務省の管轄に切りかえられ、日清交渉の終了直後の一二月、内務省は、征台の役により琉球が日本の版図であることが明白になったので、藩の官員を上京せしめ、談判の意味を説ききかせ、清国との関係を断たせるべきである、あわせて船を下賜させ内地との交通を密にすべしとの伺書を提出、同月二二日、政府は琉球藩改正処分(「太政類典」第二編第三類地方三五、第二〇号史料)に付き、藩重任の官員を上京させることとし、翌八年七月、琉球処分官に任じられた内務大丞松田道之の那覇着任となるのだった。この動きは、日露交渉、小笠原処分問題そして日朝国交樹立問題とすべて内在的に連動していくのである。

　とくに対朝鮮交渉では、明治七年六月、朝鮮国内の政変(大院君勢力の後退)を踏まえ、外務少丞森山茂が同国に派遣されるが、彼は明治元年以来、日本人官吏として始めて朝鮮側外交担当者と接触することができ、翌年二月、外務省書翰を携えて再渡することとなる。同月、岩倉はパークスに対し、日本の対朝鮮政策と森山派遣の件を説明し、彼の理解を求めるのだった(FO

46/190, No. 24, 8/2/1875, Parkes to Derby)。そして、この政策が順調にいくとしたら、米国やフランスが試みても成功しなかった朝鮮の開国を日本が最初にやりとげることとなり、ロシアの極東進出に極度に神経をとがらせている英国を安心させる（英国は朝鮮の鎖国政策がロシアの介入を容易にすると考えていた）とともに、日本の外交能力がいっそう国際的評価をかちえ、さらにそのことが、国内的な政権安定化に大きな機能を果たすだろう。同月下旬、森山が出発を前にパークスを訪問し、自分の役割は、日本を開国させたペリーと同一のものだ、と発言している（FO 46/190, No. 33, 22/2/1875, Parkes to Derby）のも、この文脈の中にあった。

(97) 日本の対清交渉でもっとも多くを学んだのは英国であった。在華英国商人の利害代弁者的新聞のN・C・H紙は七四年一一月一二日の社説でこう指摘する。「自己に較べてあれほど劣っている日本へ屈することを余儀なくさせられたことが、清国にどれほど高くつくか、予想することはむずかしい。我々は日本が中国に与えたレッスンが北京の各国公使に効果をひきおこすことを衷心から望む。いかに僅かの誠意と強硬さが効めを現したことか。日本のおかげで交渉の道は示された。我々は、年長の諸国も、文明諸国中最年少国のやり方をみならい、利をつかむに遅鈍ならざらんことを信じよう」と。また一一月一九日付でも同紙は、「清国が自己再生能力を有しているとの信仰は、最早過去のものとなった」とも断言する。パークスにとっても、清国の脆弱性は意想外のものだった。彼は九月段階でも、中国の防衛力を極度に低く評価する者のみが、日本軍の上海や北京攻撃の成功を考えるのだ（FO 46/182, No. 176, 28/9/1874, Parkes to Derby, Encl. 2）、と日本軍事力を否定的にとらえていたのである。七五年二月一六日、彼はウェードに率直にこう書通する。「あなたの手紙を入手するまで、私は中国が何故あのような取りきめに同意したのか、わけがわからなかった。私は中国がそれほど自己の力を低く評価し、日本よりも軍事的に劣っていると考えているとは思いもよらなかった。日本は中国の有している戦艦の半数でしか攻撃できず、一万の兵力しか侵攻させられないのに。しかも長期にそのような兵力展開を維持することもできないというのに。このような敵への譲歩は、私が中国にいた頃目撃してきたより、はるかに深刻になった脆弱性の徴候だ。脆弱性を示したことは、今後危険を招かずには済まないだろう」（FO 46/190, No. 32, 22/2/1875, Parkes to Derby, Encl. 6）と。そして、この劇的な形で暴露された清国政府の意外な脆弱性につけいる者こそ、日清交渉の際、仲介役をかって出た英国駐清公使ウェードその人であった。日本から英仏軍隊が撤去したその同じ七五年二月、雲南省でおこった英国公使館通訳官マーガリー殺害事件をテコとして、ウェードは翌七六年八月、芝罘協定をかちとるまで、大英帝国を代表し、国交断絶・英清開戦までの脅迫を駆使しながら、実質的な条約改正を実現すべく、清国政府をのっぴきならない苦境に追い込むこととなるだろう。

(98)　岩倉・大久保政権が微妙な力のバランスをとるため海軍卿に据えた勝海舟は、和平成立直後の一一月二六日、サトーにこう語っている。政府内は薩摩人が圧倒的多数だ、副島と板垣を呼びもどせば、権力はより公平に配分されよう、しかし西郷や木戸は内閣には復帰しないだろう、とくに木戸は大久保と友好的ではなく、両者は共に仕事をすることができない、今や大隈は、最大の権勢をもつ大久保の懐刀となっている、と(FO 46/183, No. 204, 30/11/1874, Parkes to Derby, Encl.)。ここには、同時に旧幕利益代弁者勝の期待と構想も色濃く投影されているのである。なお維新後の勝の政治的位置づけについては松浦玲『明治の海舟とアジア』(岩波書店、一九八七年)を参照されたい。

事実、内務省人事は大久保主導型で押し進められていく。西郷・鹿児島士族と連携し、それをバックに中央政府と内務省の介入を許さなかった酒田県に三島通庸(薩閥)を県令として赴任させるのが明治七年一二月、和歌山出身の広島県令伊達宗興に代り、同県権令に藤井勉三(長閥)を就任させるのが明治八年一月、廃藩置県以降、一貫して参事・権令・県令を勤めてきた久光派の中心人物内田政風に代り、桐山純孝(大垣士族)を石川県権令にするのが同年三月、さらに市民の政治的感情に配慮して、明治五年五月東京府知事に就任させた旧幕臣の大久保一翁を、有名無実となった教部省の少輔に転ぜしめ、かわりに楠本隆正(佐賀閥)を後任に据えるのが同年一二月のことであった。この延長線上に、明治九年の大合県政策が強引に実現せしめられるのである。

(99)　木戸は、六月二〇日から開始された地方官会議議長となるが、そこでは神田孝平等の急進派や傍聴人の処理に苦慮することとなる。また元老院問題でも彼の中間的立場は貫徹しえない。四月二五日に第一次任用された元老院議官は、後藤象二郎・河野敏鎌・由利公正・陸奥宗光等、一方で政権の安定化を狙うための意欲的人事だったとはいえ(但し勝と副島は辞退、福岡孝悌は五月一九日辞職)、他方で、岩倉・大久保政権内に大きな不安定要因をかかえこむことでもあった。「〔元老院〕差向き副島・後藤・由利・井上・陸奥・福岡・島本・樺山・島尾等出仕等可相成(中略)一昨年大不平を鳴し、局外にて騒ぎ立候さえ、廟堂上御苦心被為在候程の朋党連にて、其向の方多く御登用相成候て、大権を相授けの時は、行政上忽ち御難渋と相成り、弊害の生候事眼前と奉存候。(中略)板垣殊更に主張する処は、本文申上候通、朋党を一局に集め、充分自分共の見込の如く権力を以て相運ばせ候策にて左院等の局を廃候趣意には有間敷、右様朋党一局へ相集候時は、一昨年来の不平を以て、軽々民撰議院を相立候見込にて如何程の大害を醸し候も難計」(『保古飛呂比　佐佐木高行日記六』(東京大学出版会、一九七五年)二一一～二一二頁)と、三月中、佐々木高行が岩倉に書通するごとくであった。

そして、元老院での最初の問題が、元老院章程補正案（五月三一日板垣等上奏）中「元老院の決議を経由せざるものは法律となすを得ず」との一条項の削除問題であった。板垣は、「右〔章程〕ヲ掲載無之テハ、立法官ヲ被置、立法ノ源ヲ広ムルトノ詔ハ無益ニ属シ候」と強く主張するが、木戸は天皇の大権を奪うことになるとの立場から削除を主張、板垣の背後に陸奥がいると推測する。「元老院章程ニ付、天皇陛下之大権ヲ限制候処不少（中略）僅々タル元老院之先生ニ而、未一度之会議モ無之已前ニ、自分ドモノ権ヲ強求候ハ、実ニ不都合千万ト被思考申候、其元因ハ陸奥張本ニ而社中ヲ動カシ、板垣ナドヘモ張合置候事ト相見ヘ申候」（『松菊木戸公伝』下巻、一八二三頁）と、六月五日、井上に述べているごとくである。

この問題は、木戸が陸奥・後藤・小室等を説得、板垣に自説を撤回させ、六月二二日、「前日〔四月二五日〕附与スル所ノ職制章程及ヒ参議板垣退助・伊藤博文等ノ説明セル所ノ者ヲ遵行」すべしとの勅語が下ることによって、一応の結着を見るが、この六・七月の事態は、構想としては悪くはない木戸的路線を現実化するのは、いかに困難かを明白にさせたのである。

(100) 板垣の動きと対応しつつ、島津久光の動きも活発化する。第二次元老院議官の任命が七月二日、有栖川熾仁親王・柳原前光・長谷信篤・大給恒・壬生基修・秋月種樹等の皇族・華族が議官に就任、そして左大臣久光が議長に想定され、三条はそのことを天皇の意志として彼に告げもした。だが反対論が強く、結局、唯一の事態収拾策としては、同月三一日、天皇が久光を召し、「元老院議長兼任ノ内諭ヲ止ム」との勅諭を下すほかなかったのである。岩倉は参朝せず、閣内では板垣が薩長藩閥結合に反対する強硬論を主張、三条太政大臣は、このように政治指導をなしえないといった情況下で、久光や華族層は、自らのヘゲモニーを、板垣と連携しつつ獲得しようと策動する。八月二二日、中山忠能・嵯峨実愛・伊達宗城・池田慶徳・大原重徳・池田茂政・松浦詮・立花鑑寛等は会同、二四日に中山・嵯峨・伊達・池田の四名が参内して、自らの要求を天皇に述べるが、彼等は九月六日にさらに上書、現今の情勢を、人心疑懼をいだき乖離を生じているものだ、とし、その原因を台湾出兵や元老院議長任命問題等にみられる怱卒さと、井上馨の尾去沢事件裁判にあらわれる遅緩さとに求め、暗々裏に三条の政治責任を追及する。三条の政治責任を追及するということは、とりもなおさず、左大臣島津久光を責任ある地位、すなわち太政大臣に昇格させることにほかならない。九月二八日、伊藤は木戸に、急速に進んでいる島津久光太政大臣擁立策動を語るのである。

(101) 明治八年五月、朝鮮側が「廷議一変、旧例墨守」と回答、軍事的示威行動によってしか解決しないと決意した政府は、同月雲揚艦、六月第二丁卯艦を釜山に入港させる。この動きは早速新聞でも報道され、『ジャパン・ヘラルド』は、「日本政府は朝鮮沿岸と港湾を偵察させるため、二艦を朝鮮に派遣した。同艦には首都への河川を遡行する計画がある。万一朝鮮側が米国に対しとったと同様の敵対行為に出れば、二艦は砲撃されるだろう。その結果、重大事態が勃発する可能性がある。(中略)日本政府の行為は、彼等が事態を危機に追い込もうとしているのか、あるいは、万一両国間において宣戦布告がなされた場合、朝鮮側の弱点を知っていることが有利だと考えているのか、そのどちらかである」(七五年六月五日付N・C・H)と的確に分析する。

パークスも全神経を集中して事態を凝視する。五月二三日付通信で、二艦の派遣を政府は否定したが、それが事実だとしたら、両国間に争いがおこるだろう(FO 46/191, private, 23/5/1875, Parkes to Tenterden)と指摘し、七月一七日付通信で、「やはり二艦の派遣は事実だった。日朝交渉は決裂した」(FO 46/192, No. 91, 17/7/1875, Parkes to Derby)と述べ、さらに同月二〇日付暗号電報をもって、日朝開戦による東アジア情勢の激変に対処するため、巨済島を占領すべきであるとの強硬意見(FO 46/192, 20/7/1875, 江戸発、暗号電報)を本国政府に発するのであった。九月の江華島事件は、五月以来の日本政府の挑発行為のあまりに当然すぎる帰結であった。

(102)　前原一誠は六月に上京、八月帰萩まで久光や反政府士族と接触していたが、江華島事件を聞くや、「朝鮮は已に兵端を開候由相違無之(中略)此末必一大快活事出来可仕被察申候(中略)副島・板垣・大久保も此度は戦争を主張するよし。廟堂は大かたつき(中略)諸県にも追々征韓論起るよし(中略)此県にも寝て計りも居られ申すまじく、一奮発此時かと奉存候」(妻木忠太『前原一誠伝』九七二～三頁)と友人に書通する。

一〇月八日、熊本士族鎌田景弼(司法省七等判事)・増田長雄(司法省七等判事)・志方之勝(京都裁判所検事)の三名は対朝鮮強硬策を建白する。その論旨は、士族層一般の意見を代弁して余すところない。彼等は冒頭、国内に「安逸ヲ希ヒ酒色ニ耽ルノ輩」屈指に堪えずと述べ、「各国富強ノ勢ヲ挟ミ、我困疲ノ際ニ乗」じて来る。その結果は「国勢日ニ衰弱シ、彼ニ奴役セラル、応サニ遠キニ非ザルベシ」。これへの対策は、「外ニシテ敵国外患ヲ度外ニ置カズ、内ニシテ節倹」、練武により富強の実を努めるほか無しとする。「今ヤ本邦、兵ヲ練リ武ヲ講ズルノ地、遠ク欧米ノ強国ニ求メズシテ、近ク亜細亜ノ比鄰ニ在リ」、「就中朝鮮」にその対象を求めなければならない。また常備兵が乏しいので出兵はできないとの論を、「今常備兵ノ半額ヲ以テ先鋒トシ、其余各県士族ヲ徴募シ隊ヲ編伍ヲ制シ、華族ノ内奮テ往カント欲スル人アレバ、択テ以テ将帥トス。何ソ兵ノ足ラサルヲ憂ヘンヤ」と批判、さらに「士族商ニ帰シ農ニ就クノ日ニ当リ、又之ヲ使用シ、他日功立チ事成ルノ後、戦勝ノ余勢固結シテ解ケズ、跋扈ノ旧弊ニ復セバ、是又一患ヲ生ズル也」との意見を駁して、「功労アル者ハ択テ以テ常備予備ノ中ニ入レ、将校ノ任ト」せよと主張する。また士族層の動員の必要性を、「士族ノ無事ニ苦ミ、不平ヲ鳴スモノ少カラズ。征韓ノ挙ナク、久シク之ヲ閑地ニ擲ツトキハ、他日内ニ向テ其不平ノ気ヲ洩サントス。今之ヲ外事ニ駆テ其欝勃ノ気ヲ散セシム。是又士族ヲ駕馭スルノ一術也」との理由をもって位置づける。さらに、英仏米でもできなかった朝鮮開国という難事業を日本がやりとげれば、「各国ニ向テ少シク威ヲ伸ベ、鋭ヲ示ス所有ラザランヤ。於是乎各国ト談判シ、条約ヲ改正シ、貿易ヲ限制シ、保護ノ税ヲ設ケ、我国法律ニ遵フノ約ヲ立、彼侮弄スルコト能ハズ、必ズ我言ニ従ハントス。果シテ然ラハ、条約改正亦必ズ実効ヲ顕ス可シ」(歴史学研究会編『日本史史料〔4〕近代』(岩波書店、一九九七年)一一三〜四頁)と述べ、朝鮮問題と条約改正事業との関連を指摘するのだった(志方の肩書に関しては安岡昭男氏より教えられた)。

在野の副島も、二年前の意見をまったく変更していなかった。彼は代理公使プランケットに一二月一〇日、こう述べる。「国内にはよく装備され訓練された四万の兵がいる。さらに背後には全サムライ階級が控えている。彼等は武器の使用に慣れ、戦争に渇えている。自分も遠征への参加を出願した。目下、瞬時の命令により進撃の用意を整えている者が幾千と存在する」(FO 46/195, No. 172, 13/12/1875, Plunkett to Derby)と。

(103) ここでは日朝修好条規締結に至る外交交渉のプロセスへの言及を省略するが、ただ一つ、東アジアの情況、とくに英清紛争が日本政府に有利に作用したことに関し触れておこう。七五年二月のマーガリー事件発生以降の英清紛争は、日本でも早くから注目していた。五月二三日付パークスの本国宛通信にも、「日本政府は最大の関心をもって雲南事件での英清紛争を見守っている。そして各国の外交団とこの問題を話し合っている。したがってできるかぎりの情報を送ってほしい」(FO 46/191, private, 23/5/1875, Parkes to Tenterden)とあり、一〇月の『ジャパン・ヘラルド』は、「日本政府は英清間の紛争に希望を持っている。それは清国が朝鮮を援助することを阻止するだろう。英清戦争は、この上ない満足をもって歓呼されるだろう。当該事件に関するあらゆる情報は非常な関心をもって検討されている」(七五年一〇月二一日付N・C・H)と報道する。事実、七六年八月までかかったマーガリー事件は、清国の他方面での外交政策の展開の幅を極度にせばめたのであった。

この件に関しては、長谷川清「雲南における民族問題の構図——マーガリー事件をめぐる歴史人類学的試論」(『月刊百科』一九九四年一〇月号)参照のこと。

(104) 七六年四月一三日付のN・C・H紙は、「日朝条約」と題する社説をかかげ、「日本は、ヨーロッパ列強の賞讃に値する国となった、日本は極東におけるつまずきの石、争いの原因を除去した、朝鮮の開国は、東アジア全沿岸の世界への開放を完結することになるだろう、すぐさま通商の発展をもたらさないとはいえ、少なくとも我々との政治的諸関係を改善することになるだろう」と、日本の外交を最大限の讃詞でほめたたえている。ロシアの朝鮮浸透を阻止しえたとの評価がその背後に横たわっている。

(105) 明治六年以降、あれほど東京に留まらせ、政権に参加させつづけようと努めなければならなかった島津久光は、明治九年四月五日悄然として退京、かわって同月一四日、木戸別邸に天皇が行幸する。士族邸に天皇が臨幸する例は、これをもって嚆矢とする。つづいて同月一九日には、大久保邸も天皇の臨幸を見る。

確定した薩長藩閥結合は、人事の中にもよく反映される。元老院副議長後藤象二郎は、明治九年三月に罷免、土佐派として永らく政府内に留まっていた神奈川県令中島信行も、同月元老院議官に異動させられ、かわって長閥の切れ者野村靖が権令に就任、兵庫県令神田孝平も、九月に元老院議官に異動させられ、かわって薩閥の森岡昌純が権令に就任する。この元老院の形骸化は強力に進められていき、明治八年一一月には章程が改悪されて、行政官を弾劾する権利が剝奪される。

(106) 政府の政策は、今や従来の開明派官僚のみせかけを取りはずし、天皇制官僚的色彩を明瞭にとり始める。七六年五月、『ジャパン・メイル』は政府のイデオロギー政策の変化をこう報道する。現在、日本の中に儒教を支持する強力な反動が進行しつつあり、日本政府はその傾向を促進させていると言われている。日本の若者達が次第に獲得しつつある人権や自由の思想に関し、政府は遅かれ早かれ解決を迫られていると十二分に意識していることは、疑いもない事実である(七六年五月一三日付N・C・H)、と。

そして、このような姿勢は、地方政治にあっては次のような事実となっても現れる。「人民ノ上ヲ怨望スル、骨髄ニ徹シツルヤ、今般ノ変動〔神風連の乱〕更ニ怪ム色ナク、県官ノ横死モ更ニ愁傷スルモノナク、陰ニハ却テ快トスルノ形状ヲ現出セリ。(中略)該県官吏ノ挙動タルヤ、恰モ旧幕政ノ圧制吏員ニ異ナラズ。下モ八等外吏ニ至リ、其権勢ニ誇リ、士民ヲ睥睨スル等、実ニ可悪ノ態アリ。県下巡査ヲ拝命スレハ大ニ栄トス。其権勢ヲ張リ恣ニ横行スルニ至ル。是故ニ巡査ノ人民ニ対スル言語応答、封建中士民ノ別アルガ如シ」(三条家文書〔神宮文庫〕五門五三八二号、明治九年一二月岩間熊雄探索書)と。

(107) 七六年四月一七日付の『タイムズ』の記事は、このポイントを的確にとらえたものであった。そこには次のように述べられている。「日本政府の支配力は、今回の〔日朝条約締結の〕成功により格段に強化された。これにより、国内にみちみちている不満は鎮静化されよう。だが、事態は薩摩士族の法外な強力さが抑圧されないかぎり円滑には進まない。薩摩士族は帝国の中に一体化されたことは決してなかった。彼等は忠誠かつ極度に保守的であり、さらにきわめて力強い。しかし、独立性をあくまで主張しつづけている」と。

(108) 西南戦争に関しては、佐々木克「西南戦争における西郷隆盛と士族」(『人文学報』第六八号、一九九一年)を参照のこと。

第二章　幕末維新期の若干の理論的諸問題

1　世界資本主義と東アジア

一八五三(嘉永六)年以降、幕藩制国家および鎖国を前提として形成・確立されていた国内市場がどのようにして世界資本主義に強行的に編入されていったか、そして未曾有の外圧に抗し、国家的・民族的対抗核が、いかなる試行錯誤と挫折の中で形成・確立していったか、という歴史学のテーマは、日本史という一国史レヴェルのみならず、世界史を考えるうえでもきわめて刺激的な多数の問題群を提起しつづけている。

但し、今日の研究状況の中で留意しなければならないことは、日本の開国を日本と欧米列強との二極的関係としてのみ把えてはならないことである。日本の鎖国なるものは、日本単独の性格のものではない。それは一六〜一七世紀という、真の意味の世界史の始動期に、東アジアに進出した重商主義段階のヨーロッパ列強に対し、中国・日本・朝鮮・ヴェトナム等の東アジアの強力な封建国家群が国家的・権力的に採用した封鎖的・統制的対応体制の日本的な形態だったのである。そして、この体制を前提として東アジア諸国間の近世(近世の世界史的位置はここに由来する)的で儀礼的な国際関係が展開していく。そこに特徴的なことは、外交と対外貿易に対する国家権力の圧倒的関与であり、古代から中世にかけ、人や物、さらに技術移転や精神的・文化的交流の過程の中で豊かに形成されてきた東アジア地域の国際的民衆世界の消滅であった。

この東アジアのヨーロッパ世界に対する封鎖的・統制的対応体制の中でも、日本のそれはきわだっていた。清国の広東貿易は、一八世紀末から一九世紀初頭にかけ、英国船・米国船をはじめ毎年一五〇艘のにぎわいを示していたのに対し、日本は唯一オランダ一国に対し、毎年二艘の商船のバタヴィアよりの派遣を許すのみであった。また清国が民衆の海外流出に対し、ゆるやかな規制を敷くのみで、華僑世界が東南アジアにむけ次第に膨張しつづけていったのに対し、日本はまったく国民の出国を許さず、幕府が国民の海外渡航をようやく認めたのは、開港後もかなり経過した一八六六(慶応二)年のことだったのである。オールコックは公使館通弁で元漂流民であった熊野伝吉の殺害に関し、日本の法律では他国にうちあげられた者は denationalize されたものとみなされている、と的確に評している。(1) さらに外国人の非合法入国に関しても、その監視網がいかほど厳しかったかは、イタリア人宣教師シドッチの悲劇の例でも明白であろう。他方、国家に対し在地権力が相対的に強固でありつづけた朝鮮では、潜入した仏人宣教師が多くの改宗者をつくることに成功していたのである。このような完全に統制化された対外体制を前提として幕藩制国家は始めて国内に対し正真の国家たりえたのであった。

そして、一八四〇年代初頭のアヘン戦争を契機に、このような近世的な東アジア国際秩序そのものが崩壊しはじめるのであり、外圧に対抗しつつ国家を形成しようとする東アジア各国の必死の試みのなかで、東アジアにおける新たな国際秩序形成の動きが一九世紀後半に急速に展開することとなる。

このように把えるならば、日本における天保改革は東アジア地域世界の中での顕著な反応の一つでもあったのであり、一八五三年のペリー来航も、米清条約批准書交換と兼ねて浦賀に来日した一八四六年の米国東印度艦隊司令長官ビッドルの開国交渉や、同年琉球から長崎に来航、日本側と接触を試み、その後朝鮮にむかった仏国印度支那艦隊司令官セシユ等の、アヘン戦争後の欧米諸国の動向と結びつけながら広い視野で考察する必要があるだろう。

＊

産業革命を経、あふれるばかりに生産した商品の販路を求め、全世界を自己の市場に転化しようとする資本は、世界を自らの姿に似せて作りかえようと欲し、自己の私的で利己的な要求を世界的に通用する「正義」そのものだとみなしていた。一八五二年三月二六日付の『タイムズ』は、「われわれは、世界の海岸線の一部を占有している国には、他の諸国との通商をいっさい拒否するような権利は絶対にないと考える。そういう振舞が通商や人類の福祉を妨げない限り、文明国は寛容な態度をとるかもしれない。だが、このような諸国の野蛮人たちに対して、一般的な国際法に従うことや、一定の交流をおこなうことを強制するのは、文明国、キリスト教国の権利だ、というのが、われわれの主張である(2)」と主張しつつ、ペリー訪日計画を報ずる米国紙を好意的に引用している。また五四年六月一四日付の『ニューヨーク・ウィークリー・ヘラルド』は、ペリーの使命達成をたたえながら、「奇妙なことだが、何世紀も続いた闘いの末、文明の進んだ民族がどこでも勝利を収めている。弱体なアジア人はいたるところで自分たちの政策と過去の遺産を放棄した。また、追従者やおべっか使いが増長したうぬぼれを、彼等は一部なりともなかなか捨てる気にならなかったが、少なくともそれよりは潔く自分たちの明白な権利を明け渡した(3)」と誇らかに述べていたのである。

したがって、このような欧米が創り出した「正義」に反抗する動きはいかなるものであれ、軍事力を使用しても弾圧することが「文明国」なるものの「正義」となるだろう。在華英国商人層の利害を代弁する『ノース・チャイナ・ヘラルド』は、六三年五月二三日付の同紙において、「遠い昔から現在に至るまで、血塗られた排外的法をいただいているような人間たちとその政治体制に対しては、ただ高圧的な態度をとることでしか西洋文明を前進させることはできない」「戦争が不可避ならばそれもまたよしだ。これは正義の戦いになろう。残虐で背信的な国民の犯した罪悪に対するこの復讐に参加する者はだれであれ、祖国に尽くす者であり、全文明世界の是認を受けるだろう(4)」と、生麦事件に対する眼前の英国海軍の対日軍事行動を強く支持し、また『ニューヨーク・タイムズ』横浜通信員は、下関戦争を前にして「半ば開化した野蛮な国民に対処する際には、力こそ正義であるとわれわれは言う。そして文明世界は、頑固と無知と迷信が執拗な排他的行為の基盤となっているところでは、あまり良心的でありすぎてはならないのである(5)」(六四年九月五日号)といささかのためらいもなく断言するのであった。

事実、一八五三〜五四年、五七〜五八年、六〇〜六一年、六三〜六五年の各時期における欧米列強の軍事的威嚇と軍事行動そのものが、世界資本主義への日本の編入を一段階ずつ引き上げ、さらに確実で不可逆的なものとしていった。そしてこの第三期は東アジアにおける英露対立の顕在化といった意味においても重要な意味をもつ。このきしみをたてつつ進行していった編入過程に関しては石井孝氏[6]をはじめとする多くの研究を我々は有している。

2　攘夷主義の位置づけ方

往々にして封建的なものとして一括されがちの攘夷主義の問題も、近世的な東アジア国際秩序の解体と結びつけて考える場合、新たな視角が浮かんでくるだろう。「扶清滅洋」をかかげた義和団の運動や朝鮮の衛正斥邪をスローガンとした義兵運動にしろ、ヴェトナムの抗仏勤王運動や幕末期の攘夷運動にしろ、それらは、それぞれ広汎な民衆をも含みこんだところの、国家の従属化と解体に抗して展開された強力な民族運動であったのである。東南アジア諸地域においては、分散した強固な伝統的諸共同体を通商網で外側から組織する形で、ゆるやかな国家的まとまりが形成されていたため、このような性格の民族運動は顕著ではなかったが、東アジアにおいては、伝統的な国家を前提とした国家的枠組みのもつ意味はきわめて重く、そこでの民族運動は濃厚な国家性を当初から内包していた。封建国家である以上、その運動に領主的あるいは地主的色彩が刻印されるのは当然であるにしろ、国家の従属化と解体に抗する運動である以上、強力国家形成のための国内改革と再編成という課題は、この運動の中で当然提起されるのであり、その場合、既得権益と既成体制を全面的に維持・擁護しようとする勢力が運動の主導権を次第に掌握しきれなくなるのも必然的なことであるだろう。

第二に考える必要があるのは、欧米列強、とくにその中核となった英国のイメージのされ方である。豪農層を含む日本の知識人世界は、アヘン戦争の衝撃後、「世界地誌[7]」の時代に突入し、英清関係とアヘン戦争に関しては、仙台藩儒斎藤竹堂の『鴉片始末』や、丹後田辺藩士嶺田楓江の『海外新話』が広汎に読まれ、全世界を対象とした箕作省吾の『坤輿図識』は、一八五四年に『海国図志』米国の部が紹介されるまでは、知識人の必読書的存在であった。これらによって浸透する英国イメージは、なによりもインド全域の軍事的・暴力的植民地化による領有であり、大清帝国からの香港の割譲強制だったのである。安政大獄で刑死した頼三樹三郎が、一八五六年、『海国図志』印度部の翻刻を試みたのは、当時の知識人の精神構造を象徴的に示している。従来の「植民地化の危機」評価をめぐる論争は、なによりもこのような知識人レヴェルでの強烈なイメージの存在を前提として再検討されなければならないだろう。

先に論じた、国家の従属化と解体への危機感が、このような領土侵略へのきわめて敏感な警戒心(列強の強硬姿勢はすべてこのバイアスで評価されつづける)と結合した場合、幕府のとりうる選択肢はきわめて制約されたものにならざるをえなくなる。

第三に必要なことは、鎖国を前提として確立していた閉鎖的な国内市場が、幕末から維新期にかけて急激に世界資本主義に編入される過程で、どのように変形し解体・再編されるのかという点と関連させて攘夷意識・攘夷思想の問題を考察する視角である。生糸・茶の輸出の増大と綿糸・綿織物生産の停滞および後退、物価騰貴と金流出といった事象で説明される経済的な変動は、廃藩置県後まで見通す時には、三都経済構造の完全な解体(三谷三九郎やその他の近世的豪商の破産事件を見よ)や西廻り・東廻り海運航路の衰退・消滅といった大きな構造的転換をひきおこしていった。生糸や茶の生産・輸出に直接関係せず、従来の国内市場を相手とした日本全国の商人層や商品生産農民にとっては、開港は、なによりもまず大量の必需品と金貨の海外流出や物価騰貴・生活基盤の動揺と結びついて意識される。武士層からの影響とは別個に、独自に攘夷意識が成長・高揚する社会的根拠が存在したのであり、彼等の、物価騰貴や必需品の海外流出への反対は、幕末段階では開港以前の段階への復帰願望と容易に結びつくのである。紀州の在村医のまとめた風説留《どめ》『彗星夢草子』(一七巻の下)には、一八六四(元治元)年段階までの政争を商人社会の争いに見立てたパロディーが記されている。つまり、日本全国の「諸品必用」の「仕込」は、京都の天王寺屋四郎兵衛(朝廷)がその中心的な役割を果たし、江戸には大黒屋正左衛門(幕府)を出店として置いていた。しかし、大黒屋の番頭彦兵衛(彦根)は本家店支配人九郎兵衛(九条尚忠)と相談の上、「近来取引の例も無之外国より多分の注文」を受け「得手勝手の帳合いたし、金相場抔も格別に引上げ、右両人余程利潤」を得た。これまで諸品の捌方は諸国の問屋のみにて捌く仕来りのところを、「一手にて外国へ売出し方」をおこなったので、国々問屋は申すに及ばず、㊌(水戸老公)も大立腹、彦兵衛と大喧嘩をおこし、「夫より事六ヶ敷相成」り、その後、江戸番頭や本店支配人のいたし方を見兼ねた西国の問屋森屋長兵衛(長州)が、外国商売差留めの応接御委せを京都の本店に出願、江戸店の主人が、今後は「家風相改、正路に取引致度」と両度まで本店へ出訴のため上京、京都で両者大騒動という筋書きなのである。交易開始を許可を得ない不法な新規商売と位置づけ、律義者の長兵衛が新規商売中止方を京都本店に願い出た、という長州贔屓の理解の仕方は、当時の京坂地域の商人層にとって、きわめてありふれたものであった(第四章参照のこと)。そして、この問題は同時に、輸出によって利益を得る集団が、自己の経済活動は私的利害追求と社会解体ではなく、社会の共同利益のために機能するのだという、社会を説得する経済「理論」を形成していったかどうかという興味深い経済思想史的問題をも提起するのである。

3　変革の担い手たち

幕末維新変革の始動力が欧米列強によって与えられた以上、その変革の担い手たちを、一国史的発想で規定することはできない。その社会の構成諸集団は、それぞれ自己の階級的・集団的利害と結びつけながら民族的課題に対処し、民族運動形成において主導権を掌握しようとする。あらゆる集団はその可能性を与えられている。ここでもっとも警戒すべきことは、常識論的で結果論的なきめつけなのである。それぞれの集団の力量は政治過程と政治闘争の渦中においてのみ、その可能性が現実性に転化するかどうかをためされ、結着されるであろう。

天皇・朝廷勢力にしろ、近世後期の尊王意識に持ちあげられ、他律的に行動をとったわけでは決してない。彼等の国家観は、朝廷と伊勢神宮とを基軸とする強烈な国体論的国家観なのであり、両者の安全が保障されない以上、幕府の条約勅許要請を受けることはできなかった。そして、その国体論的強硬姿勢の堅持の故に、国内の輿望を一身に集約することが可能だったのである。だが、このような姿勢の堅持が、列強の圧力と世界資本主義への強制的編入の中で結局維持できなくなった時、ここに近世天皇・朝廷制の真の危機が到来する。

外圧に抗する東アジアの支配層には、いくつかの異なった型があるが、日本では、それが戦士集団＝武士階級であったという特徴がある。支配層が地主層であり文官的支配をおこなっているならば、外圧や戦争による挫折・屈服に対し徳治主義的弥縫策やいいわけが可能でもあったろう。だが「武威」なるものが、国家支配に正統性を賦与するアルファでありオメガでありつづけた日本の場合には、それはまったく不可能であった。対外的軍事力と軍事統帥能力の欠如は、ただちに統治権保持の資格なしとみなされる。しかもこの軍事的無力さが、石高制・門閥制と直結した封建的軍役制度に由来しているとするならば、この構造の破砕そのものが、外圧に抗する軍事的力量増大のカナメとなってくるだろう。一見復古と見まちがえるばかりの幕末期の武士層の武張りと「士気」作興の動向は、その本質において武士層内での軍事改革派の急速な形成と、封建的軍役体制とそれに関連する権力内旧諸制度のラディカルな解体と結びついていた。長州藩等のこのような動きは、田中彰氏らの研究(8)にくわしい。但し、我々が今日幕末期の軍事改革を広く諸藩全体の改革動向と関連づけ、また維新後の軍事体制への見通しをもつけようとする時、どうしても解明しなければならないのが、改革の最初の着手者であり、諸藩の軍事改革の指揮をとり、その歩兵組は長州戦争でも互角に闘いえた幕府の軍事改革とその内包した諸矛盾の問題である。

幕末から維新期にかけての政治過程の中では、武士階級とともに農民を主体とする民衆の動向、その中でも、上からの圧力と下からのつき上げを直接にかぶることになる豪農商層の動向をしっかりと確認する必要がある。[9] これまでもマニュファクチュア段階か、小営業段階かといった経済史的アプローチから、豪農商層の成熟度を測定しようとする試みがなされてきた。だが、豪農商層の政治的成熟度とその政治姿勢の測定方法は、経済史的ではなく社会史的角度からも可能なのである。

ある社会の発展段階を測定する一つの客観的な方法は、情報の伝播速度と、情報受けとり手の分析能力を確かめる方法であろう。この意味では、一八五三年のペリー来航情報が、瞬時にして日本全国に伝わった、その速度とひろがりは、幕末維新変革の前提としてきわめて重視すべきことなのである。そして、情報の伝播というテーマの追求は、そのスピードとともに、情報を求め、可能なあらゆる手段で入手しようとした全国各地の需要者層の具体的な存在形態を明らかにする作業でもある。ペリー来航時での、このような全国的情況は、豪農商層を頂点とする民衆の社会的成熟度(その前提として鎖国を前提とした国内統一市場の確立という事態がある)を雄弁に物語るとともに、幕府にとっては、そのとりうる外交政策の幅を大きく制約されるもっとも基底的要因となったのである。そして、幕末期に確認され、その後の政治過程の中でその量と質を増大させる分厚い政治情報需要者層の社会的存在を前提として、明治初年、新聞なるマス・メディアが日本社会にしっかりと定着する。

農民闘争[10]については、二点ばかり確認しておこう。第一は、年貢とともに封建的負担の二本柱の一つであった封建的夫役に対する農民の長期的な闘争の存在である。第一次・第二次長州征伐を失敗に終わらせた主要因の一つが、陣夫役賦課への農民の強い反対であったのだが、また幕末期、各種軍事動員のため助郷負担が驚くほど増大するなかで、農民は実に執拗に、しかも多くは合法闘争の形態で負担増加に闘いつづける。負担を農民に押しつけつつ、なんとか危機打開を試みる幕府と諸藩の意図はここに崩壊する。明治初年、ついに助郷制度そのものが廃止されるのは、この闘争の歴史的帰結にほかならない。第二は、一八六六(慶応二)年、第二次長州征伐とともに未曾有の米価高騰の事態となり、佐々木潤之介氏のいう世直し状況下に突入する問題である。この場合、在地での豪農商層による爆発阻止の必死の調整努力がうまく機能しなかった地帯において世直し一揆が展開したのであるが、一揆が展開した地帯にしろ、展開するにはいたらなかった地帯にしろ、内包していた問題(＝民衆の下からの恐るべき圧力)は同一であり、全国の豪農商層は、この段階で、幕府の国内統治能力に最終的に見切りをつけた、と筆者は考えている。

4　幕末の政治諸段階

幕末の政治過程は、一見するときわめて錯綜しており、渾沌としたまま推移したように思えるが、実はきわめて論理的に展開していったのである。但し、留意すべきことは、世界資本主義への強制的編入過程は、単なる外交史でも、国際的契機でもなく、政治過程そのものだということであり、この国際政治がどのような国内政治と政治主体をつくり出し、そして国内政治が国際政治にいかなる反作用を及ぼすかの総体が幕末の政治過程なのであった。

これまでの叙述から明らかなように、ペリー来航を幕末・維新変革の出発とすることは再考の余地があるだろう。「太平の眠り」なるものがあったにしても、それはすでにアヘン戦争による清国の大敗という事実によってさまさせられていた。その直後、江戸湾防備を忍《おし》と川越の二藩に命じ、数年後彦根と会津二藩を加えたことは、幕府のそれなりに真剣な海防努力として評価されるべきであり、海岸防禦のため松前と五島列島の福江に築城命令が下されるのも、この時期のことであった。だが、国内の対応体制構築の緩慢なテンポと、日本を世界資本主義に力ずくで編入しようとする世界史の急速なテンポとは、あまりに相違していた。ペリー来航時、幕府に妥協的態度をとらせた要因の一つは、従来海防の衝に当たっていた上記四藩の消極性にあった。封建的軍役動員のもとでの長期滞陣態勢は、巨額の財政負担と夫役による過重な農民負担を生み出すとともに、軍事的にはペリー艦隊の敵ではないことを、これらの諸藩は痛切に感じていたのである。この意味では、ペリー来航は幕府＝譜代結合による海防体制の時期に最終的に終止符をうったのであった。

強制された開国後の、いわゆる安政期の幕政改革は、一八世紀末以降の伝統的海防体制のまさにアンチ・テーゼとして広く展開される。外様大名を極度に警戒し、幕府と譜代大名・旗本のみで海防体制を固めようとした従来の方針を大きく転換させ、全大名参加と彼等への意見諮詢によって権力・軍事基盤を拡大しようとする幕府は、この基盤の上に立つ自己の権威をより強固にするためにも、朝廷への接近と朝幕一体化の方向に進まざるをえない。また純然たる封建的軍制を改革するため、大船建造令が発令され、長崎海軍伝習所での洋式海軍訓練、講武所設置による洋式調練等が開始される。この過程で幕府の開明派官僚と有志大名たちが政治の舞台に登場してくるのである。

だが、このような幕府の政治的努力も、中国を舞台とした第二次アヘン戦争が引きおこした世界史的圧力の前に結局挫折させられ、安政五ヵ国条約によって、治外法権と低率関税を柱とする不平等条約体制下での開港という新しい段階にひきずり込まれるのであった。幕府は、やむなくとらされた無勅許開国路線を、安政大獄という形で強圧的に貫徹させようとするが、国内に噴出するすさまじい反対運動に直面せざるをえない。そこには、軍事的威嚇の前に屈服することは自己の存在意義そのものを否定することだと自覚し激昂する武士層とともに、開港後の経済的混乱を満身にあびはじめた豪農商層を含む民衆が広汎に参加しはじめていた。さらに、一八六〇年一〇月、北京を攻略した英仏連合軍は、その結集した両国艦隊の圧力を日本にも向けたのであり(そして日本渡来後の仏艦はインドシナに向かって行った)、翌年には、この動きに対抗する露艦対馬芋崎浦占拠事件すら発生、幕府の国内的立場をいよいよ窮地に追いつめていった。ヒュースケン暗殺事件や東禅寺事件は、この脈絡の中でしっかりと考えなおしてみる必要があるのである。

一八六二年に入るや、事態打開のイニシアティブを譜代大名主導の幕府はもはや掌握することが不可能になってきた。島津久光の前代未聞の挙兵上京を機に、政局は新局面を迎える。断乎条約勅許せずとの姿勢を堅持する孝明天皇・朝廷を中軸に全大名・武士身分をはじめとする国内諸勢力を結集、奉勅攘夷をスローガンに強力国家を構築しようとする必死の模索(この中で文久度の幕政改革が進行した)が急展開するのである。だが、この運動は、①朝幕一体化を進めるなかで、あくまで軍事統帥権である将軍職を幕府に維持しつづけようとする将軍後見職一橋慶喜等が中心となった幕府勢力、②国持大名・有志大名の横の連絡を形成しつつ、朝廷下において、有力大名を政策決定過程に組みこんだあらたな統治形態を構想する久光勢力、③奉勅攘夷路線をもっとも強硬におしすすめ、攘夷の勅命のもと幕府に全国的な軍役動員をおこなわせ、全国の軍事力量を総結集し、対外的危機をつくり出すなかで、「百敗一成」のスローガンのもと国内の軍事改革を強行しようとする長州藩激派を典型とする軍事改革派勢力の対立と抗争の中で展開したのであり、そのきわめて不安定な拮抗関係は、孝明天皇のイニシアティブによる、一八六三年の八・一八クーデタで結着がつけられる。孝明天皇は、将軍後見職でその後禁裏守衛総督摂海防禦指揮に任じた一橋慶喜、京都守護職で会津藩主の松平容保、京都所司代で桑名藩主の松平定敬と幕府勢力によって、自己の国体維持路線をつらぬく選択をおこなったのである。

だが、イギリスを先頭とする欧米列強は、日本での対外強硬路線の台頭と、自らがおしつけた不平等条約体制＝世界資本主義からの日本の離脱の試みを断じて許容することができなかった。この動きを阻止する唯一の方法は、軍事力による最強硬派への打撃である。すなわち、具体的に展開する事態は一八六三(文久三)年七月の薩英戦争、六四(元治元)年八月の下関戦争、そして六五(慶応元)年九～一〇月の、連合艦隊摂海進入による、孝明天皇からの条約勅許強要軍事行動だったのである。そして六六年五月、幕府に改税約書への調印をなさしめることによって、日本の不平等条約体制への編入過程を完了させる。

この間の推移を、「攘夷から開国へ」と総括することは、事の本質をおさえていないと筆者は考えている。英国艦隊の猛攻にさらされた薩摩藩士がもっとも痛感したことは、西洋軍事力の圧倒的な強大さとともに、一藩単位の抵抗は、最終的には敗北せざるをえず、全国的な結集と力量の集約こそが事態打開の鍵になるということだったのであり、そのための改革派の指導者として、配流中の西郷隆盛が久光の反対を押しきって呼びもどされる。

下関戦争での長州藩の完敗は、薩摩同様、西洋軍事力への恐怖的ともいえる強大さの認識をうむが、その認識は、この強大さに立ちむかう軍事力＝諸隊の形成と全国的政治勢力の結集の必要性をさらに明確に自覚化させる。だが、幕府が横浜鎖港政策も放棄し、朝廷が禁門の変以降、長州藩を朝敵と断じたことによって、奉勅攘夷体制への復帰はまったく問題となりえず、征長の役への抗戦態勢の確立が焦眉の課題となっていた。

このような事態の急転の中で、もっとも進退窮っていたのは、ある意味では孝明天皇と朝廷であったろう。一橋慶喜や幕府と一蓮托生の立場に自己を置いてしまったことによって、条約勅許を強要された自己と朝廷の権威失墜を挽回する方途をまったく見いだすことができなかったからである。朝威を維持するために幕府と訣別し、国威宣揚と万民安堵をスローガンとする、岩倉を先頭とする王政復古派公卿集団が形成される必然性がここに存在した。

そして、内戦回避・対外一致を強く求める多くの大名や武士層、豪農商層をはじめとする民衆の要求を拒否し、幕権回復の千載一遇の好機だとして第二次征長の役を強行、ものの見事に敗北した六六年八月以降、政局は同年一月の薩長密約を出発点とした討幕の動きに推移していくこととなる。

但し、狭い意味の「攘夷」がすでに問題ではなくなり、全国的統一と政治改革とがあらたな段階で最重要課題となってきたこの時期における幕府の動向はあらためて注目すべきであろう。征長の役の敗北はなによりも幕府において言いようのない大きな衝撃だったのであり、しかも依然として全国統治の任に当たっていた幕府は、全国レヴェルでの軍事・政治改革を必死に遂行していかざるをえない。これまで幕府絶対主義化という言葉で把えられていたこの時期の研究は、もっと促進させられる必要がある。それは、統一国家のあり方を真剣に模索した点においては、廃藩置県後の日本国家形成の先駆的試みともいえるものなのであった。

5　維新政権論

一八六七(慶応三)年一二月九日に王政復古のクーデタを決行、翌一八六八(慶応四)年の戊辰戦争から六九(明治二)年の箱館戦争にかけ全国的な激しい武力行使のもと、旧幕勢力を一掃し、全大名から六九年前半、版籍奉還を命ずることで成立した天皇・朝廷中軸の維新政権は、永井秀夫氏[11]や芝原拓自氏[12]が的確に指摘しているように、なによりもまず政権の使命として、対外従属状態からの回復(＝条約改正)と国威宣揚を強調した。因循を旨とした旧幕の秕政否定の第一である。

維新政権の第二の特徴は、「天下公論」「公議輿論」をそれなりに尊重し、制度化しようとする姿勢の存在であった。公議所の創設や待詔院の設置にその一端があらわれている。専断と抑圧を旨とした旧幕の秕政否定の第二である。

維新政権は、旧天領地等を再編成した府・県とともに、全国の諸藩をその地方行政組織として把え、府藩県三治一致体制のもと、自己を諸藩全体に超越的な存在として長期的に位置づけようとしていた。薩長などに対し他の諸藩と質的に異なる扱いをする論理はいまだ確立していない。それだからこそ維新政権は、超越的な天皇統治の正統性意識を国民の中に浸透させるため、廃仏毀釈運動や祭政一致政策を必死に推進することとなるのである。

だが、維新政権は、当初の予想に反して早期に機能麻痺に陥る。一つの要因は戊辰戦後の諸藩の急激な変化にあった。諸藩は戊辰戦争に参加するなかで、従来の封建的軍事体制を破壊し、さらに、ラディカルな秩禄改正と藩政改革を遂行する過程で門閥制を解体し、俸金・俸米制度を梃子に藩官僚制を形成していく。藩権力の中核となった者は、奉勅攘夷期に頭角をあらわした者か、戊辰戦争での軍事指導者だったのである。このように能動的となった諸藩と維新政権との関係はきわめて微妙なものとなっていく。諸藩との合意を見るのは公議所・集議院しかないが、維新政権は、その結論が自己に不利だからと開催を好まず、それに依拠しないとすれば、諸藩から政権の正統性を非難される。

しかも政権内部は数派に分かれ、決して一枚岩ではなかったのである。

あと一つの要因は軍事力編成の問題であった。維新政権は、先に見たように、諸藩連合政権的性格を有しており、軍事力は各藩から調達しなければならなかった(これが維新政権を支持する諸藩の第一の合意なのである)。直轄軍隊としては、京都の「伏見兵隊」や、東京に結集させた第三・第四大隊、第一・第二・第三遊軍隊が存在したが、いずれも草莽隊的性格がきわめて濃厚であり、一八七一(明治四)年に入っても、東京部隊に対し、兵部省は曹長以下の帯刀禁止を命ぜざるをえないほどだったのである。かと言って、大村益次郎的な近代的官僚的軍隊組織を上から創出しようという路線には抵抗が大きく、一八七〇(明治三)年末においても、なんらの進展も見られなかった。

諸藩と維新政権との対立は容易に解決せず、財政基盤の脆弱性からくる農民収奪強化は各地で大規模な農民一揆をひきおこし、しかも反政府派はこの動きを利用しようとする。政府としては軍事発動をしようにも独自の軍事力すら依拠しえず(遊軍隊は明治三年末までに解隊された)、さらに反政府派と政府内部の不満グループとの結びつきに嫌疑がかけられる。このような政治的危機の時期に、参議で東京の留守をあずかっていた総責任者の広沢真臣が暗殺されたのである(明治四年一月)。

これを機に、従来のコースは最終的に放棄され、薩長土三藩の藩兵力を東京に結集し、薩長土肥四藩連合による最大限の国家的集中の方向が踏み出される。廃藩置県が政府部内で提起されるのは、周知のごとくその直前であったが、それは、親兵上京によって、歴史的には時間の問題になりはじめたのである。

6　創世期国家論

近代史研究者は、あとの時期から前の時期を論理整合的に矛盾なく位置づけようとする職業的本能ともいうものを具有している。だから当然廃藩置県後の天皇制国家は、その後の国家の出発点であり原基形態であるという位置づけられ方となり、そこで論理的に整序できない事象は、封建的だとか、粗野的行動だとかいったレッテルを貼ることで平仄を合わせようとする。だが、幕末期から政治過程を段階的に確認してくる時、少し話が違っているのではないか、と筆者は感じているのである。本来維新変革の課題は、幕府を倒し諸藩の総力を結集した維新政権が解決すべきものであった。王政復古は当初最終的ゴールと考えられていたのである。維新政権にこの能力が欠如していたことがやがて判明した時、それにかわって提起されたのが廃藩置県策であった。「万国対峙」のため、国家的糾合を阻害する諸藩を廃して県を置き、府県を手足とする国家なるものに日本全国の総力を集中させ、その国家的能動性によって、維新の課題を最終的に解決し、討幕の実を挙げようという断行者たちは、その成果を一〇年先に漫然と期待していたのでは決してなく、眼前に確信していたのである。[13] しかも廃藩後の士族の位置づけと処置方法については、断行者内になんら合意が存在してはいなかった。

では、このような使命を帯した国家は、どのように早急に創出されようとしたのか、その輪郭を素描してみよう。

第一に、この創世期国家が構築すべき国家のモデルとしたのは、その時まで日本が到達していた段階とはまったく異質の、一九世紀後半の欧米先進資本主義諸国家の国家構造であった。一〇〇年から数百年かけて漸次的に形成されたその型を、国家財政のほとんどが封建的地租でまかなわれている日本が模倣しようとする時、地租軽減・民富蓄積による農民のブルジョア的発展の方向性はすでに放棄されていた。地租改正条例案検討の際、周知のように大蔵省は旧来の歳入より減少しないことを大前提とし、実際には新田分を加え、七二万円の増租を見込んでいたのである。[14] さらに歳入不足を補うため、廃藩置県直後から酒類税・証券印紙税・牛馬売買鑑札税・絞油税などと国税が次々と新設・課税されていく。

第二に特徴的なことは、国家の社会からの最終的離脱＝自立化と、人民に対する画一的な国家支配の貫徹であった。[15] 創世期国家は、自己の認めた皇族・華族・士族・平民身分以外の各種の社会諸集団（それらは、これまで社会的秩序を維持し、国家的支配を補完してきたものであった)を一切認めず、解体する。被差別身分集団の解放令も、一面では、彼等の営業独占を打破し斃牛馬処理権を自由化しようとする意図と結びついたものであり、[16] さらにそれは、六十六部の禁止、普化宗の廃止、検校を頂点とする盲人組織の解体、香具師の禁止、托鉢の停止、僧侶の苗字賦与と肉食許可、僧尼の族籍制定等々の、仏教界をはじめとする国家に対し多少なりとも一定の自律性をもっていた社会諸集団の解体作業と連動したものであった。この動きは、惟喬親王以来の伝承を有する木地屋の鑑札配布差止め(明治六年)にまで及んだのである。[17]

右のような、廃藩置県前に存在していた社会的諸集団の解体と国家による戸籍を介した画一的・一元的支配の貫徹という基本姿勢は、地方制度の面にも如実にあらわれていた。三府七二県体制の成立により、旧藩県の士族層たる官吏は多く免職され、生活が困窮化するとともに、地域性を無視した官治行政が徹底化する。また幕末から明治初年にかけ、各藩や府県で次々と設立されていった新しい型の中等教育機関も、学制に抵触するとの理由で一律に廃止され、生徒は勉学の場を失う(明治五年)。[18] この在地の中等教育要求の強さと政府の教育政策のギャップについては、我々はもっと考察をふかめる必要があるだろう。同一性格の問題は情報をめぐっては讒謗律・新聞紙条例・出版条例(明治八年)の制定となってあらわれる。この社会的力量の増大(幕末から明治初年の諸藩の変化は、一面では日本社会の地域性をふまえた漸次的発展を物語っていた)と国家的規制・収縮・抑圧の拮抗関係の問題は、明治一〇年代にいたるまでさまざまの分野で注目していい大切なテーマなのである。

第三に特徴的なことは、社会からの国家の自立化を確実なものにし、国家を国家として維持するための諸施設・諸機関の創出であった。この問題は、従来殖産興業政策として一括されているが、創世期国家期の施策は、なによりもまず、国家を国家たらしめるためのインフラストラクチュア創出のためのものであったと筆者は考える。

陸軍省は、旧幕の関口製作場・長崎製鉄所を土台として東京工廠・大阪工廠を確立、近代的兵器生産の基礎をつくり、海軍省は一八七二(明治五)年、強硬に主張して工部省から横須賀造船所を譲りうけ、軍艦の修理と建造の場を確保する。

国家資本による軍需工業とともに注目すべきものは、情報・交通体系の国家による創出であった[19]。その中でも国家の神経系たる電信網の確立には全力がそそがれ、各鎮台への連絡線がつくられていくとともに、七二年段階ですでに東京・長崎間に電信線が架設されることにより、長崎からの海底電信線を介して、国家は瞬時に全世界の情報を入手することが可能となる。一九世紀後半の国際世界への見事な参入である。

電信とともに国家的集中と合理化を大きく促進するのが郵便事業である。郵便は私人間の情報交換を促進するだけではない。まず第一に、政府機関・地方官庁相互間の事務合理化と国家・府県・裁判所と国民との間の公文書伝達の合理化・迅速化に絶対に不可欠のものであった。電信とは異なり、私的資本による手紙運送業は江戸時代から相当に発達していたが、国家は自生的営業の組織化の道をえらばず、電信同様、国家独占事業とするために、従来の飛脚営業を全面的に禁止する(明治六年)とともに、信書開封権を大蔵卿・司法卿に与えることによって、国民の政治動向を掌握する有力な手懸りをも獲得する[20]。

交通施設では工部省灯台寮による全国各地での灯台建設がもっとも重視すべきものであろう。沿岸航路の安全性の確保は、外国海運資本に抗する日本海運業の発達ということとともに、日本海軍の活動からしても不可欠な事業であった。さらに、大蔵省は、諸藩からの献納船舶を郵便蒸気船会社に払い下げ、同会社に海運業を担わせようとした。但し鉄道建設は、この段階では、国家組織上不可欠な事業というよりは、欧米列強の文明なるものを民衆に体験させ、その方向しか日本の進むべき道がないことを啓蒙する実物教育の場として大きな意味をもたされていた。さすがの政府も、巨額の経費に恐れをなして、工部省による鉄道の国営独占事業化提案を拒絶している[21]。

第四の特徴は、廃藩置県を断行した主目的である「万国対峙」国家体制の早期実現に関し、当局者は当然のことながら当初性急で、しかも楽観的な見通しをもっていたことである。それは、一方で右大臣岩倉具視をはじめとする政府首脳使節団を廃藩置県直後に米欧に派遣して条約改正の前提条件をつくりあげ、他方で、条約改正を可能にする国内改革を早急に断行するというものであった。だが岩倉が帰国後、「其実地ニ就キ其形勢ヲ察スルニ、其改正ヲ議スルノ難キ、更ニ意料ノ外ニ出デ、功ヲ一朝一夕ニ奏スベキニ非ズ」(22)と率直に告白しているように、使節団の当初の思惑は国際政治の冷厳なる現実の前にもろくも破綻した。

国内では、「万国」に「並立」し、条約改正要求国にふさわしい体制を創出するため各省ごとに全力がそそがれる。(23)西洋技術導入の主力である工部省はもちろん、陸軍省は徴兵令を、文部省は学制を武器として、司法省は法制度確立を、教部省はキリスト教防遏と天皇絶対性イデオロギーの国民への浸透を目的として、さらに左院も議会制度の導入を展望して活動する。(24)各省の「開化」への性急性は、それらすべての指令を受けとる府県において増幅され、民衆に強引に押しつけられていった。

当然のこととして、過大な要求をつきつける各省と大蔵省は激しく抗争することとなる。江藤司法卿と井上大蔵大輔の争いは、単なる個人的な感情対立ではなく、創世期国家の論理の中に必然性があったと見るべきであろう。結局、事態の収拾は正院がおこなわざるをえなくなり、司法省の増額要求高は、大蔵省から正院に納めさせる形でようやく処理され、ついに一八七三(明治六)年五月には太政官職制が改正され、立法の事務は正院のみの特権とされるにいたった。この狙いを三条太政大臣は「各省ノ権力ヲ平準シ国勢民力ヲ審ニシテ経理事業ノ緩急ヲ定(25)」めるためだと、地方長官を前に説明しているが、換言すれば、各省競進の中で「万国対峙」体制を創ろうとした動きすべてを政策決定の場正院に凝縮し、「万国対峙」政策をどのように具体化し、順位づけるかを正院の責任として引きうけたことを意味したのである。すでに前年の後半から、岩倉使節の失敗をふまえつつ、副島種臣の率いる外務省は、台湾出兵と朝鮮問題打開にむけ、具体的な布石を打ちはじめていた。

だが、このような国家の創出方法に民衆は強く反発した。まず大蔵省は可能なかぎり低コストで旧体制全体を引きつごうとする[26]。その結果、藩札の交換レートは低く押さえられ、藩債債権者の証書は厳しく検査され、無効とされ、そして天保以前のそれは一方的に棄捐される。しかも藩債処分問題は廃藩置県による三都経済体制の解体問題と結びつき、七三年、陸軍省御用達長田作兵衛の破産を引きおこす等、経済界を深刻な不況に陥れる。

さらに「万国対峙」の国内体制創出のため、戸籍調査に始まり、地券取調べ・小学校設立・徴兵令等の太政官布告と太政官達が矢つぎ早に発せられ、開化のシンボルとして散髪が強制され、僧侶は神官との合同説教を強いられ[27]、その最中に突如として改暦が断行される[28]。貢租は減らず、従来聞いたこともない諸々の負担が協議の場もなく民費として農民の肩に重くのしかかる。国家権力による、社会全体を異質な場へ強制的に移行させようとする強引な試みは、在地の強大な土着主義的反発を呼びおこす。幕末・維新期の数多くの農民一揆中、もっとも大規模ないわゆる新政反対一揆が各地に続発する。そして、この一揆の過程で矛盾の集中点に位置するのが、上からの改革を推進させる最末端の場に置かれた区戸長層だったのである[29]。彼等を救出し、国家と社会の緩衝盤として機能させるためには、新たな統治の方策が案出されなければならない[30][31]。

廃藩置県の衝撃から立ちなおった士族層も、自らの地位の不安定性にもつき動かされ、各地で活動を展開し、藩を廃したにもかかわらず「万国対峙」をなしえない政府を激しく非難する。そして士族層の一部は、一八七二(明治五)年六月、明治天皇に新政批判の意見書を提出した島津久光を盟主的存在としてあおぎながら、土佐で、熊本で、そして佐賀において封建党的まとまりをつくっていく。

*

事態を重くみた政府は、海軍大輔勝安芳を鹿児島に派遣して七三年四月久光を上京させ、封建党的な動きに歯止めをかけようとする。だが、このことは同時に、彼等の非難を封じるべく、なんらかの積極的な国威発揚政策を取らざるをえなくなったことをも意味したのだった。朝鮮政府の侮辱を口実として、「断然出師《すいし》の御処分無之ては不相成事」との廟議議案が正院に提出されたのは、この直後のことである。

したがって、太政官政府内での征韓論の提起と具体化は、創世期国家の当初狙っていた正面突破的「万国対峙」実現路線の挫折の結果であった。西郷等は「征韓」の実行によって、一方では軍事的成功による国威の確立を狙い、他方では士族層を大規模な軍事行動に組みこむことによって国家の社会的支持基盤を安定化させようとしたのである。

だが、米欧歴訪から帰国した岩倉や大久保は、西郷等の動きに真向から反対する。この方向が動き出すならば、政局の主導権は留守政府の人々が握ることとなり、自己の政治生命に不利となるという思惑も当然はたらいていたことであろう。しかし、第一には、対外的従属性から日本を回復させる課題は、予想していたよりきわめて困難な課題であり、当面は列強の内地旅行権要求を断乎拒絶して現行条約を厳格に諸外国に適用しつつ[32]、その間に国家的諸機構・諸制度を着実に整えていく必要があると彼等が確信するようになったからである。この場合、士族を国家構造の中に組みこむことは、創られるべき近代的官僚制国家にとって決して好ましいことではない。むしろ、国家財政の可処分性を増大させるためには、なんらかの形での秩禄の削減を試みなければならないだろう。

太政官政府内の両派の激突は、七三(明治六)年一〇月、征韓論分裂と西郷派の一斉下野によって結着を見る。この直後におこなわれるのが内務省の創設、秩禄奉還制度の導入、家禄税の新設であった[33]。そして、これらの諸施策は、旧四藩からなる連合政権のもと、権力の凝縮核がなく、官僚制的な論理が機能しない分裂以前には、いずれも実現困難なものだったのである。

7　その後の展望

だが、岩倉・大久保政権の最大の課題は依然として軍事問題であった。西郷等を下野させることによって、岩倉・

大久保政権は士族層の不満と敵意を一身に浴びることとなる。国威失墜の責任者として激しく非難・攻撃されるのである。しかも徴兵令は七三年、東京鎮台管区のみにおいて三年計画の第一年次が施行されたにすぎず、他の仙台・名古屋・大阪・広島・熊本の五鎮台の擁する鎮台兵は、すべて士族出身の壮兵であった。瓦解した近衛兵組織を早急に再建し、鎮台兵を士族の反政府攻撃の動きから切り離し、矛盾の集約点となっている士官層を政府の側にひきつけることが権力の最重要の政策課題とならざるをえない。

士族の不満は七四(明治七)年二月、佐賀の乱において爆発する。彼等の意識は、檄文中に「我また止むを得ず、先年長州大義を挙るの例によ」る、とあるごとく、幕末維新期的情況認識のもとにあった。だが、政府の機敏な兵力集中と反乱軍撃破が、ひとえに電信の駆使と政府に集約した蒸気船団によって可能になったように、政府は、自己の創り出した国家的インフラストラクチュアに依拠しながら、幕末維新期的情況からの脱却の足懸りをつかみはじめたのである。

だが、佐賀の乱鎮圧は、あくまでも応急措置にすぎない。陸海軍士官と鎮台兵を士族層から切り離し、士官層を近代的官僚的徴兵軍隊の中核として定置させるために、木戸の反対をおしきり岩倉・大久保政権がとった政策は、台湾出兵による国威高揚策であった(34)。しかもこの軍事政策は清国の猛反対を呼びおこし、日清開戦の暗雲が七月より日本全国を覆うこととなる。

この日清間の国際的危機を、大久保が全権大使となって北京に赴き、一身に全責任を負って解決したことが、岩倉・大久保政権を始めて安定化させ、また朝鮮問題への見通しをもつけさせることとなった。この意味においては、一八七四(明治七)年は、六八(明治元)年、七一(明治四)年とならんで、坂野潤治氏も指摘しているように、新たな段階を画する重要な年となる。国際関係を大きく変化させることが、国内政治に直接機能することとなったのである。そして、この一八七四年は、岩倉・大久保政権を政治的に安定化させただけではない。対外的に軍事力を行使することによって国家権威をたかめようとした台湾出兵事件は、結果的に見ると、天皇制的で官僚制的な国家構造の型を確定するうえで大きな役割をも果たしたのである。すなわち、東京鎮台は七四年に徴募予定人員の三分の二が、名古屋・大阪両鎮台は三分の一が入営の計画であったが、対清開戦には兵力が大きく不足するため、さらに九月には、三鎮台において後備軍年齢相当者(東京管区では二三歳から二六歳、他管区では二一歳から二四歳)が、歩兵六大隊分臨時に徴募される。また仙台・広島・熊本三鎮台は、七五(明治八)年より徴募兵を入営させる予定であったが、対清開戦にむけ、三鎮台ともこの七四年から徴兵し徴募兵を入営させた[35]。この結果、陸軍省は早くも七五年二月からは、各鎮台の士族兵(壮兵)の勤務解除の措置を漸次とることが可能となり、また、臨時徴募された後備軍は、二年後の西南戦争に再度召集され、政府の主力部隊の一部となるのである。このように官僚制軍隊確立の梃子として出兵事件は決定的に機能した。また、各国が局外中立の立場をとるなかで、台湾出兵と対清開戦に備えての兵員・軍需物資・食糧の輸送問題を解決するため、政府は巨額の費用を投じて多くの輸送船を購入、それらの船舶を翌年三菱に、有事の際の徴用を条件に払い下げる。新たな政商の成立である。このような対外戦用の輸送船団の形成により、政府は全面戦争も辞せずとする軍事脅迫的朝鮮問題解決策を江華島事件の際決定できたのであり、そして、西南戦争の際に、この船団はその真価を十二分に発揮することとなる。さらに、この年の軍事的緊張の中で、政府は英国からの軍艦購入を決定、結局それは明治一〇年代、日本海軍の主力艦となる金剛・比叡の英国での建艦となって結実する。

七四年は、すべてのことが日清危機に集中した結果、各省の予算は厳しく削減され、不要不急の事業は停止を命ぜられた[36]。七二年の大火後、東京改造計画の中心的事業として位置づけられ、都市の西欧化を狙って実行されつつあった銀座レンガ街計画が中止させられたのは、この危機に関連していたし、文部省の学生に対する官費支給制度が廃止されたのも、台湾問題と連動したものである。当時、東京外国語学校でロシア語を教えていた亡命ロシア人メーチニコフは、この間の事情を『回想の明治維新』で次のように記している。すなわち、「異常に膨れあがったこれら多数の生徒全員を官費でまかなうことだけでも容易ではなかったのに、これに加えて国民教育予算が、海軍省、陸軍省の兵備増強による財政危機のあおりをくって、とつぜん大幅に削減されてしまったからである。なぜ陸海軍省が増強されたかというと、イギリスに踊らされて、「征台の役」を不当とし日本側にいきなり侮辱的対応をとりだした中国とのあいだに、戦争が起るのではないかと予想されたからだ。こうしてある日とつぜん、文部省はつぎのような通達を出すことになる。以後、官費制度の適用は上級の生徒にかぎるものとし、それ以外のもの、つまり大半の生徒は、自己の裁量において身のふりかたを考えるべしと(37)」。

さらに政府は、日清危機が今後どのような展開になるのか予測しがたいとして、貫属への家禄渡方も一段落し、租税もすでに皆納となった七四年一〇月をえらび、国家財政の基礎を確実にするため、院省府県の為替方を務める者に対し、従来の預け金額半高乃至三分一担保提出規定を改め、預け金相当高担保の提出を命じたのである(38)。政府のこの厳命に対し、幕末以降の経済変動の影響をまともに受け、態勢を立てなおすことのできなかった旧幕以来の豪商小野組・島田組はもろくも破産してしまい、経済界の不況にさらに拍車をかけることとなった。旧幕期からの豪商でも、世界資本主義体制に適応できない者は容赦なく切りすて(39)、自己の経営努力と能力によって対応できる力量をもった者のみに対し、国家主導型で援助し育成する政府の姿勢は、ここにも明白である(40)。そして、従来保護してきたものの、旧い型の豪商の連合体にすぎず、営業不振に陥っていた郵便蒸気船会社に見切りをつけ、政府は旺盛な経営能力を示していた三菱に、外国海運資本に対抗し、日本の海運業を発展させる使命を担わせ、政府援助を集中するのであった(41)。

＊

岩倉・大久保政権による対強硬策を通じての国威高揚策は、国際政治的な意味において一定の成功を収め、陸海軍将校と士官に自信を与えた。一貫して内政重視路線に立ち、租税軽減と士族保護を主張してきた木戸孝允は、このような岩倉・大久保政権の態度を、「〔政府は〕終ニハ内政ノ事ハ復之ヲ意ニ介セザルモノノ如シ、窃ニ疑フ、明治七年支那弁償ノ事、之ヲ計算上ヨリ視ルトキハ則全利ニ非ルモ、之ヲ名誉上ヨリ見ルトキハ則我政府勝算ヲ僥倖ニ得タリ、於是乎政府ノ目的モ亦之ヲ以テ一変スルモノニ非ザルヲ得ンヤ」[42](明治九年一二月意見書)と正確に批判する。

事実、台湾出兵により、士族層から政府攻撃の名分の一つを奪いとった政府は、次の対外政策を朝鮮の強制的な開国に定めて着々と布石を打つ。七五年九月の江華島事件は、海軍の明らかな挑発行為であったが、政府はこの事件を口実に朝鮮に軍事的脅迫を加え、七六(明治九)年二月日朝修好条規を締結させる。

政府の軍事力のみによって、朝鮮の開国を実現させたことは、岩倉・大久保政権の内政上の立場をきわめて強固なものとした。士族層から政府攻撃のあと一つの名分を奪いとった政府は、従来、内政上の配慮から政府部内に取りこまざるをえなかった島津久光や板垣退助が野に下っても、なんら痛痒を感じることはなかった。そして、これまでは内政上の配慮から断行がさしひかえられていた諸施策が次々と実行にうつされる。キリスト教導入との非難から今まで採用されてこなかった日曜休暇制実施[43]が三月一二日、官吏以外の帯刀禁止令(いわゆる廃刀令)が三月二八日、地方行政の画一化と財政軽減のため実施された四月と八月両度の大合県、地租改正不承服者への地価決定額一方的押しつけ布告が五月一二日、そして地租改正の明治九年一斉断行[44]に呼応し、廃藩置県以来の国家的課題であった金禄公債による秩禄処分の断行が八月五日のことである。

東アジア地域世界における国家権威の獲得と、薩長藩閥主体の官僚制的統治機構の確立を前提とした国内統治の強化政策は、農民と士族層の強い抵抗をひきおこす。地租軽減の期待をくだかれ、租税納期は大幅に短縮され、金納化の強制によって商業資本の搾取にさらされることとなった農民が一方に、国家権力への、なんらかの形であれ、編入される望みを絶たれ、秩禄よりもさらに削減された金禄公債の利子しか受けとることができなくなり、これまでの名誉なるものも、なんら尊重されなくなった士族層が他方に存在し、政府の政策と真向から対決する。彼等の不満と怒りは、一方では七六(明治九)年一〇月の神風連の乱を発端とし、翌年二月の西南戦争による、鹿児島県士族を先頭とする九州一円の士族反乱として爆発し、他方では、七六年一二月の茨城一揆や伊勢暴動を先頭とする全国各地の地租改正反対農民一揆として展開する。

右に述べたような農民と士族、さらには都市民衆と知識人の闘争が、一八七六年にその原基形態を確立した近代天皇制国家の構造に、どのような変化を与え、自己をその中に組み込ませていくのか、天皇制国家は、どのような諸制度を創り出すことによって、これら諸集団に対し国家構造の安定化を図っていこうとするのか、そして、この際、幕末期から明治初年にかけては、もっとも主要な要因として機能した国際的契機がそこにいかに働くのか、これらの質問への回答を見つけることが、明治一〇年代研究の主要な課題となってくるだろう。

(1)　東京大学史料編纂所所蔵「大日本維新史料稿本」第一一三五冊所収一八六〇年二月二一日付ラッセル宛オールコック英文書翰にある表現。
(2)　『外国新聞に見る日本』第一巻(毎日コミュニケーションズ、一九八九年)二八頁。
(3)　同右、五三頁。
(4)　同右、二六六頁。
(5)　同右、三三七頁。
(6)　石井孝『増訂明治維新の国際的環境』(吉川弘文館、一九六六年)。
(7)　『日本近代思想大系13　歴史認識』(岩波書店、一九九一年)所収の宮地正人「幕末・明治前期における歴史認識の構造」参照のこと。
(8)　諸隊を中心とする長州藩研究では、筆者は田中彰『明治維新政治史研究』(青木書店、一九六三年)や『長州藩と明治維新』(吉川弘文館、一九九八年)による。別の視角の長州藩研究として井上勲『幕末維新政治史の研究』(塙書房、一九九四年)がある。
(9)　一八世紀からの長いスパンで幕末期の豪農層を論じたものとして佐々木潤之介『幕末社会の展開』(岩波書店、一九九三年)終章「幕末史の諸過程」がある。
(10)　『大月市史　通史篇』(一九七八年)近世V「幕末の政治と社会」第一章第四・五節参照のこと。

(11) 永井秀夫『明治国家形成期の外政と内政』(北海道大学図書刊行会、一九九〇年)五四頁。

(12) 芝原拓自『世界史のなかの明治維新』(岩波新書、一九七七年)七一頁。

(13) 明治四年八月、左院は廃藩置県の詔をうけ、次のごとく建議する。「謹テ宇内ニ幷立スルノ勅旨ヲ案スルニ、抑並立ト称スルニ、文明ノ治ヲ致シ相互ノ権利ヲ以テ交際ヲナサザレハ、真ニ其称ヲ得ヘカラス、今日欧洲人トノ御交際ニ於ル、譬ヘハ無識者ノ有識者ニ交ルカ如ク、彼レニ及ハサルモノ多トス、然ルニ今無識ヲ恥テ有識ニ交ラサルトキハ、畢生其知ヲ得ヘカラス、夫レ欧洲ノ文明ト称スルヤ、内治郡県ノ制ニテ人民一致シ、諸事規則アリテ、綱ヲ挙レハ目張ルト云ヘル如ク、民法邑法商法刑法訴訟法ヲ始トシテ、租税学撰兵制統計運輸ノ諸規則ヨリ、病院貧院幼院ノ設ケニ至ルマテ、一ツモ精密ナラサルハナシ、是ヲ以テ人才彙出、国富ミ兵強ク、且各国同等ヲ以テ交リ得ル者ハ、畢竟権力均シキヲ得レハナリ、今皇国ノ治績ヲ顧ルニ、右諸件総テ欧洲ノ如ク釐正ニ至ラサレハ、名ハ並立ト称スト雖モ、其実ナシト謂フヘシ、故ニ本院決議ノ要旨ニ於テハ、彼ニ及ハサル所以ノ者ヲ反省シ、其制度文物ヨリ一切ノ庶務ニ至ルマテ、其善ナル者美ナル者ノ我民情ニ愜フテ治体ニ稗益アル者ハ、之ヲ折衷援用シ以テ幷立ノ実効ヲ収メントス、是即今ノ大目的トナスヘキ事」(『太政類典』第二編第二類外国交際八外客雇入二、第二八号史料)。左院は、これこそが国家目標とするのである。これは左院のみならず、政府当局者の共通した意気ごみであった。

(14) 条例案の説明中、「地租改正ノ始、先旧来ノ歳入ヨリ減セサルヲ目的トシ」と述べ、従来の田畑を四〇〇万町歩、地租改正事業による新田検出を八〇万町歩、旧租を三六〇〇万円、新租を三六七二万円と計算している(『太政類典』第二編第五類租税六地租二、第一号史料)。

(15) 今西一『近代日本の差別と性文化――文明開化と民衆世界』(雄山閣、一九九八年)第一部「民衆世界と差別」を参照のこと。

(16) 太政官吏木下真弘が明治九年、三条・岩倉の命をうけ、王政復古の前と後の「新旧比較表」(編年)を作成した際、彼は明治四年八月の「解放」令以前の被差別民を、「穢多非人皆長あり。其種族の多き三拾八万余人に及ぶ。穢多の執る所の商工業廿八職あり。而して其利を専らにす」と、営業独占集団と描き出していたのである(木下真弘『維新旧幕比較論』(岩波文庫、一九九三年)三七頁)。

(17) 六十六部は明治四年一〇月一四日、普化宗は同月二八日共に廃止、翌一一月三日には盲人の官職が廃されるが、これは「配当金取集めは勿論、各持場を区分し、針治、按摩等他の営業を妨げ候義」(布告文面)と、営業独占禁止が理由となっている。香具師の廃止は明治五年七月八日のことである。僧侶の肉食許可は明治五年四月二五日、苗字の強制は同年九月一四日、托鉢停止は同年一一月九日、僧尼の族籍制定は明治七年一月二〇日のことである。木地屋の鑑札配布差止めは明治六年五月二八日に命ぜられた(『太政類典』第二編第一類制度十三種族七、第一一号史料)。

(18) 明治五年八月三日、府県において設けてきた諸学校が廃止されるが、その理由は、「全国ニ均一平分シ彼レニ厚ク此ニ薄キノ類無之様不仕候テハ不相成儀ニ候処、右従前ノ諸学校其儘差置候テハ特リ学科ノ不規則ノミナラス、費用上ニ於テモ偏重ノ弊難止」(『太政類典』第二編第四類学制三、第三三号史料)とされた。

(19) 石井寛治『情報・通信の社会史』(有斐閣、一九九四年)五三頁参照。

(20) 電信の私線を禁止するのが明治五年九月一五日、郵便においては明治六年三月一〇日の太政官布告第九七号で政府以外の者による信書の逓信が禁じられ、あわせて駅逓頭の没書・開封権が認められる(『太政類典』第二編第三類運漕十二、第二四号史料)。これをうけ、東京府は同年五月五日、「手紙使」等の看板を掲げることを差し止めるのである(『太政類典』第二編第三類産業十六、第二四号史料)。なお、メディアのより広い把え方に関しては、山室信一「国民国家形成期の言論とメディア」(岩波書店『日本近代思想大系11 言論とメディア』所収)を参照されたい。

(21) 『太政類典』第二編第三類運漕九、第三六号史料。

(22) 『岩倉公実記』下巻(岩倉公旧蹟保存会、一九二七年)八〇～一頁。

(23) 明治六年一月二四日、司法卿江藤新平は、司法省定額年四六万円では、仕事ができないとして辞表を提出するが、その中には同省の過大な抱負がよく表現されている。すなわち「抖立ノ元ハ国ノ富強ニアリ、富強ノ元ハ国民安堵ニアリ、安堵ノ元ハ国民ノ位置ヲ正スニアリ、夫苟国民ノ位置正シカラサレハ、業ヲ怠リ恥ヲ知ラズ、已ニ業ヲ怠リ恥ヲ不知、何ヲ以富強ナラン、所謂国民ノ位置ヲ正ストハ何ソヤ、婚姻出産死去ノ法厳ニシテ、相続贈遺ノ法定リ、動産不動産貸借売買共同ノ法厳ニシテ、私有仮有共有ノ法定ル、而シテ聴訟敏正、加之国法精詳、治罪法公正ニシテ断獄明白、是ヲ国民ノ位置ヲ正スト云ナリ、於是民心安堵財用流通、民初テ政府ヲ信スル深ク、民初テ其権利ヲ保全シ、各其永遠ノ目的ヲ立、高大ノ事業ヲ企ツルニ至ル、当此時、収税ノ法其中ヲ得、民各其業ヲ励ム、民各業ヲ励シテ民初テ富ム、税法中ヲ得テ税初テ豊ナリ、民富ミ税豊ニ、然後海陸軍備モ盛ニ興ス可ナリ、工部ノ業ヲ盛ニ興ス可ナリ、文部ノ業ヲ盛ニ興ス可ナリ、今ヤ各民ノ位置不正ニ付、相続贈遺ノ出入或ハ貸借売買私有仮有ノ争ヒ紛々擾々、何以民富ンヤ、何以民勤ンヤ、何以民安堵センヤ」「此病源〔法秩序の欠如による紛争〕ヲ治ルハ各国並立ノ要事ニシテ、即今ノ急務、而シテ其取締ハ専裁判事務上ノ事ナレハ、司法ノ責任タル、智者ヲ待スシテ明ナリ」「三府七十二県、数年ヲ出スシテ各民ノ位置、各国同等ニ相至ラセ可申ト奉存候処」、要求が認められず、辞表提出のやむなきにいたったというものである(『太政類典』第二編第五類理財十八、第六号史料)。

(24) 明治五年五月一九日、左院は議会開設の急務なることを次のように建議する。「方今廃藩置県ノ大変革アリテヨリ殆ント一周年ヲ経ルト雖トモ、各県ノ治未タ一定セス、是蓋シ御誓文ノ意ニ基キ上下同治ノ制立サルニ由ツテナリ、上下同治ノ制立テ始テ人民各自己ノ分限ニ応シ其責ニ任スヘシ、故ニ上下同治ノ制立サル時ハ全国銭貨出納ノ本ヲ審定スル能ハス、全国法律ノ基ヲ立ル能ハス、何ヲ以テカ各県一定ノ治ヲ為サンヤ、西洋強盛ノ諸国ハ、施政官ノ外ニ必ス上下議院ヲ置クモノハ是レカ為ナリ、皇国モ亦之ニ倣ヒ議事院ヲ設ケ、既ニ左院アレトモ、所謂仏国議院ニ似テ未タ其精ニ至ラスシテ、広ク下ノ衆議ヲ採ニ由ナシ、因テ速ニ下議院御取建相成、全国ノ代議士ヲ集メ人民ニ代テ事ヲ議セシメ、上下同治ノ政ヲ施シ候ハヽ、全国ノ基礎確立シテ先般御変革ノ実効屹度相顕レ可申、是今日ノ急務ト奉存候」と。この建議をうけ、同月二二日、左院に議会規則取調べが命ぜられた(『太政類典』第二編第三類地方十二、第一号史料)。

(25) 『明治文化全集第四巻 憲政篇』(日本評論社、一九二八年)三五三頁。

(26) 明治五年五月、三潴県(筑後国)下で一揆・打毀しがおこったが、その契機は、旧柳川藩札価格比較表が同月六日布告されたことにあった。民衆は、廃藩置県当日相場をもっての引替を要求して、県庁為替方の居宅を破壊する。同年一〇月、美々津県(日向国)下で、民衆が諸要求をかかげて県当局と対決した時も、その筆頭には旧藩札引替価格問題が存在した。同年一二月に勃発し、参加者が七万人に達する大一揆となった大分県下の騒擾も、事の発端は旧藩札の引替問題にあった。この不当に低率の交替価格(県下では「間際金」と呼んでいた)に関し、民衆の間で不満が高まり、明治五年八月、県金融に関係してきた小野組大分支店が見るに見かね、「追々人気モ随テ不宜様立至リ可申抔風聞承込、外債モ多ク、今般比較ノ間際金モ人民一般ノ報恩ト覚悟仕候得共」、一五万円をそのために支出しようと県庁に出願、大喜びの県庁は、同月、「朝廷を御無理のよふに上け下けと愚なる小民とも申立、折にはやれ徒党の一揆のとさわきかけ候向も有之よし、よく聞けよ、抑藩札と申すハ下品ノ物、上品と替るに間際あるを厭ふハ其方の無理といふへし、其無理を以て替へさる物を指して彼是と是非する、愚の至りならすや、四の五のと中立は冥加しらすの馬鹿ものならすや、然ル処、ここに一ツ其方共の大幸福の事出来せり」云々との告諭書を作成、小野組出願書とともに軒別に頒布し、民衆の鎮静に努めた。だが大蔵省は、「大分県下ノ儀ハ小野善助出店ノ者間際損金ヲ償ヒ候共、全国人民ノ間際損金ヲ同人ノ力ニテ償フコト能ハサルハ必然、大分県下ノ民ノミ是ヲ救フノ理ナシ」と県の伺を却下する。ここに明治五年一二月二日より、「何日ニハ引替ダノ何ノ彼ノト比較表迄モ廻シ、度々御布告ヲ出シ置キ、今更大蔵省ノ御聞済無之トテ其趣ヲ触流シニ致シ置レ候筈ハ有之間敷、実ニ人民ハ官員ノ玩弄ヒモノノ様ニ有之」と激怒した民衆の全県一揆が勃発する（三条家文書（神宮文庫）五門三九七六号所収史料）。

藩札問題と同一性格で、個人個人と国家との問題になったのが旧藩債の問題であった。前出の『維新旧幕比較論』中でも、「旧債処分ありて、豪商の資産殆ど烏有に帰」す（一九九頁）、「豪商の金を旧各藩の家老用人名宛に貸し、当時は藩用に供したるにと思いしに、今般に至り公債ノ処分とならざるものあり」（二〇〇頁）と指摘されている。大阪の豪商長田作兵衛の事例をみると、旧藩への貸付が八〇万円に達していたが、藩債処分で大幅に切りさげられ、他方旧藩々の米代および別預金を一時に返済するよう厳しく督促され、破産に追い込まれた。ちなみに、旧藩への債権八〇万円は、新公債二九万円、旧公債一一万円とされ、しかも明治一〇年現在で、新公債の場合額面一〇〇円に対し七〇円、旧公債では二五円の売買価格しかなかったのである。

また、名目金といわれていたものも明治五年五月棄捐処分とされたが、実際問題としては、国家権力による豪商貸付金の棄捐となったのである。明治五年六月、京都府は次のような伺を提出する。「右名目金ト称スルモノハ、大概幕府ノ下ケ金ハ十ノ一二ニシテ、実ハ人民自家ノ金銀ヲ以是ニ加ヘ、其姿ニ立テ融通致来候事、其時ノ官ヨリ所許也、然レハ幕金百万両ノ棄捐ハ其実人民ハ八九百万両ノ不足ニ可相成」と（『明治前期財政経済史料集成』第四巻、二九頁）。

(27)　明治初年の民衆取締りの例としてよくあげられる違式詿違条例の発端も「万国対峙」とからんでいる。明治五年一〇月一〇日、司法省は、東京府下の乞食が多いが、これは「殊更不日魯国親王来着ノ処、右接待ノ御体裁ニモ差響可申、加之私恵ヲ以テ人望ヲ収ムルハ彼国ノ常習ニテ路傍ノ乞丐ニ物ヲ与ヘ利誘スルノ憂モ有之」ので追い払う必要がある、また、従来府で達しているもの（裸体で往来禁止、糞桶に蓋をつけること、往来で高声放歌しないこと）も守られていない。それは「魯親王御接待ノ御体裁ニ差響キ可申ニ付、此上ハ諸禁令ハ必ス遵行スヘキ旨一層厳ニ布達可致、又府ヨリ未タ相達セサル分、別紙ノ件々等ハ更ニ布達致シ候様、此又東京府へ御達相成度」と伺を提出、同月一三日に許可される。また正式の体裁をととのえた違式詿違条例が同月一九日に制可され、東京府に施行される（『太政類典』第二編第六類刑律二、第二八・二九号史料）。

(28)　一例を示そう。明治五年一一月一六日、敦賀県は第四一号布達で、廃刀・散髪・洋服・肉食そして今回の改暦という改革に触れ、「全ク内国ノ旧面目ヲ改メ真ノ大改正被為在候ナリ、茲ニ於テ人民モ亦散髪シテ其趣意ヲ奉シ、早ク開化ニ進ムコソ方今ノ民タルニソムカズ」「旧暦ヲ改ルノ今日ニ至リテハ、聊モ他民ニ譲ラス、実ニ井蛙ノ陋見ヲ敗リ旧弊顧慮ノ念ナク断然散髪可致モノ也」と県下に散髪令を厳達する（「太政類典」第二編第三類保民一八、第三四号史料）。

(29) 明治六年五月、北条県下に大一揆が勃発、「各区正副戸長ノ家屋及ヒ小学校ハ挙テ破却或ハ放火」という事態に立ち至った。県治の基礎は彼等にかかっているため、一揆鎮圧後の六月、同県は次のように伺うのである。「就中正副戸長ノ儀ハ置県以来戸籍及地券等ノ調査各其職ヲ奉シ勉励尽力致シ罷在候ニ付、地券調等粗落着ノ上ハ御賞典モ有之度見込ノ処、前条ノ大災ニ罹リ候次第、殊更愍然ノ儀ニ付、別紙ノ通非常ノ御手当下賜度奉願候、若御採用不相成候テハ、爾後正副戸長可相勤者一人モ有之間敷、自是事務諸般難運ハ勿論、又候人心ノ動揺ニ相関シ可申ト心痛罷在候、既ニ即今免職ノ儀挙テ願出候ニ付、種々慰労説諭罷在候場合ニ御坐候」と。これは北条県のみの問題ではなかった。明治五年から六年の、一揆史上未曾有の連続する大一揆となった新政反対一揆の勃発を見た地域すべてに共通する問題となったのである（「太政類典」第二編第三類保民一八、第四六号史料）。

(30) この課題は、一方では民衆の憤激をかう強引で性急な諸施策の中止、修正、他方では行政最末端部分の社会的地位の向上、国家権力への取込みという方向で解決されようとしていく。地方の豪農層に依拠しなければ郵便制度の社会への定着はありえなかったので、明治六年八月一四日、郵便員の階級を七等に分ち、幾等郵便取扱役と称し、一等を一三等官に准じ、以下逓降して准等を定め、扶持を支給する制度が設けられた（「太政類典」第二編第三類地方五、第三一号史料）。明治七年三月八日には区長戸長の身分取扱いが定められ、区長副区長は一二等官から一五等官に、戸長副戸長は等外一等官から六等官に位置づけられた。さらに同年五月一九日には学区取締の身分取扱いが定められ、一二等官から一五等官に位置づけられた（「太政類典」第二編第三類地方一三、第一二・一五号史料）。

(31) この時期の豪農層の模索を足柄県域で探ったものとして、金原左門『福沢諭吉と福住正兄』（吉川弘文館、一九九七年）がある。

(32) 明治六年一二月二二日、外国人内地旅行権を求める諸外国の要求を拒否して、日本政府は、「抑エキステリトリアリティ即チ地方管轄外ノ特権ヲ外客ニ附与シ、而テ内地旅行及ヒ貿易ノ権理ヲ許可スルハ何レノ国タリトモ行政上ニ於テ一大弊害ヲ生ゼザルヲ得ズ、蓋シ独立不羈ノ国ハ各国交際ノ法ニ於テ一日ヲ之ヲ許ス可ラサルモノニシテ、欧米各国ノ間未ダ如斯例アルヲ聞ス」と回答する（「太政類典」第二編第二類外国交際二四、第三号史料）。

(33) 事態の手直しは、違式註違条例中諸条項取捨選択の自由（明治七年三月）、火葬禁止令の撤廃（同年五月）、神仏合同布教令の撤回（明治八年四月）等々とおこなわれていく。また明治六年一一月の内務省設置理由も、地方官に対しては、はっきりと「上ニ文明ノ名アリテ下ニ迷惑ノ歎アリ、都下開化ノ業盛ニシテ僻陬鞭策ニ不堪ノ患アリ、是ニ於テ内務省ヲ置」(「太政類典」第二編第三類地方一三、第一三号史料所収明治六年一一月一七日付福島県上申)くと説明されていたのである。

(34)　明治七年四月二五日、政府の出発差留の命に対し、長崎で出航直前の蕃地事務都督西郷従道は、「今陸軍ノ兵散シテ各処ニ在リト雖モ、其気脈実ニ相貫通ス、馭兵ノ術一タヒ其機ヲ誤ラハ、潰裂四出復収拾ス可ラス、今従道督スル所ノ兵暫ラク慰シテ之ヲ鎮スル、其事難キニ非ス、而モ一時姑息、事ニ於テ何ソ益セン、一旦是輩其欝屈スル所ヲ発セハ、恐クハ其禍佐賀ノ乱ノ比ニ非シ」と主張、強引に五月二日に出航する。またこの間長崎にあって事を周旋した太政官内史金井之恭は、「軍情既ニ洶々、或ハ言、当サニ熊本大坂等ノ兵五大隊ヲ提ケ直ニ東京ニ入リ満廷ノ因循党ヲ一掃シ以テ天下ノ昏睡ヲ覚スヘシ、或ハ言フ、師半途ニ在リ淹滞此ノ如シ、糧食当サニ腐敗スヘシ、好シ之ヲ東京ニ致シ某氏等ニ食マシムヘシト、殆ント聴者ヲシテ耳ヲ掩ハシム」と長崎での出征軍の実情を回顧している(東京大学史料編纂所所蔵「修史局雑綴二十八」所収金井之恭手録)。

(35)　明治七年五月仙台鎮台で歩兵一大隊、六月熊本鎮台で歩兵一大隊半、八月広島鎮台で歩兵二大隊と熊本鎮台で半大隊が徴兵された。さらに一〇月熊本鎮台で一一〇〇名を徴兵しようとしたが、日清和議成立により一一月一二日差止めの命を受けた。

(36)　八月一二日、院省使府県に非常節倹が厳達されるが、これは七月三一日付の左のごとき大蔵省上申を受けてのものである。「這回蕃地ノ役ハ今日最大非常ノ重事件ニテ、国家ノ安危皇威ノ盛衰ニ関係シ、到底非常ノ偉功ヲ期セサルヘカラサルハ無論ノ儀ニテ、此際非常ノ経費ヲ厭ハセラレ候場合ニ之ナク、仮令帑蔵空竭相成候トモ、如何ニモ銭穀運為ノ道ヲ尽度支供給致スヘクハ当省ノ責任」(「太政類典」第二編第五類理財四八、第一号史料)と、そこでは述べられていた。

(37)　メーチニコフ『回想の明治維新』(岩波文庫、一九八七年)二七四～五頁。

(38)　預け金相当高担保の提出を求める九月三〇日付の大蔵省伺には、「台湾事件有之候際、金銀出納向ハ一層厳重ニ不致テハ不相済事ニテ、従来寛緩ノ方法因襲候テハ、此上取締モ難相成」(「太政類典」第二編第五類理財六、第七号史料)とある。

(39)　近世都市から近代都市への転換過程の研究は、最近では大阪に関しては原田敬一『日本近代都市史研究』(思文閣出版、一九九七年)のすぐれた業績が出されているが、大商人層の転化の問題は未だ十分とはいえない。

(40)　台湾出兵と経済との関係については、石井寛治『日本の産業革命』(朝日新聞社、一九九七年)第一章2「民間産業の育成策」も参照のこと。

(41)　小風秀雅『帝国主義下の日本海運』(山川出版社、一九九五年)第三章第二節「海運保護政策の形成」参照のこと。

(42) 木戸公伝記編纂所編『松菊木戸公伝』下巻(一九二七年)二〇一三頁。

(43) 英国代理公使ワトソンは大隈重信に日曜日制の導入を勧めた際、大隈は「そのようなことをすれば、民衆はキリスト教公認の宣言を政府はしようとしているとの主張を真に受けるだろうし、今は、そのような主張が創り出す憎悪を増大させる危険を政府が冒す時期ではない」と回答しているし(FO 46/156, 12/11/1872, Watson to Granville)、また、明治五年一一月一二日、左院は太陽暦に改正するにしても、日曜日制の導入は「耶蘇ノ嫌疑モ有、人心折合モ如何哉ニ付、四五年来習慣の如ク一六ヲ暇日ト御定可然」との答議を提出している(「太政類典」第二編第二類儀制三諸儀式一、第六五号史料)。

(44) この措置に先行して、明治九年一月二四日、従来の租税完納期限だった五月一五日が三月三一日に短縮され、また、これまで八月にいたってもなお不納の者が身代限りとされる、となっていたのが五月にいたっても不納の者は身代限りの処分を受けることと改変された。その理由は、「期限ノ寛ナルト利息割合ノ軽キ(月五厘)トニ因リ殊ニ延納ノ弊害ヲ来タシ不都合」を是正するためとされた(「太政類典」第二編第五類租税一租税徴収二、第二二号史料)。

第Ⅱ部　幕末期の社会的政治状況

第三章　風説留から見た幕末社会の特質
——「公論」世界の端緒的成立——

はじめに

幕末期における政治情報伝播の迅速さと、その量の厖大さを筆者が認識する契機となったのは、現在の職場である史料編纂所に入所した一九七三年のことであった。同年六月、維新史料室の山口啓二氏の仲介で、室員一同が高岡市に出張し、同市の佐渡家に保存されていた、同家出身で幕末期に蘭方医として活躍する坪井信良の、二〇〇点弱に及ぶ家兄宛書翰群の調査に参加した時のことである。瓦版から新聞紙へといった単線系列では幕末期の豊かな情報問題を把えることはできない、そこに政治情報の需要主体として全国的規模で成立した社会層という一つのカテゴリーを挿入しなければ、事態の全容は解明不可能なのではないか、といった思いが、信良書翰の焼付写真を数年かけて整理し、解読していくなかで次第に強くなっていったのである(1)。

その後、仕事の中で日常的に幕末期の政治情報問題にぶつかるようになり、また全国各地でこの種の史料を調査するようになるにつれ、当初筆者の単なる印象にとどまっていたものが、より豊富な諸問題を投げかけていることが判りはじめた。他方、史料形態としては、佐渡家のように、書翰そのものの形で政治情報が蓄積されていく例もあるが、おおむね年月日を追って政治情報が筆写または転写され、数冊から数十冊、多い場合には一〇〇冊以上に達する風説留《どめ》(原史料には「雑書」「新聞」「風聞集」等多種多様な表題が付されているが、教科書にも出ている「阿蘭多風説書」と混同されるのを避けるため、ここでは「風説留」という用語で統一する)の形態で情報が蓄積されていくのが一般的であることが確認されたので、表記のような論題で論ずることとする。

先に述べた幕末期政治情報問題の豊富さを確信するようになるためには、同様の思いをもつ同学の人々のすぐれた諸業績なしには不可能であった。それは以下の行論で言及していくが、風説留を主体とした各種政治情報史料を丁寧に分析することは正直いって余程根気のいる仕事である。第一、無署名の多い風説留にあっては、誰が筆者なのか、どのような社会層の人なのかを確定しなければならず、その次には、ほとんど発信主体の不明(それは風説留の筆者が政治弾圧を恐れて明記しないからである)な諸情報から、わずかな手掛りをもとにその人物を特定していかなければならないからである。したがって、従来明らかになった諸事実は、現存する幕末期特有の厖大な量にのぼる風説留が内包している諸情報中の九牛の一毛ともいうべきものにとどまっている。以下に展開する私見も、研究の深化につれ、修正され、あるいは完全に否定されるかもしれない。歴史研究は当然そのような運命をもっている。だが、そのためには、日本史籍協会叢書を利用して安易に論文を量産するのではなく、図書館や文書館に保存されている多種多様な風説留を主体とする情報諸史料への地味で寡黙な沈潜が必要なのである。何よりも、そのような若手の維新史研究者が、一人でも二人でも出てくれることを切望しつつ、以下、筆者の中間的総括を展開してみることとする。

なお、政治情報需要主体という社会層を検討することに視角を限定するため、風説留の一方の有力な担い手だった幕府や藩当局の問題は一切捨象するとともに、中井信彦氏[2]や田崎哲郎氏[3]などによってあざやかに解明されてきている国学者と政治情報の関係といった問題も、行論の複雑化を回避するため、深くは立ち入らないことを、前もってことわりしておく。

1　風説留の全国的成立

(1)　具体的あり方

風説留とか幕末期の政治情報需要といわれても、ほとんどの読者は具体的イメージをつかみにくいと思われるので、まず最初に、これまでの諸研究をふまえ、いくつかの具体的事例を紹介してみよう。そこには、政治情報需要層の全国的成立という共通性とともに、それぞれの地域の有していた特殊性の問題も自ずから浮かびあがってくるだろう。

北関東　ここで取りあげるのは、岩田みゆき氏の研究(4)で明らかにされた下総国結城郡菅谷村の大久保真菅(一八〇一～六四)家の例である。菅谷村は野州都賀郡壬生藩の飛地で、大久保家は北関東特有の一村一人百姓という一三〇石の石高を所持する草分百姓的豪農であるが、真菅は幕末の国事に奔走し、一八六四年の甲子の騒乱に参加し敗死する。岩田氏は同家に保存されているペリー来航時の風説留をはじめ、各種の写本と蔵書等を詳細に分析しているが、その結論を筆者なりに纏めてみると次のようになるだろう。

(1)大久保家をとりまく人々の網の目の中核は、親類・姻戚の重層的関係であり、それが情報の提供・流通網となっている。

(2)だが、結城郡は、他方で関東地廻り経済の一環であった鬼怒川の、発達した河川交通の中に編入されてもいたのであり、下妻や水海道などの同家の親戚には河岸経営者なども存在する。

(3)このような豊かな経済力を背景に、この地方には書画家・俳諧師・漢詩人達が頻繁に出入りしており、親戚の中からも文人が出現するようになっている。

(4)大久保家自身も河川交通を利用して、桑名藩や備中松山藩の江戸藩邸と一八六二年から六六年にかけて、大豆・味噌・薪炭などの交易をおこない、とくに松山藩との間では、猿島茶の栽培で有名な中山伝右衛門(『海国図志』和刻本の名義人でもある)の仲介で茶交易にまで乗り出している。

(5)政治情報の入手先で注意すべきことは、旗本家臣からのルートの問題である。とくに関東は旗本所領の集中していた地域であったが、真菅は近くに所領をもつ旗本の家臣岡田忠兵衛とは妻の関係で義理の兄弟となっており、ペリー情報の出処の一つは岡田ルートであった。

(6)真菅はペリー来航直前の一八五一年以降、土浦の国学者色川三中のもとに入門しており、世界を把える枠組みとして国学的世界観を学びとるとともに、ペリー情報を色川のもとからも入手する。

(7)他方、結城郡は奥州街道の近傍に位置していたため、大久保家は仙台藩儒の新井雨窓や同藩士根本兵庫との交流もおこなっていた。真菅はここで漢学的世界とも接点をもつが、根本兵庫は昌平黌の儒員松崎万太郎(ペリー応接役の一人)の門下生であった関係上、ペリー情報をもたらしており、さらに真菅に砲術修業を勧め、その結果、真菅は水戸の砲術家福地家に入門、地元で同志を糾合して砲術修業の組織を結成することとなる。

(8)幕府の学問機関が情報センター的機能を果たすのは、昌平黌の場合だけではなく、和学講談所もしかりであった。同所には全国から和学講究学徒が集って来たごとくであり、四国豫州の国学者菅右京も同所に足を留めて関東を遊歴、真菅に政治情報をもたらす一人となっている。

武州 次に、より江戸に近い武州入間郡赤尾村(川越藩領)の名主林信海と政治情報との関係を、彼の「役用向諸記録」・「異国船渡来一件記」・「他出雑記帳」等を分析した太田富康氏(5)の研究に依拠しながら纏めてみよう。

(1)林信海は田一五町、畑七町を所持する豪農であるが、親戚関係の重層性は北関東の大久保真菅家の場合ほどは顕著ではない。

(2)川越藩は、アヘン戦争後、幕府がとった江戸湾防備に江戸近在の譜代藩として動員され、封建的軍役体制のもと、多数の農民が軍夫役として駆り出されることとなり、名主の立場としても、ペリー来航以前より対外問題に無縁ではなかった。

(3)信海が日常の経済活動の場で情報を入手する先は、穀物取引の関係で深く結びついていた川越の商人達である。

(4)あと一つの情報の入手先は、在村知識人として重要な位置を占めていた近村の在村医からである。

(5)信海は以前江戸の国学者清水浜臣のもとに入門しており、ペリー来航時は浜臣の子供と交流を続けている。
(6)国学との関係であろう、信海は川越藩士で国学者の沼田一斎からも政治情報を入手している。
(7)また、江戸の国学者岸本由豆流門下の国学者で歌人の加藤千浪と交流をおこなっている。真菅の場合では廻村の諸知識人との交流が主であったのに比して、信海の場合は、江戸の文化世界が、そのまま情報の入手源となっているのである。
(8)この時期の村落指導者は、筆算と行政能力をもつだけでは勤まらなかった。身に何らかの武術をつけ、村民からその腕の力と村民を「組織」する能力に対しても信望を得ていなければ、実際には勤めつづけることは困難であった。信海も剣術をやっており、江戸の貫心流剣術者外山勝五郎と交流を続けている。江戸の武術者とその道場は、情報の一つの担い手でもあったのである。
(9)あと一つ注目すべきことは、信海は江戸の文雅堂彦兵衛為貞なる人物から種々の写本を借りて写していることである。太田氏は貸本屋かと推定しているが、その当否はともかくとして、当時の人々の政治的関心にマッチする種々のニュースや書籍等の政治情報を意識的に集積する人物(あるいは組織)が存在し、それが転写という形でかなり開かれた世界を形成していく磁場となっていた事実は、もっと考察してよいテーマであろう。

江戸　江戸での政治情報蒐集と風説留の具体的なあり方について、見事な分析をおこなったのが阿部征寛氏であった。(6)「堀口貞明筆記」(現在は大部分が散逸している)なるものは、幕末外交史の基本的史料集である『幕末外国関係文書』が頻繁に利用した原史料の一つであり、関係者の間では久しく名の知られた人物であったのだが、阿部氏によって、もとの史料の総量と彼の経歴(一八〇四～六九)が始めて明らかにされたのである。阿部氏によると、明治二一(一八八八)年時点で存在していた貞明蒐集情報史料は、『洋邦彙事』と題された対外関係情報訳録が三五〇巻、外国使節との応接対話に関するものが五〇冊、外国奉行・神奈川奉行と外国公使・領事等との間の往復書翰写数百本、その他、海防献策・吉田寅次郎密航計画事件・万延元年遣米使節・文久遣欧使節関係の史料等各種の風説、総計五百余綴にのぼっていた、という。

また貞明の経歴は阿部氏の研究では次の通りである。すなわち貞明は上州緑野村(現在の富岡市)の出身、同村は旗本山村氏の知行地だった関係で、名主から後に山村氏の地代官的な役を勤め、ペリー来航前後に江戸に出て来る。当初は領主との関係で出府したらしい。いとこの斎藤一之進は寛永寺領の代官をやっていたといわれ(但し阿部氏はこれを疑っている)、娘が渡辺崋山の弟子だった関係上、彼の助命運動に尽力しているし、もう一人のいとこの斎藤大之進は、嘉永・安政期に幕臣となっており、幕府倒壊直前の一八六七年には、神奈川奉行支配調役の地位にまで出世している。旗本領下の豪農層においては、幕臣や領主との距離は案外と近いものであった。貞明は江戸に出た後に、好学な旗本諏訪庄助の家に移住しており、さらに庄助の同族で木挽町に住む洋学好きの浦上弥五右衛門のところに移るのだが、この弥五右衛門の屋敷地には一八五一年以来佐久間象山が住んでいた。阿部氏は、貞明の主要な政治情報入手先は幕臣達と松代藩士の人々ではなかったかと推測している。貞明は一八六八年、江戸をあとにして厖大な蒐集史料とともに郷里に戻るのだが、彼の長期の江戸滞在と政治情報蒐集を可能にしたのは、豊かな郷里からの仕送りだったのである。

名古屋　名古屋では、関東のような豪農主体の形で政治情報が蒐集され風説留が作成されていったわけでは必ずしもない。尾張六〇万石の藩士層の分厚さが、そこに交叉しているところに名古屋の特徴が存在する。但し藩士層といっても、藩権力中枢に結びつくようなレヴェルの上級藩士ではなく、豪農や町人とその文化を共有しうるような、藩士層の末端ないしは陪臣の人々である。

そもそも、この名古屋グループの中で作成されたものこそ、我々がもっとも容易に接近できる風説留なのである。日本史籍協会叢書中に、『東西評林』二冊、『東西紀聞』二冊、『甲子雑録』三冊、『乙丑連城紀聞』二冊、『連城漫筆』

二冊、『丁卯雑拾録』二冊、計一三冊にのぼる文久二(一八六二)年から慶応三(一八六七)年にかけての良質の典型的風説留が収められているが、その筆者は名古屋藩陪臣(一八五六年からは御用人野崎家の家臣となる)の小寺玉晁(一八〇〇~七八)であった。玉晁の作成した厖大な量の風説留や多くの写本は、堀口貞明の場合と異なり、幸いにも早稲田大学図書館・国立国会図書館・岩瀬文庫・蓬左文庫・鶴舞図書館等に分かれてはいるものの、ほぼ全体量をつかむことができる。伝記によれば、妻は三州岡崎の骨董屋女おせきで、収入が乏しいため、内職の針仕事に精を出していた、という。玉晁自身も貸本屋「大惣」の筆耕や知人の依頼をうけての写本の賃仕事の内職をおこなっていたが、しかし、それがいい内容のものだと、自分用に抄本を作ったり、全部を写し取ることによって、蔵書を蓄積していった(すべてのものを猛烈に早いスピードで写し取ったようであり、彼の字は流れるごとく書かれていながら一定のくせがあり、慣れるまで時間がかかる。きわめて特徴的な字である)。しかも画の腕もあり、彼の風説留からも、画の技量がうかがえる。酒好きな人物だったらしく、唐辛子を肴に酒を飲み、町の祭には飛び出していって、掛行燈に字や画を書いたという逸話も残っている(7)。

玉晁が、同好会という古事・古器物・古書籍・古書画等の諸情報を交換しあうサロンを組織したのは、ペリー来航より以前のことであった。そこには近世中期以来の名古屋の文人的文化が流れていたと思われる。明治九年四月、玉晁等七名が発起人となって同好会有志が同人の追善を名古屋延命院でおこなっているが(8)、そこであげられている同好会物故者は一八名、藩士に交って僧侶・本草家・医者・青物問屋等種々な人々がメンバーとなっていた。

各々のメンバーがそれぞれ独自な情報網をもち、各自がそこで集めた諸情報を会席において相互に交換しあうのだから、情報量は格段に増加するのは当然のことながら、当初の非政治的・文化的関心は、ペリー来航を契機に一挙に政治的なものに収斂していった。その一つのピークが、前述したところの、活字化されている玉晁の大部の風説留になるのである。なお、玉晁グループの各々は、自分でも風説留を作成しているが、情報交換の場が確立していたがゆえに、まったく同一の情報が各人の風説留の中に多く記録されている。

小寺の同好会グループの一員に、尾張藩重臣大道寺家の家臣水野正信(一八〇五〜六九)がいた。彼は風説留中の白眉ともいいうる『青窓紀聞』二〇四冊や、漂流記等の諸写本を集成した『資治雑笈』九四冊をまとめた人物であるが、その『青窓紀聞』第一〇四冊、文久元年一二月六日の条に、『金城温故録』を編した奥村得義(一七九三〜一八六二)の昇身に関する記事を認め、そこに「書籍同好神谷克楨〔三園〕、竹村通央〔逸平〕、安井某〔安井重遠〕、小寺広路、小生正信、和漢外国の引用を助議する事年久し」と記している。神谷などの同好会メンバーと一部重複しながらも、水野や小寺は、また別のサロンもつくっていたようである。ここに言及されている安井も、きわめて良質の風説留である『鶏肋集』一三冊や『けなはなし』四三冊を纏め上げている。

高岡　高岡は江戸期、越中国の中にあって加賀本藩が直轄する文化水準の高い町であった。長崎に赴き蘭方医学を最初に学んだ、というところから長崎家なる苗字を名乗った長崎家と、前述の佐渡家(代々の当主は養順を襲名)は姻戚関係にあったが、八代目養順の次男が、江戸の蘭方医坪井信道の塾に入門、その才能と人柄を見込まれて同人の養子となり、信道の長女と結婚(一人子が坪井正五郎)した坪井信良(一八二三〜一九〇四)である。信良は出身は高岡の町医師の次男でありながら、義父が箕作阮甫の親友で緒方洪庵の師匠といった江戸蘭学界の中心人物であった関係上、外交・政治問題の動向を容易につかみうる立場に立つことができ、あわせて幕府天文方(蕃書調所の前身)の情報も入手が可能であった。

信良自身も、その医者の力量を高く評価され、一八五三年一〇月には越前藩に召し抱えられて藩主松平慶永の侍医となり、五八年には蕃書調所教授補に、六三年には幕府医学所教授に、六四年には幕府奥医師に抜擢されて法眼となり、六六年一二月、新将軍徳川慶喜のもとで勤務するために上京、翌六七年一二月一二日には、王政復古クーデタにともない慶喜に従って大坂に移り、鳥羽伏見の敗北後、六八年一月一二日には、慶喜に従い開陽丸に乗船して江戸に到着するといった、波乱にとんだ半生を送ることとなる。
ところで、九代目養順となった信良の兄(一八二〇〜七九)も蘭学を学び、地方の知識人としては相当水準が高かったことは、現在金沢市立図書館に寄贈されている佐渡家の「蒼龍館」文庫の豊かな蔵書内容を見れば明白であるが、この兄のもとに信良は江戸から政治情報を報じつづけていたのである。佐渡家では、信良の手紙をもとに、地元知識人の集いがもたれた、とのいい伝えがある。そして手紙のテンポもペリー来航が画期となった。一八五四年を例にとれば、一月は七・一七・二七日、二月は七と一六日、三月は一・一三・一九日、四月は一・一六・二七日、五月は二日のみ、六月は五・二三・二八日、七月は三と二三日、閏七月は一・二一・二八日、八月は五・七・一七日、以後九月一〇日、一〇月四日、一一月一一日、一二月一〇日と手紙を送っている。文字通りのニュース・レターにほかならない。そして、この手紙の便を利用して、江戸での種々の出版物と草子物・錦絵等をも兄のもとに送り届けるのである。

紀州日高郡　具体的事例の最後として、紀州日高郡北塩屋浦(現在の御坊市)の在村蘭方医師羽山大学(一八〇八〜七八)が編した風説留『彗星夢草子』全一一九冊(内二冊欠)をとりあげてみよう。[9] 大学は、日高地方に種痘をひろめた人物であるとともに、敬神の念深い典型的な土着型知識人であった。

ところで、この風説留は三重の情報構造をなしている。
第一は羽山大学が自分で創り出した政治情報網である。
(1) 当然のことながら、医療活動の場そのものが情報蒐集の場となっている。
(2) 在村医は医療活動のほかに売薬販売活動をおこなう。羽山家の売薬は評判が高かったらしく、売薬手代が紀州はおろか大和・山城にまで売り歩いており、大学にとっては手代の見聞それ自体が情報源の一つとなっている。
(3) 大学は情報の担い手を自宅に招じ入れて、彼等から積極的に情報を蒐集する。僧侶しかり、木綿商人(当時の御坊地域は綿糸・綿織物の産地であった)しかりであった。だが、大学が情報の担い手としてもっとも重視していたのは、当時太平洋沿岸航路をおさえていた紀州海運の船頭・水主の人々だった。彼等は、西は下関から兵庫・大坂、東は浦賀・横浜・江戸の動きを一番最初に目撃できる立場にあったのである。文久二年の生麦事件も文久三年五月以降の長州藩による外国船砲撃事件も、その後の種々の情報も、大学は彼等から聞き糺そうとしていた。

(4) ここでもまた、御坊近隣の有志者との間で政治情報が交換されていた。そして紀州の特殊性の然らしむるところか、須原屋の線を経過して蝦夷地情報も、この中に含まれることになるのである。

(5) 遠隔地情報は手紙で入手される。紀州国内では和歌山城下の商人某と、田辺領西牟婁郡《にしむろ》岩田村里正某の手紙がよく留められている。国外からの情報をもたらしてくれた人物の一人に、親戚で若い医師だった切目浦の沢井俊造がいた。彼は安政初年は大坂の緒方塾に、安政四(一八五七)年の、ちょうどハリスが下田から出府した外交史上重要な年には、江戸の著名な蘭方医竹内玄同塾に学んでおり、そこで入手しえた価値の高い政治情報を大学に報じていたのである。蘭学塾は情報センターの機能をも果たしていた。ヒュースケン殺害等の江戸情報は芝にいた万屋作兵衛なる人物によってももたらされていたが、同郷人らしいこと以外は不明である。

大坂や京都の政治情報は、大坂の金箔関係の商人堺屋樋口彦左衛門という人物によって不断に、しかも良質のものが大学に報ぜられている。樋口のまわりにも、大学と同様、彼のつくった政治情報をもちよるサークルが存在していたのである。そして樋口は大学からの政治情報供給を強く求めている。つまり、政治情報が広範囲に求められつつも、政治権力によって政治情報の商品化が厳罰をもって阻止されているという特殊歴史的なこの時期には、情報網を維持するためには、相互間の、あくまで同等で均質の情報交換が前提でなければならなかった。

第二は日高郡の大庄屋で、また紀州国学の中心人物加納諸平の高弟で著名な歌人でもあった瀬見善水《よしみ》(一八一三〜九二)の政治情報網であり、親友の羽山大学は自己の蒐集情報を瀬見情報と常時交換することによって、風説留を格段に豊富化していくこととなる。この瀬見情報は次のような特徴を有していた。

(1) 郡内随一の行政家であり名望家であった立場から、郡内有力者で地士の身分をもった人々からの情報が入手できている。

(2) 大庄屋として日頃日高代官所に出入りし、代官所実務に関係していたので、代官所情報はほとんどすべて入手できる立場にあった。

(3) 紀州の長大な海岸線防備のため、各郡に浦組が編成され、砲術も含め、その軍事訓練をすることが藩当局から求められていた。それ故、瀬見等の郡内有力者は、主体的要請を度外視しても、武術者を招聘せざるをえない立場にあった。日高郡では安政期、千葉周作の甥千葉重太郎(彼はその後因州藩と深くかかわる)を招いているが、彼等のような武術者は、同時に情報をもたらしてくれる人々でもあった。

(4) 善水は日高郡大庄屋の代表者として、日高代官所に出入りするのみならず、和歌山城下の藩庁にも出頭する立場にあり、大学には接触不可能な藩情報を手に入れることができた。

(5) しかし、善水の政治情報網でもっとも重要であったものは、彼の文化的交流網であったろう。彼の和歌における力量は、多くの国学者に十分認められていたのであり、大坂の豪商国学者佐々木春夫とは不断に手紙を交換する仲だった。また天誅組事件で獄死する伴林光平や因州国学者のリーダー飯田年平とも交わっていた。さらに善水は京都情報を、蘭方医新宮凉庭の養子凉介(紀州那賀郡出身で松山棟庵の実兄)から得ている。

第三は有田郡栖原《すはら》村の菊池海荘(一七九九〜一八八一)の政治情報網である。海荘は河内屋を屋号とする全国レヴェルの豪商であり、江戸・浦賀・大坂に店をもち、肥料・砂糖・薬種を扱っていたが、その学識と見識の豊かさによって、有田郡内豪農層の全幅の信頼を獲得していた。海荘は自己の入手した政治情報を日高郡豪農層の指導的立場にあった瀬見善水のもとに頻繁に報じ、同時に善水から政治情報を得ていた。善水はこの海荘情報を、入手するたびに大学のもとに送り届けていたのである。有田・日高両郡は、このような形をとることによって一つの地域世界を形成していたといえるだろう。この海荘情報は次のような特徴を有していた。

(1)全国レヴェルの豪商の立場から、江戸・浦賀を中心とする関東情報を、その商業ルートを通じて入手している。また江戸期の著名な書籍商須原屋茂兵衛の本拠地も海荘と同村の栖原村にあった関係上、江戸情報の一つのルートは須原屋茂兵衛ルートである。とくに一八六〇年三月三日の桜田門外の変は、四日・六日・一五日の三度にわたり、江戸の須原屋から海荘のもとに報ぜられた。また銚子情報は、有田郡内広村の豪商で海荘友人の浜口梧陵(銚子に醬油業を営んでいた)から入る仕組みになっていた。

(2)商業ルート以上に重要な役割を果たしたのは、善水の場合と同様、文化的交流網であった。海荘は天保期頃より、漢詩人としての名声は全国にとどろいており、頼山陽・松崎慊堂・羽倉簡堂・斎藤拙堂・広瀬旭荘等といった全国レヴェルの文人と交りを結んでいた。したがってペリー来航の第一報を海荘のもとにもたらしたのは、彼の勧めで『海防彙議』を編纂した塩田順庵であり、第二報は大槻盤渓だったのである。

(3)京都情報は藤屋長兵衛より、大坂情報は柏岡恕堂よりもたらされているが、両名の経歴の詳細は今のところ不明である。

(4)藩情報は、地士出身で海荘の門弟であった由良弥太次(義渓)から刻々と報ぜられる。弥太次は文久期に、その政治的立場から紀州藩周旋方に抜擢されるのである。

このような海荘情報網・善水情報網からの政治情報を加えることによって、羽山大学の風説留は、きわめて内容豊富なものになっていった。

以上六つの事例を、ややこまかに検討してきたが、政治情報蒐集の形としてはもっとも単純な(ということは、その情報の質がずばぬけて良かったということも意味するのだが)、そして兄弟間という特殊な形をとっている高岡佐渡家の例ですら、手紙のコンスタントな往復(返事がなくて手紙を送りつづけることはまずありえない)と、兄の側からの強い江戸情報要求が、この長期にわたる書翰群蓄積の前提となっている。今日風の、情報供給→情報流通→情報需要といった図式にはまったくあてはまらない、発信・需要主体の全国的な成立という、社会史的な当該時期の特質を措定しないかぎり、風説留の全国的形成は説明できないのである。史料的に、もっとも明確に全体構造が判明する羽山大学の『彗星夢草子』的情報蒐集システムが、全国各地の風説留の背後に多かれ少なかれ存在したと見ていいであろう。別の角度から考えれば、政治情報の商品化が幕府権力により厳しく弾圧されている状況のもとでは、政治情報の生産・流通面における分業がまったく成立しえず、全国的に成立する政治情報需要層は、自らが情報蒐集・発信主体になることによってのみ、はじめて政治情報を等価交換の形で入手しえた、ということとなるだろう。そして、このような形で蒐集した情報をもちよる場を創り出すことによって、彼等はその量を二倍、三倍と増大させるとともに、情報の誤差を二分の一、三分の一と減少させていったのである。

(2) 風説留成立の基盤

では、政治情報の発信・需要主体と風説留の全国的成立は、何によって可能となったのだろうか。ここで概括的に考えてみたい。

全国市場の形成　陳腐ないい方になるが、それは何よりも、鎖国体制下での全国市場の成立が前提となる、と筆者は考えている。幕藩制国家自体、領主のための全国市場を前提としていた。この一七世紀後半に成立した近世的領主経済主体の三都交易体制から、一八世紀の後半には、豪農商を含みこんだ国民的国内市場の形成へと事態は転換していったのである。(10)

もう少し問題を絞った形で検討してみよう。飛脚制度自体は、幕藩体制成立当初から存在しており、権力に奉仕するものであったが、通信業は経済活動の上でも不可欠なものであり、製糸業や織物業の発展にともない、一七七三年には、三都飛脚問屋が藤岡・高崎・伊勢崎・前橋・桐生・大間間に取次所を設け、三都に有期定便を発するようになってくる。またこの三都飛脚問屋が宇都宮・喜連川・白河・郡山・二本松・福島・桑折・仙台に取次所を設け、三都に有期定便を発するようになるのも同じ一七七三年のことである[11]。

このような飛脚業の発達にともない、一八三〇年代の京都では、尾張や越中など、往復先の特定化された飛脚屋が一二八軒を数えるにまでいたり[12]、一八六〇年現在の江戸では一八〇軒の飛脚問屋が営業するようになっていた。

このような飛脚業者は、手紙や荷物を運送するだけではなく、地震や火事などの社会的諸事件(=社会情報)を、そのシステムを利用して全国的に伝える機能をも有するようになっていく。安井重遠の『鶏肋集』第一七巻(安政二年)には、江戸大火を報じた木板摺物がとじ込まれている。そこには「右の通申参候付おしらせ申上候、三度小嶋屋」と彫られているが、この小嶋屋は名古屋の飛脚屋であり、江戸の飛脚屋よりの急報を摺物にして関係者に配布しているのである。

また小倉の飛脚問屋の中原嘉左右(一八三一〜九四)は、一八八一年には小倉に商法会議所を設立する豪商であるが、幕末期諸国用達商人として重きをなしており、飛脚問屋の組織を通じ、江戸・京都の情報を藩に提供している[13]。

このように、全国的国内市場の形成・確立は、全国的情報網の形成・確立と表裏一体をなしていたのである。

文化的ネットワークの形成　近代における経済の発展は文化の衰退をもたらすのに対し、近世における経済の発展は文化活動を活性化させていくことは、いろいろな意味で我々を考えさせる。この問題に深くは立ち入らないが、近世後期における和歌や俳句、そして海荘に見られるような漢詩の創作活動は、経済活動とは別な形での人々の創造・享受結合を、広範囲な地域をつつみ込み、時には全国的レヴェルの形すらとって、実現させていく。この結合が政治情報交換のもう一つの土台となってくる。豪農商層における国学学習も、一面では自らの主体性を模索する思想活動でありながらも、他面では自己の文芸的内面性を対象化しようとする文化的欲求に根ざしたものであった。その意味においては、従来光をあてられてきた平田派国学だけではなく、紀州に根をおろし、西日本に文芸的・文化的にも大きな影響を与えつづけた本居国学や、本居・平田国学とは異なった独自の特色を有していた江戸和学・国学(清水浜臣・橘守部・色川三中・黒村春村・岸本由豆流等)のあり方にも、もっと目をむける必要があるだろう。

また、前述したように、剣術などの諸武術が人々を交流させ、結びつけていった要素も、情報論を検討する場合、看過しえない一つのポイントとなってくる。

権力末端との接触の場の形成　幕末段階では、階層変化により、権力末端との間に接触の場が形成されていた事態も考慮する必要がある。関東周辺では、豪農層から幕臣への身分的上昇が一部見られるし、それよりもより広範におこりえたのが、旗本家臣である用人・給人層との接触や、さらに農民自体が旗本家臣に転化するケースであった。幕末期には旗本家臣団の世襲制はほぼ完全に解体していた(14)。そして旗本は各種公務に、期限つきで就任するが、それら公務をとりしきり、差配するのが彼等用人・給人層だったのであり、このルートからは政治情報が漏洩する可能性がありえたのである。

関東における旗本用人・給人層に相当するものが畿内での公家侍・寺侍であろう。三条実美《さねとみ》の家臣尾崎三郎も含め、山城や近江の豪農層出身で公家侍や寺侍になったケースはかなりあったと推定され、幕末期に入ると、彼等のもとから政治的な諸情報が流出した可能性は高い。

但し、幕府や藩当局は、あたりまえのことだが、幕初より独自の情報蒐集システムを確立しており、それへのアクセスは例外を除き基本的には無理であった。しかも、それへのアクセスなしに、ほぼ正確な政治情報を豪農商層が入手しうるようになってきた事実にこそ、問題の本質が存在しているのである。

(3) 「公論」世界の端緒的成立

近代社会は「公論」を得てはじめて成立し、「公論」を組織する社会的媒体は新聞である。ところで日本新聞史の側面から考える時、新聞というものは、欧米的な「新聞」出版物の考え方とその作成方法が導入されたからといって、そのまま日本社会に定着したのだろうか？　瓦版の世界は新聞の世界に自生的に発展したのだろうか？　政治情報需要層の全国的な社会的形成なしに新聞経営が成り立ちうるものだったのだろうか？

ひるがえって幕末期社会をかえりみる時、政治論議の展開と政治情報の公的な流通は厳しく禁止されつづけていた。アヘン戦争をテーマに、実録風にまとめあげた嶺田楓江の『海外新話』が一八四九年に発禁とされ、楓江自身が厳罰に処せられたごとくである。幕藩体制下では、豪農商と在村知識人は、本来的に政治と情報から疎外されるべき存在だったのである。それにもかかわらず、全国的規模において、豪農商と在村知識人は、独自に、あらゆる政治情報を蒐集し交換し分析し、それをもとに自らの政治的位置を確認し、自らの政治的立場を——その社会的身分からいって第一線においてではないにしても——創りあげていった。このような全国的な豪農商や在村知識人による、文字通りの衆人環視の情況下において、幕府は一九世紀後半に入りはじめた国際政治に対処しつづけなければならなかったこと、このことこそが、幕末社会のもっとも基底的な底流として押さえておかれなければならない核心だ、と筆者は考えている。問題は開国か鎖国かという政策論議のレヴェルにあるのではない。急速に形成されつつあった国民的輿論＝「公議輿論」と幕府の専制的・家産制的政治支配との間の構造的矛盾のレヴェルに存在していたのである。

筑後国下妻郡溝口村郷士の出身で、幕末期甲子の騒乱に加わるなど、種々の運動にかかわり、維新後久留米藩激派の指導者として明治四（一八七一）年国事犯事件で捕縛、一八八二年獄死した古松簡二は、獄中で著した『愛国正議』[15]の中で、「今日政府に立つ人は、元と旧政府を悪みて之れを倒せし人々なり。その旧政府を倒せし因故は種々あるにもせよ、概して之を言はば、広く人に謀らず一己の意に任せて事を為せしことを悪《にくみ》てなり。即ち公論輿論のある所に従はず、人心の趨く所に反して政治をなせしを悪んでなり」と述べているが、これは旧幕期の彼の真情を吐露したものであろう。

幕府の秘密主義的・専制的な政治と情報統制に対抗する構造をとって、彼等の政治情報蒐集と交換は、その内容においては「公論」的性格を、その形式においては、開かれた、パブリックな方向性を有しはじめていた。風説留自体も広く人々によって閲読されるべきものとして纏められていったのである。岩瀬文庫蔵の風説留『異国物語』(五九冊)は、各冊の表紙裏に、「他見をゆるさず、又一看過ぬれば捨て返へさず、是世の流弊也、かかることなく御覧の上は、速にかへし給わんことを希ふ」と記されている。また、この志向性は、各地蔵書家による、蔵書公開＝図書館設立の動きにもみとめられることである。田崎氏が研究している東三河の国学者羽田野敬直が中心となった豊橋の羽田文庫[16](一八四八年成立)などその一例であろう。そもそも情報蒐集は、高岡の佐渡家にも見られるように書籍蒐集と連動した、表裏一体の営みなのである。このような動きは、維新後に入れば、有志立学校の動きや、組合立の病院の動きの中などにおいて、さらに顕著となっていく。

以上のような特殊歴史的な社会(＝「公論」社会)段階の成立こそが、明治初年における新聞の社会的定着を可能にし、確実なものにした第一の要因なのである。それは何よりもまず、風説留とその記録者自体によって証明されている。

名古屋地域の風説留編纂の代表的人物であった小寺玉晁は、名古屋藩の陪臣で、支配層と民衆との境界線上にいた人物であり、彼の息子亥六も維新期には同藩が組織した草莽隊である集議隊に参加していたが、この玉晁は、明治六年一月より刊行された新聞『愛知週報』の編集者となるのである[17]。

岩瀬文庫蔵の風説留『万形万録』(五冊)では、明治元年になると、『太政官日誌』『江湖新聞』『遠近新聞』等が写し取る対象となっている。

前述の蓬左文庫蔵の風説留『青窓紀聞』の場合だと、第一八七巻には『太政官日誌』と『行在所日誌』が、第一八九巻には『中外新聞』が、第一九〇巻には『遠近新聞』『内外新聞』『もしほくさ』が、第一九一巻には『江湖新聞』と『日日新聞』が、第一九二巻には『内外新報』が、という形で、明治元年には一挙に新聞筆写が圧倒的ウェイトを占めるようになり、最終巻は『太政官日誌』の筆写(この直後水野正信は病没する)で終了している。このことを逆に考えるならば、前年の慶応三年までは、このような新聞の発行を幕府が禁圧していたがゆえに、風説留という特殊な政治情報記録が全国的に成立しえたのだ、ということが言いうるであろう。

羽山大学の『彗星夢草子』においても、同一のことがおこっている。明治元年閏四月一三日付で大坂の樋口が大学のもとに手紙を送っているが、その中で彼は、江戸で『中外新聞』なるものが一〇冊ほど出されており、知人が所持しているので借りてそちらに送ろうと思ったが、「只今外方へ借候やうすに付、近日借受、要用之処抜萃致、さし上可申候」「太政官日誌も十一迄出板に相成申候、浪花御行在日誌も七冊迄出来仕候」と述べている。この風説留でも、第三二巻下冊には『太政官日誌』『内外新聞』『神戸新聞』が、第三三巻上冊には『各国新聞紙』と『江湖新聞』が、第三三巻中冊には『中外新聞』と『内外新報』が、第三三巻下冊には『内外新報』『神戸新聞』『内外新聞』が、第三四巻上冊には『江城日誌』が、第三四巻中冊には『江湖新聞』が写されている。先の樋口は同年八月二八日付では「近頃新聞は日誌に相誌し有之候に付、御電覧の事と奉存、不申上候、右に相洩候品、聊此便奉申上候」と認め、翌明治二年一月二二日付では「当時新聞の義は、太政官日誌追々御発兌にて、今哉既に百廿八迄御出板拝見仕候、定て御地へも相廻り御高覧と奉存候、猶東京日誌、奥羽従会之諸藩仕置書等、定めし御電覧と奉存候、此等事は日誌表へ相譲り不申上候、まつ即今下々の風説のみ」と記している。手紙は新聞の補遺的存在に機能を縮小するのである。そして嘉永六年ペリー来航とともに書きはじめられた羽山の風説留は、明治二年、第三五巻下冊の『公議所日誌』の写しをもって終了する。風説留の時代から新聞の時代への見事な変化である。

坪井信良の場合には、彼が明治元年静岡に移住したため、しばらく兄宛の手紙が間遠となる。廃藩置県後の明治六年に東京に出た後、再び手紙の往復が頻繁となるが、この時期には、信良は手紙とともに新聞を郵便で送るようになり(最初はひと月毎に、後には一〇日毎に)、それにともなって政治的な話題は手紙から姿を消すこととなっていった。

但し、この節を終えるに当たり確認しておくべきことは、風説留の担い手は、菊池海荘のような全国レヴェルの豪商や、瀬見善水や大久保真菅のような郡レヴェルの豪農を含みこんだ豪農商であったということであり、村落内の中層以下の一般農民とははっきりと階層を異にしていた、という基本的な事実である。幕府や藩権力からは疎外された存在であるにしろ、一般農民とは異なる社会層にあった彼等は、民族的な対応の仕方においては共通しつつも、民主主義的課題に関しては、内部対立の可能性を十二分に内包していたのである(18)。

2　風説留の内容

(1)　風説留的社会成立の端緒

前節においては、風説留を成立させる外的特徴に重点をおきながら、紹介的に論を展開してきた。この節では、より内容に立ち入りながら筆者の見解を述べていくこととする。これまでの行論で当然出てくる第一の疑問点は、筆者のいう文化的ネットワークは近世の成立とともに古いのではないか、筆者のいう風説留的「公論」世界を成りたたせていくような文化の質と始期が不明だ、という点であろう。

筆者にとって、このような疑問に十分答えうるような解答は未だもちあわせてはいない。但し、少なくとも次のことはいえるだろうと思っている。すなわち鎖国体制下での国民的国内市場の形成(もちろん、それは領主経済との激しい拮抗関係の中で形成されていくのであるが)という事態は、文化の前提に、支配階級レヴェルではなく、支配されている諸階級・諸集団間における一国レヴェルでのひろがりとまとまりの意識というものを据えるようになってくる、ということである。少し具体的に論じてみよう。民衆の医療要求というものは、社会や文化の発展と成熟度を考えるうえで、一つの客観的基準となるものだと筆者は考えている。この視角からすれば、蘭学の発展は、波及論的に、あるいは単なる知識人レヴェルの好事家的なものとしてとらえることはできない。蘭方医学というものは、一七世紀前半からすでに長崎において一貫して存在しつづけた技術文化なのである。何故蘭学が、日本の社会にしみとおるようになるのが、一七世紀からではなく、一八世紀後半、一七七四年の『解体新書』出版を画期とする時期からなのか？　ここでも問題を定立する核心は、医療需要主体の形成の問題なのである。そして一八二〇年代に入ると、シーボルトの医療技術を学びに、はるか奥州水沢をも含む日本全国から俊秀達が長崎に赴く、否、もっと正確に表現すれば赴かされることとなる。呪術的な、祈禱的な、あるいは漢方医学的治療方法では、全国規模での民衆が、自己と家族の生命と健康に関し納得し満足しなくなり始め、もっと良い治療方法と医術が存在するはずだし、存在させるべきだと思いはじめ、いらだちはじめた時、彼等に日々直面せざるをえなかった医学徒は、その地域に、従来のままの形では存在することが許されなくなってきたのである。主観的には、青雲の志に燃え、済民の意欲に駆られて長崎に赴いた彼等の行動なるものは、歴史的にとらえなおせば、民衆の医療要求の成長そのものが、彼等をして長崎に学ばしめたのだ、ということができる。

この趨勢は、一八四〇年代になると、さらにあらがい難いものとなっていった。一八四九年、モーニッケによって長崎にもたらされた牛痘は、またたく間に、全国的に成長していた蘭方医の集団を媒介として全国各地に運ばれ、種痘は地域社会に定着するようになっていく。天然痘による愛児の急死と、生きても一生のこるアバタを、民衆はもはや、自然なもの、抗しがたいものとして甘受できなくなっていたのである。風説留の世界で名前の現れていた江戸の坪井信良も、高岡の佐渡三良(襲名前の名)も、そして紀州日高郡の羽山大学も、種痘の江戸・高岡・日高郡への定着に必死で尽力する人々であった。

国学の新たな展開も一八世紀末からのことであった。本居国学の非合理性や近代天皇制イデオロギーとの関連性などの問題以上に我々が注意しなければならないことは、それが、それ以前の学問との対比で、民衆にどのようにうけとられたか、という点であろう。この点では、名古屋地域への本居国学の浸透を、それ以前同地域で支配的だった垂加神道との対比において研究した岸野俊彦氏の次のような指摘は示唆深い。岸野氏は次のように述べている。[19]「尾張垂加派にとっては、宣長が神道を大衆化し、下層が心のままに神道を論じ始めた、まさにそのことの中に含まれる公私と上下の秩序の逆転にこそ、深刻な危機を感じ取った」「垂加神道にとっては、神道は「上、天皇、夫よりして雲上歴々の外は知らずしてくるしからず」と、天皇を中心とした堂上公家の独占物であることを強調する」と。岸野氏の指摘するごとく、本居国学は近世学問史において、一つの根本的画期をなしていたのである。岸野氏は名古屋地域における本居国学は、一八〇一年の宣長の死去までに、九〇名近い勢力となっており、その中心は下級藩士・名古屋の商人、そして尾張地域の豪農層であったとしている。

さらに一九世紀に入るや、全国的に展開していく国学的学問と世界観は、非支配階級における社会論と国家論を形成する上での不可欠の前提となっていくことは周知のことに属する。

漢詩創作の社会的定着に関しても同様のことがいえるのである。近世的文化においては、漢詩を作ることは本来的に儒者の任務であった。経学を学び、史を論ずる者は、その前提条件として、格調の高い漢文を綴ることができ、また法則に則った漢詩を創作することができなければならなかった。しかしながら、儒者や漢学の素養のある支配階級の外側で、人々が自己の感情と精神の文芸的対象化の媒体に、漢詩を把みはじめるのは一八世紀の後半からであった。それは近世が儒学の世界であったからということでは説明はできない。儒学の核心である経学とは完全に切りはなされ、道学ではない芸術として把みはじめられたからである。近世後期の芸術家達は、従来の自己表現の道具であった和歌や俳句では、如何としても表現不可能なもの――それはとりわけ、歴史性・浪漫性・エキゾチシズム、そして目の覚めるように鮮やかな色彩性にあったのだが――の対象化の媒体を漢詩の世界に求めはじめたのである。一九世紀に入れば、支配階級出身の人々ではない、豪農商出身の数多くのすぐれた漢詩人達が日本全国に出現し、各地に漢詩創作・享受のサークルが結成され、彼等の漢詩集とアンソロジーは、江戸後期の正統派文芸として、国内に広く需要層を見いだしていった。富士川英郎氏は、その名著『江戸後期の詩人たち』において、「詩が、よかれ悪しかれ、現実化するとともに日本化して、社会のさまざまの層に広く行き渡ったのは、江戸時代の末期、安永から慶応に至る約百年間(一七七二―一八六七)のことだったのである」と述べている。

このような社会の変化は、和歌や俳句や書や絵画の分野にも如実に反映されていく。武士階級や、全国的領主経済に結びつく形で富を蓄積していた各地の特権的豪商層に、俳聖芭蕉の俳諧連歌の社会が支えられていたのとは異なり、一茶は流山や布川の豪農商のもとに、一ヵ月、二ヵ月と寄留し、そこで彼等の俳句を指導することで、身のおとろえを感じるまで、なんとかかつがつの生活を送ることができるようになっていた。一定の名声を得はじめた書家達は、金が必要になると、周辺の農村の豪農の家に宿泊し、当主へは無料で、当主が呼び集めてくれた近在の需要者達には、一枚いくらかで書を書いてやり、ある程度金がたまると、当主の紹介状を携え次の豪農の家を訪れた。各地の豪農商の居宅には、床の間がつくられるとともに、諸国を遊歴する文人の長期滞在にも備えた居室が用意されるようになっていく。

このようにとらえた場合、寛政の三奇人といわれる林子平・高山彦九郎・蒲生君平のあり方は、一つの時代の端緒を象徴するものである、といっていい。子平は浪人の子として成長し、生涯兄の厄介になるという身分にとどまっていたのであり、彦九郎は上州豪農の、君平は野州商家の出身だったのである。支配階級とはまったく切断されたところで、処士や草莽が自己と政治、自己と国家を直結させた形で問題にする、という構造が、ここに成立しはじめる。だが、それは当時においては、あくまで「奇人」にすぎなかった。当時の時代情況においては、それぞれ不遇の内に没し、あるいは憤死するほかなかったのである。彼等が、処士や草莽の理想型として定置され、理想化されるのは、ペリーの来航を待たねばならなかった。

当初は、文化的・文芸的な分野において、非政治的分野において自己表現を発見し、自己を主張しはじめた全国の豪農商層が、政治的自覚を獲得する契機となり、それまでの動きの質を劇的に変化させたのは、ペリー来航をきっかけとした民族問題を介してであった。厖大な風説留が、ほとんどの場合、ペリー来航をその記録の出発点としている事実は、なによりもこのことを雄弁に物語っている。また、それ以前から書きつづけられてきた随筆類においても、好事家的な世間話とか、種々の考証材料の蒐集といった内容が、一挙に政治的関心に収斂されていくのは、一八五三年のことであった。たとえば岩瀬文庫所蔵の風説留『常善雑事記』(一五冊)は文政一一年から書きはじめられた伊勢神宮神職の記録であるが、前半部分は神宮関係記事の諸本よりの抜萃等が多いのに対し、第一〇冊目のペリー来航記事から、内容が純政治的なものへと急変している。

(2)　風説留の内容分析

政治情報といっても、それは諸事実を克明に記録しているだけのものでは決してない。内容は、今日風に表現すれば、ジャーナリズム的なものであり、しかも強烈な政治志向を内包したジャーナリズム的なものであったのである。あえて表現すれば、ジャーナリズムの端緒的成立とでもいうことができるだろう。以下、特徴をいくつか指摘してみよう。

世界観の拡大　政治情報を蒐集するということは、蒐集主体そのものの世界観の拡大運動と表裏一体のものである。

主体の世界観の拡大・確立が逆に政治情報をさらに広く蒐集する条件になっていく。この意味で注意すべき事実は、数多くの風説留に各種の漂流記が積極的に写しとられ、転写されていることである。未知の世界、それは一体どのようなものか、どのような政治がおこなわれ、どのような軍事力を有しているのか？　それを知る良質の情報源が漂流記だったのである。

前述した武州入間郡名主林信海の場合では、中浜万次郎の漂流記である『土佐国人漂流話記』は、ペリーが来航した当月、文鳳堂によって写され、それが同年九月倉鼠逸なる人物によって転写され、それが同年一二月椿芬館なる人物によってまた転写され、これを文雅堂が所持していたのを、信海が翌五四年一月一八日から二三日にかけて書写するのであった。また、紀州日高郡薗浦天寿丸漂流記である『紀伊国漂流話記』は、ペリー来航当月に文鳳堂が写し、同年一一月文雅堂が転写したものであり、これを信海が文雅堂から借用して書写している。さらに、事実そのものははるかに古い『巴丹国漂流物語記』を信海が書写するのが、同じ五三年一一月のことであった。

また前出の『異国物語』においては、第一冊がペリー来航時の政治情報を記し、第二冊以降に『万次郎漂流記』や、成立としてははるかに古い『大黒屋幸太夫漂流記』を写し取っているところから見て、書写の時期はペリー来航後と推定する。

高岡の佐渡家でも、坪井信良が江戸から送る書籍類以外にも、種々の手段で情報を蒐集しており、万次郎漂流記の一本『漂客談奇』は、信良の弟である建部賢隆が、五四年五月一日付で書写していた。

水野正信の『資治雑笈』中の多数の漂流記も、その書写年月は、ペリー来航後のものが多いと考えられる。

従来の諸論諸説の反芻　広い意味での自己学習の動きは、世界観の外延を拡大する方向だけとったのではない。今日の事態をどう把えるかという政治的枠組み自体の学習の方向をもとっていった。それは政治情報の域にとどまらず、政論(政論の交錯する中ではじめて「公論」が成立する)の域に入りこんでいる。

大久保真菅の場合、会沢正志斎の『新論』を書写したのが安政期であり、草莽の理念型を提示する『高山正之伝』を写し取るのが五五年のことである。

羽山大学の場合でも、高野長英の『夢物語』や『夢々物語』は安政期に写されており、『異国物語』においても、『海外新話』や『鴉片始末』『夢物語』が書写されたのはペリー来航以降のことであった。従来の政治的枠組みを論じたあらゆるものが、ここで反芻されていくのである。

時論と政治批判の蒐集　風説留というと、政治情報の受身的蒐集とイメージされがちだが、それを構成している大きな要素に、時事に関する論説と政治批判がある。ペリー来航時、幕府が諸大名をはじめとする武士層に広く時務策を求めたことは周知の事実だが、このようなものをはじめとする諸上書・諸建白・諸意見書は、風説留にひろく写し取られている。それは、事態を能動的に把えるうえで必須の作業であり、諸人の意見を幅広く検討するなかで自己の立場を選択していこうとする彼等にとって、不可欠の仕事であったのである。

さらに、この蒐集志向は、種々の政治批判パンフレットにも当然およんでいく。繰返しになるが、幕末期までは公然と政治を論議することが、いかなる災厄を招来するかもしれなかったため、政治批判は、すべて無署名のパンフレットとして写され転写されていく。風説留の時代は、政治的パンフレットと文筆家パンフレッティアーの時代でもあったのである。

諸本に共通して見られるものとしては、一八五三年段階を批判した『千代田問答』、井伊政治を批判した六〇年段階の『恐惶神論』、六四年段階の日本の外交政策を批判した『アールコック時弊論』等々があり、この延長線上に六七年のサトーによる『英国策論』が位置づけられるのである。ちなみに、サトーとともに、ロッシュのもとで活躍したカションの言説も、多くの風説留の中に記録されている。

このようなパンフレットの中において、日本が今後とるべき政治・外交・経済の諸問題が、激しい論争の形をとって——それらは偽書の形をとって出廻るものも数多い——とりあげられ、それぞれの問題をどう考えなければならないかの問いが、書写し転写する人々や風説留を借りる読者につきつけられるのであった。

民衆動向の掌握　民衆レヴェルの政治批判も、チョボクレ・吉原言葉・野馬台詩・いろは文字引文句・大津絵節・かぞえ歌など、さまざまな形をとって噴出する。これも風説留の重要な蒐集対象の一つであった。それは必ずしも書写する個人の政治的立場と同一のものだけには限定されない。民衆の政治動向を掌握するうえでは、それらはできるかぎり広範囲に集められなければならない性格のものであったのである。

なお、この問題で考えなければならないことの一つに、実録物の作成と転写の問題がある。これは民衆が作成したのではない。克明に諸情報を集積していった知識人(風説留世界の人物である)が、民衆が読めるように起承転結をもった実録物に仕上げたものである。著名なものに天誅組蜂起を扱った『風説大和錦』や禁門の変を対象とした『萩のしおり』などがあり、各種の風説留にも書写されていく。民権期の政治小説も、幕末期と結びつけて検討する必要があるだろう。一八五〇年代から八〇年代は、日本において政治の嵐がふきあれた特殊な時代であった。

画像資料の蒐集　風説留を構成する一つの要素は画像資料である。ペリー来航時の黒船の形一つとったところで、一万言の文字よりも黒船の画像そのものが、その威容を雄弁に見る者に語りかける。それ以降も品川沖の御台場建設、幕府があわてて実行しだした幕臣の洋式調練、井伊大老暗殺の図と地図、文久以降京坂や江戸で荒狂うことになる天誅梟首図、薩英戦争や下関戦争の図と海図、天誅組蜂起地図等々、多種多様なものが書写され転写されていく。そして非合法的に出板された各種の政治諷刺錦絵は、彩色されて写され、風説留を調査する者達にとっての憩いの場を提供する。

この錦絵の中でも、外国との接触以降、いかに急激に文物が変化していくかを的確に全国の人々に告知したものが、五雲亭貞秀をはじめとする多くの浮世絵師達によって描かれつづける「横浜絵」であった。「横浜絵」自体は合法的な出板物であり、風説留を編する人々は、風説留とは別立てでこの錦絵を蒐集していったものと思われる。

以上のように見てみると、風説留中の政治情報なるものは、政治批判のパンフレットや画像の流通と連動し、そのような動きの中の一環であると把えた方が、より正確な位置づけとなるだろう。新聞の成立は、したがって雑誌の成立ともなるのであり、ここにジャーナリズムの世界が形成されることとなる。

(3)　世界資本主義との関連

ペリー来航は二百数十年来の鎖国を打ちやぶるとともに、唐蘭風説書の独占に象徴されていた幕府の海外情報独占のシステムにも風穴をあけることとなる。

第一に、欧米人が清国で刊行していた中文新聞がさまざまな形で国内に流入し、風説留に記録されるようになるのである。その第一が『遐邇貫珍』(*Chinese Serial* 1853-56. 香港刊)に掲載された、ペリー遠征艦隊中の羅森『日本日記』である。さらに一八六〇年の第二次アヘン戦争と英仏連合軍の北京攻略の報は、長崎に入った英字新聞の蘭通詞翻訳を介して(正式にはありえないことだが)、国内に流通する。岩瀬文庫蔵の京都本草家山本錫夫蒐集にかかる『英吉利新聞紙』には、一八六〇年九月二三日、一〇月四日、五日、九日、一二日、一三日、そして一一月四日付の戦争報道が記録されているが、何礼之訳等すべて長崎訳官の翻訳である。但し、『けなはなし』第三六巻所収の同年の「支那新報新聞翻訳第二号」は江戸から廻ってきたものである。欧米人による中文新聞は、[20]『遐邇貫珍』の他に『中外新報』(*Chinese Foreign Gazette* 1854-. ニンポー刊)、『六合叢談』(*Shanghai Serial* 1857-. 上海刊)、『香港新聞』(*Chinese Mail* の副紙 1861-. 香港刊)、『中外襍誌』(*Shanghai Miscellany* 1862-. 上海刊)等があり、これらは安政五(一八五八)年より元治元(一八六四)年にかけて官板で出版されたことはよく知られているが、しかし原物そのものも流入しているため、キリスト教関係等官板で削除されている部分は、原物をもとに復元される作業がおこなわれることとなる。

第二が居留地発行外字新聞の翻訳である。一八六一年五月、長崎で最初の英字新聞が発行され、同年一〇月より横浜で *Japan Herald* が創刊され、その後数種類の英字新聞が刊行された経過はここでは触れないが[21]、これらの記事は英学徒によって翻訳され、『横浜新聞』の名をもって「風説留」蒐集史料の重要な柱の一つとなる。この翻訳作業は開成所のメンバーがかかわり、会訳社訳の名をもって流布するが、その他、英語を翻訳する能力を有していた人々の割のよい賃仕事の成果も風説留の中には散見し、さらにこの翻訳アルバイトには神奈川奉行所所属の訳官も関係していたのである。

おわりに——維新以降の変化をどう把えるか

もし、新聞が社会に定着し、輿論と「公論」がそれなりに成立する前提として、幕末期に「風説留の世界」とでもいいうる全国レヴェルでの新しい社会段階を措定できるとしても、風説留の段階から新聞の段階への変化は、単純に発展として位置づけられるのだろうか? おわりに当たってこの問題を二つの側面から考えてみたい。

(1) 明治政府と情報

明治政府は幕府権力とは異質な政府であった。何よりもまず、それは幕末の激動する政治過程の中できたえあげられた人々によって組織された政府であり、民衆の意向と欲求、政治姿勢(彼等はそれを「人心の動向」として把え直す)を無視することは、ただちに政権の崩壊につながることを肝に銘じていた政府だったのである。そのような人々であるがゆえに、早くも慶応二(一八六六)年三月、長州藩指導部は第二次征長の役における幕府・諸藩軍を前にして、自らの立場を広く訴える『長防臣民合議書』を三六万部も板行したのであった。そして明治元(一八六八)年二月、政府の広報紙として『太政官日誌』を刊行しはじめるが、その創刊号に掲載された記事が、各国公使の京都参内許可を扱うものであったように、攘夷主義から国威興隆・万国対峙への大きな国是転換を国民に周知させるために新聞紙を機能させる狙いを当初からいだいていた。従来の政治情報に対する弾圧路線から、政治情報の選択・誘導路線への大きな変更である。その国内における統制の大枠が明治八年に制定される新聞紙条例と讒謗律になることは、よく知られているが、この大枠に、国内の成立したばかりのジャーナリズムがどのような対応を迫られ、質的な規定性を受けるかが、次の問題となってくるだろう(22)。

ところで、明治政府は、幕末期国内政治構造の必然性の中で形成されてきたものであるとともに、自己の国家構造を、一九世紀後半の世界資本主義の中に、積極的に組み込ませていこうとし、当然のことながら、国家モデルを、西洋諸国が数百年かけてようやく形成してきた中央集権的・官僚制的国家に求めていた。そして、この国家的飛躍をまがりなりにも可能にしたものとして、国家による電信網の全面的建設と掌握があったのである。

この欧米列強と、背のびをしても伍していこうとする国家的努力の一つに、一八七三年から七五年にかけてとられた *Japan Mail* の一定部数の買上げと海外配布の試みがあった。しかし同紙が政府の台湾出兵政策に対し反対の態度をとったため、この方針を打ち切り、ついで同社の買収も検討するが、うまくいかないまま中止する。

欧米に対する日本国家の代弁的機関紙として政府が着目したのが、親日家米人のハウスが東京で創刊した *Tokio Times* (1877-80)であり、政府は同紙に助成金を与える方針をとる。その契約には、「政府要人の投稿を認めさせる」「政府の立場を考えて記事をつくる」等の条件がつけられるが、諸外国の反発が強いため助成金を打ち切らざるをえなくなり、ついで同紙は廃刊される。これ以降は、親日英国人ブリンクリーが主筆となった *Japan Mail* を利用して、国際的な世論誘導をおこなうこととなる(23)。

国内の情報制禦と国際的世論誘導のはざまに置かれていたのが、治外法権の特権を有していた外国人が発行する可能性のある日本語新聞であった(24)。明治政府は、新聞紙条例中に、外国人の日本語新聞発行を禁止し、他方、在日英国公使パークスは、公使の権限において、英国国民の日本語新聞発行を廃止する措置をとることにより、世界資本主義を主導する立場にあった当時のイギリス資本主義と天皇制国家は、日本の新聞政策を国際的にも完璧なものとすべく、見事な連携行動をとるのである。

(2) 世界資本主義への国内市場の編入

ただし、明治以降の情報問題をとらえる基本も、情報需要主体の問題に措定されなければならないだろう。鎖国制下での国民的国内市場の形成と発展の動向が、新たな社会段階を創出し、政治情報需要主体を確立するとともに、未曾有の外圧に抗する国民的な抵抗力と対抗力を保証したとはいえ、開港以降は、世界的な「下部構造」たる世界資本主義による日本国内市場の包摂と、世界資本主義に対応した国内市場の再編成が進行していくこととなる。近世後期から幕末期において確立した国内の複雑な分業システムや技術水準そのものの後退はありえなかったものの、従来通りの経済体制を通用させることは不可能となっていく。

しかも、明治元年以降、政府の最大の問題でありつづけた財政・通貨問題が、明治一九年一月、政府紙幣の正貨兌換開始によって始めて乗りきられることができ、これによって国際経済面においても日本資本主義が世界資本主義に正常な形でリンクすることが可能となったのだが、その代償として支払わなければならなかったものが、松方デフレ政策による全国農村の目をおおうばかりの疲弊と、国家への依存志向を強く内包した寄生地主制の全国的な成立だったのである。

近世後半期の国内市場を形成するうえで、きわめて大きな役割を演じてきた太平洋岸ならびに日本海岸の近世海運も、政府の支援下での三菱汽船の沿岸航路征覇と洋式船導入政策のもとで、明治二〇年代までに衰退していった[25]。近世在村文化を発展させていった河川交通も、国家や華族資本主導型による鉄道建設により衰退していき、全国無数の河岸は消滅していった。堤防政策は、河川交通に重点をおいた低水工事法より、地主制のための耕地創出を主とする高水工事法に転換していくのである。

「風説留的世界」での主役の一人であった紀州有田郡の豪商菊池海荘も、藩権力の消滅、紀州海運の衰退、そして仲介的商業活動の不振の中で、明治一二年挙家離村して東京に出、明治一〇年代の内に商売そのものをたたむこととなる。

つまり、近世後期から全国的に形成されてきた豪農商中心の経済・社会・文化の構造が一八八〇年代末までには、大きな構造変化をおこしていくのであった。

それにかわって、中央集権的・官僚制的な国家構造のもとで、寄生地主制と連動した大資本主導型の資本主義経済が自己運動を展開しだし、その枠内において、いわゆる「国民国家」構築過程が進展していった。

その教育面における象徴的な画期は、明治一九(一八八六)年三月、帝国大学令公布により、東京大学が帝国大学となり、高等教育機関の頂点に据えられたことであろう。国家や権力からの教育の自立化や、民間有志による義塾的な、本来的な意味におけるパブリックな教育システム構築の方向性は、ここで断絶する。国家からの独立性ではなく国家への一体性が第一義的価値とされる。

明治二五(一八九二)年、神話から歴史を切り離し、大義名分論から歴史学を自立化させようとした天保一〇(一八三九)年生れの久米邦武が、「神道は祭天の古俗」論文事件を契機に文科大学を放逐され、かわって明治二八年以降日本史学と史料編纂の責任者となったのが、慶応元(一八六五)年生れで、官学の東京大学・帝国大学で教育を受け、久米事件に対しひややかなまなざしを向けていた新しい世代の俊秀知識人の一人たる三上参次だったのである。彼等にとっては、国家のためにこそ学問はなされるべきであり、国家に有益ではない学問はなすべきではない、という観念はすでに強固なものになっていた。

ここにいたって、我々が追求してきた、風説留的世界をなりたたせていた日本の一九世紀的社会は完全に消滅し、そして急速に忘却されていったのである。

（1） この作業は、稲垣敏子、小野正雄、高埜利彦、山口啓二等各氏の援助をうけ、宮地正人編『幕末維新風雲通信——蘭医坪井信良家兄宛書翰集』（東京大学出版会、一九七八年）という形でまとめられた。
（2） 中井信彦編『片葉雑記——色川三中黒船風聞記』（慶友社、一九八六年）、『色川三中の研究 伝記編』（塙書房、一九八八年）、『色川三中の研究 学問と思想編』（塙書房、一九九三年）。
（3） 田崎哲郎『地方知識人の形成』（名著出版、一九九〇年）。
（4） 岩田みゆき「下総国結城郡菅谷村大久保家の人間関係について」（『歴史と民俗』第一号、一九八六年）、「大久保家の黒船情報収集について」（同上第二号、一九八七年）、「大久保家の思想形成にかかわる人間関係と教養」（『歴史評論』第四六一号、一九八八年）。
（5） 太田富康「ペリー来航期における農民の黒船情報収集——武蔵国川越藩領名主の場合」（『埼玉県立文書館紀要』第五号、一九九一年）、「幕末期における武蔵国農民の政治社会情報伝達」（『歴史学研究』第六二五号、一九九一年）。
（6） 阿部征寛「堀口貞明の思想と行動」（『横浜開港資料館紀要』第八号、一九九〇年）。
（7） 名古屋市教育委員会『明治の名古屋人』（一九六九年）。
（8） 早稲田大学図書館所蔵小寺玉晁叢書中「連城亭随筆 明治九年」（六九六—一八二）に、明治九年四月六日、「同好会社」有志が同人の追福を延命院でおこなった際の、活版案内書が編綴されている。
（9） くわしくは第四章「幕末政治過程における豪農商と在村知識人——紀州日高有田両郡を視座として」を参照されたい。
（10） 近世後期の経済的発展の評価に関しては、山口啓二『鎖国と開国』（岩波書店、一九九三年）第七講「開国——近代日本への道程」を参照されたい。
（11） 宮地正人「江戸後期の手紙と社会」（『講座 日本技術の社会史』第八巻所収、日本評論社、一九八五年）。
（12） 藤村潤一郎「京都「諸州国々飛脚便宜鑑」について」（『史料館報』第二六号、一九七七年）。
（13） 『明治維新人名辞典』（吉川弘文館、一九八一年）の中原嘉左右の項参照。

(14) くわしくは、第六章「幕末旗本用人論――江戸都市論に旗本社会をどう組み込むか」を参照されたい。
(15)『日本近代思想大系13　歴史認識』(岩波書店、一九九一年)に所収されている。
(16) 田崎前掲書第四章「市民的図書館の先駆――羽田八幡宮文庫をめぐる人々」参照。
(17) この事実は、絵画情報史研究会メンバーの内四名(岩下哲典・広瀬順晧・宮地哉恵子・宮地正人)が、九三年五月、早大図書館所蔵の小寺玉晁叢書を調査する中で、彼の筆に係る『明治六酉太陽暦雑々集誌』一・二・三(六九六―一〇三〜五)の紙背文書の中から判明した。
(18) 大久保家は慶応四年、北関東に於て世直し一揆が勃発する中で、鎮圧態勢をとっているし、慶応二〜三年の政治危機の中で菊池海荘等も農民層の動向をきわめて憂慮している。
(19) 岸野俊彦「尾張垂加派の宣長学批判の特質」(『歴史評論』第四六一号、一九八八年)。
(20) 宮地哉恵子「中国における新教宣教師の出版活動――英華書院を中心として」(『アジア資料通報』第二九巻第二号、一九九一年)。
(21) 佐藤孝「地域社会と新聞――幕末期開港場の新聞を中心として」(『講座　日本近現代史』第一巻所収)。
(22) 松本三之介・山室信一編『日本近代思想大系11　言論とメディア』(岩波書店、一九九一年)および桂敬一『明治・大正のジャーナリズム』(岩波ブックレット、一九九二年)参照。また新聞の前提となる郵便・電信制度に関しては、杉山伸也「情報ネットワークの形成と地方経済」(『年報　近代日本研究』第一四号、山川出版社、一九九二年)がすぐれた視点を提出している。
(23) 鈴木雄雅「幕末・明治期の欧字新聞と外国人ジャーナリスト」(『コミュニケーション研究』第二一号、一九九一年)および大谷正「明治前期の対外宣伝活動」(『専修大学人文科学研究所人文科学年報』第二一号、一九九一年)参照。
(24) 佐藤孝「明治初期新聞政策史の一考察――左院とJ・R・ブラックとの関係を中心に」(『横浜開港資料館紀要』第七号、一九八九年)参照。
(25) 日本福祉大学知多半島総合研究所編『内田佐七家文書目録』(一九九三年)中の斎藤善之氏の解題や安本恭二「北前船考」(『歴史と神戸』第二八巻第五号、一九八九年)等を参照されたい。

補足注

本論執筆後、気づいた論考を記しておく。対外情報蒐集については、岩下哲典・真栄平房昭編『近世日本の海外情報』(岩田書院、一九九七年)がまとまっている。地域と情報のかかわりでは、尾張では岸野俊彦『幕藩制社会における国学』(校倉書房、一九九八年)第二章「「都市の国学」に於ける政治と情報——尾張国学者山田千疇日記を中心にして」が、越中では漢学青年を扱った武部保人・新田二郎『幕末維新期の青春像——江戸・越中の文通より』(桂書房、一九九八年)がある。また在地の医療要求と蘭学の関係については、青木歳幸『在村蘭学の研究』(思文閣、一九九八年)第一一章「在村の蘭学と地域医療の近代化」が、長野県に即し正面から取りあげている。

第四章　幕末政治過程における豪農商と在村知識人
――紀州日高有田両郡を視座として――

はじめに

本稿の目的は、幕末政治過程の分析そのものではない。政治の第一線に立つ位置におかれてはいなかった当時の豪農商や在村知識人が、どのような政治諸情報を、いかなる諸手段によって入手し、どう判断して自らの方向性を決定したのか、というテーマに関する典型例を提示するところに本稿の狙いがある。

本稿が分析の素材とするものは、紀州日高郡北塩屋浦の医師杏花園羽山大学（一八〇八～七八）の風説留『彗星夢草子』（以下『夢草子』と略記する。御坊市塩屋町北塩屋、山田偉平氏蔵）全一一九冊（内一一冊欠、一〇五冊が編年風説留、残りが志士詩歌他）である。(1) 幕末期特有の全国各地に残る風説留が、その量的厖大さにもかかわらず、歴史研究者の分析対象になりにくかった理由は、第一に、あるものは安政期、あるものは元治期と、記録されている情報の時期が断片的であること、第二に、政治弾圧への配慮から情報の入手経路がほとんど明記されていないこと、第三に、写されている情報の大半が結果的には学界では既知の史料にすぎないこと、の三点に集約される。この点では、羽山の『夢草子』は、そのほぼ編年順に整理された情報量の豊かさもさることながら、第一に、ペリー来航の一八五三年から版籍奉還の一八六九年までの幕末維新政治過程の全時期を対象としており、第二に、情報がどのような回路を経て羽山の手許にいたったのかが相当程度判明でき、第三に、情報が単なる触・上書・張紙の類にとどまらず、各地の状況と民衆心理を伝える書翰と聞取りが中心となっており、しかも羽山を含めた情報入手者の感想と判断が随処にちりばめられているという、風説留としてはきわめて希有な特徴を有している。南方熊楠が本書をなめるように熟読したのも故無しとしないのである。なお、紀州藩は一四代将軍を出した南紀派の拠点たる佐幕大藩であり、同藩内の一在村医師の風説留の中に、何故に論題の典型が抽出しうるのか、という疑念に対しては、行論の中で回答を試みることとしたい。

1　情報蒐集の範囲と構造

(1)　羽山大学情報網

羽山大学は嘉永初頭、日高郡内に種痘を広めた先覚者であった事実からも明らかなごとく、蘭学に深い造詣を有していた医師であった。と同時に、「澎湃《ほうはい》として寄せ来る西欧の新思潮に対し憧憬の念已み難かりし一面に於て尚古の志に富」めり、と『日高郡誌』がいみじくも指摘するように、敬神の念きわめて厚く、廃藩置県直後居村の村社決定にも率先して尽力したごとく、在村蘭方医の土着的特徴を具有していた人物でもあった。このような在地に深く根を張り、民衆を相手にして日常的な医療活動をおこなっていた羽山は、どのような手段によって情報を蒐集していったのだろうか。

当然のことながら、医療行為の場そのものが情報蒐集の場となっている。一八六六(慶応二)年七月、紀州藩主が先鋒総督となって出征した第二次征長において、石州口の附家老安藤飛騨守(田辺城主)勢が大敗走した真相を、羽山は敗走して帰郷する途中、病気となって彼の診察を乞うた田辺領在夫(陣夫役被徴用者)からじっくりと問い糺していた。また同年一一月五日には、熊野三山参拝のため越後柏崎を八月二日に出立、入紀した尼僧五人が、「山路足痛」のため羽山の治療を求めた際、彼女等から、同年五月から七月まで柏崎に来航した米買入れの米国船の風説と、応接した桑名藩(同地は桑名藩飛地)の悪評をくわしく聞いているのである。

羽山の医療活動は、定評ある彼の製薬販売活動と結びついてもおり、しかもそれは近隣諸村にとどまらず、はるか国境を越えるものとなっていた。羽山は、大和・伊賀辺を廻り、笠置から乗船して木津川を下り、淀川航路に乗り替えて大坂に出、六三(文久三)年六月一六日に帰国した同家売薬手代平兵衛から、小笠原図書頭処罰をはじめとする道中筋の風説をこまかに聞き取っている。

だが、自己の医業活動の中で入手したニュースのみが留められているのであれば、それは好事家の脈絡のない随筆の類にしかならないだろう。意識的・系統的に政治情報を集めるということ自体が、蒐集者の政治的主体性と不可分である以上、蒐集の場は意図的に創り出されていくべき性格を有している。その場の第一は、情報の担い手の自宅への招請であった。六三年七月、羽山は熊野古坐奥の佐田村の禅僧より長州藩外国船砲撃事件風説の聞取りをおこなうと同時に、同僧が所持していた親類岸和田藩士相馬一郎倅で長州藩「多羅尾先生」塾に入塾している岩吉の親許宛参戦報告書翰を写し取っている。僧侶とならんで諸国の風説をもたらすのは職人であろう。北塩屋浦より南に下った郡内楠《くすい》井村住鍛冶職某は大和国十市郡桜井辺に出稼に出ており、同人のもとに鍛冶弟子を同伴して赴いた弟円蔵から、六七(慶応三)年二月五日、同地の米価高騰や小藩藩札引替不能による経済混乱の状況を羽山は聞きただしていた。僧侶・職人とともに広範囲の地域を巡り歩くのが木綿糸商人である。御坊周辺は木綿糸生産地として当時栄えていたが、羽山は播州糸商人中野屋宇兵衛より六四(元治元)年五月、生野の乱で自刃した南八郎の「残念様」信仰を聞くとともに、禁門の変直後の同年七月二七日から八月二日まで、また六七(慶応三)年四月二〇日から二七日まで滞京した彼から京都政情の聞取りをおこなっている。

ところで、聞取り作業での最大の情報提供者は地元の船頭・水主の人々であった。紀州海運は東は江戸・横浜、西は大坂・兵庫からさらに下関にいたる分厚い近世海運動脈の主力部隊であったのである。六二(文久二)年八月の生麦事件当時、神奈川で積荷をおろしていた阿戸木嶋平介船乗組水主善蔵(北塩屋産)を、羽山は閏八月五日に招いて「夜咄し」をさせているし、六三(文久三)年六月五日の仏艦による下関砲台攻撃の詳細は、事件当時下関に碇泊し、同月二四日薗浦《そのうら》（現在御坊市内）に入津した箕嶋仲間住徳丸福松船の乗組員から聞きただしていた。また横浜鎖港時の同港の実態情報は、六四（元治元）年五月五日、そこから帰国したばかりの船頭から得ているし、将軍着坂直前の大坂・兵庫情報は六五（慶応元）年五月二〇日朝大坂より下って来た伊勢丸乗組員喜蔵から聞いている。そして、同年九月二五日に江戸を出帆し一〇月七日に阿戸浦に戻った水主長五郎に、一〇月一一日ゆっくりと夜咄しをさせる形で、将軍進発後の江戸・横浜のきわめて詳細な情報を羽山は記録するのであった。

第二の創り出される場は、近隣有志との間の情報交換サークルである。たとえば五三（嘉永六）年一二月二二日、日高郡内の米納以外の上納銀を一手に引き受けていた薗浦の豪商岡屋孫四郎の許に、ロシア兵のクシュンコタン上陸を報じた松前須原屋角兵衛手代三河屋喜兵衛（薗浦出身）書翰が届き、六四（元治元）年七月七日、藤井（現在御坊市内）の豪農商塩路彦右衛門のもとに、松阪より、米穀商を攻撃する同地張紙の写が送られ、また六七（慶応三）年二月、島村（現在御坊市内）の北野屋某のもとに、強盗の横行を報じた名草郡黒江村庄屋小林大三郎（北野屋は小林の実家）書翰が届いているなどしているが、いずれも羽山は全文を写し取っている。これらの事例からも御坊周辺での情報交換サークルの存在が考えられ、「御覧後木下へ御廻し被ㇾ下候やう」（六五・四・五）、「桃花・杏花・松下・富済・大君」（六六・八・五）等々の人名が見いだされる。さらに瀬見書翰（六四・七・二七）が御坊浄国寺（真宗）を経由して羽山のもとに届いている例もある。このうち木下は漢学に精通していた島村の木下春島のことかと考えられ、また幕末から明治初年にかけての浄国寺住職法潤は学問僧として著名な人物で、羽山家とも交流が深かった。『夢草子』第一一篇中巻に越後真宗僧南渓の攘夷を論じた「深慨十律」（六二年刊、上梓者佐田介石）が写されているが、入手には法潤が介在していたと思われる。また同草子には真宗系の排耶論がいくつか収められていることも注意していいことである。

第三の創り出される場は、羽山のさまざまな個人的関係を利用したところの書翰を媒介とする遠隔地情報交換の場である。紀州国内では、羽山は二ヵ所と連絡をとりあっていた。一つは藩政の動向を報ずる和歌山城下の岡崎屋平介との間である。六六(慶応二)年四月九日付同人書翰によれば、今般藩から七〇石の「御救米」買入れを命ぜられた、とあるから市中では相当規模の商人だったと思われる。あと一つは田辺情報を報ずる田辺領西牟婁《にしむろ》郡岩田村里正政所某との間である。彼からは天誅組の乱における紀州南域の動向や第二次征長での田辺領の実態等が報告されている。

紀州国外の情報を蒐集するうえで羽山を大きく助けた人物は、郡内切目浦の親族で、一八五〇(嘉永三)年三月、緒方洪庵塾に入門した沢井俊造であった。沢井は五三(嘉永六)年一〇月二八日、太平天国の乱を報じた在清琉球人書翰写を同塾の「薩州書生」から入手して羽山に送り、翌五四(安政元)年三月四日には、帰国途中緒方塾に立ち寄った長州藩士の米人調練に関する咄しを報告し、さらに同年閏七月には、在留清国人が長崎奉行に提出した清国情勢書付写を送付していた。蘭学塾自体が一種の情報センターの機能を果たしていたのである。沢井はその後、江戸麴町三軒家の蘭方医竹内玄同塾に入門しており、ハリス出府後の五七(安政四)年一〇月二六日付「亜墨利加使節中立之趣」および一二月一一日、一二日、一四日付の蕃書調所対話書写を羽山に送り届けている。この沢井俊造が五八(安政五)年八月一五日に若死したことは、羽山の情報蒐集にとっても大きな痛手となったと思われる。

江戸情報を最初より羽山に送っていたのは、芝西久保四辻で商売を営んでいた万屋作兵衛なる人物であった。書翰からの印象では紀州出身者のようである。芝新門前町でのヒュースケン暗殺事件の詳細が報じられたのは、六〇(万延元)年一二月八日付の作兵衛書翰の中においてであった。

だが、その本数も多く、内容もきわだって充実しているのが、大坂の堺屋樋口彦左衛門〔?〕からの報告であった。六八(明治元)年八月二八日付同人書翰に「下拙金箔元方、往昔より金座支配下に有ㇾ之」(三二篇上巻)云々とあるので、金箔関係の商人だったと思われる。羽山は、幕末史上有名な、幕府の征長を厳しく非難した六六(慶応二)年七月付島津茂久・久光二公連署建言書をはじめとする多くの諸資料の入手を彼に負っていた。樋口は羽山同様の熱心さで京坂間の情報蒐集に尽力しており、同年九月二日付書翰でも、「当地〔京都〕にて新聞、色々手に入度奉ㇾ存、周旋いたし候得共、兎角後事を恐れ手に入兼申候」「乍レ併《しかしながら》当地の事、却(て)浪花にて手に入候事多分有レ之候、追々相下し可レ申候」(一六篇上巻)と述べている。そのような彼は六四(元治元)年九月二四日、とてもいい情報源に出合ったとして、「此度於二京都一大によろしき好事家知音に相成申候、尊家御同業にて、高家向へ出入被レ致、嘉永年中よりの日記、至てくわしく書物、三都は勿論、国々の新聞珍説写し取、大凡拝見仕候得共、中々容易に難レ尽、追て登京の砌、どふか勘考仕、写し取、備二御覧一度事に御坐候」(一九篇上巻)と大よろこびで羽山に書き送っている。樋口の蒐集対象は当然のこととして張紙類にも及んでいたが、六六(慶応二)年九月五日、大坂雑喉場の魚市場に出された張紙は「漢文にて少々長く候文に御坐候に付、見物大群集、写し取かたく残念、去事に有レ之様子に相見へ申候に付、手に入次第差上可レ申候」(一六篇上巻)と、後日の送付方を同月一三日付書翰で約している。これによると、弾圧の厳しかった当時でも、張紙類は写し取ることが黙認されていたようである。

但し樋口通信の量と質の維持は、彼の純個人的努力の結果だけではなかった。六六年七月一五日付書翰中に、「毎々愚盲の拙文御感謝に預り、何共奉二恐入一候、右は拙家同様の人物相集り、風説・雑談の内珍らしきもの申上候事」(一四篇中巻)と樋口がしたためているように、彼も自分のまわりに情報交換サークルを形成していたのである。このようなサークルの維持のためには絶えず外からの新しい良質の情報が求められる。樋口の羽山宛通信は彼の好意だけで継続したのではない。少なくとも羽山よりの同程度の質の情報の提供がその客観的な条件だったのであろう。六六年四月一三日付書翰で、「尚御好事家の事に付、新聞等も被レ為レ在候はゞ、御洩らし被レ下候様奉二伏願上一候」(一三篇中巻)と樋口が依頼する所以である。

羽山は樋口以外にも、大坂では紀州出身者の紀伊国屋源左衛門や長崎出身で同地の薩摩屋敷「御出入」医師の熊本道可と連絡をとっていたが、この両名とも樋口サークルの一員となっていた。なお、大坂ではあと一人、安積周輔なる人物の書翰が『夢草子』の中にしばしば見られるが、経歴は今のところ不明である。

以上のような複雑な情報ネットワークを形成・維持すること自体大変な労力を費やすことであり、そのエネルギーには舌を巻くが、ただし、羽山の個人的つながりの中では、武士階級はほとんど姿を見せず、直接的形では藩情報を入手しえた形跡はない。この意味では羽山は、藩権力から完全に疎外された在野の一知識人だったのである。

(2)　瀬見善水情報網

羽山の『彗星夢草子』は、郡レヴェルの豪農瀬見善水(一八一三~九二)の情報網と接触をもつことによって、情報の量と質を格段と向上させることとなる。瀬見は日高郡江川組の大庄屋で地士、羽山とは古くから交流があり、羽山の種痘宣伝冊子にも「露霜にかれん千草も今よりは緑ながらに春にあはんかも」という和歌を寄せていた。羽山・瀬見間には「昨日珍書難ㇾ有拝見、則完璧仕候、御登架可ㇾ被ㇾ下候」(一〇篇下巻、63・5・28、瀬見書翰)とあるように、頻繁な情報交換がおこなわれ、書翰や諸資料は、大庄屋である瀬見は「官便」に託し、医者である羽山は、自分のところで種痘した「種痘人便」等を利用している。

瀬見情報網はいくつかの特徴を有していた。

第一に、瀬見は、日高郡内七組の一つ江川組の大庄屋であったばかりではなく、六三(文久三)年八月、天誅組の乱に対し、日高郡域の紀州・和州国境線を厳戒する地士部隊の総指揮を代官代理としてとったように、郡内随一の行政家・名望家であったのである。したがって彼のもとには、郡内の有力者で地士クラスの人々、たとえば福井の吉本伍介、田尻の龍田秀輔、寒川の寒川大海、藤井の瀬戸又二郎などからの連絡・報告が絶えず入ることとなる。なお、彼の弟矩平も藤井村地士小池家に養子に入っており、櫟亭小池甚七と名乗って郡行政に参画している。

第二に、瀬見は、郡行政の担当者として日高代官所には常時出入りするために、藩庁から代官所への公文書・廻達・指示等を見る機会に恵まれることとなる。また彼は、六八(慶応四)年一月一四日、「日高県令館会議所」において、敗走してきた桑名藩目付川合徳太郎に面会し、鳥羽伏見の戦の詳細を聞きただし羽山に報じているが、川合から「〔紀州〕御人数何方へ御繰出しに候哉」と質問され、「右応答甚困窮いたし候」(二九篇下巻)とも記していた。

第三に、紀州藩は幕末、長い海岸線を防備すべく、各郡毎に地士を中核とした浦組を組織させたため、郡行政は、軍事行政の性格を濃厚にさせていた。武術者・剣術者がこの時期に紀州を訪れたのは、このことを前提としての在地の強い要請によるものであった。日高郡には安政期、千葉周作の甥千葉重太郎が剣術を指南するために来訪し、前出の小池甚七等は重太郎の門人となっていたのである。このような経緯があったからこそ、『夢草子』には、関東の不穏な政情を報じた六一(文久元)年二月二一日付甚七宛重太郎の長文書翰写が存在するのであった。そして六六(慶応二)年以降、瀬見等は郡内農兵銃隊取立ての課題に直面することとなる。

第四に、日高代官支配のもと、郡行政の責任者的地位にあった瀬見は、公務上しばしば和歌山に出府せざるをえず、羽山に対する岡崎屋平介情報よりは、事実の面に関していくらか精度の高い情報を入手することがあった。但し、藩権力中枢が取得しているはずの機密情報が漏れた事例はなく、大庄屋兼地士という地位が藩権力の構造上は最末端にしか位置づけられていなかったことが歴然とする。ところで、六七(慶応三)年一〇月、出府中の瀬見は大政奉還建白書写をひそかに入手して羽山に送ったが、彼がその書翰中に「但し三ツ井手代加藤清右衛門へ本店より差越候写なり」(二九篇上巻)と入手経路の注釈を付しているように、藩との深い接触がなくとも、全国的な金融組織の敏感な情報ネットワークとの接点を、大庄屋クラスとなると、しっかりと押さえていたのである。この加藤清右衛門情報は「銭加」情報として、『夢草子』の中に、他にも見いだされる。

なお、和歌山情報は時々清水白峰(藩士か)なる人物によっても瀬見のもとにもたらされていた。

第五の特徴は、瀬見のすぐれた芸術的才能と関係をもっている。瀬見は紀州国学の中心人物加納諸平(一八〇六～五七)の数多い門人の中でも屈指の人物であり、とくに和歌に関しては、その清新味ある自在の詠みぶりは他の追随を許さないものがあった。そして飯田年平（鳥取藩）・伴林光平・佐々木春夫等、錚々たる諸平門弟と深く交流していたのである。瀬見とその弟の小池甚七は、高橋多一郎父子の自刃事件をはじめとする大坂情報を、この玉造の豪商国学者佐々木春夫より頻繁に受け、それらは、その都度羽山に廻達されることとなっていた。しかも佐々木情報は、大坂・京都に限られることなく、彼の学問的影響力がしからしめたのだろうか、江戸情報もそこに含まれていたのである。瀬見はまた、天誅組の乱で刑死した亡友伴林光平の遺稿『南山踏雲録』をどこからか入手し、六四（元治元）年六月一三日に校正を完了している。『夢草子』第一四篇下巻に収められているのは、この善水校訂本である。なお、同草子には、鳥取藩士で国学者の門脇重綾による『名和氏紀事』（六二年刊）や、八・一八クーデタ前日の鳥取藩重役黒部権之介暗殺事件等、鳥取藩固有の情報が散見されるが、これらは佐々木→瀬見ラインで入ってきたものであろう。

瀬見の大坂情報が佐々木春夫からのものだとすれば、安政大獄の勃発を告げる等の京都情報は新宮凉庭の養子凉介から入手していた。凉介は紀州那賀郡安楽川《あらかわ》の医松山俊茂の長子で、福沢と関係の深かった松山棟庵の長兄である。

(3)　菊池海荘情報網

瀬見善水は、上述のように羽山大学と常時情報交換をおこないつつ、他方で隣接する有田郡栖原《すはら》村の菊池海荘（一七九九～一八八一）との間でも不断に連絡をとりあっていた。そして海荘からの報知は、すぐさま羽山のもとに達せられる。たとえば条約調印期日の延期をハリスに告げる五八（安政五）年五月六日付将軍書翰写ならびに堀田正睦・松平忠固・久世広周《ひろちか》三老中の諸掛任命書写が『夢草子』六篇中巻に収められているが、羽山はそこに、「右二通、安政五年午六月五日、菊池保定〔海荘の諱〕子より瀬見善水子へ贈来、同氏より即日到来、写レ之」と注記しているのである。海荘は、いろいろの方法で瀬見に書翰や諸資料を送っていたが、生野の乱のような緊急を要する報知の場合には、「仕立飛脚」を用いていた（63・10・20、羽山宛瀬見書翰等）。

ところで、瀬見家を郡レヴェルの豪農とするならば、菊池家は全国レヴェルの豪商といえるだろう。海荘の家(河内屋)は分家であるが、本家には彼の兄と弟が相次いで入っており、両家あわせて江戸・浦賀・大坂に店をもち、肥料・砂糖・薬種など大規模な取引をおこない、海荘のもとには、自家の商業ルートを通じて豊富な情報が入り込んできた。『夢草子』に収められている史料から、この菊池家商業ルートがとくに重要な機能を果したと考えられるのは、一つは六四(元治元)年の水戸天狗党の筑波挙兵に関する情報である。彼の江戸店は宇都宮の升屋彦兵衛店と取引をもっていたが、升屋から筑波勢の宇都宮入や日光参拝等の動向が刻々と報ぜられていた。あと一つは、六八(慶応四)年二月からの江戸情報である。幕府崩壊直後のこの時は、海荘自身も江戸店の経営に大きな危惧を感じたと見え、養子の孫左衛門自らを江戸に赴かせ、江戸の市中情況と営業状態をこまかに報告させたのである。

菊池家の本拠があった有田郡栖原村は、江戸の書肆須原屋茂兵衛店(千鐘房)の本拠地としても有名であるが、海荘は安政から万延にかけての当主であった北畠蓼洲(書家としても著名)から良質の江戸情報を得ていた。とくに桜田門外の変に関しては、蓼洲は三月四日、六日、一五日と、たてつづけに三回、新情報を入手するごとに、海荘に書翰を差したてていたのである。

幕末期の有田郡といえば広村の豪商浜口梧陵(一八二〇〜八五)も著名な人物であるが、海荘と梧陵の間に緊密な連絡のあったことは、瀬見宛の文久三年九月二七日付書翰中に「本紙只今梧陵へ遣候」(一四篇上巻)と記してあることからも明らかである。浜口家は銚子に大規模な醤油醸造業を経営していた関係上、海荘と同様、関東情勢にはきわめて敏感であり、六四年の筑波挙兵と水戸藩内の戦闘に関しては銚子から詳細な報告が広村の浜口家に送られ、海荘→瀬見→羽山と廻達されていた。それによると、銚子店の者は軍需品輸送に関係してであろう、銚子を飛地として支配する高崎藩兵軍に従軍し、那珂湊や平磯まで赴いている。そして同地の放火を目撃し、「其辺一円の火と相見へ申候、乍二遠見一眼も当兼候事に候、嘸《さぞ》や在家の人々悲歎と申、遥に涙を流し候」(一八篇下巻)と報じているのである。また同年一〇月と一一月、二度にわたり、広村の豪商で浜口の盟友明岳岩崎公健が江戸より梧陵に水戸の騒乱を告げる長文書翰を送っているが、これも『夢草子』一八篇下巻に、羽山が写し取っていた。

だが、海荘は全国レヴェルの豪商であった以上に、すでに天保期より全国に名の知られた卓越した漢詩人であったのであり、その交友関係は頼山陽・松崎慊堂・羽倉簡堂・斎藤拙堂・広瀬旭荘等、一級の知識人に広くひろがっていた。ペリー来航の報は、五三(嘉永六)年七月六日には塩田順庵より、同月一二日には大槻盤渓よりそれぞれ海荘のもとに報ぜられたのは、彼のこのような文化的なつながりが然らしめたものであり、それらが『夢草子』一篇上巻を飾るものとなる。とくに塩田順庵はアヘン戦争後の緊迫する情勢のもと、ともに海防論を論じ合った海荘の親友であり、あの浩瀚な『海防彙議』の編纂を順庵に決意させたものこそ、この海荘であったのである。また東海大地震当日の五四(嘉永七)年一一月四日付で、身の安全を下田より江戸の家族に報じた蘭学者箕作阮甫の書翰が『夢草子』二篇中巻に収められているのも、江戸の文化グループから海荘のもとに到来した情報の一つだったと考えられる。

海荘の漢詩集には、久野丹波守等の和歌山藩重臣との交流がよく見られるが、『夢草子』の中には、海荘が彼等から情報を入手したことを示す手がかりはなにもない。文芸と政治とは、藩重臣にとっては別個のものであったにちがいない。海荘は天保一〇年ようやく地士身分に上昇したにすぎなかったのである。但し田辺藩士で剣客の柏木兵衛とは、彼を十代の時自宅に寄宿させた時からの交流があり、江戸の象山塾に兵衛を入門させてもいる。このような関係上、柏木は第二次征長をはじめ、しばしば海荘に情報を提供しているのであった。

京都からは、六三(文久三)年五月以降、藤屋長兵衛なる人物が池田屋事件を含め、さまざまな情報を提供している。この「藤長」は、前年一二月、伊達五郎と横井次太夫が脱藩したとき頼ったという京都の「藤屋宇兵衛」(2)なる商人と関係があると思われる。

大坂からの情報は、海荘の大坂支店からのものはなく、柏岡恕堂なる人物が一手にひきうけている。その通信の頻繁さは、羽山における樋口通信をうわまわる。孫の菊池晩香の著した海荘の伝記には、恕堂は海荘の「門人」にして「天満与力」とあるが、詳細は今のところ不明である。但し、大坂町奉行所の情報を入手しやすいところにいたことは事実である。恕堂は文字通り海荘における大坂の目であり耳であった。

柏岡恕堂の経歴が不明なのに対し、同じく海荘に詳細な情報、とくに京都に関する情報をもたらした義渓由良弥太次に関しては、「由良町の文化財」(『由良町誌』第一五号)、『湯浅町誌』等から相当程度、その履歴を明らかにすることが可能である。すなわち海荘は、天保大飢饉の時、民衆救済策として由良港の埋立をおこなったが、現地でその実務を担当したのが由良門前村の地士由良弥三兵衛であり、弥太次は彼の長男として一八二七(文政一〇)年に生まれている。嘉永期に入ると弥太次は海荘(五三年九月、有田日高武芸肝煎を拝命)のもとで武術の修業をおこない、五四(嘉永七)年二月、堺で西洋流大砲試射演習が開催された際には、海荘に率いられて弥太次も参加していた。そして同年九月には五味佐吉とともに日高郡阿戸村の海防「浦詰」を担当、五七(安政四)年六月には、千葉重太郎から北辰一刀流の免許皆伝を授かっている。だが弥太次は、藩の旧い慣習や規制に従う性格ではなかったらしく、五九(安政六)年九月、「皮多のことに関係」したとの理由で城下十里と日高郡域追放の処罰をうけているのである。その後しばらく消息が不明だが、六三(文久三)年に入ると、中央政局の大転換とともに和歌山藩政も変化し、由良弥太次は藩の周旋方に登庸されて京都探索の任に当たるようになる。この正確な由良情報が、海荘→瀬見→羽山と廻達されて、『夢草子』の内容をさらに豊かにすることとなるのである。

＊

以上が、数多い諸情報のうち、情報経路がはっきりしたもののみを整理した結果である。実際には、この数倍・数十倍の複雑さで情報が流通していたと考えられるが、構造の問題にかぎっていえば、筆者が明らかにしたものでほぼ尽きているだろう。すなわち、元来は領主経済中心に形成された三都を中核とする近世的全国市場の経済網は、幕末期には、豪農商層の経済的展開のためのしっかりとしたネットワークとしても十全に機能していたのであり、その網の目が情報をスムーズに流通させる母体となっていた。さらに、この経済的な網の目自体が、同時に近世後期の、日本社会が創出していった民衆的諸文化を担い発展させる土台ともなっていたのである。紀州日高郡の一介の在村医師が、厖大な量とすぐれた質の政治情報を蒐集しえたのには、幾層にも重層した、このような経済的・文化的な全国的ネットワークの存在がその客観的前提として存在した。すでに幕末期の豪農商や在村知識人にとって、全国的な政治情報をつかむために、幕藩的権力構造に依存する必要性は必ずしも存在しなかった。彼等は、自主的に、主体的に獲得した情報と認識をもって、幕府と藩権力の一挙手一投足を凝視する。幕藩権力は全国的な監視と注目のもと、自らの国際的国内的力量を証明しなければならなかったのである。

2　幕末政治過程認識の諸段階

(1)　開国期(五三～五九年)

羽山大学が、彼の風説留を何故に一八五三年から開始したのかは、『夢草子』巻頭におかれた「彗星夢雑誌序」(同年七月執筆)に明らかである。それは、前月のペリー来航が彼の心の中にひき起こした言い様のない底知れぬ恐怖感である。「和親交易願《ネギ》ながら、国禁制度も聞入れず、暴威を振ひ猖獗は傍《カタエ》に人の無き如く、吾皇国を蔑如して、若交易を許さずば、忽ち兵を開かん」とするペリー艦隊の、幕府を相手に一歩もしりぞかない威嚇的態度も未曾有の事態ならば、幕府がかくもあっさりと国書を受領してしまったことも前例のないことであった。何か異様な事態が進行しはじめている。しかも七月中旬より毎夜西北の間に、「天地一変、国家擾乱」の凶兆と古来よりいわれてきた彗星が出現したのである。常ならぬ緊迫感と前途への見通しの皆無さが、彼をして「只此上は大皇国《オオミクニ》かしこき君の出まして、国威を光輝《テラ》し神風に、醜の夷人《エビス》や箒星、船もろ共西の海路へ吹払らひ、此夢はやく覚醒《サマセ》かし」と書かしめたのである。

瀬見も羽山と同じ感覚を共有し、幕府と朝廷の強硬な対処を切望する。そして五三年一二月一九日には、熊野三山宛異国退攘祈禱指令綸旨並びに師匠加納諸平作祝詞写(三篇中巻)を送っている。

この危機感は、彼等の広い国際認識と結びついてもいた。五五(安政二)年正月、紀州領度会郡田曾浦に漂着した清国船から、訳官を命ぜられた古座浦医師玉川龍蔵がまず聞きただしたのは清国「朱賊」の大乱についてであり(二篇上巻)、印度侵略と香港略取に不可分離に結合してイメージされていた英国がこれとからむ。「此節唐土にて明末の兵発り清と取合最中、依レ之イギリス明を救て戦ふよし、アメリカ其隙に日本を手に入んとするよし」(一篇上巻)との風説がひろまるのである。さらに五四年一〇月、紀州加太浦に寄港したディアナ艦の母国ロシアが英仏と戦争に入り、カムチャツカで両国に大勝した報も紀州藩大浜詰七里飛脚から入手している。「西洋紛争の内は和漢共静謐、何卒西洋皆、魯西亜も共に滅亡して、再び日本洋へ異国船見へ不レ申候様奉レ祈候」(二篇中巻)との、クリミア戦争の世界的ひろがりを報じた大坂一商戸の祈りは、そのまま写し手羽山大学の祈りでもあった。

だが、幕府の実態は、「是迄何一つ防禦の備立といふ事不レ見、此分にてハ戦争に到り候はば、不レ教民《おしえざるのたみ》を以〔て〕戦には、一敗地に塗るは必定」(一篇上巻、海荘宛塩田順庵書翰)という状況であり、しかもペリー来航の事態は、前年オランダ国書により「兼て御承知の義に候処、悉く秘密のみに被レ成置、一向御手当の義被二仰出一も無レ之」「漸昨子年暮に至り四家へ御達に相成、浦賀奉行へは同時御達し有レ之、然る処、又候《またぞろ》奉行秘置、与力へは一切通達無レ之」(同上、浦賀与力樋田多太郎聞書)かったのである。

今日の我々は、幕府弱体を所与の前提として結果論的に論理を組み立てがちだが、当時の被支配諸階層にとっては決してそうではなかった。自らの完全なる無権利状態は公儀権力の絶対性と完結性においてこそ補償されている。外国に対する対等性のごく微少の欠如たりとも、即座に国内支配の正統性を危殆に瀕させることとなるのである。『夢草子』に写された当時の時務策は、問題の所在と対処策を素朴な形ではあれ、それぞれ明解に打ち出していた。

池内大学の「攘夷論」(二篇下巻)は、「従来魯西亜・暎吉利の通商を求る時も既に謝絶して事済たり。此度アメリカの兵勢に恐れて遽に通商を許さば万国の笑を取」らんと幕府の措置を難じ、「元来征夷府は天下兵馬の権を握り膺懲の任を司」る官府なのであり、「宸襟を安じ奉り下は士庶の心を撫諭」することこそ「関東第一の御重任」なのだと断じている。

広瀬旭荘の「識小編」(三篇下巻)は、「異国のことは但武家而已の患にあらず、上至尊より下町人百姓に至るまで一天下の患也」と幕府の秘密主義を非難し、「明白に申聞せ、安心も心配も上下一同に為るに不㆑如」と国内の一体化を主張する。また対処方法としては「初より戦と腹をすえて、我方の備え立ざる内は忍びて彼の望みに任せて辛抱すべし、備立の後、一朝に和を破るも我心次第」とし、「初より多事を嫌ひ費を厭ふて彼の望に任せたらば無事ならんと思ひ交通するは以の外」、その結果はついに国を奪われることになろうと幕府の偸安を警告する。そして言路洞開・人材登庸・賞罰確立・参勤交代の緩和による武備充実策等、抜本的な幕政改革案を旭荘は具体的に提言していた。

『夢草子』二篇下巻に写されている五四年作の「海中噺」は、蛤や螺貝の会話の形を借りて、より民衆的な幕府批判を展開している。まず軍事的圧力に関しては、「能思ふて見玉へ、四艘の舟へ五百人づつ乗て来ても高が二千人で有ふ。我国の十万石位の御大名が二頭も向ふたれば、一と撫で有ふ。……町方も武家も大騒ぎだといふ事じやが、海の中のものには一向わからぬ」と幕府の狼狽ぶりに皮肉を述べ、次に海をつぶしての台場建設を、後詰の備立のない死地の陣取と非難する。だが批判の焦点は封建的軍役体制と封建的な支配のあり方そのものに向けられる。すなわち、中国の軍制が「下賤農夫たり共、軍学に達し智有者を撰で軍師に用ひ大将に致、合戦」するのに対し、我国は「高位高禄の人は下々のものへ事を聞を恥とする国風故に、農夫野夫にても軍学に達し智有ものなれ共、是を用ひず、其上家来に少し誤ち有者を疵ものにして」用いない。だが「今度は日本の内の戦と違ひ勝手の知れぬ夷国の奴原との争戦をするには、中々高位高禄の格式の高い人計を大将としてはどふで有ふ」か？　ここにはすでに幕末史を一貫して流れる軍事改革と民衆の関り、という大問題がズバリと指摘されていた。また対外的な軍事的緊張のもとでは、国内支配体制の大きな改革が前提とされなければならない。螺貝は、万軍を指揮する大将は、道・天・地・将・法の五事を踏まえなければならぬと説き、最重要の「道」とは、「万軍の心を一致させて生死を同ふする事、還るも引も死るも生るも、上たる人を捨ぬやうにさせる事、又上たる人も下々の事を能々思ひ遣りて仁恵を以て下を憐み、上下心を和同して万軍互に扱ひ合、助け合、三軍心を同して一致する」ことだと説明するのである。ペリー来航の翌年、早くも指摘された幕藩制的軍役と苛酷な封建支配の問題は、だが幕藩制国家にとっては、自らの存立基盤そのものの問題でもあったのである。

*

五七(安政四)年のハリス登城と通商条約締結交渉の開始は、外圧問題を大きく一歩前に進めることとなる。ハリス申立の内容を、大目付のもとで諸大名に廻達するため筆写した知人から内密に聞いた沢井俊造は、日本人が未だ見たこともない規模の英国大艦隊が来年三月、臨戦態勢で来航するとのハリスの発言を一一月八日付で羽山に急報する。ハリス対話書の一部は瀬見からも廻ってくるが、彼も「不二容易一事柄、誠に驚怖の事」「天朝御評議中か、未だ勅許不レ被レ為レ入候よし」「主上奉レ始、関白其余天朝は御英邁の御人々被レ為レ揃候様、京都ニて風聞のよしに承、難レ有御事ニ奉レ存候」(四篇上巻、58・3・11)と感想を記していた。

条約勅許をめぐる諸情報も羽山は非常によく、また正確に蒐集していた。それは、一つにはペリー来航以上に、大坂開市・兵庫開港等、畿内・紀州と摂海防備に直接かかわってくる問題だからでもあった。摂海開放・大坂開市に反対する大坂城代土屋釆女正や大坂町奉行久須美佐渡守の上書も『夢草子』六篇上巻に写されている。

公卿の意見の中でも、「大炮巨艦を以恐嚇致すべく歟、実に軽蔑驕慢可レ憎事に候。墨夷如レ此次第に候はば、諸蛮も又追々闌入、日本は夷類巣窟と可二相成一、左候はば征夷の名義も如何候半《そうらわん》、後々は其位任〔を〕可レ望武将も出来候へ共、其時に望み如何天裁モ被レ為レ在候哉」(六篇上巻)と詰問する万里小路《までのこうじ》大納言の問いは、事の本質をついたものであった。将軍とは何よりもまず、対外的な軍事統帥者でなければならず、必ずしも将軍職家が徳川家に固定する必要は存在しないからである。

老中堀田正睦の上京と運動にもかかわらず、条約勅許せずとの勅答が下ったのが五八年三月二〇日、全国の士民はかたずを呑んで事態の推移を凝視する。このような異常な雰囲気の中では往々にして国家の対等性回復願望を代弁した偽文書が流布する。条約勅許の拒絶回答をふまえた諸侯宛将軍布告文(六篇中巻)もその一つである。「然る処、叡慮も御勇断有レ之、於二身分一乍三不肖一祖宗の業蹤、征夷の職踏候えば、彼等の侮を受候ては、天下へ対し不二相済一、且勝敗は度外の事候、彼是懸念不レ致候(て)断絶の義決心致し候」「然る上は今日より兵革の世と相心得、自分にも薪に伏、胆を嘗候義可レ有レ之」とそこには述べられていた。

だが、周知のように、将軍は四月二三日井伊直弼を大老に就任させることで態勢をたてなおし、直弼は、清国に大勝した連合艦隊来襲という圧力のもと、六月一九日、日米修好通商条約を調印させ、同月二五日、和歌山藩主徳川慶福の将軍世子決定を公表する。

羽山の態度は、六篇中巻に韋応物の「独り憐む幽草の澗辺に生ずるを」で始まる七言絶句「滁州西澗」を記し、「右井伊暴政を見て嘆息の余り古詩一首を誌す」としているところからも明らかである。また六月九日、浅草並木町木戸扉に張り出された、幕府の対外政策を攻撃し、「夫のみ非ず、此度御養君御取極に付ても甚敷姦計を取工《たくむ》は、聖の君と天下一般奉二渇望一候御方乍レ為レ在、御弁別なき御幼年の御方を御養君に相立、唯銘々威権をほしいままに可レ致旨、悪謀顕然たり」と、「宮中姦人」誅罪を呼びかけた檄文写(四篇上巻)の末尾に、「皇国の生民誰か此心無らんや。神国の験、人心に残りし事難レ有、目出度事と言へし」と評語を加えているのも羽山だと思われる。藩主に対するこの時期の彼の態度はよくわからないが、少なくとも将軍継嗣問題を外交政策のからみの中で把握していたことは事実である。そこには藩士層との間に決定的なギャップが存在していた。

ところで、無勅許調印路線を強引に押し通すためには、あらゆる反対者を弾圧しなければならない。九月二五日、京都で大獄の嵐がふきすさんでいることを瀬見に報ずる新宮涼介は、「如何の世界やと空恐敷御坐候、口を緘し時事を談ぜざるに如かずと存候」(六篇下巻)と強い恐怖感を洩らしていた。また京人某も「当時夷人の沙汰は相止み、何分内乱最中」(10・7)、「外夷の一条より内輪もめ」(10・22)と京状を報じている。恐怖政治の開始とともに、羽山の情報量も急速に減少していった。書翰一通が命一つと等価値になりかねなかったからである。

(2) 開港期(五九〜六三年)

『彗星夢草子』の情報量が、また溢れるように増加するのは、六〇(安政七)年三月三日の桜田門外の変を契機としてである。「前代未聞、御門々往来留、古今の大変、江戸中の人民薄氷を踏心地いたし、寝食も安んぜ」ずとの翌四日付急報(七篇上巻)に見るごとく、上巳の変は政治潮流とともに政治的雰囲気をも一変した。

事件を起こした水戸浪士の思想を尊王攘夷思想ととらえるのが常識だが、評定所でのたび重なる尋問に対し、彼等が「私共各々天朝天下の御為を思ひ立、主人を捨、水戸表を出奔いたし」(七篇下巻)云々とくり返し答弁しているように、政治目的を「天朝天下」「天下万民」のためと明確にし、しかも自分達を藩権力から自立した「公論・正議」の「有志」集団と位置づけていたことも、写し手には深い印象を与えたにちがいない。従来には存在しない新型政治集団の登場だったのである。

そして、「交易御免以後わづか半年程にて万民の難渋」(七篇下巻)という水戸浪士の指摘は、まさに万民のひとしく認識するところのものであった。六一(文久元)年正月、「上野下野常州下総辺門生者取立」のため出遊した剣客千葉重太郎は、「当春は別て諸品共追々大高直《こうじき》」となったため、二〇日には上州太田宿米問屋等一〇軒が、二三日には下野足利陣屋下相応の者七、八軒が「打破乱妨」にあい、「其外上下野州常州在所七八ヶ所も同〔じ〕事」、常陸下総幕領の「郡々百姓強気困窮のもの、村役人へ離状の義申置、潮来・玉造り村へ加入いたし候者多く、誠に困り入候由」（七篇中巻）と報じていた。

　このような情況に入ると、いわゆる攘夷論は、国家（この国家は、これまで鎖国という国際関係を堅持するなかではじめて対等性を保持していたのだが）の対等性を回復するというモメントとともに、経済論的なモメントを具有することになる。すなわち、従来形成されてきた統一的国内市場を擁護し、外国貿易によるその攪乱と解体に強く反対する経済論の登場である。

「撰者姓氏しれず」と署名のある一文では、「譬へば不ㇾ見不ㇾ知の肴売、一家の門内へ入来りて、我は金銀に困らず不自由なし、利口発明なり、貴様も利口也。依ㇾ之魚を買ふべし、双方利ならん。もし不ㇾ買時は座敷へ踏込であばれんといふが如し。仮令いかなる結構な人にても怒らざる人や有べからず。人数あらば生捕てくるくる巻にもして殺さん。手に余らば殺すべし。今交易を許さずんば軍船を向んとの趣意に異なる事なし」（八篇上巻）と、国内市場を家と家族にたとえて外国交易を批判している。また、六〇年八月、瀬見宛書翰（八篇上巻）で海荘は、「御交易に付ては米穀始日用の品不足に相成候て、日夜貴躍致し、諸人の暮方困窮相迫候事、何共恐入候」と述懐し、同月一五日付の同人宛書翰でも、「彼等持来候品は長物のみ多く、生民不ㇾ入の品のみ也。此方より買取可ㇾ渡〔と〕致物、悉く日用の品」とのべ、貨幣も「金貨小判の外は彼受取不ㇾ申」「都下判金払底の姿に相成」ってきたことを指摘する。そして海荘のこのような認識の背後には、欧米資本主義の強大さと対比しての日本の資本と商人に対する深い危機感が横たわっていたことは、同じ書翰の中で、「御交易の義、元来御利分御計にて御取掛の処、甚六ヶ敷、双方私を争候ては、彼等方五大洲を利を以徘徊仕候者事ゆへ、邦人の上に出候事不ㇾ待ㇾ論」「正敷賈人の分も彼と利を争事は迚も叶不ㇾ申、此節の巷説にては、損致し赤身に相成度者は、横浜へ参り夷人に交易致可ㇾ申と申候位也」（八篇上巻）と記していることからも明らかである。

政治にはまったく関心をもとうとしなかった民衆の最末端にまで、日常生活の場で日々実感させられる外国交易の結果は、さまざまな偽書と流言を醸成し、全国的に伝播させる。神隠しに会ったという子供が、実は横浜で逆さづりにされて生血をしぼられていた（八篇中巻、61・6・29、江戸状）とか、信州の山奥で子供の生血を取って夷国と交易するものがある（63・2・29、尾州宮駅詰七里の者申越）という蜚語がまずそれであり、羽山は「緋羅紗《ひらしゃ》・猩々緋《しょうじょうひ》の染色は是は一種の虫の血にて染候事に御座候、いまだ人血を以て染色に遣ひ候事不レ聞、又薬品にも用ひ候事無レ之事也。是等の説も交易きらひの人物等申触し候謡言ならん歟」（一〇篇中巻）と評していた。しかも外国交易は、当時の人々にはいつも領土侵略と結びついて意識される。多くの風説留に見出される横浜越前屋藤左衛門願書を羽山もまた写し取っていた（二篇下巻）が、そこでは「日本は欲の深き国故計ひ安く、支那は日本程欲の深き処にあらず、され共廿年程にて悉く手に入候間、夫より日本は遥に計ひ安く候」「日本は神国といへ共、今の世に曾て善神なし。其故は人心至て欲のみ増長して、上壱人以下万民に至迄不実不正也」「平生御役人の腹空虚なる故、かかる時こそ亡し安く、五七年を待ず外国の掌に入」ると外国人が語っていたとされる。

事実、六〇年末から英仏が対馬借用の件を幕府に申し入れたとの噂が全国的にひろがり、それを裏書きするかのように、六一（文久元）年二月より露艦対馬芋崎浦占拠事件が勃発し、さらに五月にはオールコックをはじめとする英蘭外交代交団が、幕府の中止勧告をはねのけて兵庫より陸路江戸に向かったのである。六一年六月、瀬見宛書翰の中で海荘が、英蘭二夷「傲慢猖獗、扠々切歯の至に奉レ存候」「英吉利、魯西亜対州へ来り何か申立、既に乱妨〔に〕及で、肥薩より対州を助け候よし」「此段は定て前以の御聞及の通、両嶋を借り受度、二夷より申出有レ之よしに昨年来承り、根拠有レ之事に付、只風説計にては有間敷」（八篇中巻）と述べているように、この間の事態は英露の対立ではなく列強合作による日本侵略の危機の一段の進展と豪農商層の眼には映っていたのである。

＊

桜田門外の変にも増して羽山等に大きな衝撃を与えたのは、六二(文久二)年四月の島津久光の挙兵上京事件であった。さすがの海荘も、「御公令を待たず上京と申事は有間敷事」(八篇下巻、4・23)と前代未聞の行動に驚愕の念を隠さなかった。この事件を皮切りに、朝廷の権威を擁した薩長土等の対幕交渉の中で、井伊派の処罰と一橋派の復権、将軍後見職・政事総裁職の新設や参勤交代制の大幅緩和、さらに奉勅攘夷と将軍上洛といった、これまでの幕府政治の中からは想像できなかった急激な文久幕政改革が一挙に進捗する。詳細な幕令・幕達を記録しつづける羽山の心は浮き立っていたにちがいない。六二年閏八月のところ(九篇中巻)に、彼は「五ヶ国交易始め樽立花《たる》(井伊家家紋)こわして貫ひ鯛《たい》、半分異国に成かけ樽神国にして貫ひ鯛、夷国へたんと送り樽文銭戻して貫ひ鯛、近年困窮致し樽民は豊に暮し鯛、町人共より捧げ樽用金戻して貫ひ鯛、仁義礼智を守り樽老中出して貫ひ鯛、賄賂取て含み樽関白(九条尚忠)叩て貫ひ鯛、勅使に御立成され樽大原(大原重徳)ほめて貫ひ鯛、此度大義を起し樽轡《くつわ》で御代り納め鯛」という「樽鯛歌《たるたい》」を写している。

幕末史ではこの時期を普通公武合体期とするが、それは朝幕融合ということだけでなく、国持大名の政治参画による国家権力の強力化への民衆的期待を内包していた時期でもあったことは、柏岡恕堂の「諸国主様方御合体の御法令に相成候抔、下々恐入候事(と)存じ乍ら祈り候」(八篇下巻、62・4・30)との一文からもうかがえるし、海荘も翌年初頭、「薩長肥土の四侯会津侯五大老と申義、御勅旨の通り相成」(一〇篇中巻)るとの風説を書通していた。またこの時、攘夷という言葉の中から、従属化への拒絶と「独立」への闘いという核をつかみ出し、民衆との結合とその組織化によって、武備充実論と訣別しようという方向性が意識され出したことも一つの注目すべき事実であろう。六二年末の家門藩たる美作藩の左のような建白を羽山は一一篇上巻に全文写し取っている。

……墨夷百年已前英夷領の処、賦斂急成《きゅうなる》により万民困窮、反側の心を抱き、其魁華盛頓《ワシントン》遂に一揆を起し英国と数年交戦、英主畏縮、是より墨夷独立の国と相成候。又清の道光年間、阿片の騒動、英夷益傲侮甚候処、広東の農民憂国の余り憤怒に不レ堪、政府の命令をも不レ待英館を破壊し英夷震懼仕候由、既に挙国一致の兵威、義忠武勇の人民、毎戦敗亡の理無レ之候。扨又武備御調《ととのい》を待て攘夷被レ遊候思召御尤に候え共、太平久敷、因循姑息に安じ候風俗、幾年経候共、備調《そなえととのい》候時節は御座有間敷候、総て武備の調と申は兵威・器械而已に御座無く候、唯一心の決定に御座候

幕政改革は将軍家茂の拠点大藩紀州藩にも波及する。六二年末、藩政刷新を訴える横井次太夫と伊達自得・五郎父子の脱藩上京に関する藩達写が瀬見から羽山に送られるが、翌年早々五郎は在京周旋方に登庸(一〇篇上巻)されるとともに、中央政局の激変に対応して藩政改革を主張する伊達五郎・岩橋轍輔グループが藩政の表舞台に登場、海荘自身もこの年に入ると「義論方頭取」(一〇篇上巻)を拝命して上京するのであった。由良弥太次が周旋方に加わって京都で活動を開始するのも、この間のことであり、同年八月、恐らく海荘にあて、「五郎・轍介より宜しく申上呉候様申出候」(一二篇中巻)と書通しているのも弥太次と推定される。ここに海荘・瀬見等の紀州藩内の豪農商層は、ようやく藩権力の一端に、自らの手掛りを創り出したのであった。

*

朝廷の圧力に屈したからとはいえ、奉勅攘夷を確約し、五月一〇日を攘夷期限と全国民に布告したのは為政者である幕府そのものであった。羽山・瀬見・海荘等全国の豪農商と在村知識人は事態の推移を他人事ではなく自分のこととして見まもっていた。そして彼等においては、江戸・長州・薩摩の動きが同一線上で比較される。「当月六日出江戸状到来、此度横浜沖へ夷船数艘入込、何時いか成義を起し可レ申も難レ計と江戸市中へ相心得可レ申やう、当月五日御触被二仰出一候よし、仍て是迄注文の品、たとへ大坂積問屋へ相巡し候荷物(木綿)にても一切積方さし控候様、荷留申来」(一〇篇上巻)と三月一五日に有田郡宮原の吉田安兵衛が報じれば、四月二八日には、「夷人も追々底気味あしく

相成候哉、横浜商館の道具船積いたし、職人車夫等にグズラレ、甚困窮いたし候よし、愉快の事に御座候」(一〇篇中巻)と瀬見が羽山に書通し、五月二日には、「(三月に)拙家も家内者共草加宿迄立退候、何れ東海道は神奈川より江戸中引越の荷物大混雑いたし、舟賃車力等の増賃に相成、殊の外騒ぎ立……御表海辺方は御心配の由、何方も同様の人気に御座候」(同上)と江戸芝の万屋作兵衛から羽山の許に書翰が発せられていた。だが、生麦事件賠償金一一万ポンドを老中格小笠原長行が五月九日に全額支払ったため事態は鎮静化し、攘夷期限はまったく無意味なものとなった。同月一二日付江戸状には、「是迄加奈川表へ英国船碇泊に付、戦争抔と申者有レ之候え共、以後右様の義無レ之、猶又湊替無レ之間、不二騒立一安住可二罷在一候、五月」、右の通り昨十日御触出の趣(横浜より)申来候え共、先頃御触の趣は、此度鎖港の趣被二仰出一、余り変革表裏の御触、一円不審に付、諸人大迷の儀、誠に困り入申候」(一〇篇下巻)と江戸商人の感懐が記され、「騒がずば逃まじものを市人の跡よりはげる空の悪説」「軍より交易するが無事の山三国一のおわらひの種」との横浜よりの狂歌二首が留められていた。

五月一〇日に開始した長州藩の下関外国船艦砲撃事件の詳細も、小倉藩の非協力も含め、船頭や大坂通信その他の手段で羽山等は逐一入手していたが、その一つに長州藩内からの書翰があった。長州藩出身の石斎小野述信(維新後神道国教化に尽力する人物)は、安政期に緒方洪庵の推薦により、有田郡広村の浜口梧陵等の開いた学塾に儒者として教授しており、以前にも瀬見は彼から清国刊行の『中外新報』を借覧していたが、今回は、もっとも正確な情報が、長州藩内の親類から石斎宛の書翰によってもたらされることとなったのである。

しかも長州の事態は浦組組織をもって海岸を防禦しようとしている彼等にとって他人事ではなかった。六月五日、仏艦から軍隊が上陸し、人家を焼き払ったとの新聞を得た羽山は、海荘等に対し、「広・湯浅・栖原辺は海辺、何時妨乱もの来り可レ申(も)難レ計、御用心可レ然と奉レ存候、其節に相成り女子供は足腰不レ立、まづ逃所の有内にも此節より御遣し被レ成より外に用心のいたし方無レ之方と奉レ存候」(一二篇上巻)と書通している。

五月から六月にかけての長州の戦闘は全体的にみて長州の有利とのとらえ方が強く、七月五日付の海荘書翰でも「長州の事慥《たしかなる》成事承り申候、是迄との事相違無レ之由、七八日の取合大勝の由、是も実事と申事に候、何分長藩正大の義挙、勝敗は不レ論事に御座候、薩州より五百人援兵来り候由、雄藩の所置敬恭いたし候、猶追々大勝利承り度」(一二篇上巻)とあったのである。

また六月末より七月上旬の薩英戦争の情報は、七月二三日付朝廷宛薩藩届書や、六三年八月二一日(和暦七月八日)付『横浜新聞』、さらに大坂薩摩屋敷情報等によって、羽山達は全体の経過をつかんでいた。

羽山達は関東での幕府の行動に強い疑念をもち、京都の政情を一変すべく、小笠原長行等が幕兵一千余を外国艦に乗せ、紀州由良湊で幕府軍艦に乗せ替えて大坂に赴いた六月一日の事件に関し、大坂にすぐさま探索方を依頼したことは、「朔日由良湊へ江戸表より御仕出公辺御役人、数多乗船の異船着、当表廻船へ御移り相成、本船は南海へ乗出し候との事、尤異船には無二相違一夷人も乗組候由御聞及に付、当表にて右等の様子相分候事哉と御尋下され」云々との六月付大坂出状(一〇篇下巻)によって明らかである。

羽山や瀬見・海荘等の期待が、朝幕が合体し、大名が結集して国力を強固にし、外国と対決しうる国家体制を早急に形成するところにあったことは、五月二八日付書翰で瀬見が「何卒昨年来被二仰立一候様、幕府様にて御勅命御遵奉御一図に被二成下一候様、万民祈願の事に御座候」(一〇篇下巻)と述べる通りである。

このような立場であるならば、幕府と長州に対し次のような羽山の評言(一〇篇下巻、六月末のもの)が出るのは不思議ではない。彼は小笠原の賠償金支払いにつき、「小笠原侯の所業実に天魔の成処歟」「仮令独断たり共、外老中其余多し。かかる諸司も、有レ之事傍観する事倶に狂人に似たり。天下一大事の事を狂人に取扱させ候事廟堂如何思召候哉」「末世といへ共斯迄臆病未練に相成候とは大和魂はもはや消失」と痛罵し、それに対し長州の行為は「実に感涙汗の如し、難レ有事[に]非ずや。毛利家のみ天朝を尊み給ふ事末代迄も輝しく候、夫に引替、隣国の諸侯援兵をいださず、傍観する事人間の所業に非ず、是等も天魔の所業歟、先達て天朝より夷人は打払の命令下り、毛利家より打払候はば、倶に加勢いたし日本の恥辱を清むべきを捨置候事、上天朝へ不忠、中隣国へ不義理無此上事」と位置づけていた。

奉勅攘夷の建前と幕府行動の実態との乖離は時の進行とともに、誰の目にも明白なものとなっていく。八月七日江戸日本橋諷諫状（二一篇上巻）は、幕府の中に「外夷の力を借り薩長を征せん抔と議する者有」りとして、「薩摩も長州も、アメリカにてもイギリスにても有之間敷、矢張日本の内なり。日本の内ならば是同じく親子の如く手足の如し。夫を外夷に討《うた》する抔とは、自ら其身の肉を喰よりも甚し、若万一彼二ヶ国を討取、押領して返さずんば、其時は何等の所置を為さんとするや」と批判する。

事態の推移は、羽山の焦燥感を一層たかめさせることとなる。彼は朝廷と幕府の完全なる分裂の事態を予測するにいたるのである。八月一日、羽山は一二篇下巻にこう記す。「朝廷には攘夷御貫徹遊ばされ、御親兵御出し遊ばされ」「左候はば関東は自然と御違勅に相陥り、二百余年の徳川の御家如何相成行候哉」。彼はその責任を幕府有司に求める。「外夷の賄賂に沈酔して皇国第一の忠臣水戸老公薩州土州長州侯の忠義を嫌忌、夷人と心腹を同して却て忠臣を斃さんと色々奸謀を巡らし、主家を違勅の罪に陥しめ」「万国未曾有の神国を犬羊の国と伍をなさん事、返々も口惜く切歯の至り可悪国賊也」。さらに彼の非難は紀州藩にも向けられる。「我紀の国中納言様事、実に奉恐入候事に御座候、いづれ徳川の御連枝の事故、関東へ御附属遊ばされ候事哉と奉恐察候。左候はば上天子の命令に違き違勅の罪遁れ難」くなる。なんとしても藩公は尾水両家とともに関東に諫言し、「夷狄へ与せし有司を廃し、能々御教諭あらせられ、勅命御遵奉遊ばされ候やうの御周旋」をおこなわねばならない。それこそが「御三家の御職に当り候事歟」。

だが、羽山の予測は見事にはずれた。孝明天皇と朝廷自体の個別的利害にとっては、強力国家の理念型たりつづけるには、あまりに荷が重すぎたのである。孝明天皇自身の発意と会薩両藩の軍事力により、八月一八日、長州勢を京都から追放する古典的クーデタが決行され、一八日以前の叡慮は、真の叡慮にあらざる旨が宣せられる。

(3) 長州征伐反対期（六三〜六六年）

天誅組警戒のため代官代理として国境に出張した瀬見も、個人的には、この事件を「皆是醜慮御親睦より相発し候事」(一三篇上巻)と見ており、九月二一日、山地組小又川に自縛して投降した水郡《にごり》善之介等八士に対しては日高代官所において「各達今般一挙、我皇国への赤心感じ入候」(一三篇中巻)と丁寧に挨拶していた。

羽山は、彼等は主将中山忠光を紀州藩に投降させる条件をつくりに自縛してきたのだと解釈し、「紀伊家より攘夷の事、関東へ御進めさせられ候やうの遠謀なるべし、実に可ㇾ嘆大和魂、何卒犬死為ㇾ致不ㇾ申候やう御配慮被ㇾ為ㇾ在度事に候」(同上)と祈念している。この期待は海荘も同様で、「先日来擒《とりこ》に御座候八士の処抔は官辺御扱方寛優被ㇾ為ㇾ入候と申事に承り有難奉ㇾ存候、衣類等も賜と申候事に御座候、此節は上京、薩送と申事如何候哉」(一五篇上巻)と希望的観測を一〇月段階でおこなっていた。六四年三月、彼等の処刑の報を聞いた羽山は「可ㇾ憐可ㇾ惜事に候、アア天歟命歟」(同上)と嘆息したのである。

八・一八クーデタの報は在京の由良弥太次からただちに海荘のもとに送られ、そこでは「右所置申立候事は薩州初因備会阿の由、先便申上候通り陽明家殿あたりの計ひ也」(一四篇上巻)と正確に指摘されていた。幕府の建前は消滅し、国持大名は分裂し、中川宮もこれに深くかかわったことによって、朝廷の超越的尊厳性は瓦解する。

この時期における羽山等の政治的主張は、対外的強硬姿勢の再確立であり、当然のこととして長州の立場を強く支持することとなる。「何を申のも攘夷の一策御決断無ㇾ之候ては甚六ヶ敷」(一三篇下巻)と一〇月段階で断言していた瀬見は、征長総督に任ぜられた紀州藩主が長州の罪名を幕府に尋問したとの報(但し誤報)を得てよろこび、「外夷如ㇾ斯猖獗の砌《みぎり》、内諸侯を征し候事、善謀とは申されずとの事、当時長征の御事有ㇾ之候ては、後世に至り徳川家の汚名嘆ヶ敷思召との事、右の通り正大の御議論のよし、実に難レ有事」(一六篇下巻)と六四年三月に羽山に書通していた。したがって六四年六月の長州勢の上京は、「長宰相殿上京にて攘夷一決可レ仕哉と市中大評判」(一七篇中巻)と報ぜられ、由良も七月初旬「市中の評論、会津を憎まざるはなし、長人の上京を神仏の如く評説せり」(一七篇上巻)と書通している。また一橋慶喜は、この間国持大名に抗して強く攘夷を主張しつづけているとの印象を持たれ、七月一〇日付書翰でも、「長州への御応接は加州侯家老かかり、一橋卿御配慮不二容易一事の由」(同上)と記されている。慶喜の当時の政治姿勢を考える際の大切な留意点である。

七月一八〜一九日禁門の変における長州勢大敗の報はすぐさま海荘のもとにもたらされ、二〇日付で瀬見に詳細を書通しているが、彼は「追討の事は御免無レ之候間、私に(会津が)長陣を襲候事と相見へ候」「此度の騒ぎ公戦には無レ之、私襲の事にて可レ有レ之、他藩は警衛と申候名にて袖手」(一七篇下巻)と事態を位置づけていた。羽山は木綿糸商人中野屋宇兵衛からも京情をただし、「京都にては会津を殊の外諸万人相うらみ居候よし、罪を長州へ帰しよう姦謀に御座候え共、天知る地知る専ら会津に焼かれ候由申され候由」(同上)との彼の話を書き記している。この京都市中会津放火との見方は広くひろまり、一〇月二〇日付の樋口通信中にも「焼出され皆会津をば消て読」(一九篇上巻)との川柳が留められていた。

羽山の見方は、強硬派の中核長州藩の敗北を好機とする外国勢力の介入への危機感で満ち溢れている。彼は今回の長州の目的は嘆願にあって「戦争は本意にあらず、十八日の事件は不意に出て止を得ざるの挙」と断じ、戦い方や引揚方は「古昔の名将にも稀なる事なるべし」「勇鋭他藩のおよぶ所にあらず、往来とも人なき境をよぎるが如し」と称揚、京都大火についても、「長兵輦下を辞するは十九日の事なり、市中焼亡は廿日廿一日……如レ斯京郷を焦土になして、其罪を長に帰し後に遷都を議するの口実楷梯とするの大奸謀」と評している。彼の危惧は、「かかる機会に乗じて英仏等の黠夷速に西海より上陸し猖獗蚕食飽くこと無く、皇都を襲ふことあらば何を以て是にあたらんや」「此事直に五大洲へ雷鳴いたし候えば、果して夷狄の黠術の中に陥り、弥覬覗《きし》軽蔑し掠奪の悪念を肥し可ㇾ申事瞭然たるべし、何を以て是に当らんや」というところにあり、「平日の志、開鎖は開に傾き、攘和は和を貴て、醜夷の術中に陥り、終に夷狄日に猖獗、御国威月に逡巡」と嘆いている(一七篇中巻)。

禁門の変に続き、八月五日からの四国艦隊との下関戦争で完敗したことは、長州藩にとって大きな痛手となったが、羽山等のところには情報が錯綜して入っていた。八月二七日、羽山は、海荘邸での直話として、当初敗北していたが、陸戦となって「異人大体討取、生捕数多」「夫より長兵大の夷船壱艘奪取」「差引いたし長州余程得分に相成」、「右攘夷は長州本府の家士には無ㇾ之、多分農兵の由」(一九篇上巻)と聞いていたし、樋口通信でも、長州の地雷火により「上陸夷人共即死怪我人数不ㇾ知」「〔夷艦〕沖合にて白旗を船毎に立ち上げ、手を合まねき候故、長将も招き候えば、即刻夷人共、通辞を以実以誤り入候様申入」(同上)と報ぜられた。と同時に紀州藩御仕入方長崎詰速水秀十郎その他よりは長州大敗との報知もなされ、羽山は「下関戦争の説、速水説と下之関よりの書信と大に齟齬せり、いづれか虚実未詳、追て正説可ニ相記ニ」と判断を留保する。九月二四日付の樋口書翰では、この齟齬は「惣体武家にては長州悪評、下々はいづ方も長州上評に御座候、此行違風説尤成事に御座候」(同上)と説明されていたのである。

＊

八・一八クーデタ後は、それ以前のように、現実の勅諚なり内勅なるものが、そのまま「天下国家」の理念をあらわすものだという意識は急速に衰弱する。朝敵とされた人々への信仰が異様に高揚しはじめるのである。天誅組の乱で敗死した吉村寅太郎の和州鷲家口の墓所には、六三年末頃より近辺は勿論伊賀・伊勢より参拝の者夥しく、「此節には堺・大坂・紀州辺よりも群参いたし候由、殊に廿五日は忌日と申、群参の人手向《たむけ》候墓前のせん香の灰、山の如くに相成候由、言語に絶し候」(一五篇下巻)由と六四年六月、羽山は某人よりの聞書を記し、同地では「天誅様」と呼ばれているとしている。また生野の乱で自刃した南八郎等一三人の石碑にも六四年初頭より信仰があつまり出し、「但馬は勿論、近国播州より群参夥敷」(同上)と、中野屋宇兵衛より五月に聞取りをおこなっていた。さらに禁門の変で敗走中尼ヶ崎で切腹した長藩士山本文四郎の墓所が「斬姦《ザンカン》様」として信仰の対象となり、近くの「酒店茶みせ」(二〇篇中巻)が思わぬ銭もうけをしていると樋口が報じている。さらに長藩士が梟首された大坂千日墓所や土佐堀の長州蔵屋敷破却跡地も大群集が参詣する場所となっていた。

尊王なる言葉は存続するものの、そこに込められていた国家イメージと現実の天皇・朝廷との間に亀裂が拡大する。禁門の変直後の七月二三日、長州が朝敵とされ、長州追討が朝廷から命ぜられても、民衆は強い反発を示すだけであった。『夢草子』一九篇中巻にも、一〇月大坂書信として、「林裏　きんりにしめすなし、公二　くぼうにちからなし一喬　一ばしにきなし」との判じ物が写されている。また一一月、樋口は「天朝も方今の形勢種々御叡慮遊ばされ候え共、術尽果候事に相見へ中候、攘夷一和調い難く、関東と長州勝敗御試みを遊ばされ候事哉、始終宇内の騒ぎ可ㇾ悲事に候」(同上)と朝廷の態度を批判していた。

朝廷の威信低落以上に失墜の甚しかったのは、武職の総責任者たる将軍と幕府であったことはいうまでもない。早くも八月一八日の清水寺張紙では「時の将軍は朝廷の番頭也、違勅これ有るに於ては、国持の内にて人撰いたし番頭可二相勤一事」(一九篇上巻)と攻撃されていた。また九月一〇日大坂日本橋南詰高札場張紙は、天下万民の名をもって「有志諸大名様」へ、「長州の如くほめらるる政事をいたすべし」と訴えるとともに、将軍上洛時に多額の献金をおこなったのは、「最初攘夷の御苦労国家の為とおもひの外、京都表へ乱妨職に会津等も残し置候事なれば、将軍上洛はいらぬ事、此後万一上洛すれば迚《とて》、一文も出銀致すまじ、手製の金持参して賄可ㇾ致事」と非難する。そもそも「公儀の恩は火盗の二つ」、しかるに盗賊あるも捕縛もできず、京都の大火は「会賊大砲を以ての放火」、さらに米薪諸品高直の吟味もなく、「公儀に於て何の恩かあらん」、「当今の公儀は万民の寇也、寇讐の公儀へ用金出す馬鹿もなし」、「長州の如く国家安民を思ふ時は催促せずとも百万金の御用途は土芥の如くよろこびて出す也。天下万民服せざる時は将軍にあらず独夫なり、愚民すら是を知る」。対外関係の平静化の口実としている幕府の「武備充実は癸丑巳来三歳の赤子の口実にて、十年の間験《しるし》見えず候えば、此後十年経とも百年経とも同やう、大鏡を以て照が如し、町人すら之を知る」(同上)と断じ去っていた。

このような情況下での、尾張老公徳川慶勝を総督とした第一次征長への民衆の態度は明白である。一一月二〇日発の大坂書信は、「何分にも当時長州の勢に相成候えば人々挙て言触らし、長州弱み成事は一言も不㆑申、当地婦女子に至まで、長征の事は和睦和睦に相成候との取沙汰申唱、おかしき事に御座候、萩侯の仁心宇内に浸染いたし居候事、感心仕候」(一九篇中巻)と述べ、一〇月の大坂「無もの尽し」でも「中国智謀は並び無、夫を誉るは無理が無、夫を責るはたいが無、中国征伐行人が無、往たら負るに違ひ無」(同上)と唱っている。

第一次征長終了後、六五年二月幕府は京都情勢を自己に有利に転ずるため、老中本荘伯耆守・同阿部豊後守に歩兵を率いて上京させるが、瀬見は四月五日、詳細な「雲上風説」を羽山に送っている。そこには、幕閣が攘夷不可能を言上したところ、関白二条斉敬は「攘夷得いたし不㆑申候事、今更不㆑及㆑申、徳川家今日の所置にては攘夷の義、迚も力に不㆓及申㆒」「此事は寔《まこと》に徳川家へ任には過当の事也、其訳は長防二国の事さへ何等の所置得調へ不㆑申、纔に水府一藩の脱走人等、民間に蜂起の者鎮静の一条得不㆑致候様に軍府に紀律相乱候事、常野の追討、軍府の手、何の軍に勝を得事有㆑之哉、凡半年余の騒乱にて軍府の手は毎戦敗走」「軍府へ右等御用〔攘夷をいう〕仰出され候事は無㆑之、其義は安心にて〔将軍は〕参り候様」(一九篇下巻)と皮肉をこめて回答したとある。幕府の軍事力の劣悪さは、すでに天下周知のこととなっていた。

右の筑波勢とその西上、敦賀での大量斬首に関しては、瀬見が六五年三月一四日、羽山にあて「皇国の正気磨滅の事可㆑歎事に御座候」(同上)と書いているように、全体として筑波勢支持の立場には立っていたが、彼等の押借や献金強要(「近頃押借いたし候事金策と申通言に相成申候」と銚子発信にある)、さらに栃木町をはじめとする各地での放火・暴行に対しては、鋭く批判していたのである。

＊

にもかかわらず、最大の敵対者長州藩を完全に圧服するため、幕府は第二次征長の役をおこし、六五(慶応元)年五月一六日、将軍家茂は大軍勢とともに江戸を「進発」、幕府と譜代諸藩の大軍は大坂に結集する。開港とともに物価は上昇の一途をたどっていたが、大坂への大軍集結は物価騰貴を加速し、また長州藩による下関封鎖は、日本海・九州から大坂への米麦の搬入を阻害し、さらに六六年は近年稀な凶作の年となった。近世的国内市場・開港・政治対立の三要素が不可分離にからんで、ここに深刻な政治危機を将来する。

六五年二月、海荘は瀬見に対し、「恐れ乍ら上は天朝幕府より、中は諸藩、下は士民浪士至迄混乱の世態可ㇾ恐事に候」(一九篇下巻)と述懐し、翌三月、瀬見は「兎角因循家は良士良民と唱へ、正義家激家をば賊名を塗り候人々多き世の中」(同上)と嘆じていた。彼等としても暗澹たる気分に陥らざるをえなかったのである。

羽山も憤りのやる処なく、閏五月、「罪言」と題し、第二次征長を「天下万民、和親交易開きしより、諸色払底日々高価の上、殊更俄に又一層の飛騰上下の困窮、今農の時の最中、農民課役に取られ東西に奔走、不耕不実、老親妻子を捨て軍役に遣われ、泣々古郷を出立の事、実に嘆息の限なし」と民衆の苦しみをふまえて非難し、しかも万一「夷人の加勢を受、長州其余諸侯軍利なくして敗する時は、夷人此まま帰国可ㇾ致哉、是非長防の内一国乞請ん事必然」「幕府の暴威を以慢に西行する時は、弥人心相はなれ、ますます人望を断ん」(二〇篇中巻)と鋭く批判する。このような彼は同年一〇月、条約勅許を得た際の幕府の態度をさらに激越な態度で非難することとなる。

大坂からの各書信は、予想をうわまわる混乱振りを如実に伝えている。「諸大名御旗本衆日に到着……何方も宿屋半商売姿に相成候」「講武所にて日々調練大砲声、ゲベル千丁一時に放し市中鳴動いたし候事誠に前代未聞」(二〇篇上巻、6・9)、「東国藩御入込、いづ方も大混雑、誠に以難義迷惑、筆紙に尽し難き次第に御座候、就中諸色ますます高直、一統困窮仕候、御城近辺にては三日め四日め毎に調練、砲声きびしく相聞候、其毎に将軍様御上覧」(同上、7・13)、「乍レ恐大樹様御在坂存外永々、市中大迷惑千万、宿々等えは御賄被レ下候え共、梅干・香のもののみ、聊《いささかの》事故、宿主より肴等煮附出し、日々失費、当夏の頃より滞坂の人数上下廿万人余と申事に付、右に付日用の諸品日々高直に相成り、当時白米五百七十匁より六百匁」(一一篇上巻、10・4)とそれらは報じていた。九月一日付大坂書信は、「何卒御上洛の上御帰府に相成候はば、数万の生霊の大悦」(同上)と、将軍帰府による事態の解決を切望する。事実、条約勅許問題で一時将軍が東帰しようとした時、米価が下落したことは、「(一〇月)三日御発途の時は、米帳合相場百目余、正米六十匁計引下げ」「伏見御逗輿の御沙汰に付、翌日又々諸相場元へ復し候様相成候様の人気故、何分関東へ還御被レ為レ在候様相成候はば大幸と奉レ存候」(一一篇中巻)との恕堂書翰によってもうかがえるのである。

しかも紀州藩の場合は、五月藩主が征長先鋒総督に任ぜられることによって、羽山の征長反対論にも見られるように、藩内全体への過重な負担をともなっていった。第二次征長の役決定そのものが、国内全体の反動化と結合しており、膳所《ぜぜ》や福岡・高知等の諸藩と同様、紀州藩内でも二月一八日、由良弥太次が捕縛、五月末には在京の伊達五郎や岩橋轍輔も捕縛、処分され、これと並行して領内への在夫役・用金等の負担が課せられることとなる。

和歌山からは、閏五月、市中に冥加金が課せられ、四百両・三百両・二百両・百両等と分限に応じ出銀と定められたが、これは百日分だけであり、「殿様一ヶ年も御出陣候はば、市中相潰れ可レ申と申居候」(一〇篇中巻)との書翰が到来していた。大坂ではこの時、「征伐はもふ尾張じやと思ふたに、又出て来た歟紀州バカ山」という狂歌や、「東《ひがし》から南西《なんにし》に北《きた》」という「将軍方角比喩」が流行する。

*

幕府が圧服させようとした長州藩は、八・一八クーデタ直後からくり返し自己の政治的立場を領内はもとより広く国内に周知させようとした。六三年一〇月の、「我日の本は天津日嗣の知食《しろしめ》す大御国にして」に始まる藩公「御教示書」(一四篇中巻)から、六四年七月の浜忠太郎他の陳情書、下関戦争直後の、攘夷は朝幕の命に出たことを弁じた連合艦隊宛長州藩主書翰、そして六六年初頭、広島国泰寺での弁明書、さらには同年五月の長防士民中陳情書まで、『夢草子』は毎回全文を写し取っている。そこでは、勅命を奉じ国家安民のため攘夷をおこなっているという論理が貫かれ、六六年段階でも「抑外夷は皇国の敵国也、則是朝敵也」と言いきるからこそ、「三百諸侯、攘夷の詔を不レ奉して長州征伐の詔を奉じて、速に兵を芸州に出したる事は是何事ぞや」(一三篇上巻)と堂々と非難することができたのであった。

また、領内の軍事体制が近世的軍役体制を打破した新しいものに大きく変容していたことも、六四年頃から次第に全国的に明らかになってきた。六六年四月一日の大坂書信は、「長防両国、士(は)申すに及ばず、町人百姓に至るまで剣法を学び国恩を報ぜんとして、堅固に相かたまり候由、此度公辺の御所置を大に発憤いたし、中々下々迄も承伏の姿なし。今や大軍押寄をまつのみ。右是迄迚も、長州政令よろしき故、民心悦服いたし、隣国迚も政事を欽慕致し居候事故、中々軽忽には征伐は成がたく姿に見候」(同上)と述べている。同月付の書翰で海荘も、「国中六十ヶ所の砦出来、千人或は二千三千、是は藩士にては無レ之、正気の百姓町人相集候事のよし、主将領は浪士の傑然たる者の由」(一三篇中巻)と認識しており、羽山も六月一九日芸州大野口戦争報告に「奇兵隊と云者、三十人を一隊として浪士両人づつ長となり、百姓町人或角力取抔を指揮いたし候由」(一四篇上巻)と注釈を加えていた。

長州再征に対する反発は、米価の異常な騰貴とあいまって、六六(慶応二)年に入ると、さらに激烈なものとなってきた。一月には大坂市中の長州追討高札が二度にわたって無くなる事件が発生、堂島の者が糺問され(一二篇中巻)、三月には樋口が「当地米価追々飛上り、此頃壱石に付六百八九十匁余り、白米小売壱升四百八十より五百文」(同上)と文字通りの悲鳴をあげている。

瀬見も「昨年(一〇月将軍)再任已後、金穀日を逐て沸騰し、尾前公百端の焦慮にてなされたる長防、干戈再び森列、万民塗炭に苦しむ、かくても幸福とすべしや如何」(一二篇上巻)と憤慨するが、その瀬見に海荘は三月二八日付で書通し、「米価驚入事に及候、御見込如何」と問うとともに、「御城下近在大里正方御入替の事も被ニ仰聞一、奉ニ驚承一候、有田も石垣組入替相成、胡乱方《うろんかた》二人共替り候」、「(任免)其度々降候様に相成候事、季世の風弊」(一二篇中巻)と長征下の場当り的な藩政をきびしく難じている。このような情勢下に、六六年八月、紀州領八郡の大庄屋は、在夫取立反対の嘆願書を出すこととなる。(3)

五月に入ると事態はますます危機的情況を呈してきた。同月二日付の書翰で海荘は、「今(に)至候ては戦不戦共に其権は彼方(長州)に有レ之事と相成候にては有間敷哉」との予測をおこなうと同時に、米価暴騰に焦慮し、「此辺も同じ御事にて秋までの処にては一万三五千石の不足に相成候由、何共申方無レ之次第、先只今の処は三五十石づつ位は時々他国より買船帰り、此え至らざる様に相成候の御所置を奉レ仰候外致方無レ之、当惑に罷在候、洪嘆のみ」(一二篇下巻)と百姓一揆の爆発を深く危惧するのであった。(4)

しかも中央政局の分裂が大きく露呈するのがこの時期と重なる。薩摩藩内の久光派と反久光派の抗争はこれまでも『夢草子』の中に記されていたが、この年四月には大坂蔵屋敷役人木場伝内が「天理に相戻り候戦闘、於ニ大義一御請難レ仕、不レ得レ止御断申上候」(同上)とキッパリと出兵要請を拒絶、その背後にある薩長同盟の存在についても、「長と薩と同意の風説も粗有レ之候」(一三篇上巻、4・11)と大坂の薩藩出入熊本道可が羽山に連絡していたのであった。

薩をはじめとする外様諸藩の協力は得られず、兵威で圧倒しようとした長州は屈せず、ついに幕府が戦争突入のやむなきに至ったのが六月七日、一三日には大竹戦争で井伊・榊原勢が敗北、一九日には紀州藩(新宮勢を含む)も加わった幕軍が大野口で敗北、七月一六日には石州口において紀州藩も加わった幕軍が大敗北、紀州藩兵の主体をなしていた田辺安藤勢(柏木兵衛は砲隊長)は、「紀州の弱兵なにしに来た」との悪口雑言の中、疲労困憊の極、兵器も刀も放りなげ、文字通り潰走することとなる。

だが、この真の原因が軍隊編成と軍事技術の質的差異にあったことを、羽山たちは在夫からの聞取りから、今更のように認識する。石州口の戦争に動員された百姓はこう語っている。

長方〔長州〕は三尺余りの鉄砲にて廻り打と相聞へ、四五発も続ケ打いたし候、黒の鉄砲繻半にして小刀一つ、竿鉄砲一丁のみ、右黒木の中より黒装束の事に付、幾人と云事慥に不二相分一、且異形の鉄砲に付、四五発ねじにて廻し打に討候ては、其まま寝て又々薬を装ひ、又起上り打出しに付、此方より打出し候節は天窓《あたま》のうへを玉飛越、彼方より打出し候節は続て四五づつ相発し候に付、此方より打候事出来不ㇾ申（一二四篇下巻）

またこの認識は、広島にあって指揮をとっていた老中本庄伯耆守の「〔幕軍側は〕鉄砲は火縄筒にて真の古筒等にて鉄砲渡来始の通の容体、然れ共砲隊にても多候哉と存候処、其上砲隊も無ㇾ数、何れも当時砲隊の開け、第一公辺の陸軍の講武所、第二薩州、第三鍋島、皇国中此三ヶ所計りミニヘル〔前装式施条銃のミニエー銃のこと〕好み候故、実用に抜群、真の御用に相立候、又爰《ここ》に長防の徒は不ㇾ残農兵ミニヘル、穢多兵迄同様にて困却の一つ」（一二五篇上巻）云々との弁明書にも明瞭に現れていた。

しかも、五月八日兵庫に発した打毀しは一四日には大坂に波及、「誠に市中小民東西へ奔走、実に以恐ろ敷有様」（一二三篇下巻）となり、伊丹の例では捕縛されても「一向白状いたし不ㇾ申、其中には、頭取は天下と申奴《もうすや》つ有ㇾ之、夷国交易より如ㇾ此相成候やうの過言仕候者多く有ㇾ之、一刻も早く首刎《はね》くれ候やうに申出候者多分有ㇾ之由」（同上）と報ぜられる。また六月二日付で恕堂は河内の百姓一揆に関し発信し、「既に生を捨候飢人の事、自死を恐れ候事は無ㇾ之、御鎮静方六ヶ敷事と奉ㇾ存候」（同上）と印象を述べていた。

一体どうなるのか、六月二八日、樋口は大坂から「富家は御用金、中商人は金相場飛上り、下は米価困窮、難渋の事筆紙に尽し難し」（一二四篇中巻）と羽山に書通し、同月羽山は「方今の時勢、万民戦々慄々として死地に陥が如し、加ㇾ之《これにくわうるに》米価初諸物価の貴き事、皇国開闢未曾有の事、下民は朝に食して夕に糧なし、眼前飢死を見るが如し、アア天歟命歟、是又憐れ可レ不レ悲哉」(二五篇下巻)と、大坂城追手堀に浮かんだ水妖死体の報によせて心痛を洩らしていた。

このような事態をひきおこした張本人が幕府と幕閣である以上、攻撃と非難の矛先が彼等に集中されるのは理の当然であった。事態を戦争にまでもち込んだ老中小笠原壱岐守長行に対してはとくに激しく、「四海大乱」をなげく瀬見は「笠壱州の惨忍、天下不レ悪者有レ之間敷、尤も時勢を不二審察一の愚妄又可レ笑事ならん、何州の民も皇国の赤子、塗炭に落入り候罪不レ容二天地一事に御座候」(二四篇中巻、7・28)と非難する。

事態の推移を憂慮しつつ、二一歳の若さで将軍家茂が死去したのが七月二〇日(発表は八月二〇日)、将軍死去を口実に、敗勢一方の長州戦争の休戦沙汰書を一橋慶喜が獲得するのが八月二一日、ここに事態は大きく一転することとなる。海荘は九月八日付の瀬見宛書翰において、「此節芸府の在陣の人数は凡そ五万余は可レ有レ之、其人数にて寸地敵地へ入事不レ能のみならず、彼よりは追々押出候」「(小倉)城下自焼の方無二相違一事の由、柏木より承り驚入中候」「六軍征討の御事柄に対し、如レ斯条理不二相立一事も不可思議に奉レ存候、今日に到候ては御遏密《あつみつ》中、暫く休兵の御沙汰被レ為レ出候よしに奉二敬承一候、先御休兵の候間は、天下蒼生有難事に奉レ存候」(二五篇下巻)と、戦争の不当性を怒るとともに、休兵の報によろこびの感情をあらわしていた。事実、八月二五日付の樋口通信には、代替りにふれ「何となく人気立直り、十目の見る所に叶ひ候やう申唱候、誠に恐入候事に御座候え共、女童子迄も米が安成る、世が治ると祝いの体、奉二恐入一候事に御座候」(二五篇中巻)としたためてあったのである。

(4) 兵庫開港期(六六〜六七年)

朝廷権威の挽回は、幕府との癒着を断ち切り、新しい政治潮流に乗りかえることによって実現できるとの確信をもった公卿グループは、第二次征長完敗直後に行動を開始する。八月二三日、幕府・一橋・会津と結んできた尹宮《いんのみや》(もと中川宮)邸に張られた張紙は、「橋納言の例に傚ひ悔悟謝罪、其職を奉二辞退一、天下の公論を待□申候、其儀無レ之候はば、天地神人不レ容所、如何様の戮刑を蒙り候も不レ可レ計」（二六篇上巻）と、彼の引責辞職を強く求めていたが、同月三〇日、大原重徳《しげとみ》等の公卿二二人は列参して尹宮と対決することとなる。羽山は『夢草子』二六篇中巻に克明にこの事件に関する資料を蒐集しているが、それによれば、大原は尹宮を激しく攻撃し、「斯《かく》朝廷御失体に被レ為レ至候義は、皆御職の罪也、如何と成ば、主上は惣て寛大の御叡慮被レ為レ在候処、幕府外一橋已下の申上候事のみ御信じ被レ遊、朝廷の御事惣て幕府・一橋已下の朝議の如く相成候事に御座候、何分早々御改革不レ被レ為レ在候ては一日も難二相済一、此まま差被レ置候ては主上の御失徳を天下に顕し候而已」と言上、尹宮は「弥我等の罪也、今更後悔無レ限、恐入候」と伏罪した、とされている。ここで大原が具体的に求めたことは、①「討長無名の軍」の解兵、②幽閉堂上御赦免、③三条実美等太宰府の五卿入京、④勅命を以ての列藩召集であったと羽山は記していた。列参公卿は一〇月二七日勅勘をこうむるが、当時の孝明天皇は「御酒宴盛に相成、尽夜御宴楽被レ遊候由、此末如何可レ有レ之哉と、有志の者憂慮無レ際事に候」（二六篇下巻）との風説を、一一月付で樋口は羽山に送っている。

徳川慶喜は、宗家相続直後は好感をもって迎えられたが、その後は彼の「西洋好」みが諸人の批判の対象となり、熊本道可も一二月末、「当将軍様にも中々の西洋好にまし、後日に至り如何、薄氷を踏心地也」（同上）と非難していた。

孝明天皇大喪後、慶喜の第一の政治課題は兵庫開港勅許を得ることにあり、長州と五卿の復権により新しい権力体を目ざす薩土等の有志大名との間に激しい対立が展開する。民衆は「長和征夷」（二六篇上巻）を期待し、薩土両侯の挙兵上京は「朝廷御一新」「〔飛鳥井・広橋らの佐幕派〕議奏家七卿御閉門」（二七篇下巻、5・15）が目的だとか、「新将軍隠居・尾州若公〔元千代〕征夷御任職」「御譜代は是迄の通り江戸参勤、国主・外様は京都へ参勤」「長は和平、正義の公卿は不レ残勅免」（二七篇中巻）を狙っているとかいった流言が流布するのであった。兵庫開港に対しては、交易開始↓物価騰貴という見方から拒絶反応を示していたことは、恕堂の「〔兵庫開港に〕候ては、弥物価高相成候義、家業により迷惑の事に可二相成一」（同上、3・18）との発言によっても明らかである。

この対立関係は五月二四日慶喜と薩土宇越四侯会談で一つの山を越えるが、樋口はこの会談の流れを、「今迄の事件一切御取消に相成、兵庫開港の義も一旦御発止《(ママ)》の義相改、取消の上長防召登し、攘夷の先帝より勅諚の廉も相糺し、兵庫開港の儀評議打合候義に付ては、朝敵の高札も御廃止に不二相成一候ては、彼も上京不レ申候付、寛大の御所置に相成、長防事件、夷国条約一切取消の御裁決に御一決」(二八篇上巻)と報じていた。その具体化として長州朝敵高札が撤去され、樋口は右報告につづき「(撤去の際)見物人多人数群集致、右札取おろし候えば、人々鯨《とき》の声を上げ、二□人よろこび踊り舞候得ば皆々一時に□候由、京・伏見とも同様の有様、誠に天地感動の有様、恐入候事に御座候」と民衆のあふれんばかりの歓喜を描くのである。だが、事実としては、慶喜は高札撤去と引きかえに兵庫開港をかちとったのであり、またしても政治的力量は有志大名のはるか上をいくことを自ら実証した。瀬見は羽山に対し「四侯も勅許の義建言有レ之よし、頼も綱も切果候」「長札御取除にて一旦米金下落いたし候ても、交易盛に相成候はば、沸騰已前に倍し候事も難レ計、蒼生の艱苦、戦争よりも可レ甚歟、御高論如何」(同上、6・2)と慨嘆する。慨嘆したのは瀬見ばかりではなかった。薩摩をはじめとする各藩の軍事改革派もこれより藩侯層と決定的に訣別し、討幕路線に正面から踏み込むこととなる。

ところで慶喜の「西洋好」みは、彼の個人的性癖では決してなかった。第二次征長の完敗は、幕府・諸藩に、軍事改革を軸とした急速な上からの近代化の必要性を認識させる。慶喜のそれはこの必要性の人格化にすぎない。だが、この段階の「改革」は、人民諸階層に対しては封建的な諸関係や諸制度の廃止ではなく、その利用と強化によって遂行しようとしたために、強い疑念と反発を将来することとなる。紀州藩でも、戦争完敗と巨額な財政赤字の二側面から藩政改革は必至であり、その指導者として徂徠学を信奉していた蘭学者津田又太郎が抜擢される。だが、その強権的で村役人層の合意を求めないやり方を、海荘は六六年一二月二三日付の瀬見宛書翰で憤慨している。問題は農兵取立ての方法である。六郡一万とは「如何にも出来兼候」。有田郡でも「御仲間中も五組共に心配仕り、色々骨折時勢申立候て、漸々此節に至り有田一郡三百人と申事にて御聞済候様子に相成候」。しかし村からは「二人の名前出候事も相成兼候様子」。しかも稽古中一人半扶持の藩支給だけでは凌方もできず、残りは村支出となり、銃も「御かし下げ」ではなく下々で購求せよとのこと、「弾薬其外の事も如何相成候事に御座候哉」。「兵賦」の重要性は「不申及」ないが、「今日の如く危険の世態と相成て民の疲労は既に穀倉の事さへ六ヶ敷、飢寒旦夕にて有レ之事、此末の処如何相成可レ申哉、上の御所置は元より不レ可レ議事ながら、扨々驚嘆仕候事に御座候、米麦はいよいよ躍りのみにて、此節麦殊の外不自由に相成候様子、昨日は九百匁と申事、此様子にては来四月迄麦食続は六ヶ敷、春の処甚寒心」(二六篇下巻)せざるをえないのだ、と。

また紀州藩は財政再建のため、六七年より一〇年間、摂河泉播州和州五ヵ国での銀札発行許可を幕府から獲得するが、四月五日、紀伊国屋源左衛門の語るところによれば、銀札の「裏板」に三井・鴻池等の名なく、ただ「紀州銀札会所」とのみあるので、「諸人甚危踏《あやぶみ》居申候、自然不通用の節は、紀州へ願出候処、御取上無レ之事は必定に付、右銀札にては取引出来兼候やう商賈申出、取引致呉不レ申」(二七篇中巻)と、はなはだ不評となっていた。

急激な上からの藩政改革は、和歌山城下でも不満の対象となり、二月の和歌山状には「此表当時悉く西洋風に心酔いたし、日々調練姦《かまびす》しき事」(二六篇下巻)とあり、猿が中納言、猿曳が津田又太郎、囃し方太鼓打が久野太夫(丹波守)との諷刺張紙が報ぜられていた。羽山にしても、五月の段階の評言において、「当節本府(和歌山をいう)西洋風に専ら御沈酔、銃隊御取組の事抔は他国にては甚不《ふ》審狩《しんがり》」「今般本府儒官並剣鎗弓術師家御廃止の事、公辺の御改革に御随ひ被レ成候事とは申ながら、是は甚御失策かと愚意恐察」(二七篇下巻)すると批判していた。強靭な民族意識と表裏一体の形での、急速な上からの欧化政策に反発する土着的伝統主義的意識の顕在化は、今後の政局に複雑な影響をなげかけていくことになるだろう。

上からの強制的な政策方法は、その後も変わらず、九月七日付の瀬見宛書翰で海荘は、「畑米銀先納被二仰出一候て飢渇の人民疲勢相増候処、又々此度の御令（御利足米賦課の件）誠に驚入事に奉レ存候、御上様連年洪大の御入費の事は可レ申様も無レ之御事ながら、今日饑渇に逼《せまり》候民を右の通にては、此末の処如何相成候事哉、中々下々可レ議事にては無レ之、言語の道も絶候事に存候」（二八篇下巻）と、きわめて強い反対の態度を表明していた。

　このような在地の支持をまったく得られないまま、また藩士層からの抵抗から、一一月五日、津田又太郎は失脚、同月一二日、この「新法」の強力な推進者だった奥右筆留役田中善蔵が反対派藩士に暗殺されることにより、紀州藩における藩政改革はいったん挫折することとなったのである。

　事態は、一にぎりの改革者集団が、藩主の支持のもと、上から強圧的に改革を進めることで打開されるものではなかった。全国レヴェルでの、新しい国家権力と国家機構の問題がまず解決されなければならなかったのである。すでに八月には「諸侯評」（二九篇上巻）において「復古勤王」派が「佐幕勤王」派と対比して政治党派として明示され、その第一に「武備充実、富国強兵、国論一定、皇国救急柱石の国」「朝廷無事なる事皆此藩の力也」とされる薩州が、その第二に「皇国の安危を憂ふる事一身に在るが如く」「愈々君臣の大義を国家に知らしむ、皇国の恢復此藩をして巨魁たらしむ、成功近きに有べし」と称讃される長州が据えられていた。「佐幕勤王」派は第一越前、第二尾州、第三水戸、「佐幕」派は第一は□□と欠字で写されているが「素より勤王の道を知らず、唯幕命を知のみ、大国と雖も一藩悉く頑愚にして論ずるに足らず」と酷評された紀州、「依レ勢進退」派は加賀・仙台・安芸・秋田・米沢・盛岡・弘前・因州・備前・肥後・阿波・川越・宇和島・筑前・対馬の諸藩、「待レ変蚕食」派の筆頭におかれたのは、「尊王の志有しかども、第一主とするの処富国強兵、蚕食して国を広大にして、其上天下に志を立んとす、只国家の瓦解を待つ、豈忠臣と云んや、行を見て可レ決」と評された肥前と土佐の両藩であった。

　したがって一〇月一四日の大政奉還事件は、羽山等にあっては、このような政治諸党派の政治闘争の過程の一産物と見られることとなる。和歌山書信では、「西国五藩、外に薩州・土州・勢州等上京、兵庫開港一事に付発憤甚劇《じんげき》、右に付、二条御城御固人数御手薄被レ為レ在候に付、此御方へ御人数差登し候様被二仰越一候由に候え共、御国表も御固一大事の事に付、此節日々大議論御評定の折柄、大樹公には当御職掌、禁庭へ御渡しに相成候由」(同上、10・19)と位置づけ、小池甚七書信では、「当十三日夜、二条の御城、薩土の両勢詰かけ可レ申勢にて、両国より御城近隣は悉伏勢にて甚《はなはだしき》布勢の処、伝議両役より内々幕府へ御囁有レ之故、御城方にも御手配り有レ之故、其夜無事に過行候て、十四日右御退職の御上書に相成り候」(同上、10・28)と経過をおさえ、そして樋口書信では、「先月十三日よりの風噂には、橋公より御所の重職中を取り入、彼新建の二条の橋より、幼帝を彦根へ移し奉り、夫より関東へ行幸の計略の処、内手より右手段相顕候故、五藩弥憤発、諸侯より西山・北山及東山等を取巻、橋公へ応接余程はげしく有レ之由、夫に付会侯大に御周旋有レ之、辞職を進め御建白に相成候、則将軍職を奉レ帰候由」(同上、11・8)と因果関係を説明するのであった。

「キメコニカミハレ、ヤブレタラマタハレ、エエジャナイカ〳〵」との踊りはやしが、「長人制札」とり下げ後の「人気一時に相直」った頃から流行しはじめたとの興味ぶかい樋口書信(二八篇中巻)は七月三日だが、エエジャナイカは大政奉還から一二月まで周知のように大流行、海荘は「何分一新の兆し」(二九篇上巻、12・5)と、敬神家の瀬見は「何分神異の事有レ之、恐懼の外無レ之」「万一其表へ〔おふだ〕降候えば必々寛怠の儀無レ之、あら菰を敷き、神酒其外生魚等相備へ祭礼致す可レ申」(同上、12・2)と弟の小池甚七に指示していた。

このエエジャナイカの群集乱舞の中、諸藩は京に兵力を結集し、長州勢も西宮まで出兵を開始する。「当月廿三日薩州侯京着人数三千人、不レ残銃服」「右三家(薩長土)申立候事件、御聞済無レ之候はば、今にも太刀を抜振わん勢にて、諸侯方も気立有レ之候間、いづれ一戦有レ之様」(二九篇上巻)との和歌山報が一一月二七日、「此程中入京の芸土薩藩と名乗、西海道通行の士も不レ残長藩の由、且前以京都へ昨年来内々入込有レ之候分、此度の相登候人数は量りがたきよし」「先今日の処にては西は悉く長の命を受候事哉」(同上)との恕堂書翰が一二月四日、「当月二日朝、西之宮浜へ蒸気軍艘七艘」「上陸人凡二千人余不レ残長藩の由」「追々人数相増、万余人も有レ之風聞」「長人在陣中所置甚厳重、彼地の人民へ少しも心配無レ之様、至て叮寧《ていねい》の取計に付、在々のもの共天神の如く尊敬いたし居候」(同上)との樋口書信が一二月五日のことであった。

おわりに

紀州日高・有田両郡の豪農商や在村知識人にとっては、以上のような政治認識のもとに一二月九日の王政復古クーデタと太政官政府の成立、そして二六十余年つづいてきた徳川幕府の瓦解を迎えることとなる。このような認識を有していたからこそ、慶応三年一二月一七日、有田郡大庄屋は、紀州藩の幕府軍参加に正面切って反対しえたのであった[5]。

このような情況下では、幕府崩壊後に組織される如何なる政府であれ、外圧への微少な譲歩や屈従も自らの命取りになることをまず認識しなければならず、外国との不平等性の是正、対等化への努力と実績こそが、自らの政権の基盤を強化するのだという命題を意識しつづけることとなる。「旧幕時の偸安苟且に陥るなかれ」という一句が、政権担当者の第一の座右銘となる所以である。

幕府政治と異質なものになりはじめたことは、太政官政府の情報政策にもよくあらわれている。彼等は、自己の政権の政治目標を浸透させ、また流言蜚語によって民心の動揺がおこらぬよう『太政官日誌』を二月に創刊するのである。羽山の『夢草子』は、これ以降、『太政官日誌』を始めとする諸新聞の写が圧倒的に多くなる。樋口などが「近頃新聞は日誌に相誌し有レ之候に付、御雷覧の事と奉レ存、不二申上一候」(三五篇上巻、68・8・28)と書いているように、幕末期に全国的に成立した風説留の時代をふまえ、そのしっかりとした土壌の上に、新聞の時代が豊かに花を開くこととなるだろう。

王政復古を迎えた彼等の国家構想は、羽山が『夢草子』三一篇中巻に、「慶応第四戊辰五月仲二日」、自己の書屋待月楼上において「謹誌」したところの「天朝」宛菊池海荘建白書から、よくうかがうことができる。海荘は一月と三月の二度、建白をおこなっているが、内容が重複するので、ここではまとめて骨子を示そう。

第一は、全国の諸大名のみならず、万石以下の領主もすべて天朝に直結させ、彼等を天朝の「干城・藩屏」とすることである。そこでは藩体制の否定は考えられていないものの、十津川郷士なり多田郷士など由緒ある郷士層を朝廷の衛府として組織することを提案しているように、草莽隊・有志隊的軍事編成をも見通している。

第二は、関八州を天領化し、江戸に鎮守府をおき、皇太子を鎮守府将軍とすることである。ここには、彼あるいは紀州商人の江戸重視の特徴がうかがえる。

第三は、天子を「皇国億兆の生民」が、自らの「父母」と仰ぎ奉るような「御恩沢」を施し、「無禄無告の細民」を天朝に団結させることである。この点で海荘が「此程已に御還入に被レ為レ成候天領の民へは、今年半の年貢御免被レ為レ下候御事と奉二敬承一候て難レ有御事と奉二存上一候」と明言しているように封建的貢租の大幅な軽減を強く歓迎していることは注目に値する。だが彼の直接の関心事は、紀州藩も含めた全国私領の人民に、いかに天朝との接点を創り出すかであった。海荘は藩政の基本的問題点として、第一にその支配の過酷さをあげる。「領主と申者は唯年貢を収納致し刑法を以民を治る」のみ、「無智の民過て法を犯す者は刑を以死せしめ、民は唯法を懼れて上に従事仕」のみである。第二は「富国強兵」政策である。それは「争利の説より出候事に御座候て、民の利を奪ひ諸吏の自栄と仕り候事」であって「其国は必ず疲弊仕候」と断言する。富国策と民利を非和解的対立と見る点では、海荘はきわめて徹底している。このような藩を「皇国の赤子たる民を御預り撫育」する藩に転化させるため、海荘は二つの政策を提案する。

第一策は、天朝に按察使を設置し、「国々平民より箇様の義にては迷惑困窮仕候事、箇様の事は如レ斯被レ為二成下一度と中上候事」を直接取りあげ、領主を指導することである。ここには刑罰権の全国統一への希求と端緒的な参政権への方向性が芽を出している。

第二策は、教官をたて、「天下公正古今一徹の御政教」を敷くとともに、「至孝純忠」の者を旌表することである。この提案でとくに注意すべきなのは、この国家的教化システムの中に村落指導者層をしっかりと位置づけようとしている点である。「其土地にて人品御撰み被レ遊候て、仮令僻邑の土民にても御政教の筋蒙レ仰候て、其趣、民え御申次可レ仕、才学の者は不二申及一、其所の村役等仕候者へも条目を以て被二仰渡一候えば、皇国内一時に御政教の化相弘り可レ申御事と奉二存上一候」と彼が言っているように、国家権威を背景に、それと直結した村落指導者が民衆をイデオロギー的に教導していこうとする強い志向性があらわれている。客観的に見る時、第一策、第二策共に、経済的力量にもかかわらず従来政治的に完全に疎外されてきつづけた豪農商層の政治的社会的地位の上昇を、新たな国家権力をかりて上から実現しようとするものであった。それ故にこそ彼は、「箇様申上候ては、民の私願を立、国主領主を凌ぎ候心を以申上候にも相当り可レ申歟なれ共、左様の義は毛頭無レ之」と弁解しているのである。

そして、天領・私領の人民が天朝にこのようにして団結した時、その時はじめて、異様な物価騰貴と経済的大混乱をひきおこした元凶の「外夷交易」を停止させる「攘夷の成功」が可能となる、と彼は主張する。海荘は依然たる「攘夷主義者」であった。だが、これは彼個人にとどまるものではなく、幕末期幕府の政策を批判しつづけてきた人々の共通する意識でもあったのであり、それがために、天皇と外国外交代表団との会見予定を報じた由良弥太次（彼は再び登庸されていた）が、「如レ斯形勢にては、先年来攘夷論の為に死したるものは死損歟」と疑念を洩らしたのであり、この報をうけた瀬見も、「右実説に候はば可二驚恐一事に相考申候」（三〇篇中巻、2・11）と羽山に書通するのである。だが樋口が、幕府追討の内政問題をかかえている「右の中へ鎖港攘夷の沙汰にも相成候ては、内外大患に有レ之との御深慮より、外夷当分是迄の通り条約不レ得レ止事」（三〇篇上巻、1・28）と説明するように、この枠組みの転換問題は、戊辰・箱館戦争後の国是諮問会議を待つこととなるだろう。

だが、海荘の期待は、意外と早く実現化されることになる。紀州藩は六九年二月一〇日、王政一新の実現化を求めた藩主の版籍奉還建白を契機に、全国でももっともラディカルな全般的藩政改革に乗り出すのであった(6)。六六年から六七年の改革と違って、今回は、伊達五郎・陸奥宗光・伊達自得をはじめとする、太政官政府の強い支持に支えられた旧勤王派グループと旧改革推進派の津田又太郎グループとに加え、在地の大庄屋層を中核とする豪農商層が藩権力の中心部分に位置づけられるのである。六九年二月一五日、菊池海荘は有田郡民政副知局事に、浜口梧陵は大広間席学習館知事に、そして瀬見善水は日高郡民政知局事に任命される。六九年四月当時東京に滞在していた由良弥太次は、「同人(瀬見をいう)日高の知局事に拝命との事、中々御撰挙御行届の事、此人万事勉強家、中分もなき事と奉ㇾ存候、御老人様(海荘をいう)御事、御老後に至り有田の御苦労御拝命との儀に承り候」(三五篇下巻、4・7)と国許に祝いの書翰を発していた。

この由良書翰を前後に、我々の『彗星夢草子』の記録は終息する。ペリー来航後の事態の展開に一喜一憂し、時には激昂し、時には切歯した日高・有田両郡の豪農商層と知識人は、幕末期の政治的無権利情況から脱却し、彼等の経済的社会的力量に相応した政治的権利を、ラディカルな藩政改革の過程で獲得していくことになったのである。彼等にとっては、紀州藩成立以降未曾有の大変革であった。一つの時代の歴史的終焉と羽山が把え、記録にピリオドをうったことも故無しとはしない。二年後に襲い来る廃藩置県の大激動を、彼等のうち、誰一人予想するものはいなかったのである。

(1)　本史料は撮影のうえ、写真帳に仕立てられ、東京大学史料編纂所に架蔵されている(出納番号六一四〇・六―四、表題「彗星夢雑誌」)。
(2)　堀内信編『南紀徳川史』第三巻(一九三一年)四六〇頁。

(3) 和歌山市史編纂委員会編『和歌山市史』第二巻(一九八九年)八四二頁。

(4) 慶応二年第二次征長直前の紀州の様子は、『宇都宮氏経歴談』(交詢社編、一九〇二年)からもよくうかがえる。開成所所属の軍事科学者宇都宮三郎は、第二次征長に従軍、必死で軍事改革に取り組んでいたが、洋式化に遅れていた紀州藩に憂慮し、紀州物産視察を名目に慶応二年五月紀州に乗り込み、和歌山城下をはじめ、全郡部五十五組を北の名草郡から南の諸郡に巡る形で遊説、ミニー銃採用と農民取立てを力説する。この際、彼は菊池海荘に直接会って有田郡農兵組織化を説いているのである。それは「又久能丹波守〔御家老〕にも出立の時に一寸遇ッたが、有田の郷士某〔後大参事〕が承知をすれば何事でも行はれる。自分から手紙を遣ッて置くから某人に会ッて話をするがよいと云ふことであッた。それから往ッて其人〔此人は学者〕に会ひ、先づ産物の話を始め、其れから名草郡で話した通りのことを申した。其時公方様と云ひさへすれば必ず畳に手を附いて慎んで聞いて居る。さうして他の話になると膝に手を置いて聞く。誠に謹直な人で、此人も亦同意した。今日は実に徳川氏の危い時であるから徳川氏の為めに尽さなければならぬと云ッて、此処でも亦自費で兵隊を造ることに決した」(一九三二年汲古会発行増補版一一六頁)と宇都宮が述べている如くである。海荘が内心いかなる気持で「拝聴」していたかは興味深いが、「彗星夢雑誌」二三篇下巻には、宇都宮が有田郡の次に日高郡に入り、薗浦浄国寺で五月二五日、大庄屋瀬見善水等の前で演説した記録が正確に留められている。彼は「公儀開成所学生」の肩書で、次のように日高郡の豪農商を相手に説得を試みる。

「今般近在諸君を労し集会に及候事別儀に非ず。近年外夷渡来、交易筋に付公辺御多事、就中天朝及薩長土三藩より攘夷の儀申立、御親藩の内にも水戸先公抔頻に御建儀有之候得共、右等はいづれも日本丈けの私論にて、方今十二西洋雄国也之形勢に通達無之説にて、五大洲を親く受け戦争抔との義思ひも不寄事にて、薩長抔は其辺の事は通暁致し居、自国にては窃に交易の事英仏等と内約いたしながら、陽に攘夷相唱、天朝を奉鼓舞、別藩え攘夷の詔を下し賜に至りて、自然公儀御威光及衰微、近年にては公方様公儀抔と奉称候者も無之、大樹又は幕府抔と奉称候様に相成、一昨年来長州の暴行其ままに難被為成置、昨冬御上洛の節も膳所にて先危難被為在候得共、御高運にて、無御別条花城へ被為入に相成候得共、諸藩の形勢御熟察の上ならでは御進発も難被遊、御見合の内にも薩長等より英国へ使節を通じ、徳川家の所置詐偽多く其罪不軽候に付、速に討伐可然抔と申遣し、既に軍艦を差向可申処、大世界の公法にて英より交易の国々蘭仏米魯の四国へ申入候処、四国の議論は、幕府の罪討伐に当り候得共、日本素より小国、殊に久敷戦争なく海外の事を不知小児に等しき国に付、討伐には不及、此まま交易いたし候方可然との答に付、軍艦は不差向事に相成候得共、天下の形勢如斯に付、長征も御遅引、薩州の国老へ閣老方より長征に付ては力とも頼候思召候事故、忠勤を可被励と申聞候時、薩士の答に、薩は素より御疑念を蒙り居候事、もはや御征伐にも相成候事に候哉、左候はば乍不及御敵対可申上、いつ頃御軍勢御差向被成候哉と申に付、閣老方より、決て左様の義には無之、□院様〔天璋院のこと〕の御縁と申、旁忠勤被致候やうにと申候得ば、輩と申ものは物事聞違へ甚不都合、尤□様の事は公儀へ上げ候御方ゆへ、此方に差構ひなし、何分長征の討手抔は平に御断申上候と申切、呵々と大笑して退出いたし候位の事、土州抔も同様、御時勢も不憚、町人を集め踊り狂わせ、其実は公辺を奉軽蔑の次第、御親藩方も水戸家は世評の通り家老已下反乱に及、尾州家は玄同様と前大納言様との御中に行違ひの義有之、力には難頼、加州・仙台も江戸御留主御守衛断りにて、公方様頼と思召は紀・会御両藩、御譜代にては井伊家に候得共、此家近来士風甚暗弱、頼に不足、会津は雄強のうへ、君臣とも国家へ忠義凜々、無勿体事ながら、関東追討の勅諚五ヶ度も出かけ候処、会津・一橋両藩の働にて朝議も立直り、薩へ出かけ候由、膳所御危難も会津の手にて間出し候事、又中納言様〔紀州藩主徳川茂承〕の御深忠は、去年将軍職を一橋公へ御譲り、御帰京と相決、花城御発輿の節、中納言様、公方様の御袖をひかへ落涙数行、大坂守衛は家来に任せ、臣は何国迄も御供可申と被申上候節は、御近習其外々も落涙押へ兼候也、然に橋会両侯の諫言にて御東帰は相止み、花城へ被為入に相成候得共、諸藩の形勢は弥以不穏、京師御もやうも不妙に付、長征も思召のままに難出来、御憂愁相積、此頃にては八ツ時の御茶菓子も不被為召上、詩歌等風流の御書物等も皆々下もへ被下に相成、御心配のみ、終に御欝閉御胸痛の御証と相成り、御医師の案にも、只今の分にては御寿に障り候程の事も不為在候得共、一天下鎮静御安心の時に向ひ不申候はば御全快は無之五月四日宇都宮浪花を発候頃迄は御病褥被為在候との事との事、誠に薄氷を踏如き徳川家の御難義、附ては何処迄も紀州一手にても徳川家の盛衰を見届可奉事に付、御自身は一命も聊か惜み不申との中納言様の御決心を直に奉伺候義も有之候」と。そして、これを前提に、郡内地士・大庄屋主導のミニー銃装備農兵隊取立を説得しようとしている。

当時一流の軍事科学者だった宇都宮が、国家論としては、このような近世的な徳川家を中核とする家産制国家論を墨守している以上、菊池や瀬見を説得することはそもそも無理なことであった。しかしこの時期、宇都宮や福沢等の西洋事情に通暁していたエリート達が、戦争勝利と徳川幕府の絶対主義化を媒介として上からの強行的な近代化を狙っていたことも厳然たる事実である。豪農商層の頑強なナショナリズムと日本の近代化をどのような理論と枠組みで結合させていくかは、廃藩置県後の福沢に鋭くつきつけられる課題となってくるだろう。

(5)　遊佐教寛「農兵戦わず――菊池海荘の海防策と紀州有田の明治維新」(『和歌山県史研究』第一〇号、一九八三年)を参照のこと。

（6）石塚裕道「明治初期における紀州藩藩政改革の政治史的考察」（『歴史学研究』第一八二号、一九五五年）を参照のこと。

第五章　幕末平田国学と政治情報

はじめに

幕末期平田国学者のイメージが、島崎藤村の『夜明け前』にあまりに見事に形象化されているためでもあるだろうか、平田国学の担い手といえば、まず豪農や名望家層が念頭に浮かび、彼等の国事運動も「草莽の精神」の角度から解釈されやすい。また思想的な側面でも、土俗的な村落祭祀や民俗学的な他界観・霊魂観などが注目されがちである。

だが、幕末期平田国学の展開と発展は、ペリー来航と日米和親条約の締結、条約勅許の失敗から安政大獄、桜田門外の変から坂下門外の変と、激動する政治過程と外圧の刻一刻の深まりによって何よりもまず規定されていた。そのような未曾有の歴史動向に、まがりなりにも主体的・能動的に対応しようとし、いくつかの選択肢の中で平田国学を選びとったさまざまな人々の強い求心対象となった人物こそ、篤胤の女婿であり、江戸鳥越佐竹藩中屋敷に塾をかまえていた秋田藩士平田銕胤《かねたね》と篤胤嫡孫の延胤《のぶたね》(延太郎)であった。義父篤胤の教学(＝「皇朝古道学」)を広く全国に普及しようとする銕胤の尋常ならざる熱意と、そのために発揮された卓絶した組織能力なしには、平田国学は幕末期、強力な思想集団としての実態をまったく保持しえなかったであろう。このような問題視角から、本章では幕末の政治過程と平田国学の相互関連を、平田銕胤・延胤父子を主軸とする政治情報の流れのなかから、少しく考察してみたいのである。

1　平田銕胤と没後の門人

銕胤が平田国学を学びに入門する門弟たちを、すべて篤胤没後の門人として扱ったことはよく知られている。ただし、その際、単に入門の誓詞を提出させ、束脩を納めさせただけではなく、門人に対し平田国学の修業指南をする形で親しく接していることは看過できない。信州伊那座光寺村の名主北原稲雄《いなお》の弟今村豊三郎は、文久元(一八六一)年一〇月に二二歳で銕胤のもとに入門、そこで『古道大意』『志都能石屋《しづのいわや》』『玉襷《たまだすき》』『三大考弁々』『古史徴開題記』『古史成文』『古史伝』『霊能真柱《たまのみはしら》』『稲生物怪録《いのうぶっかいろく》』など、基本的文献を銕胤から借りて読んだり写し取ったりしている。(1)

また肥前島原藩士の井上三郎(＝土井豊築)は、国許で平田国学者の丸山作楽《さくら》から国学を学んでいたが、慶応元(一八六五)年四月、江戸御留主詰を拝命し一八歳で出府、同月晦日には、江戸詰同藩士で平田門人の楠唯七郎に伴われ銕胤塾に入門、束脩二朱を納め、食事を銕胤から供されている。このときに石摺物二枚を頂戴、『古道大意』『古学二千文』『霊乃宿替《たまのやどかえ》』を借用する。この後、銕胤の許に五月八日、二五日、閏五月五日、二三日、六月二八日、七月二一日、八月二四日、九月七日と八回も参上(九月一八日帰国)し、『稽古要略』『出定笑語』『説文解字序』『玉襷』『葛《かっ》僊翁文粋《せんおうもんずい》』等を借用して写し取り、また楠からは『志都能石屋』『古史伝』を借りて勉強している。(2)

ここで興味深いことは、丸山作楽らのために『神拝詞記』『神代系図』『神代系譜』『稽古要略』を三朱と四〇〇文で師の許から購入・送付している事実であり、さらに井上は、閏五月五日には、延胤(「若先生」)より丸山作楽宛書状を託されてもいたのである。在府武士が情報仲介者として機能している。

このように、入門する門弟に対し懇切に指導することにより、逆に銕胤は彼等からさまざまな政治情報を入手することが可能であった。そして各地の門人の一人一人に対しては、ねんごろに数多くの書状を認め、江戸その他の政治情報を伝えるなかで、平田派国学者の結束を密にしていったのである。奥州相馬小高郷の神職で天保元(一八三〇)年入門の高玉民部《たかたまみんぶ》ただ一人に対し、銕胤は弘化二(一八四五)年から明治一二(一八七九)年の間、一六一通もの書状を書き送っている。平田門下全体に対してはおそらく厖大な点数に達したことであろう。(3)

篤胤著作の普及も兼ねた、この超人的な通信活動には、すくなくとも書通した数だけの来信・礼状があったはずであり、そこには江戸情報や篤胤書籍に関する質問とともに、発信者生活地域の情報も、多く盛りこまれていたと思われる。篤胤生前の門人が五五三人、慶応三年までの没後の門人が一三三〇人だから、平田門人から銕胤のもとに流入する直接的・間接的な政治情報は、幕府・諸藩の権力的情報蒐集網を除外すれば、質量ともに当時最大級のものであったといってよい。では銕胤は、このような政治情報を何に利用したのだろうか?

2　平田銕胤・延胤と秋田藩

平田国学を信州や濃州の国学者と直結させる発想法はきわめて危険である。銕胤・延胤は一面では秋田藩士なのであり、しかも江戸定府士という性格上、江戸という政治都市とも深く結びついていた。平田門人は秋田藩内で二百数十名という多数に達しており、その大部分が在郷の下士・神職と豪農商であった。

また、文政年間に学館和学方御用掛を勤め、篤胤とも親しかった吉川忠行は、安政三(一八五六)年には私塾惟神館《ゆいしんかん》を開き、そこで国学に基づいた経世日用の教育と、西洋流砲術の調練を統一的に開始した。文久三(一八六三)年、篤胤の生家である大和田盛胤邸に小野崎通亮により国学塾雷風義塾が開設されるや、惟神館は西洋流軍事訓練処に特化し、慶応元(一八六五)年秋、砲術館が落成、忠行の子の忠安が藩より砲術頭取に任命される。この雷風義塾と砲術館に学び、江戸の銕胤・延胤父子と緊密に連絡をとりあっていた豊間源之進らのグループこそが、戊辰の役で秋田藩が庄内藩をはじめとする列藩同盟軍に藩内の大半を蹂躙される苦境に際し、藩軍事体制を維持しつづけるうえで最大の役割を果たした洋式調練部隊の中核に位置することとなる。

したがって、銕胤父子の主要な努力の一つは、秋田藩の藩論を平田国学的な政治コースに可能なかぎり引き寄せようとするところにあった。家老渋江内膳との深い結びつきもこの点と関連する。他方、藩側においても、藩外に広く拡大していった平田国学の人脈と情報網の意味を認識せざるをえない状況にしだいに追い込められていく。儀礼的な交際では入手しうる情報の質と量はきわめて限られ、しかも、藩の政治態度を決定する上では、正確で機微に触れた政治情報がなんとしても必要不可欠となってくる。ここに、秋田藩江戸屋敷詰の家老・用人と銕胤・延胤父子の間に、政治情報をめぐっての微妙で緊張した関係が成立しはじめるのだった。

東京大学史料編纂所所蔵史料のなかに、「風雲秘密探偵録」と題する四冊の写本(文部省維新史料編纂事務局作成)がある。その序を大正元(一九一二)年一〇月、旧秋田藩士羽生氏熟《はにううじつら》が書いているが、そのなかで、彼は、「此書、安政・慶応年間、秋田藩士平田銕胤・同延胤両大人の京都及び江戸に奔走し、国事秘密を探偵し、藩主佐竹義堯《よしたか》公に奉ぜし所の自筆報告也、(中略)薄葉紙百八十四通、紙数四百十五枚」と史料の性格を述べている。宛先は藩主宛というよりは、前述したような性格ではあるが、手許に集約された諸情報を銕胤父子が藩当局に提出した、一種の探索書であることにはまちがいない。ここでは、右の「探偵録」を主な手掛りに、どのような情報を銕胤父子が藩当局に与えようとしたのかを見てみよう。

年代的にもっとも早いものは、安政二(一八五五)年後半になされた対幕海防献策写の提出である。この時期から江戸藩邸当局者は平田銕胤とその人脈を利用しはじめたと思われる。銕胤は、「上にて御採用御座候哉と存候物一冊写取、御覧に入れ申候」と前書を附しているが、一昨年以来彼が見ることのできた百余点の海防献策のうち、最重要だと銕胤のみとめたものは、嘉永六(一八五三)年七月の信州岩村田藩世子内藤金之丞と同年同月の勝義邦(海舟)の献策の二点であった。

金之丞は具足の無用性を主張するとともに、西洋式鉄砲の採用と精製火薬の製造を強調、あわせて勝の海防構想を高く評価する。勝のプランは壮大であり、洋式軍制へのドラスティックな軍事改革と軍事学校の建設、都府防備を強化したうえでの海軍の創設、海軍建設資金調達のための対清・朝・露貿易の振興等、統一的な将来像を積極的に提示していた。篤胤の学問自体が、『志都能石屋』に見られるように、蘭学の影響を根底のところですでに深く受けていたのだが、銕胤のこの選択を見ても、幕末期平田国学と蘭学・洋学の関係はなかなか一筋縄でいかないことが痛感される。

通常の風説留類には、次には安政四(一八五七)年末の日米通商条約案をめぐるハリスとの対話書写が収められているはずである。しかし、「探偵録」にそれはない。だが、これはむしろ当然のことであった。ハリス対話書は、幕府が諸大名にすべてを示しており、風説留の写は、それが外に流出したものであり、秋田藩でも、江戸屋敷詰当局者のほうが、銕胤よりも先に熟知する立場に置かれていたのである。

安政五(一八五八)年の条約勅許問題から安政大獄にかけての政治的激動期に関しては、「探偵録」には大獄開始を告げる京都書翰が、九月二二日、二八日、一〇月一日、六日、一四日、二四日と連続的に収められている。

当然被捕縛者に同情的なトーンで執筆されており、「鵜飼〔吉左衛門〕何も不調法成儀は無レ之、只々世態苛政の然しむる処」「浮田一蕙《いっけい》、是も悪事は有間敷、只信濃人の一件〔松本大名主近藤茂左衛門の捕縛を指す〕に可レ有レ之と存申候、誠に気の毒に存候」「梅田〔雲浜〕と申《もうす》人は、山崎流の学にて、是迄更に知る人無人程の儀に付、今般公辺へ被二召捕一候て、はじめて高名に相成被レ申候、内藤氏〔伏見奉行〕糺問有レ之候処、何事も不レ申、にこにこと笑ひ被二申居一候故、押して御尋の処、何事も不二申上一、当時の世上の為体《ていたらく》御推察が第一と奉レ存候、それを朝夕寝食を忘れ慷慨歎息仕居候而已と計り、一向にもの不レ申と申風聞」という銕胤宛書翰を、彼は藩当局者に京都情報として提出したのである。

ペリー来航後の新事態に対処する一方策として銕胤人脈を利用しはじめた秋田藩当局者ではあったが、安政大獄の酷薄な弾圧は、彼等をも畏怖せしめ、かつ幕府の安泰性への確信をも抱かせたであろう。平田情報は、「および」ではなくなった。

藩当局のもとに平田情報が再び届けられる(あるいは提出を再開させたといったほうが正確か)のは、現金なもので桜田門外の変直後の安政七(一八六〇)年三月一一日のことである。磐石だと思っていた幕府の中枢人物が白昼公然と殺害され、藩当局者には少しも先が読めなくなってきた。

そして彼等が平田情報に深く依拠せざるをえなくなるのは、文久元(一八六一)年五月二八日、水戸浪士が英国公使館東禅寺に切りこんだ第一次東禅寺事件からである。銕胤の報告は詳細をきわめており、情報源は東禅寺檀家、目付、品川宿名主、下座見《げざみ》、外国奉行、治療にかけつけた医師、近隣の者、当日東禅寺詰旗本、外国方等々、多岐にわたっている。藩当局者は、これほどの情報網を江戸に張りめぐらすことは不可能であった。

七月に入ると、露艦対馬占領事件に関連し外国奉行小栗豊後守が辞任した内幕や、英艦による海岸測量の狙い、さらには水戸家と老中との対立等々がいろいろな情報源によりながら報告される。

一一月は和宮の降嫁行列をめぐる情報が提出される。そこでは、行列供奉の小禄の公卿たちがおびただしい数の家来を雇い入れていること、この需要を見越して、「関東は勿論、諸国の博徒或はゴロツキとか唱候類の悪党共、大方は京地へ登り堂上方の御供に相成」ったため、格別宿々の迷惑となっていることが指摘される。また信州伊那地方において平田国学を普及するうえで多大の功績があった飯田在の岩崎長世が、降嫁行列の荷物運搬に動員された助郷人足の言語に絶する困苦を銕胤に連絡した一一月一三日付書翰も、そのまま報告書のなかに挿入されていたのである。

文久二(一八六二)年に入ると、まず正月一二日の大橋訥庵《とつあん》の捕縛の理由および一五日の坂下門外の変の参加者の経歴、安藤信正の負傷の度合が銕胤の探索対象となる。彼はさまざまな手段を用いて真相をつかもうとするが、情報をもたらす人々に平田国学関係の人々が多いため、彼等の願望が自ずと反映されるのだろう、安藤はすでに死んだとか重傷で命があぶないという情報が多く、軽傷説がわずかであることは興味深い。また斬姦状中の、廃帝の先例を安藤が取り調べさせたとの一条に関し、銕胤は塙次郎(忠宝)と前田健助(夏蔭)の両名について探りを入れ、「同人等は甚《はなはだ》危き事に御座候」との印象を報告書中に記している。

なお、坂下門外の変関係者の捕縛について、「真岡《もおか》の人横田東〔藤〕四郎同東太郎医師小山長円、小島孝助〔児島強介〕等御召捕の処、東四郎は迯去《のがれさり》候由」と報告しているものの、児島が安政六年五月、師岡正胤の紹介で入門していた事実はまったく伏せていることは注意すべきであろう。

四月は島津久光の挙兵上京により京都情勢が激変する月である。京都発信書翰には、幕府に交易不可をたびたび申し立てたのに取り用いられなかった、幕府で打払ができないならば、国主の面々が引き受けて払い退けるので綸旨を賜りたい、と久光が出願しに上京したとの流言や寺田屋事件がくわしく報ぜられ、藩当局宛報告書にそのまま盛りこまれる。

文久二(一八六二)年四月の久光挙兵上京から五月の勅使大原重徳《しげとみ》の江戸下向決定という政治的激変は、周囲の危惧を押しきり、幕府への忠誠を貫こうとの立場から四月にあえて参府した秋田藩主佐竹義堯をも不安に陥れる。平田国学は情報提供以上の任を負わされはじめる。義堯は在府家老宇都宮帯刀《たてわき》の進言を容れ、五月一八日平田延胤に対し上京して隠密探索をおこなうよう命じるのであった[4]。京都での人脈に関しても、秋田藩は平田国学に全面的に依拠せざるをえなかった。延胤は一ヵ月余の京状探索(門弟の角田《つのだ》忠行が同行[5])を終え、六月二四日帰府するが、当局者の思惑を越えた活動をおこない、岩倉具視の秋田藩国事周旋要請書翰をもたらし、当局者を苦慮させることとなる。

時運は銕胤・延胤父子と平田国学にますます有利となってくる。江戸に下向し、幕府に大規模な政治改革を迫っていた勅使大原重徳は、六月晦日、使者を銕胤のもとに派遣し、「先代篤胤の著書追々世上に相弘まり、君臣の大道・尊内卑外の趣意相心得候様相成候は、学業抜群の儀中迄も無レ之、感心の至に候、近年堂上にも一覧の方々不レ少、地下の者共も懇望の者多々有レ之候へ共、書物部数少く行届兼候段、遺憾の至に候、依レ之今般著述不レ残学習院へ献備有レ之候様致し度」[6]と、篤胤全著作の学習院献納を要請、銕胤を大感激させる。

重徳は秋田藩から献上させる案をも示唆し、銕胤は藩当局に打診するが、諸般の事情を考慮してのことであろう、当局者は「難レ有御事に候得共、左候ては彼是御手数にも可二相成一候間、其方より直々差出し候て不レ苦候はば、其通り可レ仕」と回答する。篤胤著作中大急ぎで準備できた分は、八月一七日、大原重徳の許に銕胤自らが持参するのだった。

このような情勢を反映して、文久二年後半の報告書には、朝廷内での強硬政策の形成、勅使三条実美《さねとみ》の江戸下向、諸大名への内勅降下等々の諸情報が盛りこまれている。また一〇月には、銕胤の門人(嘉永五年九月入門)で白川神祇伯関東執役の古川将作(美濃守)が上京して朝廷に提出した神祇官再興建白書の写も当局者に差し出される。そこで古川は、神祇官再興こそが「皇綱更張」の大基本であると主張するとともに、熱田神宮の尊崇、吉田家が神祇官代で神宮例幣使派遣儀式をおこなうことの中止、式内社の調査、山陵使の復活、寺請証文を廃止して白川家よりの証文にかえること、神職に対しては受領名を禁じて叙位のみとすべきこと、蝦夷地へ神社一社を興立することなどを建白していた。平田国学の考えに忠実にそったものである。

大原・三条両勅使の江戸下向、ドラスティックな幕政改革を経て、時流は奉勅攘夷の方向に大きく動き、将軍上洛の決定とともに、将軍後見職一橋慶喜が第一陣として一二月江戸を発し京都に赴く。佐竹義堯も翌文久三年一月上京することとなり、その準備として家老宇都宮帯刀が一一月二七日に上京、この月、物頭格本学頭取にとりたてられた銕胤は同日上京を命ぜられる(同行者野城《やしろ》清太夫・角田忠行・小林与一郎[7])。京都における秋田藩の国事活動に、銕胤と平田国学の名声は必要不可欠のものとなってきた。父に引き続き長子延胤、次子三木鉄弥も上京、しかも平田父子の上京と国事周旋を絶好の好機だとして、権田直助をはじめとする平田国学の高弟たちも続々と上京、奉勅攘夷の運動を下からさらに促進しようとする。この時期の京都は、平田門人総結集の場ともなったのである。

文久三年二月二二日夜に発生した、三輪田綱一郎(元綱)・師岡節斎・宮和田勇太郎(宮和田又左衛門の長子)・青柳健之介・長尾郁三郎・西川吉輔ら平田門人が直接・間接に関わった等持院足利三代将軍木像梟首事件は、このような動向のなかで、起こるべくして起こった事件であった。

前述のように、銕胤自身は藩命を帯びて上京しており、この事件にまったく関わりをもってはいなかったが、心情的には門弟たちの行為は是とされるべきであると確信していたと推測される。というのは、「探偵録」中には、京都から報じたのであろうか(銕胤および藩主の帰府はいずれも四月)、関係者を殺害・捕縛した京都守護職会津藩に対する岡山藩(同藩陪臣野呂久左衛門が事件に関与していた)の強硬な抗議文や草莽諸士の関係者赦免要求諸建白が収められており、さらに、「木像の事、追々諸藩幷諸浪士等より申立、報国赤心の有志、一人たりとも外夷切迫の折柄、非命に相果候様にては大切の儀に付、当月初旬大赦被二仰出一候、然るに又例の如く幕吏抱置《かかえおき》、いまだに下に達せず、又異論起り候半《そうらわん》、一天下の大事を思はず幕の為を議せらるゝは、木によりて魚を求るの譬なるべし、加レ之《これにくわうるに》後患を如何せん」との四月二二日付銕胤宛京都発信書翰がそこに綴られているからである。

文久三年五月一〇日が攘夷期限だと決定されるのが四月二〇日、この前後から、幕府の姿勢がどのようなものになるのかが、銕胤・延胤の情報探索のカナメとなる。四月一三日清河八郎が暗殺されるや、幕府は翌一四日浪士組の責任者高橋泥舟・山岡鉄太郎・松岡万らを罷免、やがて浪士組を新徴組に改組縮小させることとなる。この間の事情もよく調査され、高橋は「重き御役人へ対し過言申立」、山岡・松岡も、「今に御覧なされよ、下より起りて夷賊は誅戮すべし、然る時は、上の御政事は不二相立一、其時御後悔は御無用といひ捨て座を立たる由」と報告される。

幕府内部事情への通暁度は、対外開戦の回避と将軍職辞退を主張した五月六日付三奉行上書および某幕臣の箇条書的論駁書入手の素早さからもよくうかがえる。

この論駁書は、第一に三奉行上書中の「無名の戦争」との主張に対し、「仮令方今の処、一時外夷の危急を御遁に相成候共、却て内地の人心を憤起し、御国内土崩瓦解の機顕然歟」と論じ、第二に「彼を知り己を知」らなければ敗北は必至との主張に対し、「彼を可ㇾ知は勿論に候得共、即今の姿にては己に暗く候ては内地の治術覚束《おぼつかな》き歟」と切り返し、第三に将軍職を辞せとの主張に対しては、「方今外様の存慮多分攘夷一決の模様に付、万一御辞退の通御許容に相成、大藩へ掃攘の任勅命被ㇾ下候節は千万不ㇾ及歟」と論駁する。幕臣内で一定の比重を占めていた山岡など攘夷派グループ的な主張であるとともに、倒壊にいたるまで幕府がかかえこまざるをえなかった基本的な矛盾点をも、それなりに認識したうえでの立論である。

さらに銕胤は、「是迄の如き曖昧の御所置而已にては決て御挽回有ㇾ之間敷」と、いったん御請した「攘夷」の二字を断乎奉戴し「御国威御更張」の方向へ奮発するしか幕府の活路はないと主張する目付杉浦正一郎(誠、号梅潭)の五月付建白もただちに入手、報告する。

各地よりの情報も銕胤は掌握している。五月一〇日に幕府が横浜でどのような姿勢に出たかは、同地に詰めていた草莽たちの翌日付の急報で押さえ、長州での一部始終は、庚申丸に乗り込んで外国艦を砲撃した参加者当人の手記(=「攘夷記」)をもって知悉し、そして、京状は例の通り、京都発信書翰の受領によって、五月二〇日姉小路公知《あねがこうじきんとも》暗殺事件を含めて把握する。

五月一〇日以降六月にかけての経過のなかで、幕府が奉勅攘夷を決行する力量も意思も有しないことが明々白々となっていく。ここにいたって、平田父子のうち、藩内政治に深く関わる役割を担った平田延胤は、六月中旬、帰国していた藩主佐竹義堯は朝旨を重んじて討幕の挙に出でよとの激越なる口上書を藩当局者に提出することとなる。

すなわち、「徳川家に於て第一五月十日の期限致二布告一候而已にて勅命遵奉無ㇾ之事、天下万人の見聞仕候処に御座候、将亦《はたまた》去〔六月〕七日、弥《いよいよ》徳川家に構無ㇾ之、攘夷の儀列藩え朝命を被ㇾ下候、就ては最早徳川家は天下に顕然明白たる朝敵逆賊に相違無ㇾ之間、忽《たちまち》土崩瓦解の勢に御座候間、速に御勤王の御義旗を被ㇾ為ㇾ挙、関東の逆臣御誅伐、主上の宸襟を御休被レ遊候様御所置可レ被レ遊御儀と奉レ存候」と主張する。そして、朝廷を立てず幕府を立てるならば、「新羅公〔源義光〕御以来八百年の朝恩を被レ為レ欠、君臣の御義理を被レ為レ廃候様にては、君の御為に御不忠、御家の御為御不孝」と平田流の大義名分論・君臣論で説得しようとするとともに、幕府を誅罰すれば「征夷大将軍の御大権を御掌握被レ遊候大機会」と露骨な武家の論理をも駆使するのであった。

しかしながら、右のような過激な主張も、また八月一八日のクーデタも、秋田藩内での平田派の地位および平田父子からの情報提供システムになんら影響を及ぼしはしなかった。全国的攘夷から横浜鎖港に具体的方針が変更されたとはいえ、対外強硬策は依然として継続しており、長州一藩が京都から排除されたとはいえ、朝廷が諸大名を直接的に指示する朝廷優位体制もやはり続いていたのである。

提出される政治情報は、薩英戦争や八・一八クーデタ、八月一六日長州小郡での幕臣中根市之丞殺害事件、八月から九月にかけての大和天誅組蜂起、一〇月の但州生野の変等々と多種多様であるが、一貫して幕府批判のトーンが強い。

クーデタは暴藩〔会津〕の謀略だとし、「長州公を其儘に差置候ては暴藩の威十分に振ひ候事不二相成一故、因・備の二公は水戸の胤なるを以、二公を品能《しなよく》語らひ、上杉・阿州の両公を欺き、其外御譜代家の方々を種々に引込れ、八月十七日夜中恐多くも」引き起こされたものだとの京都書翰が届けられている。

また天誅組については、「和州浪士の外に紀州にて新組蜂起……兵糧も三ヶ年位も用意相整、大将は転法輪中納言〔三条実美〕様にて長州の御家老も加はり、至て強勢の由……五条十津川天之川も弥盛に相成候由、此姿にては追々諸方起り立可レ申由」との在府水戸藩士からの話を提供しているのである。

さらに京都情勢に関しては、「市中にても長州様を悉く慕ひ申候、流行《はやり》うたに唄ひ申候は、下之関さつき十日の其夜にまぎれ、あめりか舟をは打払ふ、あまた大名はあるけれど、攘夷攘夷は口ばかり、とんと長州さんか打はしめ、高名手がら〳〵」との九月一四日発京都書翰等を差し出すことによって藩当局者を理解させようとしている。
なお「探偵録」には、文久三年一一月六日、久留米藩に捕縛、熊本に護送された肥後藩尊攘派の山田十郎(信道)・轟武兵衛(寛胤)が所持していた書き物のなかにあったという真木和泉(当時在長州)の四通の家族宛書翰まで収められている。どのような経路で江戸の平田銕胤のもとまで届いたのか興味深いが、いずれにしろ、銕胤のもっていた情報網の広がりには舌を巻くほかない。

ところで、クーデタ後苦境に陥った長州藩は、文久三年の末から元治元年にかけて、藩主直書を携えた使者を各藩に派遣し、自藩の正当性を認めさせようとしていたが、秋田藩に対しては、その仲介者として平田父子、とくに国事周旋に努めていた延胤を選んだのは当然のことであったろう。すなわち文久三年一一月二五日、長州藩内の平田門人の紹介をもって、長州藩士有福半右衛門なるものが延胤に面会、一二月一日、三日と話を詰めたうえで、翌年一月一四日に同藩士作間《さくま》克三郎が来訪、そして同月二三日には、「側用人并留守居役兼勤」との肩書をもって使者木梨彦右衛門が直接面会に訪れ、秋田に赴き藩主に主君直書を渡すことについての斡旋を延胤に依頼するのであった。

元治元年に入ってからの情報は、上総国における真忠組蜂起、上州赤城山への浪士結集の流言、長州征伐か攘夷かをめぐっての京都政局の動揺、筑波挙兵の経緯、京都市中の張札、天誅組浪士の処刑、水戸藩内の党争等と相変わらず多岐にわたっているが、特徴的なことは、京都政局のなかでの禁裏守衛一橋慶喜に対する高い期待と評価が前面に押し出されていることであろう。

「探偵録」に収められている二月二四日付京都書翰には、「十五日一橋決死にて尹宮《いんのみや》に奉レ迫、詰問被レ成候処、其姦術漸々《ようよう》吐露に相成、夫より攘夷に決し候由」とあり、また四月二二日付京都書翰には、「当時の勢ひ有レ之者は一橋卿と水藩のみに御座候、就ては去秋以来の変動再回復、真の叡慮貫徹、神州の美も顕然たるべ」し、「一昨日頃より風聞に近々弥攘夷可レ被二仰出一由」とある。そして六月に入ると、一方で筑波勢の増大と鎖港攘夷にむけての圧力が、他方で長州勢の大兵上京が次々と報ぜられる。京都の雰囲気は、六月二九日発書翰によれば、「去年以来上下一同此地にては会津勢を憎居候間、実の戦争に相成候はば、会津は独立に可ㇾ有ㇾ之と風聞仕候」と会津藩の孤立化が伝えられる。

そして、元治元年提出された最後の探索書は、七月中旬頃と推定される銕胤作成のものである。そこで彼は、①六月下旬横浜から長州に向かった英仏蘭三ヵ国艦が長州との戦闘に敗北し九州洋に逃出《にげ》したとの風聞、②横浜在留の英夷にコレラ病が流行、一〇〇〇人ほどが病死した噂、③此度の長州兵上京は密勅が降ったからだとの咄、④六月中伊勢に水戸藩士が参籠に赴いたのは長州藩と申し合わせのうえではないのか、京地では水戸より長人に兵糧を送っている風聞もあること、⑤長兵の上京に関しては因・備・芸・筑前四藩が支持しているとの咄、⑥上総国五井に結集している多数の浪士を幕府が鎮圧しかねているとの咄の、総計六項目を詳細に報告している。

元治元年七月一九日に勃発した禁門の変において長州勢が完敗し、引き続き八月上旬下関での四ヵ国艦隊砲撃によって在国勢力も壊滅的に敗北したことは、政治情況を一変させ、横浜鎖港政策自体もいずこかへ飛びさり、一挙に朝敵長州追討へと政治潮流が急変する。筑波勢に対する幕府・諸藩連合軍の攻撃が激化するのも同時期のことであった。秋田藩当局者は、再び幕府方針に注目さえしていれば藩運営においてまちがいない情勢となったことを認識する。平田派からの政治情報は必要がなくなった。禁門の変後、銕胤からの報告が消滅するのは当然のことといえる。国許では八月一四日、平田派を支持していた渋江内膳が家老職を免ぜられた。

ただし、秋田藩内において幕府追従方針が定着するには、あと一つ山を越えねばならなかった。秋田藩が朝廷から命ぜられていた元治元年冬期京都警衛問題である。藩内の尊王派はすみやかに上京して藩の任務を果たせと要求、他方幕府は七月下旬、使番松野孫八郎を上使として秋田に派遣し、筑波勢の暴行に対処するため警衛人数を召しつれて出府せよとの将軍の命を伝達させる。

対処に苦慮した佐竹義堯は、「御上京掛ケ江戸へ御立寄」との名目をもって人数を率い九月五日着府、幕府は「京都御警衛の儀は治定御免に被二仰出一候筈」と上京の許可を与えず、他方滞府するなかで幕威が再確立しつつあるのを感じ取った義堯は、九月二八日に至り、「最早公儀の御武威も付候」との認識に立って、「兼て周旋方の最上なる平田延太郎差免」じ方をはじめとする藩内尊王派の一斉処罰を指示するのであった。

一〇月二日申渡しがおこなわれ、平田延太郎は献上方罷免・遠慮処分に処せられ、片岡鎌之進・鈴木三郎太郎・青柳忠治・遠藤源生・富岡寅之助・豊間源之進・井口糺は上京御供罷免の上帰国を命ぜられ、また小川亀雄・高瀬権平・村瀬左一郎・布施銀平らは各々の役職を免ぜられる。秋田藩用人金大之進は京都詰家老戸村十太夫宛一一月二〇日付書翰のなかで、「皆以平田学より凝毒《ぎょうどく》を流す段可レ恐可レ恐に御座候、水戸も大臣四十六人が夫々御処置方有レ之哉に相聞得、はやく不二刈除一候得は前車の鑑に御座候」(8)と、平田派に対する警戒心を露骨にあらわしていた。

しかしながら、元治元年八月から翌年にかけ全国諸藩で共通に見られた過酷な政治反動のなかで、秋田藩の処罰は、他藩のそれと比較してきわめて微温的なものにとどまった。延胤は江戸において勉強しつづけることが可能だったし、政治活動から意識的に手を引いていた銕胤の塾活動にはなんらの制約も加えられなかったのである。それだけ藩内に平田国学的な思考法が浸透していたからだともいうことができるだろう。秋田藩は東北諸藩のなかで特異な藩となっていた。

「探偵録」のなかに平田報告が再登場するのは、慶応三(一八六七)年九月からのことである。大政奉還の経過、奉還直後の朝廷政治、江戸の政治情況等々が報じられ、鳥羽伏見の戦闘報告に至る。滞府中の佐竹義堯は、一二月九日の王政復古クーデタの知らせを得るや、いったん国許にひきあげ情況を見きわめようとし、そのための京都工作に本学頭取の平田銕胤を当たらせることとし、彼に対し、一二月二〇日、藩主建白を携えて上京すべきことを命ずる。(9)また、自分が三年前遠慮処分にした平田延胤を同日付で本学教授に任命し、自らの帰国に随伴させるのであった。

3　平田銕胤と江戸情報

前節で検討対象とした「探偵録」中には、銕胤らがどのような経路で情報を入手したのかがわかる手掛りも、坂下門外の変等において若干記されている。ここではその材料を検討することにより、江戸定府身分だった銕胤の江戸情報網を再構成してみることとしよう。

ただし、ここで念頭に置かなければならない点は、前節では秋田藩との関係に絞りこんで銕胤・延胤父子の動向を見てきたのだが、彼等は他面、平田国学普及者の側面(しかもこれが主側面である)を有していたことである。この点では彼等は藩とはまったく関係なく、広く全国の諸身分・諸階層の人々と横断的に思想的なつながりを強く有していた。彼等に接触を求めた人々もまた、秋田藩士ということをとくに意識することなく、平田国学の師として位置づけていた。それだからこそ、以下に見るような幅広い情報網の形成が可能だったのである。

篤胤以来の江戸生活により、銕胤は幕臣や旗本家臣の中にも門弟や関係者を有していた。前に見たように、安藤信正の負傷状態如何は銕胤が全力を挙げて探索したテーマの一つであったが、「御卒去に相違無レ之」と断言した者の一人に、「御旗本榊原氏二男阿久津要人」がいる。要人は安政四年一月、中枝幸麿の紹介により入門した門人である。

銕胤は、幕府の内部がどうなっているかの情報も折々提供しているが、大奥レヴェルでは現実とあまりに相違した対外認識をしつづけている事実を文久元年七月頃に彼に語ったのが、万延元年一一月、大島藤一郎の紹介により二二歳で入門した御賄方外松静五郎である。彼は、「此節世間の様子を奥向にては何と御取受に候哉、夷人登城の日は奥向悉く礼服着用にて恐悦申上候事に有レ之、風聞には外夷の参り候は、全く臣従して貢物を献じ候趣に申成し置候儀と申唱候由」と述べている。

安藤情報をもたらした一人の信楽《しがらき》代官多羅尾民部手附斎藤万左衛門も、安政四年一二月、信楽の藤尾東作の紹介により入門した人物だが、彼は「安藤公破傷風に相成候事相違無レ之、多分は御卒去の趣に承り申候、専ら神罰と申風聞有レ之」と語っている。この斎藤こそ、安政五年から六年にかけ、平田門人中でも高弟の近江八幡の豪商西川吉輔を、安政大獄容疑の廉で信楽代官所において取り調べた当人でもある。

ところで、平田国学というと、私も含め、すぐ師弟関係から考えていこうとしてしまうが、「探偵録」を検討すると、師弟関係の外側に、師弟関係をとり結ばない学問的交流の場を一つ設定したほうがよさそうである。門人帳には名前を出さないものの、安藤死亡説を銕胤のもとにもってきた人々のなかに、御家人の和田清三郎や、一橋家家臣大島藤一郎(前出の外松紹介者)などがいる。また文久元年七月一二日に水戸浪士打入りと勘違いして起こった善福寺内の騒動のいきさつを語っている郷町《ごうまち》喜太郎は火附盗賊改方与力の一人である。

旗本家臣もこの学問的交流の場に加わっている。留主居で一七〇〇石の旗本加藤伯耆守の家臣大野庫治も安藤死亡説をもたらしているのである。

なお、小栗忠順《ただまさ》の外国奉行辞任に関し精度の高い情報を銕胤に語った人間も知りたいところだが、「蕃書調所の役人内話」とのみあって、銕胤は名前を秘している。

平田国学が草莽の国学的性格をもっていると同時に、武士層の間にも深く浸透していたことは看過しえない。篤胤自身が、中国と対比して、神代以来の日本における武道の伝統をくりかえし強調し続けていたことも、この事実と関連するのであろう。銕胤の江戸情報の大部分は在府諸藩士によってもたらされるのである。

幕府情報をもっとも入手しやすかった銕胤門人は、嘉永五年一一月、三四歳で入門した青山稲吉(景通)であったろう。彼の主君濃州苗木藩主遠山友詳《ともあき》は、奏者番を勤めたのち、文久元年七月から二年八月、元治元年一〇月から慶応三年六月の長期にわたり若年寄の要職を勤めていたのである。

青山は、文久元年七月、奏者番の藩主から聞いた直話だとして、寺社奉行板倉勝静《かつきよ》が遠山に語った内容を、「〔形勢は」当時は弥以《いよいよもって》六ヶ敷相成、御老中方にても御心の儘にも不二相成一、万事奥向より御政事出候哉にて、中々拙者等の力に及兼候事の由」と銕胤に伝えている。さらに稲吉は、安藤の負傷に関してはさすがに精度の高い情報をもたらし、「安藤公御手疵は軽く候得ども、御出勤は迚も有レ之間敷、跡御役の評判は第一板倉周防守様、次に水野和泉守様と風聞有レ之由」と銕胤に語っていた。事実、山形藩主水野忠精と備中松山藩主板倉勝静の両人は、この年三月一五日にそろって老中に就任することとなる。青山は主君のもたらした公文書を書写する立場にいたのである。

また苗木藩では、安政五年三月青山稲吉の紹介により三九歳で入門した水野新兵衛も、安藤情報を伝えている。右の青山稲吉は、文久三年八月、奸吏と通謀して正義を害したとして、安政五年銕胤から破門されていた国学者鈴木重胤を暗殺した人物であるが、ともに行動に加わった仲間に島原藩士の小林与一郎がいる。この小林も銕胤への情報提供者であった。

小林与一郎(＝梅村真守)は文久元年二月、丸山作楽の紹介により、二二歳で入門した人物だが、安藤問題に関してはうがった見解をもっていた。彼はこう語っている。すなわち、最近安藤公出勤との噂が流れているが、これは同家よりいいふらしているようで、実は一月一八日に死んだのだが、切込みの疵で死亡というのでは事がすまないので、いったんは疵は平癒したと申し触らしおいて、別段の病気で卒去というつもりだ、というのである。銕胤の報告書では、「同藩保母《ほぼ》鉞之《えつの》進《しん》云、右の説は不相当の様に御座候」と、井伊直弼死去の時の例をあげたとあるから、たぶん銕胤塾での両人の話を彼が報告書に盛りこんだものであろう。

保母も文久元年二月、丸山作楽の紹介により、一九歳で入門した島原藩士である。右の小林は文久二年一一月、師に従って京に上り、等持院事件に関与した後、西下して五月の下関外国艦砲撃に参加、七月京都高台寺を焼き、八月鈴木を暗殺、その後筑波勢に参加して、元治元年一〇月、笠間藩兵と戦って敗死する。また保母は文久二年末上京、天誅組の乱に一隊の隊長として参加、各所に闘った後、水郡《にごり》善之《ぜんの》祐《すけ》ら十余人と脱出の途中、和歌山藩兵に捕縛され、元治元年七月二一日、禁門の変のなか、京都六角獄舎で殺害される。

島原藩には丸山作楽の仲介によって平田門人が多数存在しており、文久二年六月参府予定の同藩藩主の動きを阻止しようとした島原藩士四〇名の願書を入手した銕胤は、「右の願書、彼御藩の門人共より内々借用」と認めている。没後の門人という形式を取っているとはいえ、銕胤は彼等は自己の弟子だという意識を強烈に有していたのである。

島原藩とならんで平田国学の影響が及んだ藩に岡山藩がある。岡山藩士宇野助太郎(=平島后太郎)は、安政六年二月西川吉輔の紹介により入門していたが、彼は安藤負傷については、疵は軽いが家臣が出勤を阻止しているとの情報をもたらしている。この宇野が文久二年六月に岡山藩陪臣の野呂久左衛門を、また同年八月、同じく同藩陪臣の岡元太郎を銕胤のもとに入門させ、等持院事件への岡山藩関与のきっかけを創り出すのであった。

さらに西川吉輔の紹介で、野呂や岡の主君である岡山藩重臣土肥典膳自身が文久二年一二月、入門する。

銕胤は長州藩内にも手掛りをつくっている。坂下門外での安藤襲撃の期におくれた水戸藩士川辺左次衛門は、同日長州藩邸に桂小五郎を訪ね、事情を告げて遺書を託し、その場で自刃するが、この事件の内情を銕胤は長州藩内の門人から聞きただしているのである。そして、自殺者の処理をめぐって幕府と長州藩との間に意見の対立が生じた一月末、その詳細を知るために人を長州藩邸に派遣するのだが、「右に付、長州様には私方門弟も有㆑之候に付、二十九日、晦日と両日為㆓見舞㆒人遣し候得共、他所人は一切御門留の由にて通し不㆑申候」という次第となった。また安藤負傷に関しては、万延元年九月、安部正臣の紹介によって四五歳で入門していた同藩士世良《せら》孫槌《まごつち》が死亡説をもたらしている。

なお、等持院事件の関係者の一部は京都の長州藩邸でかくまわれたが、その仲介をした者が、文久二年三月、西川吉輔の紹介によって三〇歳で入門していた周防国山崎社神主の渡辺新三郎(玄包)であったことも注意しておいてよいだろう。

長州藩とならんで薩摩藩と銕胤との関係もきわめて興味深いものがある。同藩士町田直五郎は文久元年一一月、二六歳で入門した人物だが、安藤の負傷に関しては、「諸藩より安藤家え日々御見舞の御使者有﹅之候処、十九日より御取次の口上改り、御痛相増候趣に答候由、左候得ば、十八日頃何か御変症に相成候様に被﹅察候」と銕胤に語っている。

また、当然文久三年七月の薩英戦争の情報は薩摩藩邸より入手することになるが、自宅や親類の家は類焼しなかったことをも含め、詳細に一部始終を伝えるのが、安政三年一〇月、相良長基の紹介をもって、三〇歳で入門した岩下左次右衛門(方平)なのであった。

さらに、元治元年七月中旬ごろ、上京する長州藩に因・備・芸・筑前の四藩が味方しているとの情報を銕胤に語っているのも、文久二年九月、三一歳で入門した薩摩藩士関太郎である。話の口振りからすると、同藩士のなかでも長州藩の行動に親近感を強く有していた人物であったらしい。この関は慶応三年一二月、薩摩藩邸焼打事件の際戦死する。

幕臣関係者のところでも触れたことだが、直接の師弟関係の外側に学問的交流の場を設定することは諸藩士との関係を考えるうえでも必要である。安藤の負傷は軽微との情報を伝えた薩摩藩士海枝《かえだ》彦之丞の名は門人帳には記載されてはいないし、文久二年二月前後、和宮降嫁一件を口をきわめて非難し、次のように銕胤に語った同藩士の内田仲之助(政風)も直接の師弟関係にはなかった。内田はこう述べている、「中古北条家の勢強盛に有﹅之候も、纔《わずか》に十五日の間に全く滅亡に及候を以て勘考致候得は、今にも事起り候はば何と変化可﹅致哉、殊に当時は外夷と申もの有﹅之候故、北条の時代より一段の難事に可﹅相成﹅と御藩中〔薩摩を指す〕など専ら申居候」と。

直接の師弟関係ではないが銕胤の許に情報をもたらしていた人物としては、土佐藩では安藤死去説を語る浜田森之丞がいた。土佐も鹿持雅澄《かもちまさずみ》に見られるように国学の伝統の強い国ではあったが、平田国学とは別系統であったため、師弟関係まではいかなかったものか。また同一性格のものとしては、安藤死去説をもたらした肥後藩士の大野鉄兵衛(太田黒伴雄)がいる。神風連の乱で闘死することとなる彼も熱烈なる国学の徒であったが、師は肥後藩士の林桜園であり、銕胤とは師弟関係にはならなかったのである。

安藤情報を銕胤にもたらした門人には越前藩の中根靭負《ゆきえ》(雪江、天保九年五月、三三歳で入門)や大洲藩の渡辺権助(文久元年五月、二二歳で入門)らもいたが、意外とも思われる藩のなかに津藩や桑名藩がある。

津藩士の高橋太郎左衛門は万延元年四月、三八歳で入門した人物であるが、彼は安藤一件では存命説を語っている。そして文久三年一〇月段階では、天誅組追討の彦根・郡山両藩が浪士に欺かれ、同士討で二〇〇人ほどが死亡した風聞を、さらに元治元年七月段階では、長州勢上京は密勅が下ったからだとの噂を銕胤にもたらしていた。

桑名藩士の足立忠治右衛門は、安政六年九月、三一歳で入門した人物であるが、前節で見た元治元年七月中旬の銕胤報告のうち、①②③を彼に告げている人物こそ、この足立なのである。所司代を出していた藩においても、藩士たちの考えには相当の幅のあったことが、この例でも痛感される。

ところで、水戸学と平田国学の差異性は、思想史レヴェルでくりかえし問題とされてきたが、情報レヴェルで見るかぎり、銕胤のもっとも接触しているのが在府水戸藩士であることは十分に留意さるべき事実であろう。思考方法での相当の近似性なしには、この事実は説明できない。

なるほど、銕胤門人として出てくるのは安政三年一月、菅右京の紹介により二九歳で入門した久米孝三郎(幹文)と、元治元年二月、野城広道(清太夫の子)の紹介をもって七一歳の高齢で入門した山国兵部の二人である。このうち久米は文久二年二月、大橋訥庵事件を幕府は処理できずもてあましているとの情報を、山国は元治元年二月、藩主徳川慶篤が自分に対し、「何れにも鎖港無レ之候ては国内可レ治様無レ之旨にて専ら攘夷の思召」を語ったことを銕胤に告げている。

だが、このほかにも、文久元年七月、幕閣と水戸藩主の対立を水戸藩藩医の梶山蔵廸《ぞうてき》と(10)同藩小人目付金井半右衛門がともに語っており、文久三年九月には同藩士畑弥兵衛(慶応元年二月、山国とともに敦賀で死罪)が銕胤の許に来たり、水戸表の有志者の決起を報じている。また銕胤は、元治元年六月初旬、水戸藩内の三派対立の詳細を水戸藩右筆組頭原田誠之助に聞きただし、六月下旬の水戸藩内大混乱の内情を小姓頭取安藤杢之進に問い合わせたりしているのである。このほか銕胤は京都詰水戸藩士の江戸宛書翰の写も多く入手している。

幕臣や水戸・薩摩両藩をはじめとする諸藩からの情報とならんで、銕胤にとって不可欠だったものは、平田塾に始終出入りする身近な門弟たちであった。

まず医師の師岡節斎があげられる。彼は嘉永五年三月、二四歳で入門しているが、安藤一件に関しては、「破傷風に相成、十八日夜御卒去と申風聞」を報じている。また彼は、文久二年一月には、横浜において天主堂ができ、五〇人ほどの信徒ができているとの噂をもたらし、二月には、旗本山岡宗右衛門が坂下門外での襲撃者の真情を知って落涙したこと、大橋訥庵の養子先である佐野屋の嫡子は宇都宮家中となり、次男に家を譲っていること、最近硝石が大量に輸出され、国内では品不足となっているが、これは外国が硝石不足なのか、あるいは日本の武力を奪おうとする手段に相違ないこと等の情報を銕胤に告げるのである。

史料的に彼の名前が判るのはこれだけだが、このペースで彼が銕胤に情報を運んでいるのだとすれば、江戸情報については最大の供給者の一人であったろう。また、彼の妻の兄は若年寄加納遠江守の取次頭取を勤めていたため、幕府内の情報を入手することが可能だったのである。

師岡とならんで種々の情報をつかみとってきた者に医師で岡崎出身の大武秀斎がいた。正式の入門は元治元年二月、四〇歳とあるが、それ以前から不断に銕胤の許に出入りしていたのである。しかもこの大武は目付黒川備中守のかかりつけの医者だった関係上、なにやかやと幕府情報を仕入れることが可能であった。

鋏胤の文久二年二月報告書には、「二月九日、大武秀斎罷越、内密申聞候は、一昨七日、例の通黒川家え罷出、療治致居候処、側に書付有」之候故、何となく一読致候処、松平肥前守様御儒者中野幸〔方〕蔵・酒井左衛門尉様御家来何某と有」之、又宇都宮佐野云々末に同心加藤云々と認有」之候に付、御尋申候処、前書二人は御召捕に相成、宇都宮の佐野と申町人は当九日頃御召捕に相成候筈と御咄の由」と書かれている。このほかにも大武は、安藤死亡説を報じ、御殿山夷人屋敷普請受負人が秋田藩材木屋との噂が流れていることを知らせ、さらに文久三年一一月には、赤城山麓での「報国雄士」の義挙の動きを鋏胤に書通するなどしているのである。

平田国学は権田直助を筆頭とするこれら多くの医師に影響を与えるとともに、当然のことながら、絶大な影響を神職社会に及ぼしていた。三輪田綱一郎は四国豫州久米郡の神職で、嘉永三年一〇月、二五歳で入門していたが、文久二年初頭は江戸で活動していた。鋏胤は、綱一郎が二年ほど塙次郎塾にいたことを利用し、廃帝調査の件に関し彼を塙に会見させ、事実を糺させているのである。その際の塙の応答は、「右云々の事は私は委敷《くわしく》心得不」申候、内実は彦根公御家臣長野主馬〔主膳〕と申和学者取調候事に御座候、尤同人は懇意に付委曲承り候」というものだったという。

信州岩村田の神職角田忠行は安政二年八月、二二歳で入門、この当時は鋏胤塾について師の仕事を助けており、老中久世《くぜ》広周《ひろちか》の動きなどの情報を蒐集していた。

下総国相馬郡宮和田村名主の宮和田又左衛門は千葉周作の門に入って撃剣をよくし、安政六年九月、師岡節斎の紹介により四四歳で入門、国学を学ぶこととなるが、彼も安藤情報をもたらす一人である。

以上の師岡・大武・三輪田・角田・宮和田の五名は江戸を活動の場とし、鋏胤の側近的機能を果たしていたが、江戸周辺の豪農で平田の門弟となっているものもそれぞれ江戸に来ては情報を彼のもとに報ずることとなる。

武州足立郡の櫛引村・地頭方村両村名主の安藤直治は、天保八年九月、二七歳で入門している古参門人だが、彼は文久二年二月、常州奥郡観音山に浪人が多数屯集し、水戸城下より兵糧を送っている風聞を鋏胤に語っている。また直治の実兄は両番旗本高木亀太郎の用人を勤めており、その関係で入手できる情報をも、直治はもたらしているのである。

下総国相馬郡河原代村の名主木村市三郎は、文久二年一月、宮和田勇太郎の紹介により、二八歳で入門した人物だが、彼は元治元年六月二八日、鉄胤塾に顔を出し、自村で剣術を教えていた松本善八郎という剣術遣が筑波勢に加わり、六月中旬村に武器を取り集めにきた際は、自身馬上にて浪士五、六人を召し連れて罷り越したと、筑波山麓の騒然とした雰囲気を物語るのであった。

また上総国天羽郡金谷村の名主尾形庫之助は、正式には、慶応元年三月、二七歳で入門するのだが、それ以前から鉄胤塾に出入りしており、元治元年七月ごろ、鉄胤塾で語ったところによると、上総国五井というところに浪人が多数屯集しているので届けたところ、乱妨するかと逆に尋ねられ、「格別乱妨不ㇾ仕」と申し上げると、「乱妨無ㇾ之候はば、其儘に差置可ㇾ申、当時御用多にて其儀に及兼候間、乱妨致候はば其節可二申立一旨御達」があったという。

江戸周辺の門人は、このように時々鉄胤塾に顔を出せるが、遠隔地の門人はそうはいかない。文久二年一月の鉄胤報告書に、信州人倉沢甚五兵衛が一月二七日、馬喰町二丁目木戸の、「今に見よ供をさせるぞ家来ども、あんどして居て家を潰すな」との張札を読んだ、と記されているが、この倉沢は伊那郡小野村の庄屋で、文久二年一月六日、丸山近良紹介で入門となっているので、おそらくいまだ江戸に滞在しているときに、この張札を見受けたものであろう。

なお、文久元年七月の鉄胤報告書中に、東禅寺の増警衛が越後高田の榊原家に命ぜられたが、藩内で反対が強く、名目ばかりの警衛となったという一条があり、このなかで彼は「兼て梅川氏より承り候激論の御家老中根〔左近太郎〕氏抔も有ㇾ之候故、一藩の士気も振ひ候事と被ㇾ存候」と記している。この梅川氏というのは、安政五年五月、岩崎長世の紹介により入門した高田の豪商梅川平助のことであり、この当時江戸に来ていたものと思われる。

4　平田銕胤と京都情報

前節では、銕胤の江戸情報蒐集構造をかいまみてみた。ただし「探偵録」で人名が明記されているのは、坂下門外の変直後に集中し、それ以降は、人名の記載を意識的に控えている感があるし、また、圧倒的多数を占める情報源である書翰に関しては、「探偵録」ではほとんど手掛りすら残されてはいない。

しかしながら、第2節で述べた秋田藩による元治元年一〇月の平田派グループ弾圧事件後も、銕胤はそれ以前と同様に、広く全国的に通信活動を通じて平田派国学者と国学の徒の結束を図っている。たとえば、第1節で触れた奥州相馬の神職高玉民部への慶応二年一月書翰中に、銕胤は「六ヶ敷世の中ながら、学事は倍々隆盛に相成候、中にも水戸風の学、頼氏・大橋氏等の学風尤も盛りに御座候、惣て勤皇の大道専らに行はれ候事、誠に以恐悦至極御同慶に奉ㇾ存候」と書いているし、また伊豆国君沢郡三津《みと》村の大地主兼在郷商人で門人の羽田直秀(元治元年三月、二六歳で入門)への慶応三年一〇月初旬書翰には、「城州献貢と申事は実事にて御座候、乍ㇾ去評判不ㇾ宜、実は旧来の十万石御断り申上、近年よりの十五万俵も相止め候との事故、さして朝廷の御為には不㆓相成㆒只名目計りの事と申候、噂にても御書付は未見不ㇾ申候」[11]と、羽田の問い合わせに対し知っている事実を回答している。

今後、各地に残されている銕胤書翰の活字化が進むなかで、幕末期平田国学の情報網の全体が明らかになっていくことが期待されるが、ここでは、江戸以上に重要な意味を持つようになっていった京都情報と銕胤との関係に問題を絞って考察してみたい。

まず「探偵録」のなかにもわずかながら手がかりがある。文久二年二月の銕胤報告書のなかに、雛御用で江戸に下ってきた「私方門弟」で京都商人の長尾郁三郎(安政四年五月、西川吉輔紹介により二〇歳で入門)が平田塾を訪問した際の話が載せられているのである。長尾は、「主上殊の外御聖明に被ㇾ為ㇾ入、古今未曾有の聖天子と一同奉ㇾ称候事に御座候、関東御縁組の事も実以《じつもつて》叡慮には不レ被レ為レ叶候得共、無二御拠一右の御場合に相成候」と、天皇と朝廷内部の詳しい話を銕胤に語っている。また文久元年一一月、京都の内情を「密話」した「内親王様御供にて下向仕候人」も、おそらく平田国学関係者ではなかったかと思われる。

しかし、この二例は江戸に下向した者の直話である。このような機会が多いとは考えられず、ほとんどの情報は京都およびその周辺の情報網を押さえたうえでの銕胤宛書翰によってもたらされたと推定するのが自然であろう。では、どのような情報網が形成されており、誰が銕胤に通信しつづけていたのだろうか？

滋賀大学経済学部附属史料館に収められている西川吉輔文書を手掛りに、右の問題に接近してみよう。

西川（一八一六～八〇）は弘化四年七月、銕胤の許に入門した江州近江八幡の豪商国学者であり、嘉永元年より自宅に開塾して同国に平田国学を普及、安政五年末には大獄に連座、文久三年二月の等持院事件にも関わり親類預けに処せられ、王政復古まで表立った行動をとることができなかった。

西川は遅くとも安政年間より銕胤と書通しているが、それらがどのような性格のものであったかは、文久二年八月二八日付の次のような延胤書翰からもよくうかがえる。彼は、「扨又当十六日御差立の貴書相達し拝見の処、小河（一敏）氏口入にて献上〔西川所蔵平田国学書籍の朝廷献上をいう〕の儀相叶ひ候由、不思議にもかかる御時節に相成候もの歟と、只管《ひたすら》感泣の外無二御座一候、何れにも御同慶の事而已に御座候」「毎日被レ掛二貴意一、時勢の御書取御差越し被レ下、御懇情万々奉二拝謝一候、皇都の御模様は常々奉二仰望居一候得共、先頃迄は誰も関係を恐れ、更に申越し候人も無レ之処、不レ絶御示被レ下、御礼を申様も無レ之難レ有奉レ存候」[12]と西川に感謝している。西川は京都情報の主要な提供者の一人（おそらく最大か）だったのである。西川の風説留には、「鳥越より一信」といった形で銕胤の返書がいくつか留められているので、少し見てみよう。

文久元年六月には東禅寺事件の詳細を報じたうえで、「浪士出国の事は水侯より二十八日夜五ツ時頃に十六人出奔の届有レ之由、常《とこ》しへに士気の弛ざる所感激の至に候(13)」と銕胤の率直な感想を述べている。藩当局宛の報告書が、それなりに抑制的であったのに比較して興味深い。

文久二年六月二九日には、大原勅使下向後の江戸政治情況が西川に伝えられる。

「当地の事追々御承知も候半、四月二十五日以来快復に趣き、其後奸徒は追々退けられ、忠良の御方は御出勤にて、人気大に相直候」

「〔勅使の〕御趣意は御三案には無二御座一、末の御一策計り被二仰達一候よしに承り申候、尤も外に廉《かど》立候事には無レ之、是迄御違勅に相成候事件共、悉く御糺明め御座候由に相聞申候」

「長州侯は先頃中は専ら開国の御論にて御座候処、御同藩も一致には無レ之、第一右は叡慮に違ひ候由にて、是迄開国の趣意専と申立候長井《ながい》雅楽《うた》重く御咎にて、御国許へ永蟄居を被レ命候由、旁以此節は開国相止み、鎖国の方に御決着承り申候、左候へば薩州も御同意にて、諸国の忠士別意も有レ之間敷、目出度御事に御座候」

「大橋訥庵も多分助命の趣に相聞へ、其外一同曲直正邪追々御糺明可レ有レ之由専ら風評、御地にても橋家〔和宮の母方の実家橋本家〕の模様被二仰下一、爰元尤不評判、行灯〔安藤〕・癖〔久世〕などを始め、ソレラの輩ヒヤヒヤモノと相見申候」

銕胤書翰は長文で詳細をきわめている。西川が不断に師の許に情報を送りつづける気持が判る気がする。見返りも大きく、正確なのだから。

七月一六日には、一橋慶喜の将軍後見職、松平春嶽の政事総裁職への就任が報じられ、八月二八日には、上述の延胤書翰とともに銕胤書翰が発せられるが、内容は、第2節に紹介した、平田篤胤著作の朝廷献納一件に関する微細な経過報告である。

文久二年一二月の師銕胤の上京以後は、当然のことながら直接の交流となる。等持院事件後、文久三年一ヵ年間の風説留が存在せず、同年にどのような書通がおこなわれたのか不明だが、西川は、妻の実家江州野洲《やす》郡江頭村井狩唯七の許に親類預けの処分に付された後も、銕胤に情報を送りつづけている。元治元年一〇月二一日付の返書で銕胤は、長子延胤の処罰も含め、次のように報じるのである。

「加州若侯の事は誠に感心、爰許《ここもと》にても粗《あらあら》噂も有レ之候、其後弥評判宜敷候哉、勤王家少きに付ては倍々懐敷被レ存候」

「弊藩上京の事御尋被レ下、右は主人事、八月中多勢召連国許出立にて、先九月五日当地着致し、両三日逗留直に上京御警衛相勤候含の処、幕府より被二押留一、当分滞府と申事に相成候得共、猶推て上京の事被二申立一候処、右は此節京都へ伺中故、否哉の御模様次第進退可レ致、夫迄は当地に滞留罷在候様にとの台命にて甚迷惑いたし、此間中有志の者十五六人申合せ、忰も関係、主人へ申立候事有レ之候処、奸吏因循の藩中沢山にて不行届、何れも咎被二申附一、或は急に下国等にて、忰も二日より慎中にて御座候、偖《さて》主人進退の事、此上の所幕命の次第により如何可二相成一哉、一藩の騒動無二覚束一候、兎角奸議流行、甚以心外の事共御賢察可レ被レ下候」

「〔筑波勢〕純粋の勇士にて、戦ふ毎に必勝利の由、老公御吟味の武器実用格別の趣に御座候、打手も田沼玄蕃頭惣裁にて追々相増、此節は凡四万余人と申候」

「偖又西方へも大樹公自身進発と申事にて、東方の大騒動静まり不レ申ては西伐相成不レ申とか、扈従の人々支度も出来兼候趣にて、未いつ共分り不レ申、唯調練は度々有レ之候、攘夷の事は夢にも見へ不レ申、横浜は大繁昌の由、怪敷世の中に御座候[14]」

この年は一二月一五日にも銕胤は返書を出しており、「一橋卿は三日に出張の由、池村も申来候、何を被レ致候哉、随従の水人は因循に相成候哉、是も不審千万に候[15]」と、筑波西上勢追討軍への慶喜参加をいぶかしみ、同時に彼を補佐すべき在京水戸藩士の不審な態度を非難する。

慶応元年一月某日には、「下野人亀山勇右衛門嘉治、先達て筑波連に加り、近頃水浪士一同西上、中津川通行の節、市岡氏に託して金二十両古史伝上木の内助成として差越申候、奇特なる事に候、何れ何歟一部立たる物上木いたし、立派に名代相残り申度候、定て信州連より委細御左右可レ被レ申(16)」と、安政五年九月、一九歳で入門、眼前の生死不定の門人を深くあわれんでいる。

銕胤はこの月の二六日にも返書を出しており、「御別紙街談委敷御書取、誠に見るが如く、尤虚実不詳儀も数々有レ之由」「薩人正議に復し候段無二相違一よし、両三方より慥《たしか》に承り申候、実には左も有べき事には候へ共、虚実いかが御探索可レ被レ下候(17)」と、京都における薩藩の動向探索を依頼しているのであった。

慶応元年ではっきり銕胤のものと判るのはこの二通しかないが、慶応二年には次の三通がある。第一通は三月一七日付の次の書翰である。

「道聴途説又御細書一冊御恵み、毎々御懇情海山厚く申候、追々承及候も有レ之候へ共、新聞不レ少、呉々も大慶いたし候、中にも⊕〔薩摩〕の事委曲被二仰下一、別て辱《かたじけな》し、岩下氏も当春下向、兼々懇意の上、近来太夫に成、万事関係、折々面会、実説承り、恵説の如く正議復古倍々隆盛、難レ有大慶至極に候」「備藩も因循の由には候へ共、先年数輩御誘し被レ下候後、学事倍々相開、近頃吉崎甚平衛〔慶応元年九月入門〕と申仁、物頭にて昨年より在府の処、此節帰国の幸便に付、京摂へ一封宛相託申候、尤好人にて篤志に御座候、実に追々学事行はれ候は、全く貴君御引立故と辱く大慶罷在候(18)」と、岡山藩への平田国学浸透の契機を創った西川に深謝している。

第二通は「春は必飢饉に及ぶべ」しと関東の大凶作を伝える一〇月二一日付書翰(19)、第三通は長州藩に所領を占領された小倉藩への半知村替の風聞を報じた一二月某日付書翰(20)である。

慶応三年にも、すくなくとも銕胤は西川にあて二通発信している。三月九日付書翰には「諸国追々発興の様子、第一来泊夷人共大に本学の筋相心掛、書物類沢山本国へ仕送り候様子、此趣にては却て外国より開け初可レ申哉とも被レ存候、何方も下々より滋蔓の勢、実に奇々妙々の時節に相成申候、蘭書の内に拙家著書の事相記し有レ之候、日本文典なり」と平田国学の海外までの普及に喜悦するとともに、「英国云々、彼が強大正実相違なく相聞へ申候、麦〔幕〕の彼を罵事糞土の如く、彼を恐る、事虎狼の如く、大に可説承り候へ共、筆紙に及びがたく候[21]」と、京摂間における英国風評を伝えた西川に答えている。

また七月二九日には、外国事務宰相が外国人と日本人との婚姻取組の件を許可したことを報じ、「是迄外国人え妾に罷越、出生等有レ之候ものは、外国へ相越候儀に相成候事[22]」と述べている。

では、長期にわたる銕胤宛情報の材料を西川吉輔はどのような情報網から調達しつづけたのだろうか？　彼の風説留の発信者名はほとんどペンネームで認められ、判明しない者が大多数だが、判るかぎりで分類していってみよう。

第一のグループは、ごく当然のことながら江州における彼の親族や門弟(その多くは西川の紹介で銕胤門人となる)である。まず彼の預けられている義父の関係者であろう井狩友七なる者が頻繁に情報を運んでくるのだから世話はない。江頭村の庄屋桃乃舎《もものや》弥太郎も、草津をはじめとする街道筋の風説をもたらしている一人である。西川の預けられていた江頭村は中仙道に近く、そして中仙道・東海道の合流地点の草津からも遠くはなかった。同宿は諸大名の上京・京摂の風説が落ち合う場所だったのである。街道といえば、近江八幡にもっとも近い武佐宿の井上某も来話しに来ている。中仙道の武佐・守山そして草津の三宿からの情報で、街道の動向はことごとく把握可能だったのである。

西川の後妻の姉が母となる栗太郡辻村の田中知邦も来訪者の一人だが、辻村は膳所《ぜぜ》藩領であったため、西川は同藩の内情も田中から詳細に問いただすことができた。

西川の郷里近江八幡には、西川家の番頭だった小島伝平衛(吉睦)、門人である野矢市兵衛(介忠)、備前藩士で門人の児島一郎、医師で大獄の際西川と連座した本庄敬造らがいたが、彼等は西川の代わりに上京して情報を蒐集したり、来訪して種々の風聞を常にもたらしていた。

当然ながら、西川の近江門人のなかには神職が多数いたが、風説留のなかで情報提供者とはっきり判る人物に、多賀大社禰宜《ねぎ》で西川の親戚の車戸造酒や野洲郡高木村春日社神主の武浪大隅がいる。また蒲生郡中村の江南荘兵衛もよく名前が登場する。

ところで近江の門弟のなかでも変り種は宇津木久岑であろう。一五〇石取彦根藩士の長男であったが、国事を憂いて文久二年二月脱藩、蒲生郡東古保志塚村農西村九右衛門の養子となった人物である。この人物も西川のもとに出入りする一人であった。なお、大津の豪商で吉輔の友人の岩崎鷗雨からも書翰による連絡がくりかえし存在する。

第二のグループは、彦根藩尊王派藩士集団である。そのなかでも西川は谷鉄臣とは終生親交を結んでおり、また鉄臣の弟の渋谷俊造や北川篤《あつしげ》枝らもたえず西川を訪れている。国事に奔走し、天誅組追討・禁門の変・征長の役等に藩士として関係せざるをえなかった彼等は、頻繁に彦根―京都間を往復することとなるが、近江八幡も江頭村もその途中だったのである。西川の風説留の記事のなかでも彦根藩内情報がきわだって光っているのは当然のことである。上記の人々以外にも数名の同藩士が西川のもとを訪問、情報を提供しているが、残念ながら、いまのところ仮名をおこすことができない。

第三のグループは、平田門人の多数存在していた信濃および美濃の同門の人々である。(23) 彼等は上京の機会もあり、また書通の便宜も多かった。そのなかには、伊那の倉沢甚五兵衛や中津川の市岡殷政《いんせい》・間秀矩・間一太郎(秀矩の子)・肥田通光、常州新治郡の出身ながら間のところにいた磯山与衛門、伊那郡伴野村の竹村(松尾)たせ子と原遊斎、同郡飯田の久保田鎌吉らがいた。彼等にとって西川の存在は、京都情報の掌握者として必要不可欠のものだったのである。書通していた者のなかに等持院事件の関係者で信州にひそんでいた角田忠行もいたが、彼は慶応二年六月には変名、上京し、西川と交流をさらに深めることとなる。

第四のグループは、関東の平田門人たち、とくに等持院事件で関東門下の主要メンバーが処罰された後は、平田門下の長老武州入間郡毛呂本郷の権田直助とその門人たちである。権田自身も上京の機会があったし、彼の子供の権田年助も元治元年初頭には京に来ていた。このほかには、権田の門人で安政六年四月、四三歳で銕胤のもとに入門した江戸山王宮禰宜の宮西諸助（元治元年九月、師の直助とともに京を出、直助を郷里まで送りとどけている）や原田七郎・館川衡平らがいた。

第五のグループは、京摂間の尊王派たちである。西川の最初の師である野々口隆正も西川の幽所を訪問しているし、在京国学者として著名であった谷森善臣も連絡をとりあっている一人である。ペリー来航期は江戸で活動していた伊豫大三島の神職菅右京（嘉永四年一〇月入門）は、文久三年後は京都で動きまわっており、西川を一度ならず訪れている。

また三州碧海郡東浦村の大地主で、当時岩倉具視と密接な関係をもって活動していた山中静逸も慶応元年一二月一六日に西川を訪問し、「主上大因循（中略）、一橋より蛮制の珍器を撰み二十種を進献す、帝深く是を愛翫有レ之」と、孝明天皇を口をきわめて非難するとともに、「攘夷主張は薩一藩而已、方今京師に於て人望大に復す、純粋に近し」[24]と薩藩の近情を語っている。また、越中出身で嘉永期より京都で医業を営むかたわら国事に奔走していた宮永良蔵も西川の交友の一人であった。なお、大垣藩士の近沢朝秀なる人物が情報提供者としてしばしば登場するが、詳細は不明である。

ところで、次の第六グループが西川のもっとも貴重な情報源であった。一つは、公卿家臣および関係者である。近江八幡出身で西川の門人であった大口祀善は、母方の関係で万延元年一二月中山家諸太夫大口甲斐守の養子となり、文久元年八月、二八歳で中山家に出仕、翌九月家督を相続する。尊王派公卿の筆頭的存在であった中山忠能家諸太夫の大口は、旧師のもとに、孝明天皇急死の急報を含め、朝廷内部の機密にわたる動向をおどろくほど頻繁に書通しつづけたのである。

公家のなかで西川が深いつながりを持っていたものに、もう一つ神祇伯白川家があった。すでに篤胤の生前期より平田国学と白川家との関係は深く、平田門での最大の碩学矢野玄道《はるみち》は、鳩居堂に同居しつつも、標札は「白川殿御内」と掲げていたし、信州での平田国学普及者岩崎長世も、文久三年七月、「白川御殿学士職」の資格をもって上京、白川家内に活動、元治元年後半よりは大坂に居を移し、精力的に同地に平田門人を拡大していた。さらに、文久元年一月、岩崎の紹介により三三歳で銕胤のもとに入門した伊那郡阿島の知久縄市郎元家来近藤至邦《よしくに》(鈴木重胤暗殺者の一人である)も、おそらく岩崎上京の関係からであろう、白川家で働いており、京都の各方面で蒐集した良質の諸情報を毎月西川に送っていた(宮西が在京していた元治元年八月までは、宮西がこの送附方を担当している)。

白川家の家臣である木村忠敞《ただひさ》も文久三年一月、四六歳で入門しており、彼も西川に情報を送っていたことは、元治元年一月二九日付の同人書翰中に、「兼て承り候事情探索の事、無二手抜《てぬかりなく》一、彼藩へも時々立入、尚又他藩へも立入候処、為レ差《さしたる》珍事も承り不レ申候、併四五品手に入候間、写差上申候」とあるところからも明らかである。

あと一つは、京都で平田篤胤著作を広く販売し、本人たちも国学の徒として活動する伊勢久こと池村久兵衛邦則(楢之舎《ならのや》)、同人弟池村好之輔邦雄(真菅之舎《ますげのや》)および番頭小河清波(日陰之舎《ひかげのや》)らのメンバーである。伊勢屋は美濃・信濃にも広く書籍を販売しており、同地の平田門人との交流もきわめて深かった。

この第六グループは大口を別格として、相互にきわめて結束が堅く、慶応元年閏五月一二日、新選組に捕縛された近藤至邦は池村久兵衛宛に、「拙者身分如何成目に逢候とも御心配無レ之様奉レ願候、もし死去致候はば亡霊を御祭被レ下候様奉二願上一候、江戸表先生、愚弟(近藤雄三郎)方へも、又信州・美濃御同志中へも宜敷奉二願上一候」[25]と遺書を認めている。二日後には矢野も捕まるが二日後に放免、近藤は約一年後の四月一八日にようやく釈放される。そして同年八月二一日には、矢野玄道・近藤至邦・池村邦則・池村邦雄らが池村宅にて「平田故翁御祭」をとりおこなっていたのである。

右の六グループのうち、とくに第六グループの各人がそれぞれ銕胤・延胤と連絡をとりあっていただろうことは、これまでの記述からも推測できよう。まさにその通りであり、そして彼等は師の書翰を回覧しているのであった。元治元年四月二三日付で岩崎長世は、「平田若先生より書状参り拝見候処、水府の一件弥《いよいよ》強大の様子に有レ之候、委細書面の趣は宮西氏より写し差上可レ申候(26)」と記し、その宮西の西川宛情報通信のなかに、「上総国東金三浦帯刀・楠音次郎等の事幷桃井儀八等の事、いずれも無二相違一事に御座候」「外夷箱館にて日本固有の文字を尋候事、是又実事に御座候」という四月一一日付の岩崎宛延胤返書が写されることとなる。

また矢野玄道に宛てた元治元年四月三日付銕胤返書写が、同月二四日には西川のもとに届けられる。そのなかで銕胤は、「長尾〔郁三郎〕氏の事云々、壮健の様子先々安心いたし候へ共、御同様愁歎罷在候」「色々と御観念候へば、忽に御憤激に被レ及候由、是も御尤と被レ存候、先は御潜伏の姿と奉レ存候、必御時節不レ遠儀と存申候」「赤城山云々は差たる事に無レ之候、但し水府より起り立候はば、応援は諸方より出可レ申候(27)」と、玄道の書翰の箇条に沿ってきわめて丁寧に回答しているのである。

伊勢久池村邦則も近況見舞の書翰を銕胤に出したところ、慶応二年二月、「延胤事度々御尋被レ下、忝奉レ存候、旧臘全く主人より被二差免一、平生に相成申候、無二別儀一勉強罷在候、御休意可レ被レ下候(28)」との銕胤返書を受け取り、この写を西川のもとに送っている。

ここに見るような、複数の門人と銕胤・延胤父子との縦の書翰の往復関係が頻繁になればなるほど、門人間の直接・間接の交流が濃くなっていく。同学・同門の意識が深まるのである。平田篤胤没後門人帳が各地に見うけられるのは、自らの同志、篤胤の言をもってすれば「我党」の人々を確認するもっとも有効な道具であったからにほかならない。ここでいくつかの例を示しておこう。

元治元年二月二六日付で、武州の権田直助は、「和州紀聞一冊、慥《たしか》に落手仕候」「上総東金に屯《たむろ》致候三浦帯刀党の事、又上野抔岩松家を主将と頼、義兵を挙むとせし桃井義八一件、其筋より公辺へ指出し候届書の写各一通、別記致し呈上仕候、天下義気の盛なる事、此二事を以ても被レ察候」[29]と、礼状をかねて関東の近況を西川に報じている。

同年三月、菅右京が西川幽居を来訪しているが、彼の話を西川は、「都下書籍の価一変せり。まづ第一に平田家の著書、第二に本居流、第三に日本紀を始め国史、第四に訳書、第五に仏書と申事」「江戸師家蔵板の書籍を去亥一ヶ年に惣売高、此巻数一万四千巻なりとぞ、依レ之古学の盛なる事思ひやるべしと。京師取次書林二軒・岩崎都《すべ》て三軒なるに、岩崎正月一ヶ月の売高五十金に過りと同人の直談なるよし」[30]と記録していた。

慶応元年一月二二日付中津川の間秀矩書翰は同月晦日に到着するが、そこには、「水浪西上の処、当宿に四つ比より八つ過迄休息にて珍話数々御座候、中に御同門亀山勇右衛門・横田藤四郎両兄に拝謁仕候、亀山氏軍中日記写置候て今便に差上度候処、明日伊勢久手代上京に付、重便と申残候、横田氏は東三郎〔藤〕と申十四歳の子息同伴の処、和田峠の深手の上割腹にて、首級を九升樽へ入持参に相成候処、弊駅には同志の者大勢有レ之候に付埋葬御頼みに付、仮埋仕置候処、誰しるとなく参詣人相増、当春に相成候ては墓に香花旗大小の刀鎗なども手向候て群集仕候に付、二十一日に本葬、尤清浄なる地を買請、塚は本居先生の教に効《ならい》、奥墓と新規に取建申候、今二十二日早天七五三の縄持たせ、僕をば差遣候処、早天より参詣人有レ之、午時に母娘など参詣いたし候処、如レ例群集仕候、誠に忠誠を感ずる事、心なき婦女子迄如レ此に候、嗚呼如何にして義士の志、天朝へ通ぜざらんと独歎息仕候」[31]と、西上勢との交流や横田藤三郎墓所のことが書かれている。

同年三月一〇日には、京・大坂をまわって帰国の途についた信州伊那の倉沢甚五兵衛が西川を訪問する。そして伊那に潜伏中の角田忠行が藤田小四郎と面会、何故に西上するのか質問したところ、「余八丸(のちの徳川昭武)主か因・備に依頼せん」[32]と小四郎が回答したエピソードを伝えるのであった。

同年四月二七日には、将軍進発の予定を聞き込んだ矢野玄道が憤懣を爆発させる。そして「決て半年一年の間に勝敗はつきまじく、隼人は国へ飛使を立候よし」「何にしても上の人は愚にして下々方智は有レ之候得共(中略)、侯伯等は尽《ことごとく》相倒候て後ならでは、英傑家草間より起興候事も難ㇾ成候」「実以此度の事は、保元・平治も、治承・寿永も、弘安も文永も、足利氏末も一同に相集候勢(33)」と西川に対し心中の苦悩を訴える。

そして慶応二年に入ると、征長の役から手を切り、幕府と対決姿勢を強めていく薩藩について、その動向が凝視されるようになってきた。同年二月一三日、中津川に帰郷途中の間一太郎が西川を訪問、「薩西郷吉兵衛改名大島三右衛門上京、身分は家老次席と申事、次第に登用、一藩帰腹《(ママ)》す、同人の建議は君侯尽く採用せざるはなく、実に方今の権勢藩中比肩の人無ㇾ之、薩の所置此人の方寸に有ㇾ之と云(34)」との京都情報をもたらすのである。

おわりに

文久・元治の段階は、日本全国が奉勅攘夷ないし横浜鎖港で結集しようとした時期であった。だが、四ヵ国艦隊の軍事力は圧倒的に強力であり、幕府は鎖港すら放棄、孝明天皇自らが条約勅許をしてしまう情況になると、もはや狭義の意味の攘夷の段階ではなくなってくる。ではどのような方針を日本の将来のため採らなければならないのか、必死の模索がここに開始される。

そのようななかで、そして征長の役が幕府の大敗におわった直後の慶応二年一〇月、池村邦雄は西川を来訪、次のように語るのである。「薩士某窃《ひそか》に云、弊藩より西洋諸国に使節を遣し、各国の政事及び軍令等の当否美醜善悪を訂正し、深く是を洞察するに、各々善悪可否有ㇾ之、然ば皇国に於ても彼が善政美事は採て皇国の羽翼とし、忌み退くべきは速に是を攘ひ清め聊《いささか》も採用を不ㇾ許、又交易の事も同くは摂海に於て開港をなし、海岸に軍艦の百艘計も備置、飽迄国威を示し君臣の国格を立、彼より服従して国法に随ひ貢物を納すべき主意に致し、無用の品を以我入用の品を彼に交易するにも致せ、君臣本末の国体確乎たらば、交易も可ㇾ然、廃するには不ㇾ可ㇾ至、皇国の御為に可二相成一事必然也、然れ共、是迄の如く彼が虚喝に恐怖し平呑軽蔑せられ、飽迄国体を汚穢し国威国格を衰弱ならしむる事は尤論の限にあらず」[35]云々と。

幕府の対外追随を非難することで国内の支持を集め、王政復古を実現させた維新政権は、一転して開国和親を国是とし、欧化政策を導入しようとする。維新変革のこのような予想もしなかった第二段階への急速度の突入に直面し、全国の平田国学者と国学徒の総帥たる銕胤・延胤は、どのように舵をとり、いかにして全体を団結させつづけていけるのだろうか?

(1) 芳賀登『草莽の精神』(塙書房、一九七〇年)一八九頁。
(2) 島原市社会教育課所蔵「土井豊築日記」に拠る。
(3) 山本定男「平田銕胤書状にかかれた水戸」(『茨城県史研究』第六二号、一九八九年)に拠る。
(4) 秋田県立秋田図書館所蔵「(久保田藩家老宇都宮孟綱)御用略日記」第九三冊に拠る。
(5) 阪本是丸『角田忠行翁小伝』(熱田神宮宮庁、一九八九年)一七頁。
(6) 滋賀大学経済学部附属史料館所蔵「西川吉輔文書」中、記録一四三「維新関係書類綴」(以下、西川文書と略す)。
(7) 谷島一馬「野城広助関係資料集」(一)(二)(『市原地方史研究』第一六・一七号、一九九〇・一九九二年)を参照のこと。
(8) 秋田県立秋田図書館所蔵「久保田藩家老戸村十太夫関係史料」所収戸村宛金大之進書翰(AT三二一—二六八)。なお幕末維新期秋田藩史料に関しては『東京大学史料編纂所報』第二六号(一九九二年)所収の「秋田・青森県下幕末維新期史料調査」を参照のこと。
(9) 前掲「御用略日記」第一一五冊に拠る。
(10) 前掲『角田忠行翁小伝』一一頁を参照のこと。
(11) 雄口雄彦「伊豆における平田派国学門人の一動向」(『沼津市博物館紀要』第一三号、一九八九年)七頁。
(12) 注(6)に同じ、文久二年のものはこの史料による。
(13) 注(6)に同じ。
(14) 西川文書学芸一五「甲子十一月新聞紙」。

(15) 西川文書学芸一六「甲子十二月新聞」。
(16) 西川文書学芸一八「乙丑二月新聞」。
(17) 注(16)に同じ。
(18) 西川文書学芸三三「丙寅四月新聞」。
(19) 西川文書学芸四〇「丙寅十一月新聞」。
(20) 西川文書学芸四一「丙寅十二月新聞」。
(21) 西川文書学芸九七「慶応三年丁卯三四月新聞」。
(22) 西川文書学芸九八「慶応三年五六七八月新聞」。
(23) 信濃と美濃の平田没後門人達は実は一つの纏った集団であった。『夜明け前』の島崎正樹の勉学・交友の場が中津川宿であり、その問屋の間秀矩や本陣の市岡殷政と正樹が終生の厚いまじわりを結んでいたように、中津川宿は木曾谷西端の馬籠と妻籠や清内路を介しての伊那谷南部と飯田、さらに北三河を含む地域の政治的経済的文化的な磁場の役割を果たしていた。西川吉輔の風説留にもっとも多く登場する人物が間秀矩であり、そして市岡殷政なのである。『夜明け前』論と草莽の国学者論を歴史学の立場から深化させるうえにおいて、中津川の平田門人集団をきっちりと研究することは不可欠・不可避の課題である。
(24) 西川文書学芸二九「乙丑十二月新聞」。
(25) 西川文書学芸二四「乙丑七月新聞」。
(26) 西川文書学芸一二「甲子雲頭嵱新聞紙」。
(27) 注(26)に同じ。
(28) 西川文書学芸三一「丙寅二月新聞」。
(29) 西川文書学芸一〇「甲子正月新聞」。
(30) 西川文書学芸一一「甲子三月新聞」。
(31) 西川文書学芸一七「乙丑正月新聞」。
(32) 西川文書学芸一九「乙丑三月新聞」。
(33) 西川文書学芸二一「乙丑五月新聞」。

(34) 西川文書学芸三一「丙寅二月新聞」。
(35) 西川文書学芸三九「丙寅十月新聞」。

第六章　幕末旗本用人論
――江戸都市論に旗本社会をどう組み込むか――

はじめに

幕末期の江戸社会を検討しようとする場合、江戸町人や江戸在勤の諸藩家臣団とともに、用人・給人を中核とする数多くの旗本家臣団とその家族の存在を考察の対象から除外することはできない。幕末期において、三千石以上の旗本二四〇余家、五百石以上三千石未満の旗本一三七〇余家、五百石未満の旗本を含めると総数五二八〇余家にのぼったといわれる将軍直属の旗本集団は、国政を掌る幕府機構の中心的な実務的担い手として全国的に活動し、また彼等の家臣は、単身参府している諸大名家の家臣と異なり、江戸においてそれぞれしっかりと家族生活を営んでいた。しかも大名家臣は幕末期にいたるまで、藩主に対し累世譜代の関係を結びつづけるが、旗本の場合、譜代関係は、中期以降一部の場合を除いて崩壊してしまっていたといわれている。

右のような旗本家臣の生活実態の一斑を、ここでは、幕末期、箱館奉行や外国奉行を勤め、万延元(一八六〇)年には遣米使節となって渡米した村垣淡路守範正の用人(「万延武鑑」)で、本人も従者として随行した野々村市之進忠実の関係史料からうかがい見ることとしよう。[1] 市之進の父野々村治平忠直もまた旗本用人であったので、まず治平の軌跡から検討することとする。

1　野々村治平の軌跡

寛政八(一七九六)年生れの野々村治平は、嘉永六(一八五三)年一〇月作成した親類書[2]において、父を「元尾州様御持組ニテ御国許ニ相勤罷在候小出兵左衛門死」、母を「元松平下総守様御武器方ニ而御国許ニ相勤罷在候岩田伝助死娘死」とし、生国を伊勢(桑名)[3]と認めている。姓が野々村となっているのが不審だが、あるいは旗本某家の用人的な役職にあった野々村家の名跡を夫妻養子で継いだのかもしれない。というのは、治平の妻も幕府中間頭大村友右衛門妹ゑつであって、野々村家の娘ではないからである。

治平の経歴が判明するのは天保二(一八三一)年八月からのことである。彼の「庁詔秘鑑」[4]と題した写の末尾に、「天保二卯年八月於駿府写之　野々村治平」とあって、駿府で同書を写し取ったことがわかる。ところで文政一三(一八三〇)年から天保四年八月までの駿府町奉行は、水野忠邦の弟で三千石知行の旗本跡部良弼《よしすけ》であり、その後の事実と考えあわせると、当時から跡部良弼の家来として仕えていたと思われる。良弼は、天保四年八月から同七年四月まで堺奉行、天保七年四月より同一〇年九月まで大坂町奉行と、旗本の出世コースを順調に昇っていくが、治平は天保九・一〇両年の「大坂武鑑」[5]には跡部良弼「公用人」(天保九年の「武鑑」には用人とある)と記載されているのである。

大塩平八郎の乱は、跡部が町奉行を勤めていた最中の天保八年二月に、しかも彼の失政が原因で勃発したのだが、幸田成友の『大塩平八郎』によれば、大塩の同志東組同心平山助次郎の返忠を跡部に取り次いだのが用人野々村治平だった、とある。残念なことには、野々村家史料の中には、「大塩平八郎檄文」[6]、「落着一件（判決申渡書）」[7]、事件の経過が実録風に認められた「夢ものがたり」[8]の三点しか関係史料は存在していない。

跡部良弼は、大坂町奉行の後、天保一〇年九月より同一二年一二月まで大目付を、天保一二年一二月より天保一五

(弘化元)年九月まで勘定奉行を歴任するが、天保一三年の「武鑑」には、勘定奉行跡部良弼用人野々村治平と記載されており、治平が主人に従って江戸に戻っていたことが判明する。

だが、跡部良弼が勘定奉行を勤めている最中の天保一四(一八四三)年に、治平は主人を変えている。天保一四年の「大坂武鑑」には、五百石知行の旗本で大坂町奉行の久須美祐明《すけあき》公用人として野々村治平の名が載っているのである。但し、後出の諸例をも考えあわせるならば、この移動は、天保一四年三月、小普請奉行から大坂町奉行に任ぜられた祐明が、跡部良弼に相談し、大坂町奉行の公務に通暁していた治平を家来として譲り受けたための移動と考えるのが自然であろう。

久須美祐明は、天保一五(弘化元)年一〇月、大坂町奉行から勘定奉行に移り、嘉永三(一八五〇)年七月まで、足かけ七年の永きにわたり同奉行職を勤めつづけている。そして嘉永元年の「武鑑」には、勘定奉行久須美祐明用人野々村治平とある。

祐明が勘定奉行時期の治平の公務内容は、史料からある程度判明する。

一つは公事方勘定奉行が兼務する道中奉行職の実務を治平が担当していることである。彼はそのための業務便覧として「駅肝録」[9]を写しており、また諸大名家からの荷物運送等諸般の事項に関する内々願・伺を受けつけ、勘定奉行所役人と相談しながら、決裁している。諸大名は、まず担当奉行の用人的役職の人々に打診をし、書式を問い、根まわしをしてから、通る見込みのある願書・伺書だけを正式に提出するのだが、治平の「文通留」[10]は、その間の事情がよくわかる好史料であろう。

あと一つは、寺社奉行・町奉行・勘定奉行の三奉行が中核となって機能していた評定所の実務の一端を治平が担当していることである。「弘嘉雑記」[11]と題された彼の手留は、先例をも含め、天保一五年二月から嘉永三年五月までのことを微細に記録しており、評定所の活動を知るうえでの重要史料であるが、その中で治平は、弘化二(一八四五)年三月二三日の条では、「御前より御咄し」と題し、「上様と右大将様との御年ニ当り候罪人の年ハくり替可申事之由」と、また同年五月一三日の条では、身分が浪人で苗字帯刀の者の取調べの場合、評定所では彼をどの場所に据えるべきかについての久須美祐明の長文の「演説書」を書き留めている。

ところで、祐明が嘉永三(一八五〇)年七月、西丸旗奉行という閑職に移ることによって、治平は久須美家から暇を出されたと思われる。旗本家臣団は、主人が繁忙な公務に就いている時には大きく膨張し、閑職に移ったり、寄合や小普請入になった時は、純然たる家政担当者集団のみに縮小されるのが通例だからである。逆の面から見れば、旗本家臣には、相当永い浪人生活がつきものであり、その浪人生活も含めての生活設計と対策を彼等なりに常時とっていた、ともいえるのである。治平が次の新主人を見つけたのは嘉永五年三月のことであった(12)。

今度の主人は、同年閏二月、西丸御広敷御用人より佐渡奉行に取り立てられた百俵取りの旗本大熊善太郎である。この時は同時に、文政元(一八一八)年九月、江戸愛宕下薬師小路(13)で生まれた一人息子の市之進も善太郎に仕えており、治平は江戸の大熊宅で指揮をとり、市之進は主人とともに佐渡に赴いたのである。

しかし、不運なことに、同年一二月二八日、善太郎は同地で死亡、市之進は江戸と連絡をとりつつ内々の葬儀をつつがなくとりおこない、幕府への死亡届は、嘉永六年三月としたのである(14)。

したがって、同年九月一三日、治平は大熊家から暇を出され、一〇月一七日から長谷川某に仕え、そして翌嘉永七年三月六日に暇となり、又々一年二ヵ月の浪人生活の後に、安政二(一八五五)年五月から、旧主久須美祐明の長男で、この月から文久元(一八六一)年一二月まで大坂町奉行となった久須美祐雋《すけよし》に仕えることとなる(15)。安政三年以降の「武鑑」では、治平の肩書は大坂町奉行久須美祐雋家老となっており、久須美家家臣団の最高位に位置したのである。

治平は最後まで有能な実務家として活動したと見え、大坂町奉行所事務に関する文政より安政期までの諸事項を書き留めた詳細な「大坂手扣」[16]を残している。そして安政五年二月二六日、六三歳で大坂に没した。「午正月十二日ヨリ日記」[17]と題された日記は治平の絶筆である。

2　野々村市之進の軌跡

市之進は、自分の長男の保次郎が一二歳になった年の文久三(一八六三)年五月一五日、自らが仕えていた大坂町奉行有馬則篤の小間使とさせ一人扶持を受給させているように、[18]旗本の用人・給人層は、自分の子供も十代から同一の主人に奉公させるのが通例だったと思われる。その意味では父治平の仕えた跡部良弼や久須美祐明に市之進もすでに奉公していたのではないかと推察されるし、また、保次郎が嘉永五(一八五二)年一月、市谷浄瑠璃坂の佐橋市左衛門邸で生まれているところから、[19]当時同家に仕えていたとも考えられるが、確実な事実は、前述の如く大熊善太郎へ仕えた嘉永五年三月から明らかとなる。

市之進は大熊家より嘉永六年八月暇となり、[20]同月頃から大目付で五百石知行の篠山摂津守に仕え、その後浪人したのか、あるいはしないままかは不明だが、安政二(一八五五)年七月には、三百俵取りの旗本川村修就《ながたか》に給人として仕えることとなる。[21]修就は初代新潟奉行として有名な人物であるが、彼は新潟奉行の後、嘉永五(一八五二)年七月より同七年五月まで堺奉行、嘉永七年五月より安政二年五月まで大坂町奉行を歴任、そして安政二年五月に長崎奉行に任ぜられ、同年七月四日、多数の家来を率いて江戸を出立する。道中での人馬差出の指図は、市之進ならびに同じく給人の飯田新之丞の二人がおこなっている。長崎着は八月一二日のことであった。

市之進は長崎到着早々より、入港船への尋問役を勤めている。八月一九日には、入港した英船に乗りつけ、「相糺候処、通弁乗組不申、一向不相分」るため、彼はすでに入津していた英七番船通弁の漂流民力松に質問して事情を確認している。また彼は力松の身の上にも関心を寄せ、次のように「手留」に記録する。

肥前島原領城下より二里程離レ
久志那津　十右衛門悴
力松　　三十六歳
イギリス商館港香《コンコウ》（ママ）住居

二十三年以前、塩・肴積入、四人乗にて長崎表売用罷越、途中にて難風に逢、吹流、人をも喰候島え漂着、ヲロシヤ属国之由候へはマルケイリ島歟、夫よりイキリ（ママ）便船にて日本え両度迄地方近く参り候へは、何れ之場所にても被打払、難寄附、無余儀イキリ（ママ）人商人世話に相成、港香（ママ）へ住居、妻をアメリカより迎、子供両人有之由

また、八月一四日の長崎奉行と英国船将との対話において、奉行が通訳をやっていた力松に対し同人の希望を糺したところ、力松は両親の消息を知りたいと願い出ていたが、市之進は、その件に関し、「三ヶ年以前、又（ママ）十右衛門ハ病死之由、母しげ存生之由、尤貫子之由」と、奉行所の調査内容をも留めていた。

役目柄か、彼の「手留」には、入港船の情報が詳しく控えられているが、その中には「〔英船〕四番船　三本柱　同〔船号〕ゲレタ　同〔七月〕二十六日見出、同二十七日伊王嶋内手に乗入、即日退帆、但元アメリカ船之由、イギリス支配之船、十八人乗」と、元ディアナ号乗組員を乗船させ、上陸直前までいったのだが、クリミア戦争でオホーツク海域を警戒中の英艦に拿捕され、長崎経由でホンコンに護送中の独船グレダ号についてのニュースも見いだされる。

オランダ語に関する好奇心も旺盛で、「少　ウェイニヒ　多　ヘール」とか、「一寸　エーンドイム　一尺　エーンフウト」とかという記述が彼の「手留」の中に見あたるが、これは日蘭貿易統轄の関係上必要であったためだけではなく、長崎で真剣に彼が学んだオランダ流砲術学習のうえからも必須のものであったと思われる。野々村家史料の中には、安政三年八月の序をもつ中島喜勝の「砲術小礎」(22)（二冊）をはじめ、「オランダ数量表」(23)「和蘭大銃比例表」(24)「砲熕術要録」(25)等、長崎で学んだと考えられる数種のオランダ砲術書が残されているのである。

＊

川村修就は安政三(一八五六)年一二月に帰府し、翌四年一月、小普請奉行に転じる。その時における市之進の身の振り方は不明だが、いつの時期か、安政四(一八五七)年二月大坂町奉行となった五百石知行の旗本戸田氏栄《うじよし》家来となって大坂に赴いている。おそらく帰府直後のことであろう。

大坂において父の治平と会い、そして、安政五年二月二六日の治平の死去に際しては、死水を取ることができた(26)。しかし、自分の主人の戸田氏栄も同年七月一九日に死亡し、戸田の家族と市之進等家臣は八月二八日に大坂を立ち、九月一四日に江戸に到着する。

当然、公務が終わったので浪人ということとなる。市之進の「日記」安政五年一〇月一九日の条には、次のような記事がある。

土屋平次より御達申度儀に付罷出可申旨、用人衆被申聞候由、手紙参り候間、昼後罷出候処、郡之進様・平次より相達候趣ハ、今度無御拠次第ニ付、首尾能永之御暇被下、大坂表在勤中、別て骨折相勤候に付、厚御手当も可被下之処、御勝手方御不如意に付、御行届兼候趣思召候段被申聞、為御手当金三両被下、御扶持方ハ十一月迄被下候旨相達(下略)

つまり一二月より、またの浪人生活である。日記は淡々として、彼の心理状態をうかがわせる記述はなにもない。事態が急変するのは安政六年九月二四日の条からである。同日、川村修就の家老で旧知の中村豊之進より、三百俵取りの旗本村垣淡路守用人渡辺良輔から市之進に面談したい旨の報知がなされ、翌二五日、市之進が渡辺のもとに赴いて面談、渡辺は村垣家で抱えたいので親類書を出すように求めたのである。村垣の遣米使節決定は九月一三日のことであった。就職については旧主の川村に兼てより依頼していたものとみえ、村垣邸退出後、ただちに川村邸に赴いた。「川村様え罷出、御礼申上ル」と日記にはある。川村と村垣は共に御庭番の家として旧くから親密な間柄にあった。

九月二六日、市之進は親類書を提出した後、村垣家の用人・給人の面々に回勤し、同月晦日には村垣に御目見し、ここに正式に村垣淡路守の家来となったのである。村垣家の長屋に家族とともに引越すのが一〇月三日のことであった。遣米使節随行のため、六八両の支度金兼手当金を受け取るのが一二月一二日、ポーハタン号の横浜出帆が安政七年一月二二日、これ以降九ヵ月間、村垣の従者としての任務を忠実に果たし、あわせて自らの見聞を広めたことは、『万延元年遣米使節史料集成』第三巻に収められた彼の「航海日録」にくわしい。

九月下旬の帰国後は、村垣の用人として活動するが、翌万延二(一八六一)年一月、またまた大きな変化が起こる。というのは、旧主の川村壱岐守修就が一月二三日に再度大坂町奉行に任ぜられたからである。

市之進日記の万延二年一月二六日の条には、次のような記事がある。

今夜被為召候付、罷出候処、今日、於営中壱岐守様より御直話にて、帰参之儀御頼被下候間、遠国之事故、家来共に心配被致候も尤至極に付、其方存念ハ承リ不申候得共、直ニ相譲候旨、申答候間、明朝罷出候様被仰付候間、何共可申上様も無之、自分身に取候てハ、如何計難有事に付、御請申上(下略)

すなわち、川村が城中で、市之進を帰参させたいと村垣に頼み、村垣が快諾したのである。翌二七日、市之進は川村邸に赴いて家老の中村等に面会、二八日には親類書を提出している。そして市之進の帰参後、川村修就の主従一行が大坂に出発するのが文久元(一八六一)年三月一一日のことである。(27) 野々村は大坂に母と妻、長男の保次郎、次男の鉱三郎、娘(ちせ、後の名は梅)一人、下女一人を伴った。在坂中の文久二年閏八月二二日、ひさが出生している。

*

文久二年の「武鑑」には、大坂町奉行川村修就家老野々村市之進となっており、市之進は川村家家臣団の最高位に中村豊之進とともに並び立った。しかし、文久期に入ると、政治情勢の中心は関東から畿内に移行しており、大坂町奉行の仕事も緊迫度を増していった。元年四月二〇日の条には、次のような記事がある。

英国ミニストル・和蘭コンシルセネラール、長崎より小倉迄陸通、夫より軍艦にて兵庫港え着船之積、同所一見可致難計候に付、御奉行一人御出張可被成候旨、江戸表より被仰付候由に付、何時御出張に相成候も難計候に付、御供之向被仰付、其外用意可致旨被仰付之、

このオールコックの一団が幕府の制止を押しきって兵庫から江戸まで陸行し、江戸に到着した日が五月二七日、翌二八日の夜にあの東禅寺事件が勃発したのである。

また文久二（一八六二）年二月二六日の条には、前月一五日におこった坂下門外の変の詳細な手紙が留められ、同年四月の島津久光挙兵上京に関しては、同月一六日の条に、「長州薩州一件に付、西〔西町奉行〕様御寄合」、一三日の条に、「今夜薩州一件之義被仰含候」の記事があるが、残念なことに内容は記されていない。文久三年一月二三日の条には、前夜大坂尼ヶ崎町でおこった池内大学暗殺事件がくわしく留められている。

この文久二年末から三年初頭にかけては、諸大名が藩兵を率いて続々と入京、将軍家茂も大部隊を率いて三月に上洛するといった騒然たる雰囲気の中に京・大坂はあり、そして未だ将軍が東帰（六月一三日）する以前の五月六日、川村は大坂町奉行を免ぜられ、かわって三千七百石知行の旗本で書院番頭有馬則篤（出雲守）が同奉行に任ぜられたのである。この時もまた、新旧奉行の間で市之進の譲り受けがおこなわれている。すなわち、市之進「日記」の五月九日の条には、次のような記事がある。

今日出雲守様御逢被成度旨被仰遣候に付、罷出御目通仕候処、昨夜壱岐守様御直約にて御貰申候間、以来譜代心得可相勤旨被仰付候、勤向ハ家老用人兼勤いたし候様被仰付候付、御用□（虫食）之儀は不案内に付、御断申上候処、左候ハヽ、家老計御心得候様被仰出候旨、用人奥村文蔵被申聞候ニ付、此段、御前え申上候処、御承知に付、御受申上候、

つまり、市之進は有馬家の用人職は断って、家老専任となったのである。なお同時に川村の家来数名も同様に有馬

に譲られている。

武職の有馬則篤が大坂町奉行となったこと自体、畿内における軍事的緊迫性を物語っていた。八月一七日には、和州五条で天誅組が天皇親征の先駆たらんとして、五条代官を殺害、翌一八日には、長州勢一掃を狙った薩摩・会津主導のクーデタが京都でおこされたのである。

大坂にもただちにこの動きは波及する。八月二〇日早朝、大坂城代は町奉行の家来を呼び出し、次のような書付(28)を渡したのである。

一昨十八日、長州家

御所御門御警衛御免相成候に付、憤怒を生じ、已に接戦にも及候形勢相見候処、

勅命を謹承致し、直に伏見表より当地を経、国許え引取候由相聞候条、且三条中納言殿も、窃に右一同退去被致候由に相聞候段、為心得松平肥後守より今朝被申越候、右は不容易□(虫食)にも有之、此上如何様之出来可致哉□(虫食)難計、時宜に寄可相達品も可有之候間、内々其心得可有之候、尤自後機会探索方等、一際精密之取計有之候様存候、依之此段相達申候

この達により大坂地域にも厳戒体制が敷かれることとなるのである。

ところで、有馬則篤は元治元(一八六四)年五月一四日勘定奉行に転じ、六月主従一同江戸に戻り、さらに同年一一月二二日には町奉行へ、翌一二月二一日には大目付へ、そして翌元治二年二月一三日には、再度書院番頭に任ぜられるのであった。

*

市之進は、江戸帰府後(29)、主人が勘定奉行在任中は、諸家からの内々願への応対に追われ、主人の町奉行転任に際しては、先任者の池田播磨守方を師匠番とし、有馬方の用人・目安方・祐筆等に仕事の「伝達」を請けさせてもいるが、

元治二(慶応元)年に入ると当然仕事はなくなり、二月一八日には千石知行の旗本でこの年の五月まで使番を勤める駿河台の内藤平八郎家(本家は信州岩村田の内藤家)の用人となる。

駿河台内藤家は、市之進の妻はるの兄鈴木弥三郎が嘉永期から長らく用人役を勤めていた家であり[30]、市之進も始終出入りしていたところであった。当時は弥三郎が亡くなり、養子の鈴木鑑輔が同家に仕えていたが、家政の取締りに関し、同家より市之進に依頼したものと思われる。ここで市之進は、はじめて公務ではなく、旗本家政向のことに対し総責任をとることとなる。

市之進がまずやらなければならなかったことは、内藤家の必要米を、もっとも安価な形で入手することであった。同家の知行地である上平尾村・上塚原村・大和田村・平塚村は、いずれも信州佐久郡にあり、米の江戸への搬出にはきわめて不便な所だったからである。

ところで内藤家では、市之進と牧太に毎月三人扶持(四斗五升)、鑑輔・角蔵・新之助に二人扶持(三斗)、捨吉に一人扶持(一斗五升)を支給しており、この外に中番の左源太(一人扶持プラス五升)、別当の重吉(一人扶持)、大部屋の中間九人(一人一人扶持)、医師の良斎(一人扶持)が内藤家のために働いていた。さらに毎月手当を出さなければならないものに、水汲(九升)、米搗き(七升五合)、角蔵帰り弁当(一升二合五勺)、部屋帰り弁当(一斗一升八合)があり、総計白米で四石四斗五合五勺が家来手当等のため毎月必要とされた(慶応元年一一月現在)。また内藤平八郎とその家族および女中達の毎月必要米は白米で二石二斗四升、さらに法事や年末には寺院その外への被下米があり、したがって市之進の計算では毎月平均七石五斗、一ヵ年に白米九〇石(=二六〇俵)が購入しなければならない米の総量となるのである[31]。

市之進は、この入手をまったく商人の介在無しでおこなう、つまり、旗本の年貢米をそのまま購入するのである。神田一橋に屋敷のある二千五百石知行の旗本本多丹下用人渡部作太夫とは、市之進は古くからのつきあいであったが、本多の知行地の内千五百石ほどは常州筑波郡の水運の便のよい所にあったためだろうか、市之進は同家から年貢米を二四七俵ほど慶応元(一八六五)年末に一挙に購入したのである。代金は四六六両一分。その内訳は米の地払値段が両に二斗二升、運賃が百俵につき六両、車力代が一俵につき六四文等々となっていた。市之進は購入の手付金として五〇両を九月に支払い、一一月一〇日に二〇両、同月二〇日に二〇〇両、一二月一六日に二〇〇両を渡部作太夫に渡し、作太夫は三両二分七七文の請取過証文を書いている。

この一方で市之進は、佐久郡知行所の池田源助(地代官的人物か?)から、一一月二〇日に七〇両一分二朱と五〇両を、同月二五日に一五〇両を納めさせ、不足分は翌年になって納入させたのである(32)。

では次に、市之進が内藤家の家政の収支計算をどのようにおこなったのか、慶応三年の例(決算は同年一二月)を見てみよう(33)。

この年の年貢収納金の総計は一三九三両である。

この年の支出項目は三つに大別される。

第一は、旗本家族の飯米、家臣の扶持米および給金等の経常支出であり、六九九両一分三朱となっている。

第二は、内藤平八郎の隠居と養嗣子筍之丞の家督相続、同人の御役成祝儀、家作修理、法事費用等の「御臨時御入用」である。たとえば、慶応三年七月におこなわれた隠居・家督祝いの儀式においては、家中一同への被下物に一一両二分一朱、祝料理に二〇両二分、祝酒に三両一分二朱が支出されている。この種の支出総計は二七三両余にのぼっている。

第三は、それ以外の支出としてまとめられたもので、知行物成半高を軍役金として金納した「御軍役金御上納」金(慶応三年九月の幕令による)が一五〇両、「銃手之者諸入用」金が一二六両三分三朱、筍之丞の婚姻支度入用金が九六両二分一朱となっており、したがって慶応三年一ヵ年の総支出は一三四六両三分一朱である。これだけでも黒字となるが、内藤家では慶応二年決算でも八六両の黒字を出しており、結局一三二両一分二朱が翌慶応四年に黒字として繰り越された。市之進の財政手腕が尋常ではないことを、この事実はよく物語っている。

内藤家用人野々村市之進の収入は、当初三人扶持で、慶応二年三月より四人扶持となった。旗本家臣の手当は扶持米プラス給金だが、市之進の場合、慶応二年では三月一日に七両二分、九月七日に七両二分、一一月二八日に七両二分の給金が支給され、慶応三年では三月二日に一五両、九月六日に七両二分、一二月二三日に七両二分の給金が支給されている。慶応三年に若干昇給したものと思われる(34)。

さて、市之進が内藤家用人となった慶応元年から三年にかけては、第二次長州征伐をめぐって、旗本・御家人が人挙して西下した時期に当たっていた。したがって、彼等留守宅の家政管理が各処で大きな問題となっていた。市之進が慶応元年一一月一〇日、湯島五丁目に屋敷をかまえていた旧主跡部良弼に呼び出されたのも、この種の問題にからんでいた。つまり、相談事とは跡部家とは親類関係にあったと考えられる市ヶ谷加賀屋敷の使番長谷川久三郎家の家政に関するものであった。旧主の良弼は、現在久三郎は西下中であるが、留守を担当していた家来の中野弥惣左衛門がこの程死亡したため、長谷川家の家政向を担当してもらいたい、と依頼したのである。市之進は、自分も主持ちであり、移れる状況ではないが、「差向御差支之義、掛持ニ仕、御用弁相成候様いたし候ては如何」と答え、了承された。そして慶応二年三月二六日、用人として長谷川家の家政向万端の周旋を依頼され、已来一ヵ月金一両・二人扶持を支給されることとなる。

ところが、留守家政管理といっても久三郎家の場合は特別に心労を要するものであった。何故なら、久三郎とその家来は、使番としての任務に関し幕府から嫌疑をかけられ、慶応二年一一月二六日の彼等の帰府より評定所で取調べを受け、一二月九日、久三郎は牧野備前守へ御預け、家来六人は揚屋入りと宣告されたのである。彼等に「最早御吟味に不及(35)」との最終的な達がなされたのは、幕府崩壊を眼前にした慶応四年二月二三日のことであった。したがって市之進は、足しげく長谷川邸に通い、家政向の諸事万端を処理することとなる。前述の手当は、慶応二年四月から毎月一両ずつが市之進に支給され、その外に、慶応二年七月一四日には中元祝儀として二分、同三年一〇月三日には御手元より三分、一一月一四日と一七日には御手元より一分、そして一二月一八日には歳暮として一両一分が渡されている。もちろん毎月の二人扶持の米はこの外に支給されていた(36)。

3 旗本家臣の生活様式

(1) 人事情報蒐集

これまで、旗本用人を勤めてきた野々村治平、市之進父子の個人史的軌跡を追うことで、旗本家臣の生活のありさまを微視的な角度から検討してきたが、ここでは、野々村父子の行動において特徴的で、かつ普遍化しうるいくつかの点を見てみることとしよう。その第一は、彼等の人事情報に関する機敏さである。

旗本用人的な立場にあり、さらに主人が公務についているとすれば、人事情報蒐集は、当然彼等の第一義的任務となるだろう。市之進が村垣淡路守の用人だった当時の万延二(文久元)年一月二〇日の日記には、「竹内下野守様御勘定御勝手方、一色山城守様御勘定公事方被仰付候事」との記載があり、川村壱岐守の家老だった当時の、文久元(一八六一)年五月一八日の日記には、「飛脚屋注進左之通」として、「長崎奉行　高橋美作守様、外国奉行　水野筑後守様、小普請奉行　朝比奈甲斐守様」との人事情報を書きつけているのである。

ただ我々が注意したいのは、このような機敏さは、役職に就いている時のみならず、浪人生活においても見出されるという事実である。市之進が未だ浪人中の安政六(一八五九)年九月一〇日の日記には、「大沢・荒尾・斎藤・渡辺・小笠原・水野・松平・木村・溝口・安部・三上御役替」とあり、さらにつづいて同夜の条に「鵜殿・黒川・平山」と記されている。このような一般には公開されてはいない人事情報を、彼等がどのような手段で入手していたのかも興味をそそられる点だが、このような機敏さは、主人の旗本が公務より離れたら暇を出され、ある旗本が公務に就くと家臣団を膨張させるという旗本社会の基本的動向と不可分な関連をもち、旗本レヴェルの人事異動がただちに自己の就職に結びつく以上、自然に成長していったものと考えられる。

(2)　相互扶助

旗本家臣の生活の不安定さは、彼等の中での密接な相互扶助・相互協力をつくり出してもいった。たとえば、主人から暇を出されたとしても、多くは家族を抱えている彼等のほとんどは、町地に家作を有してはおらず、したがって親類の用人・給人の住宅、具体的には旗本屋敷内の彼等の長屋に世話にならざるをえないのである。安政五年末より の浪人生活の際、市之進は妻の兄鈴木弥三郎宅に厄介になっていた。そして、市之進が万延二(文久元)年三月、川村壱岐守家老となって大坂に赴く際、弥三郎の弟の渡辺礼三郎(父は尾州知多郡野間名主森田茂右衛門)を、徒士目付として川村家臣団の中に加えさせているのである(37)。

慶応元(一八六五)年閏五月二六日、市之進は妻はるを失った。没年四一歳である。市之進には嘉永五(一八五二)年生れの保次郎、安政元(一八五四)年生れのちせ、安政六(一八五九)年生れの鉱三郎、文久二(一八六二)年生れのひさが残された。この窮状を心配した旧知の本多丹下用人渡部作太夫が後妻を世話する。市之進日記の慶応元年九月七日の条には、次のような記事がある。

兼て作太夫より内談有之候尾州様御家中之内谷三郎と申ものの妹おつね、後妻として今日作太夫夫婦にて召連ル、鑑輔并家内罷越手伝呉ル、御上えは先御内々申上置候事

後妻のつねとの間に市之進は慶応二年六月、よし(後の名はみよ)をもうけている。

なお、野々村治平の実父が尾州家中、前妻の父も尾張出身、そして後妻も尾州家中となると、旗本用人層の出身地

論も気になるが、残っている関係史料は、それ以上のことを語ってはくれない。

(3) 旧主との関係

譜代的な関係が消滅したこと、公務から退くと容易に家来に暇を出すこと、といった事実から、読者は、旗本主人と家来との関係の冷たさをすぐさま想像するだろう。だが、筆者が野々村の史料から、第一に強い印象を受けたのは、逆に市之進の旧主に対する親密さ、礼を尽くす誠実さだったのである。

浪人中の安政六年六月二七日には、暑中見舞としてかばやき金百疋分を跡部家に届けているし、七月四日には、同じくかばやき金百疋分を川村家に持参している。

万延二(文久元)年一月一〇日には、川村・大熊・佐橋の三家に年始伺いをしており、三月七日、大坂出立直前の暇乞いには、戸田・跡部・内藤・久須美の各家を廻り、翌八日には佐橋家より餞別をもらっていた。

この文久元年六月一四日には、市之進は大坂より、佐橋・内藤・戸田の各家に暑中見舞の手紙を出し、元治元年初頭、諸旗本が上京した時には、跡部伊賀守・新見伊勢守・杉浦兵庫頭(久須美祐明の孫)・村垣与三郎に対し献上物を差し出し、また逆に跡部伊賀守・新見伊勢守・村垣淡路守・村垣与三郎・明楽八五郎・川村為三郎の面々からは物を拝受している。

このような旧主の旗本、あるいは旧主とつながりのあった旗本に対する関係を、常時つくっていたからこそ、元治元年一二月下旬、有馬則篤のもとから暇を出された時、旧主川村壱岐守の長屋を借りることが可能だったのであり、さらに翌年二月には、これまた旧主大熊家に依頼していた赤坂丹後坂の家作に入れることとなる。ここで妻を亡くした市之進が、子供達とともに駿河台の内藤平八郎の長屋に移るのが同年六月晦日、当然、川村・大熊両家には引越しの挨拶におもむいている。

右に見る市之進の態度には、仕えたことのある旧主達とその関係者を、共通に自己の主人とみなすがごとき雰囲気すら感じられる。譜代の関係の必要性の意識が、旗本側にも、また家来側にもすでに存在しない以上、家来側としては、できるだけ広く自分の能力を熟知してもらうこと、しかも旧主間相互の間で自分に対し配慮してもらうことが、長期にわたらねばならない自己の用人・給人生活を維持していくうえで、第一義的重要性に転化してきていたのである。

(4)　旗本社会の論理

慶応元年五月以降寄合となった千石知行の内藤平八郎の場合だと、野々村市之進をはじめとする家来六人、中番・別当・中間等の召使一一人および数人の女中(千三百石知行の三嶋政明家の例では幕末期で九名[38])が家政維持の上で不可欠の人数であった。仮に五百石知行以上の旗本一六一〇家をすべて千石知行の旗本としても、家来が九六六〇名、召使が一万七七一〇名、女中(千石で七名として)が一万一二七〇名となり、しかも家来のほとんどと召使の多くは江戸で妻子を有していたのである。このうち、家来は野々村家の例のように代々旗本家来を勤める家や、近在あるいは知行所の有力農民層の子弟より、また召使は江戸町人人別人および近在の百姓より供給されたものと考えられる。女中は、三嶋家の場合では、下級武士の娘、町人の娘、そして近在の農家の娘が短期間に交替しつつ雇われていた。

このようなものが、旗本社会の最低の需要人員であった。最低といったのは、これ以外に相当数の家来・召使需要が常時存在していたからである。

江戸時代の支配機構は、官僚制的性格を有していたといわれるが、それは近代官僚制と本質的なところで相違していた。町奉行所や勘定奉行所など、一定程度の吏僚制は形成されていたものの、それは武士内身分制のロジックで厳しく統制された家産吏僚制度のもとにはじめて機能していた。さらに、その機構を全体的に統括する「長官[39]」は、機構の中からたたきあげられて昇進したり、その専門性故に任命される者ではまったくなかった。それは一定の制限内における旗本の「役」として、数多くの幕府諸機関の「長官」は、一定期間を限って任命されたのであった。

このような幕府機関の「長官」は、一面では国家を体現するものとして、諸大夫や布衣に任ぜられ、受領名を受け、役高と役料を拝領する。たとえば、佐渡奉行は千石高で役料が千五百俵百人扶持、大坂町奉行は千五百石高で役料が現米六百石、長崎奉行は千石高で役料が四千四百俵とされていた。なお(江戸)町奉行と勘定奉行は役高は三千石だが、役料は支給されていなかった。したがって、任命された旗本は、従来の家政維持に必要な家来・召使とは別個に、任命された役職にふさわしく、諸大名家をも指揮しうる家格を表す家臣団を新たに編成しなければならなくなるのである。また、他面では、それぞれの機関ですでに形成されている家産吏僚集団を指揮・指導し、それをノーマルに機能させるためには、自己の側に当該事務に精通し、吏僚集団を円滑に働かせうる一定数の実務家集団を用意しておく必要がどうしても存在していたのである。換言すれば、徳川幕府的吏僚集団の形成そのものが、旗本集団側における一定数の実務家家臣集団の形成を必然化したということができる。この実務家集団を彼等は必要時に雇傭し、そして自己の解任とともに、彼等を解任できる体制を常時維持しておかなければならなかったのである。この意味では、江戸という政治都市に相当数存在していた野々村のような用人・給人集団は、旗本集団全体の、非常に大切な共同財産的存在であったということが可能なのである。

具体例を見てみよう。安政二年七月、長崎奉行に任ぜられた三百俵取りの旗本川村修就の出発時の家臣団は、留守役も含めて、家老三名、用人三名、給人六名(野々村市之進はこの中にいる)、給人格二名、御納戸二名、近習四名、中小姓一〇名、徒士目付二名、徒士四名、徒士格三名、足軽一六名、中間三二名の大所帯となっていた。

そして、この川村は万延二年一月、大坂町奉行に任ぜられ、市之進と中村豊之進を家老として、新規に家臣団を編成するが、「追々御抱入のもの引移、御人も相揃候ニ付、夫々役掛り被仰付」として二月一二日最終的に確定するメンバーは、家老が前述のように中村・野々村の二名、用人が二名、「御用人格御取次御勝手方兼」が一名、「御取次」が一名、「御書翰」が一名、「大目付御納戸兼」が一名、「御納戸兼供頭」が一名、近習が四名、右筆が二名、留物方が一名、勝手下役が一名、中小姓が三名、徒士目付が二名となっており、安政二年時と重複する者は中村豊之進と市之進以外皆無というのが実態であった。

また、文久三年五月、市之進が有馬則篤家老となった時の大坂における有馬家家臣団は、家老が二名、用人が五名、給人が二六名(この中が取次・大目付・書翰役・供頭・右筆・中小姓等にわかれている)等となっていたのである。

(5)　役職所得

野々村市之進のような旗本の用人層を、先には「旗本集団全体の共同財産的存在」と表現した。しかしながら、非役の旗本用人の場合、三人扶持か四人扶持、慶応期になれば物価暴騰で給金もあがるが、それ以前は年に八両から一〇両の収入でしかない。武士身分としては下層であり、しかも相当期間の浪人生活は不可避的である。とするならば、右のごとき表現は誇張にすぎると感じる読者も存在するだろう。だが、決して誇張ではないのである。野々村治平も野々村市之進も、富裕であったと断言できる。何故か。役職所得と利殖によってである。

野々村治平が大坂町奉行久須美祐雋の家老を勤めていた安政三年の年収は次の如くである。(40)

(1)経常収入(扶持米は除く)　二月二八日に春渡り給金五両、九月六日に九月渡り給金二両二分、一二月九日に歳暮給金二両二分、合計一〇両。

(2)役職所得　「年始銀」所得、銀一貫四七九匁六分(内訳は北組六三九匁、南組五九二匁一分、天満組二四八匁五分)、「八朔銀」所得、銀一貫四九一匁三分(内訳は北組六四二匁三分、南組五九四匁六分、天満組二五四匁三分)、「年中諸向到来」総高、金四六両二分、銀二貫一五一匁一分、銭三三貫二〇〇文、銀七〇匁一両として計算して総収

入一二四両二朱と銀三匁、内七分を主人に上納して、差引き一一五両三分二朱と二匁および給金一〇両が安政三年の治平の総年収であった。

文久三年五月から一二月期の有馬則篤家老当時の野々村市之進の場合はどうか。[41]

第一に有馬が大坂町奉行として「初入」した時の大坂町人の献納銀は八一匁替で一一二両三分二朱、「八朔御礼銀」は一二五両二分二朱、「歳暮御礼」は一七両二分、五月から一二月までの「御広間江到来」物は四二一両二分、四口〆で六七七両二分、ある歩数を主人に上納し、その後内部で配分された市之進の役職所得は文久三年五月から一二月までで一一七両一分二朱にのぼっている。

右にも述べたように、役所への到来物は、家老・用人・給人上層部の内部で役職に応じ配分されるのである。文久元年の役職所得は、川村修就家老の中村と野々村が各々一二六両、用人の大前従太夫が一二二両、同じ金子幸内が一一一両、用人格の松田佐久右衛門と取次の岡田内蔵造が各々六二両、大目付の杉山与左衛門が一九両、書翰掛の藤沢普一郎が一四両という形で配分されていた。そして市之進は文久二年一年間では一三四両二分の役職所得を得ていたのであった。

なお、家老・用人・給人の役職所得をはるかに上まわる額の収入が主人にあったことは言うまでもないだろう。元治元年二月一四日、和歌山藩主より大坂町奉行宛に贈られた銀手形は播磨屋忠兵衛方にて引き替えられたが、内銀四三〇匁が有馬の手許に納められ、また市之進は八六匁の所得を得ていたのである。[42]

野々村家史料の限りでは、大坂町奉行所の役職所得がもっとも多額である。元治元年八月、勘定奉行所宛の「到来物」物高は、三百疋分一二箇、二百疋分七八箇、百疋分一〇箇の五〇両二分であり、若干額を差し引いた四七両一分が市之進を含む三名の重役によって均等に配分されている。年始・歳暮・年中到来物を合しても大坂町奉行所の役職所得には達しないと思われる。父治平の嘉永五年佐渡奉行所当時の年間到来物は、彼が江戸にいたためだろうか、二両二分と銀五匁にとどまっている。

このように得た収入を、市之進は江戸の三田に店をかまえていた万屋重兵衛(姓は石黒)に預金し、その利子を得ていた。絽の紋付やふとんの代金を利子から差し引いているところから見ると大きな呉服屋か。但し本店ではなかった。預金金額は元治元年一一月現在で四〇〇両、年利六分である。(43)

このような安定した貯蓄があるからこそ、長い浪人生活も凌げたわけだし、また「川村様え兼て御頼の金子、三拾両奥様え差上」(安政五年一〇月二九日)、「大工藤次郎来ル、晦日迄金二両時かし」(同年一二月一七日)と金の融通をおこなったり、住居の世話になっている内藤家に安政六年六月、金を用立てることも十二分に可能だったのである。

さらにこの財力は子供の教育にもつかわれた。文久三年二月一〇日、在坂時の市之進は長男の保次郎を著名な儒者藤沢東畡に入門させ、江戸に戻ってからは彼を開成所に入学させてフランス語を学ばせている。その結果、慶応三年六月四日、保次郎は「仏学世話心得取締」役を拝命することとなったのである。

おわりに

以上のような旗本用人の生活も、慶応四年、幕府の瓦解とともに終止符をうたれることとなる。戦争の難を避けるべく、同年二月には内藤家の荷物をはるか信州佐久郡まで疎開させ、三月五日には内藤家の家族を足立郡差扇村に避難させるのであった。(44) そして八月には、隠居の内藤平八郎と養子の小筒組差図役箭之丞は沼津に移住することになり、この時はじめて、「此度駿州え御引越御暇ニ付御手当被下」(45) として現金一〇両を受けとっている。この年は、それまで毎月扶持米は支給されていたであろうが、給金が出された形跡はない。

明治二年に入ると、東京の治安維持のため新政府の戸籍取締りが非常に厳しいものとなっていき、ここに市之進とその家族は町人人別に入ることとなる。明治二年二月、「駿州内藤箭之丞内」土屋捨吉は、浅草元鳥越町名主荒川文次郎に宛てて、「此度人減ニ付、永之暇遣候処、武家奉公之儀相止メ、町家稼致し度旨、依之御支配浅草元鳥越町治郎右衛門店幸助方え同居致度旨申出候付、其町人別え御差加へ可給候」と、市之進とその家族の人別送状を差し出したのである。(46)

慶応四(明治元)年八月、内藤家から離れてからの市之進の悩みは、どのようにして今後の生活を送るかという問題であった。彼は武家奉公の前途が暗澹たるものであることを痛感し、越中屋与兵衛に大小を売却して、一二月二四日、二〇両のうち五両をまず受領する。他方、万屋重兵衛に預けていた金を全面的にとり崩し、一一月二一日に一〇両を、翌明治二年一月二八日には五両を、そして二月九日には一五〇両を返金してもらっている。そして、この二月五日、市之進は本郷三丁目、兼安の並びにあった福島屋兵右衛門所持家屋を購入するため、価格一〇〇両のうち手附金二両を渡し、同月一五日、残金全額を支払った。輸入物中心の呉服屋を開くためである。新しい屋号を彼は「万国屋」とした。営業開始は三月であり、同月分の売上げは一八両二分と金札三両二分、四月分の売上げは三二両二分三朱と金札三両二分、まずまずのすべり出しであった。万屋重兵衛からはさらに二月一二日に二五両、四月八日に二五両、五月一日に二〇両を返金してもらっている。運転資金として投入する目的であったのであろうか。

さて、幕府の崩壊により、圧倒的多数の旗本とその家臣達は、窮乏化の途をたどることとなった。これは厳然たる事実である。しかし同時に、幕府の支配構造そのものが、野々村家のような旗本実務家家臣集団を一定程度創出、再生産する必然性を有し、彼等が維新の大変動期に、比較的スムーズに武家奉公から商業活動に転身することが可能だったという、より小さい事実にもやはり注目して然るべきであろう。野々村市之進は、維新後も、旧主内藤家の上京時の面倒を見、明治一三年の村垣範正の葬儀に赴き、明治一四年の洋画家川村清雄(修就の孫)の帰朝を出迎えるなど、旧幕の関係者とのつながりを決して断つことなく、(47)しかも「士族の商法」を立派に成功させる中で、(48)明治一七年七月三一日に没したのである。享年六七であった。

（1）「遣米副使村垣淡路守用人野々村忠実関係史料」は、野々村市之進忠実の曾孫に当たる野々村てる氏より一九九一年に東京大学史料編纂所に寄贈されたものである。以下の番号は、同史料の文書番号を指す。なお、この史料の概観を筆者は『白山史学』第二八号、一九九二年において、「幕末期旗本用人の生活とその機能」と題しておこなっている。
（2）第三八号文書。
（3）明治一二年六月、市之進の次男鉱三郎が作成した親類書（第六六号文書）の中に桑名とある。
（4）第二〇号文書。
（5）本論文で使用する各種の「大坂武鑑」は史料編纂所所蔵のものである。出納番号一〇四三―三三―四。
（6）第一一二号文書。
（7）第一一三号文書。
（8）第一八六号文書。
（9）第一九号文書。
（10）第一八号文書。
（11）第一三号文書。
（12）「嘉永三年二月より安政三年一二月野々村治平入帳」（第四〇号文書）。
（13）注（3）に同じ。
（14）佐渡江戸間の往復文書である第六八～七七号文書を参照のこと。
（15）注（12）に同じ。
（16）第一一号文書。
（17）第三三号文書。
（18）「自文久元年四月至文久四年三月日記」（第三一号文書）。
（19）注（3）に同じ。
（20）「嘉永六年八月二七日付親類書」（第三七号文書）。
（21）「長崎道中在勤中手留」（第二四号文書）。なお長崎在勤中の記述は本「手留」による。

(22) 第八八・八九号文書。
(23) 第八七号文書。
(24) 第一〇二号文書。
(25) 第一二九号文書。
(26) 「自安政五年至万延二年三月手留」(第三〇号文書)。なおこの間の記述は「手留」による。
(27) 「自文久元年四月至文久四年三月日記」(第三一号文書)。なお、江戸出立からの記述は、注記しないかぎり、本「日記」による。
(28) 「文久三年公用雑記」(第三二号文書)。
(29) 「文久三年五月より慶応三年一二月手留」(第四一号文書)。これ以降慶応三年末までの記述は、注記しないかぎり、本「手留」による。
(30) 注(2)に同じ。
(31) 「慶応元年一一月より慶応二年七月米入用帳」(第四四号文書)。
(32) 「慶応二年正月米勘定帳」(第四六号文書)。
(33) 「慶応三年御雑用幷御臨時御入用上納金差引勘定帳」(第四八号文書)。
(34) 「慶応二年正月より慶応三年一二月金銭出入帳」(第四五号文書)。
(35) 「慶応四年正月より一一月手留」(第五〇号文書)。
(36) 注(34)に同じ。
(37) 注(26)の万延二年二月一二日の条と、注(27)の文久三年七月二六日の条にある。
(38) 西脇康編『旗本三嶋政養日記』(ワイ・エス・ケー出版部頒布、一九八七年)三九一頁。
(39) ここでは長官レヴェルに話を限定しているが、支配組頭レヴェルでも用人を使用していることに注意されたい。
(40) 注(12)に同じ。
(41) 注(27)に同じ。
(42) 注(29)に同じ。

(43) 注(27)の文久三年末に記載あり。
(44) 注(35)に同じ。
(45) 「慶応四年正月より明治二年八月金銭出入覚」(第五一号文書)。
(46) 「明治二年二月野々村市之進人別送状」(第六五号文書)。
(47) 「明治八年より同一七年日記」(第六〇号文書)。
(48) 旗本用人・給人層の幕末期の生活と明治以降の転身を考える際には田中正弘「『旗本家臣中村(鹿島)喜平治日記』の翻刻と解題」(『栃木史学』第六号、一九九二年)を参照のこと。

第Ⅲ部　維新期の政治と社会

第七章　維新政権論

分析視角

慶応三年一二月九日(一八六八年一月三日)に成立した維新政権に関しては、戦前より数多くの研究が積み重ねられてきている。紙数の限られている本稿では、第二次征長の役の幕府敗北以降、狭義の意味での攘夷主義にかわって提起される「国威宣揚・万国並峙」なる新たな国家目標が国際政治の場に激突する時、いかなる逆規定を国内政治に与えるかというきわめて限定した視角から、いくつかの論点整理をおこなうことをその狙いとする。

1　維新政権成立への道

(1)　慶喜政権の課題

対外一致・内戦中止を求める国内輿論を抑圧し、多くの外様大名の離反をも顧みず強行された第二次征長の役での幕府の完敗は、幕府の政治的威信を深刻に傷つけた。慶応三年三月の日記に、「(西国の情勢)吏を視ること小児の如し」(1)と譜代佐倉藩藩士依田学海が記しているごとくである。幕府は、敗北直後の慶応二年八月、将軍家茂の死を口実に休戦沙汰書を獲得し、翌三年一月、孝明天皇の大喪を理由に解兵の命を取りつけ、僅かにおのが体面を保持しえたにせよ、徳川宗家を継いだ慶喜は将軍宣下の運動をすぐにはおこないえなかった。事態の深刻さを誰よりも知悉していたのが彼自身であったからである。

ここに、長州一藩にすら軍事的に敗北し、一大名勢力に顚落しようとする幕府の公儀性回復をめざす必死の努力が、仏国公使ロッシュの示唆と協力を得て始動する。公儀性を保証する第一は、反抗する諸勢力を強力をもって抑圧できる軍事力の急速な形成である。慶応二年八月から年末にかけ、幕府兵制は全面的に改革され、すべての戦士は何らかの銃隊に編成される。このラディカルな軍制改革のいきつく先は、旗本の軍役負担を完全に免除し(封建軍制の廃止!)、かわって知行高の半高を軍役金として上納させようとする慶応三年九月のきわめて大胆な幕令発布であった。

公儀性を保証する第二は、幕府は一大名にすぎず、国家の中心にはミカドが位置しているのだ、との英国をはじめとする諸外国の批判を防ぎ、諸外国と薩長両藩との接近を阻止し、自己の側に諸外国の支持を取りつけるため、外交大権を能動的に行使し誇示することである。一八六七年のパリ万国博覧会に際し、慶喜が弟の徳川昭武を将軍名代として派遣するのは、仏国をはじめ欧米諸国に幕府の開明性と能動性を示すことがその狙いであり、外国奉行向山隼人正《むこうやまはやとのしょう》は、初の駐外公使として、日本の支配者が将軍であることをヨーロッパ社会に説得する役目を担わされていた。外国奉行支配組頭田辺太一は、この目的に違反し、博覧会への薩摩藩出品物の説明書に「薩摩政府」と書くのを認めてしまったが故に召還されることとなる。この過敏さは、軍制改革資金として、フランスで六〇〇万ドルの借款をおこそうとしていたからでもあった。借款成立には、日本を支配しているのは唯一将軍政府である、という理解をかち取ることが不可欠の前提であったからである。だが、対英協調志向の仏国政府は、万博での表記問題に介入せず、借款成立に積極的支持を与えず、ロッシュに対しては内政不干渉を強く指示する。なお、在外公使派遣に関しては、幕府が外国総奉行並《なみ》塚原但馬守の英国派遣を準備していた事実も看過できない。

外交大権の能動的行使意図は、慶応三年二月、外国奉行平山図書頭《ずしょのかみ》(四月外国総奉行となる)の対朝鮮使節派遣決定にもよく表現されている。一八六六年九月の米船シャーマン号焼打ち事件と、宣教師殺害に対する報復としての同年一一月の仏軍による江華城攻撃事件は、朝鮮と仏米間の緊張を一挙に高めた。ロッシュの要請をうけた慶喜は、日朝間が「通信」関係にあることを利用し、また仏米両国が外交的に手詰り状態であることを押さえたうえで、使節を釜山ではなく朝鮮の首都にまで派遣し、事態の解決を幕府のイニシアティブで図ろうとする。その狙いは、前年の普墺戦争に関し「孛漏生《プロイセン》人、意太利《イタリー》に侵居《はいりお》るヲーステンレーキ人を追退せ、意太利も是に応じ戦争大いに起る。仏帝これを調和して三国共其徳を仰ぐに至る。妙算感歎に堪ず(2)」との慶喜の言葉からもよく窺いえよう。朝鮮を交渉の場に引き出し(朝鮮使節を日本に渡航させることを考えていたのである)、仏米間との交渉仲介者になることにより、国家権威を国際的にかち取り、仏米をはじめとする諸外国の幕府への支持を獲得しようとするのである。これが軍事力行使をも伴う可能性のあったことは、平山が当初派遣に際し二大隊を要請した事実からも明らかである。朝鮮側の使節拒絶の態度表明後も、慶喜は派遣を決して断念せず、大政奉還後もこの問題を政治的に利用しつづけようとした。

だが最大の試金石は、兵庫開港勅許問題であった。文久二(一八六二)年遣欧使節の各国との交渉により、兵庫開港は五年間延期され、一八六八年よりの開港となっていた。しかし慶応元年一〇月、各国連合艦隊の摂海進入の圧力に屈し条約勅許をせざるをえなかった孝明天皇が、兵庫開港だけは許可しなかったことも、各国公使をはじめ周知の事実であった。征長敗北後、政治的権威を失墜させた幕府が、兵庫開港勅許獲得に失敗するならば、英国をはじめとする諸外国がたちどころに幕府を見限り、対朝廷直接交渉に突入することはきわめて明白であり、逆に諸大名の反対を押さえ切り、勅許を獲得することができるならば、諸外国は、幕府を日本国政府として再確認し、将軍慶喜の政治手腕に深い信頼を置くこととなるだろう。慶喜は慶応三年三月に英仏蘭三国使臣を、四月に米国公使を大坂城において公式に引見し将軍の権威を示したが、とくに英国公使パークスに対しては、「大貌利太泥亜《ブリタニア》と取結びし条約を一々履《ふみ》行《おこな》ふことを断然と決定した」りと明言することにより、自ら背水の陣を敷くこととなる。

(2)　兵庫開港勅許問題

慶応二年八月以降、幕府と慶喜の政策に正面から対決したのは、西郷隆盛・大久保利通を新たな政治的指導者とする薩摩藩勢力であった。彼等は、文久以降の激動する政局のまっただ中に身を置くことにより、欧米列強の軍事的圧力の強大さと、それに対抗しうる国家構築の不可欠性を鋭く認識する。と同時に、国民的規模での民族的危機感の深まりが、反幕府感情と長州支持心情を異常に昂揚させている事態をも正確に理解しえていた。幕府の権力独占を打破し、民衆の輿望を担っている長州藩を政治の正面舞台に引き戻し、諸藩を国政に参画させ、輿論を考慮しつつ、朝廷を中核とする強力国家を形成する方向のみが日本の取るべき途だとする彼等は、兵庫開港勅許獲得に徳川家の命運をかける慶喜に対し、長州処置を優先させるべしとの政治的対策をたたきつける。そして彼等が上京を実現させた島津久光・伊達宗城《むねなり》・山内容堂・松平春嶽(この四名は元治元年段階で慶喜や松平容保《かたもり》と共に「朝議参与」の職にあった)は五月、慶喜と相見えることとなる。

大久保は春嶽に対し、慶喜に対置すべき論理をこう展開する。すなわち、幕府の失政により「天下挙て幕府を疑」う今日の形勢にいたった。事態収拾には、「失政の第一」たる長防再討を幕府が深く反省し、長州藩の削地撤回と藩主父子の官位復旧を第一に実現すべきである。しかも、長州寛典令は幕府の触ではなく、直接勅命の形をもって天下に布達すべきなのだ。こうすれば「忽ち天下の疑ひを解き人心をして悦服せしむるに至るべし」。右の条件を創ることが兵庫開港問題の大前提なのだ、と。[3]

慶応三年五月下旬、久光にあてた西郷の意見書は、慶喜に対置すべき論理を次のようにくりひろげている。すなわち、「幕府においては最初より戦を恐怖し、一事の談判毎に押付られ候て、頓と条理を被レ失候故、開鎖の論紛々と起候義に御坐候、尤条理を以戦は被レ決、一二戦も有レ之候て、其後に定約の御取結相成候へば、却て物議は相生ぜざるのみならず、押付らるるの所置よりは屹と筋は相立可レ申筈と奉レ存候。戦の上より御廟算あらせられ候て、勝算は全無レ之の義相分居候へ共、遠慮過て因循に陥、勝敗の御目的のみにて、御所置も随て落下候て如レ此軽蔑を被レ受候次第に立至候」。それに対し、長州は攘夷の論を主張し戦争までもしたが故に、天下の人心が長州に集まっているのであり、幕府が長州を悪めば悪むほど、「天下の人々、長州を憐候様罷成」るだろう。この根本のところを解決し、長州の冤罪を解くことが、「天下人心」を定める第一歩であり、長州も含めた場で、公論をもって皇国至当の大策を評議するならば、異論が出る余地はまったく存在しないのだ、と。(4)

朝廷への権限集中なしに事態は収まらないとの見通しは久光ら四侯間でも懐かれており、宗城の「御手帳留」にも「開鎖の権は朝廷へ帰せらるべき事」と見え、また、幕府・諸藩合意のうえ国政を決すべしとの考えも彼等の中に強かったことは、「四藩を疎外に差置かれず、巴力門《パーラメント》・高門士《コモンズ》と思召、廟議の列に加へられ、条理分明に何方も遺憾無レ之に帰候処迄反覆御討論の御決議に相成度」(5)と述べる春嶽腹臣中根雪江の慶喜謀臣原市之進宛書翰からも明らかである。

だが慶喜にとって、四侯主張の長州宥免措置をとることは、従来の幕府政策に誤りがあったことを幕府自らが認めることを意味する。さらに諸藩合議のうえ兵庫開港の可否を決することは、幕府の公儀性を完全に否定し、英国をはじめとする諸外国が懐いている、政治的主権者としての将軍の地位への疑念を確定させてしまうことになるだろう。両者ともに、慶喜が認めることは絶対に不可能であった。

だが、西郷・大久保らが期待した働きを四侯は果たすことはできなかった。将軍慶喜は、四侯より数等上の宮廷政治家的力量を有していることを実証する。彼は四侯間の矛盾を巧みにつくとともに、五月二三・二四両日の朝廷内大会議においても獅子奮迅の働きをした。会議の中で出された、「長州完全復旧、兵庫勅許一件は幕府が上京四藩と良法樹立の上」との御沙汰案を一蹴し、ついに、何ら具体的措置への言及のないままの長州寛典方針と抱き合せで、兵庫開港勅許を獲得することに成功する。(6)この大奮闘の最中、慶喜は、有志輩との協力をどうするのかとの詰問を、「有志の者とは浮浪体の者にては固より有レ之間敷、必可レ然大藩諸侯にて可レ有レ之。不肖ながら天下の政権御委任の将軍に御座候処、別に有志の者と天下の事を致され候とは甚だ不審に御座候。此度四侯上京いたし候も、彼よりの建白は十分朝幕にて取挙可ㇾ申。しかし施行の儀は朝議を奉じて幕府の任に御座候処、かえすがえすも有志の者とも唱候は如何なる藩に候哉(7)」とあざやかに切り返し、相手を沈黙させるのであった。

(3)　討幕勢力の形成

猛反対を押さえ、兵庫開港勅許をかち取ったことは、慶喜の対外的立場を強化したが、逆に対内的立場をさらに脆弱なものとした。幕府は、自己の論理の枠内で長州寛典処置を遂行しようと、五月二六日、長州藩の歎願書提出方を芸州藩に命ずるが、同藩は拒絶、幕府はやむなく七月、長州藩家老の上京を命ずるのであった(この命を口実に、同年一一月、長州藩は大兵を西宮に集結することとなる)。

朝廷内でも、慶喜の強硬姿勢に反発する公卿たちの圧力により、パークスの伏見通行を理由として四月一七日、親幕派の広橋胤保・六条有容《ありおさ》・久世《くぜ》通熙《みちさと》の三議奏および武家伝奏野宮定功《ののみやさだいさ》が罷免され、その後の慶喜の圧力にもかかわらず復職させられることはなかった。西郷らは、それにかわり、万里小路《までのこうじ》博房・烏丸《からすま》光徳・正親町《おおぎまち》三条実愛《さねなる》・中山忠能《ただやす》・徳大寺実則・中御門経之・大原重徳《しげとみ》等の反幕派の公卿を入れようと動き、五月には正親町三条と長谷《ながたに》信篤が議奏に就任する。

慶喜が主導する幕政改革は、幕府内部にも種々の矛盾を増大させていった。上からの急速な軍制改革は旗本・御家人の間に不満を蓄積させていくが、とりわけ知行高の半高にも及ぶ軍役金納入令は、慶喜の侍医坪井信良によっても、「幕府には古来無ㇾ之御苛政故、人心不折合に相成候(8)」と評されるほどのものであった。

また、良好な対外関係維持の重視と割拠否定への強烈な志向性は、蝦夷地政策においては諸家領分上知策を産み出すとともに、樺太全島日露雑居との仮約定(慶応三年二月)が成立したうえは、領土に関する危惧はありえず、樺太への日本兵駐留はロシアとの紛争の火種となりかねないとの理由から、同島御固《おかため》人数総引揚げ案が勘定奉行小栗上野介らより提出される。だが、文久期から元治元年にかけ目付として京情と諸藩事情に通じていた箱館奉行杉浦兵庫頭は、幕府の担っている責任と諸藩人心折合い方をふまえ、この方針に強く反対するのであった。(9)

さらに、兵庫開港路線は欧米列強の圧力に対する日本のいっそうの従属化の道にほかならないと激昂する依田雄太郎らの攘夷派幕臣は、八月、京都において慶喜のもっとも信頼していた側近原市之進を、補佐の責任を問うて斬殺した。ここに慶喜は政治的片腕を喪失する。

自己の保持してきた公儀性をあくまでも維持しつつ、上からの軍事改革を強行し、形成される傭兵型「近代」軍隊により、割拠的国家体制を郡県体制に転化させることを狙う慶喜の改革政策において、入りこむ余地がきわめて乏しかったのが、参加の概念とナショナルな観念であった。勝海舟や大久保一翁のごとき、諸藩との提携論者は疎外され、民族的な危機感をいかに組織し、国民的な力量をどのように結集させるかという問いは、この改革路線には存在しなかった。公儀性・政治的支配権・外交大権の三者は不可分離の徳川家の家産でなければならないのである。

慶喜の改革政策は幕府内矛盾を拡大するとともに、幕府と諸藩との溝をも深めていった。前述の幕命を拒否した芸州藩の態度は、「御名分条理分明に相成、一致和同の御基本相立ずては、開鎖は何れに仕候ても、理勢得失は兎も角も、平穏相行なはれ候儀とは更に存じ奉らず候」(10)との四月の対幕建白の延長線上にあったのであり、六月には芸州藩世子浅野長勲《ながこと》自らが上京、薩土因備阿等諸藩に働きかけ「還政」建白の運動に従事することとなる。尾州藩も四月の対朝廷建言において「〔兵庫一件は〕天下の大事件に付、尚天下と与に謀議致」すべし(11)と主張、七月には重臣成瀬隼人正を上京させ、「大名の内にて人望ある輩或は事の理非を弁へたる輩は成るべく御採用ありて然るべし」(12)と幕府に建言させている。

岡山藩は四月の対幕建白において、「兎角外夷申立候より止むを得させられざる処より、何事も御願立相成候様伺ひ奉られ候へば、此往とても彼より如何様の難題申立候も計り難く、其節に至り猶又止むを得させられざるの御場合に立至候ては最早御取返し無レ之[13]」と危機感をあらわにしつつ幕府政策を批判していたが、七月には芸州の動きに呼応して重臣日置《へき》帯刀《たてわき》・牧野権六郎を上京させ、老中板倉伊賀守に対し、兵庫開港押ての御申立天威御軽蔑にも相渉るのこと、長防処置御遷延朝意に違うのこと、との藩主(慶喜の弟池田茂政)の意を申し立てることとなる[14]。因州藩の行動も岡山藩と相似しており、七月藩主池田慶徳《よしのり》は、実兄の将軍慶喜にあて、「当時の御事績(中略)内外倒回の様に相窺、上侯伯下匹夫に至迄、幕下は外夷あるをしりて我神州あるを知ろしめさせられず候様申なし候[15]」と詰問調の書翰を送るのであった。

民衆の幕府や慶喜批判もまた厳しかった。大坂商人は四月二〇日発の手紙の中で「大樹公(将軍)……市中の悪説言語に絶し候。京摂とも風評は、いづれ遠からず大変有るべし。右無レ之ては相納かたく覚え申候」と述べ、「神国を夷国へわたす一ツ橋、清き流れを田安徳川」との流行の狂歌を書き添えていた。また兵庫開港勅許の報は横浜開港後の物価騰貴をただちに連想させ、紀州日高郡大庄屋の瀬見善水は、「長札(長州追討高札)御取除にて一旦米金下落いたし候ても、交易盛に相成候はば、沸騰已前に倍し候事も計り難く、蒼生の艱苦戦争よりも甚しかるべきか」(六月二日)と憂慮する。さらに慶喜の上からの改革政策は、江戸では仏人が召し抱えられ、松平伊勢守に任官し、老中加判の列に加わったとの流言を産み出し、八月には紀州にまで伝わってきたのである[16]。

慶喜の強硬姿勢、上京四侯によって内政改革の糸口をつかむことの不可能さ、そして京坂以西の反幕的政治情勢の深化は、西郷・大久保らを指導者とする薩摩藩勢力を武力討幕路線に踏み込ませることとなった。西郷は六月一五日、ひそかに上京していた長州藩の山県有朋・品川弥二郎を久光に引き合わせるとともに、朝廷守衛を名として勅命を奉請し、幕府年来の罪逆を糺すため、薩長が同心戮力することを確認する。また薩長土三藩連合勢力による武力討幕を志向する土藩脱藩士中岡慎太郎は、討幕派の板垣退助を江戸から上京させ、五月二一日、土佐の板垣・谷干城《たてき》・毛利恭助等と薩摩の西郷らとの間で薩土密約を成立させる。そして板垣は帰国して軍事改革に従事し、中岡は京都の土佐藩邸を根拠として、七月下旬、陸援隊を組織することとなる。

土佐の後藤象二郎が、大政返上策を山内容堂に入説する目的をもって、坂本龍馬らを伴って長崎を出発するのが六月上旬、入京したのが、薩藩の武力討幕の動きが活発化しだした同月一三日のことであった。容堂はすでに帰国していたが、後藤は在京土佐藩邸の意見を自説にまとめあげるとともに、薩宇芸三藩にも了解を取りつけたうえで帰国、藩論を統一して再上京、対幕府建白を必死の覚悟でおこなおうとする。

後藤の考えの中に、薩藩主導の武力討幕路線を、土藩主導の和平路線に切りかえようとする意図が明白にあったとはいえ、彼のプランは、薩藩も含め幕府批判勢力のすべてがそれまで持ちえなかった国家構想の雄大さと論理の一貫性を具有していた。後藤は六月一七日、伊達宗城に自論を入説するが、彼はそこで「今日御周旋御着眼の処は、長防御処置・兵庫開港・五卿帰洛等の数箇条の趣に御坐候。愚見を以申候時は、右等は全国内の義、実は枝葉の末事と存じ奉り候。仍て是等の事件は暫く閣き、大基本を御定立成され候様御座あり」たくと発想の大転換を求め、これまでのままでは「迚《とて》も御国威の張候期は御坐無」くと、大政復古と政事堂創設、幕府は関東の大諸侯として天下の政権を解き、自国退守のこと、等を力を込めて説くのであった。[17] 宗城は「まだ今にては早くは無レ之哉」と疑念をもらし、『伊達宗城在京日記』には「〔後藤は〕皇国の国体大変革相成度主意申述候」と記している。

同月二二日、後藤は西郷・大久保らと会合、「一国体を匡正し、万世万国に亘り不レ恥、是れ第一義。一王政復古は論なし。宜しく宇内形勢を察し参酌協正すべし。一国に二帝なし、家に二主なし。政刑唯一君に帰すべし。一将職に居て政柄を執る。是れ天地間有るべからざるの理也。宜しく侯列に帰し翼戴を主とすべし」との四項目の約定書主旨を確認する。後藤はさらに二六日、八項からなる約定書を作成、薩芸両藩に示したが、そこには朝廷の政権掌握、議事堂による制度法則の制定、上下両議院の設置、将軍職の廃止等とともに、「各港外国の条約、兵庫港に於て新に朝廷の大臣諸大夫と集合し、道理明に新約定を立て、誠実の商法を行ふべし」と、幕府締結諸条約改正の課題が国家目標としてはっきりとうち出されていた。

明確な新国家構想をもつ大政返上建白を、土佐藩が全力をもって遂行することが薩長土芸の間で合意されたことに伴い、薩長の武力討幕方針も、それに対応した形をとることとなる。すなわち、慶喜がこの建白を容れる可能性をまったく信じていなかった西郷らは、条理を尽くした大政返上建白に対する幕府の拒絶を武力行使のシグナルと位置づけたのである。彼等の新国家構想も、その基本をすべて後藤構想から得ていたことは、薩摩藩内輿論を討幕に動員するため必要となった討幕の詔勅を、薩長芸三藩が一〇月八日、中御門経之・中山忠能に依頼したさい提出した王政復古策からも明白である。そこでは、征夷大将軍職の廃止、天子の全権掌握、両院を開設して万機公評を尽くし、衆議一定するものをもって朝議国典と定めること等とともに、各国との条約は兵庫港において大臣・諸侯・士大夫を衆合し、「道理明白新条約を立、不朽の良策確定、永世の商法行」うことが立項されていた。

幕府側も、六月に入ってから、従来とは異質な諸藩の動きを察知する。「此程備藩日置帯刀、何か暴論の徒に欺かれ候哉にて、諸藩集会いたし、夫より因芸阿一同合力、必死の建白を以上様の御失徳相数へ、天下の大義を伸べ申すべき抔との説相唱、右の見込決着にて今夕芸人同行にて帰国の由(中略)実に以ての外なる次第」[18]と老中板倉伊賀守が池田慶徳に書翰で非難するのが同月の二六日。七月三日には若年寄格の永井主水正《もんどのしょう》が後藤に、討幕計画の有無に関し糺問していた。次第に薩藩をはじめ土藩・芸藩等の兵力が京に繰り込み、一〇月三日には江戸攪乱のため薩藩の益満休之助と伊牟《いむ》田尚平《たしょうへい》が同地に下る事態となる。[19]京中では諸藩兵中に長州藩兵が多く交っているとの流言が広がり、人心恟々たる情況となっていった。宇和島藩士都築荘蔵は、一〇月三日後藤らが大政返上建白をなした直後、情報蒐集に走り廻るが、六日土佐藩邸では、毛利恭助が「何れ此度は斯迄決心建言に及び候故、必御採用これ有るべく、若採用無レ之節は最早此れ限の事と存候」と断言、荘蔵は「兵力を以圧倒の志と相見申候」と宗城への報告書に注記している。また同日西郷に面会、「万一建白不採用の節薩藩の対応如何」と露骨に質問するが、さすがの西郷も「其時に臨み如何《なん》とか相成るべし。唯今何とも申上難く候」と口をにごした。また西郷は詰人数を「千計《ばかり》」と回答、しかし荘蔵は「多分二三千も登込居申すべし」と報告書に附記する。[20]

このような政治状勢の中でついに一〇月一四日、慶喜は大政返上上表を朝廷に提出するのであった。ここにいたった理由を越前藩士某は、「土薩は大分の覚悟に及、詰り御採用無レ之節は兵力を以相迫り候所存、(中略)既に長芸の海へは兵士乗組の蒸気船四艘繋置、其外両藩とも段々上り込の都合に相成」っていたところに求め、桑名藩公用人は、後藤が「西国の諸大名、浮浪の徒をかたらひ暴動を発候事は眼前」にあると脅迫したからだとして、「暴発の一条、大樹公御胸中に余程相響候処より如レ此罷成候儀にて誠に口惜次第[21]」と嘆息する。先の都築荘蔵は、一三日、慶喜の前で宇和島藩を代表し堂々と大政奉還の至当性を陳述するが、翌日彼が探索したところによれば、幕府内には土佐藩を兵威をもって押さえつけようとする動きが強かったが、「今日人心御取失の幕府にて右辺の儀千万出来させられ難き御儀、万一幸に事成るとも、折角神州の御為と存込言上仕候義を御採用相成らざるのみならず、反て御強制成され候義、此上なき御不条理」との反対論が出され、結局奉還の措置となったのだ、という。

ただし、我々が慶喜の行動を理解するうえで確認しておくべき点は、朝廷官制の中に入り込む形で政治の実権を取り続けようとする発想は、従来も存在していた事実である。慶応三年初頭の「小笠原壱岐守覚書」では、関白を左右両関白にわけ、右関白を将軍兼任とし、天皇教育係を朝彦親王とする案が示されており[22]、六月には老中板倉伊賀守や若年寄格永井主水正は、慶喜の摂政就任案を真剣に検討していたのである。[23]

大政返上を申請した慶喜にとってまず必要なことは、諸藩合意を大義名分とし、「それ以前の政治は従前通り」との許可を得るとともに、諸藩合意までの反幕諸藩の諸活動を封じ込めることであった。緊急事務は当分従前通りとの沙汰を得るのが一〇月二二日のことだが、朝廷が同日「外国の事は其事情に通じたる両三藩と申合わせ取扱ふべ」しと指示したのに慶喜は抗議し、一一月九日に撤回させ、大政奉還後では自己に不利に機能すると見てとった先の長州藩家老に対する出頭命令を、彼は朝廷に働きかけ、この一一月九日に差し止めさせている。

第二は、当分の間保証された外交大権を発動させ、新政権内の外交上の立場を有利にするため、平山の朝鮮遣使に積極的に取りくむことであった。朝廷への遣使伺いが一〇月二五日、許可が一一月四日、平山は一二月二日入京し慶喜と本件処分の方略を密議する。

第三は、朝廷内での自己の地位について具体的な構想を練り上げることであった。朝廷内の実権を関白二条斉敬《なりゆき》や朝彦親王が掌握しているかぎり、また自己が八〇〇万石の卓絶した大大名であり続けるかぎり、それは相当程度実現可能なものであった。斉敬の政権構想の中心には「員外内大臣」が置かれ慶喜がその地位に擬せられており(慶喜は当時内大臣)、また朝彦親王も「(朝廷も)只今通り神棚へ上り居候方望にて、大樹公を政権の根本に押立、只政体一途に出候迄にて、王政復古は元より迂遠の事にて、才力有志の公家は大樹公に付、政体に預り候も苦しからず候事」(24)との意見であった。一一月二三日、尾州藩の徳川慶勝が慶喜に面会した時、慶喜はきわめて微細にわたった政権の「見込書」草案を示し、慶勝は、「願は綱要大目だけ御建言に相成、自余の小細は御省き成され」たしと発言しているのである。(25)

さらに、やがて開催される諸侯会議においても慶喜は徳川派の多数を期待することができたし、また京都の軍事情勢を転換させるため、江戸からは続々と大兵が上京しつつあった。

2　維新政権の成立

(1)　国家的認知と外交機構の形成

だが、大政返上を申請したことによって慶喜がもっとも留意すべきだったのは、もしも朝廷の構成と政策が大転換しても、大政を委任されていた時期と異なり自分にはなすすべがないという点であった。大政返上上表により、一旦武力討幕方針を中止した西郷らは、現実の動きが慶喜と幕府機構の横すべりにすぎず、新国家の中核となる朝廷には物質的基礎がなんら保証されえないことを確認するや、前年八月以降反幕派公家の背後の指導者であった岩倉具視らと謀議し、慶応三年一二月八日、慶喜らの反対を押しきり、長州復旧と三条実美《さねとみ》ら五卿帰洛を朝議決定させたうえで、翌九日、土芸尾越四藩の協力のもとに朝廷クーデタを決行する。成立した維新政権は、一方で慶喜の大政返上・将軍職辞退を嘉納し、また幕府・京都守護職・京都所司代等の職制を廃止して彼等の武力発動の名目を一切剝奪するとともに、他方で摂関・議奏・武家伝奏等、朝廷内身分制を維持してきた諸制度も完全に廃絶する。そして三職・議定・参与の新官制のもと、旧幕府の秕政謝罪を名分として、慶喜に内大臣辞官ならびに納地申請を迫るのであった。慶喜を議定職として維新政権内に引き入れ事態の漸次的移行を図ろうとする尾越土三藩の懸命の努力も、薩藩の江戸攪乱工作に挑発され薩藩憎悪で収拾しようがなくなった大坂城に集結する旧幕・会津・桑名勢が、慶応四年一月三日大軍をもって上京、鳥羽伏見の戦いを勃発させたことによって万事休した。慶喜は自軍の勝利を堅く確信して、局面転換をこの一戦に賭したのである。

鳥羽伏見の戦いで旧幕勢が完敗したことにより、一月七日に慶喜追討令が発布され、東帰した慶喜・旧幕勢力との全面対決を前提とした諸道への鎮撫総督の派遣と一月中旬の旧幕領年貢半減令の布告(但し一月二七日ひそかに撤回)、さらに二月九日熾仁《たるひと》親王の東征大総督就任と江戸攻略をめざしての大軍東上開始というように、事態は刻一刻と展開していく。

維新政権における対外関係での第一義的課題は、英国をはじめとする諸外国から、維新政権に対する正式承認を早急にかち取ることであった。王政復古通知案はすでに慶応三年一二月中旬には政府内で論議され、岩倉は「毎《いつ》も万事渠《かれ》より先んぜられ候処より方今の形勢にも立至候事に付、此節は此方より先んじ度[26]」ときわめて積極的であったが、案文に土藩らの同意は得られなかった。皮肉なことに、王政復古の早期通知は、四年一月一一日の神戸事件が契機となる。兵庫開港とともに同地に結集した各国外交団は、事件発生に際しただちに海兵隊を上陸させるとともに、碇泊中の諸藩艦船を差し押さえたのである。事態の重大性を認識した同港滞在中の伊藤博文はただちに政府に通報、同月一五日勅使東久世《ひがしくぜ》通禧《みちとみ》(七卿落ちの一人)が同地に赴き、英仏米蘭普伊公使に王政復古を報ずる国書を交付することとなる。政府はできるだけ早く諸外国の信頼を獲得するため、迅速かつ果断に神戸事件を処理し、二月九日責任者として岡山藩陪臣瀧善三郎を切腹させた。さらに「各国意外感悦懇信の実蹟[27]」を得るために、政府は各国公使天皇拝謁の件を早くも事件解決直後の二月一三日には決定、同月一五日の堺事件発生のため遅れるが、これまた事件をすみやかに処理することにより(二三日、一一名切腹)、仏蘭両国公使は同月三〇日に、英国公使は攘夷主義者の切込みのため三月三日に、参内拝謁をおこなうのであった。

対外関係における第二の課題は外交事務機構の迅速な確立であった。国書交付の際、同席したのは薩の岩下方平《まさひら》と寺島宗則(共に欧行者)、長の伊藤博文(欧行者)、紀州出身で元海援隊の切れ者陸奥宗光などのメンバーであり、二月三日の外国事務局設置では督《かみ》に山階宮、輔《すけ》に伊達宗城、権輔《ごんのすけ》に東久世と鍋島直大《なおひろ》、判事に薩の岩下・寺島・町田久成・五代友厚(すべて欧行者)、長の伊藤と井上馨(共に欧行者)、宗城との関係で同藩士井関盛艮《もりとめ》が任命される。対外接触の場となる開港開市場では、兵庫県知事には伊藤が五月より、大阪府知事には後藤象二郎が七月より就任し、後藤のもとで五代が活躍する。長崎裁判所総督には二月より沢宣嘉《のぶよし》(七卿落ちの一人)が任ぜられ、彼のもとで井上馨が敏腕を振う。在日外国権益の比重のもっとも高かった横浜では、各国公使が三月一二日、新政権の外国事務担当高官を同地に派遣すべき旨を決議しており、政府は同月一九日、横浜裁判所設置を決定、東久世兵庫裁判所総督を同地総督、鍋島直大を副総督とし、そのもとに寺島・井関・陸奥と並び肥前の大隈重信と山口尚芳を配置するが、中でも大隈はたちまち抜群の能力を発揮し、「東久世は大隈に任せ切(28)」と外交団から皮肉をいわれるようになっていった。さらに四月一二日箱館裁判所が設置され、蝦夷地問題に関心のある公卿の清水谷公考《きんなる》が総督に、彼のもとに薩の井上石見《いわみ》、長の堀真五郎、土の小野淳輔(坂本龍馬の甥)、さらに以前から蝦夷地問題に深く関わっていた岡本監輔(阿)と山東一郎(紀)が配置される。清水谷にはロシア領事に王政復古を報ずる国書を交付する任務も委ねられた。外国事務の統轄は一月以降伊達宗城が大阪で遂行していたが、横浜に比重が移るに伴い、六月、外国官は大阪から京都の太政官内に移り、横浜が窓口となっていく。この激しく利害のぶつかりあう対外関係の接点から、大隈・伊藤・井上をはじめとする才気にあふれた維新官僚が続々と頭角をあらわしてくるのである。

(2)　条約改正への志向

だが、慶応四年二月一六日、大原重徳《しげとみ》が外国公使参内問題に対し、「大政御掌握遊ばされ、兼々思召の通り攘夷に推遷るべきと、諸臣を始め天下の衆諸無僻の人々、神州の正気も引立つべき事、立て待つべき抃申し相喜居候(29)」に、と批判し、同月二一日、堺事件の処刑者の数の多さに関し、岩倉らが「従来朝廷攘夷の儀に付、今度御親政に付ては必攘夷云々と天下衆庶見込居候折柄(30)」と憂慮するのは理由のあるところであった。旧幕府とは異質の対外姿勢と外交方針を積極的に示すことが政権存続の第一条件であることを、当局者はよく理解していたのである。『太政官日誌』が二月二〇日に創刊されるが、その直接の目的も、外国公使参内問題に関し政府の外交方針を広く示すところにあった。第一号の三職布告は、参内のやむなき次第を述べるとともに、「聖徳を万国に光耀し、天下を富岳の安に置」くことを国家目標として掲げるのである。また『日誌』第四号に掲載された、参内直前の二月二八日御所召集諸侯に宛てた詔勅には、「内は列藩万姓を撫安し外は国威を海外に輝さん事を欲す(中略)天下万姓の為に於ては、万里の波濤を凌ぎ身を以艱苦に当り、誓て国威を海外に振張し、祖宗先帝の神霊に対せんと欲す」と述べられていた。国際関係からの強力的離脱という攘夷主義をもはや採らないのならば、国家関係における従属性・片務性の完全な払拭と国家対等性の全面回復を狙う条約改正が新たな国家的課題の正面に捉えられなければならない。すでに一月一五日の対外和親の詔にも、「大に兵備を充実し国威を海外万国に光輝せし」めん、と述べられるとともに、但書中に、「於二幕府一取結候条約の中弊害有レ之候件々、利害得失公議の上改革あらせらるべく候」と言及されていた。そして、参内問題と神奈川裁判所設置問題が片づいた三月下旬、この問題が政府部内で煮つめられていく。長州出身で英国に留学した南貞助（閏四月以降外国官権判事）が条約改正推進派の急先鋒であり、四月上旬には東久世が遣欧使節に内定し、長崎在勤の町田久成と井上馨を随員とするために、同月九日、南貞助が長崎に派遣される。南がたずさえた東久世の書翰には、「当節御一新に付、西洋各国へ皇国より使節御指立に相成御内評」[31]とあるが、『太政官日誌』によれば、東久世が遣英仏普伊露蘭使節に正式に命じられるのは、同月一八日のことである。

この時期、あと二つの動きが対外関係に関連して展開する。一つは前述の箱館裁判所設置問題である。樺太を含む蝦夷地問題は旧幕以来の重大な国家的問題であり、三月九日には明治天皇より三職に対し清水谷らの建議の蝦夷地開拓の件の可否が下問され、同月二五日には、政府内で裁判所設置をめぐって議論される。[32]もう一つは、三月二三日、朝鮮御用筋に関し外国事務輔の心得をもって勤めるよう政府が対馬藩主に達したことである。対朝鮮関係の再編をも政府は独自に考えはじめたのであった。

内政的には、三月一四日、京都では億兆安撫国威宣布の宸翰が出されるとともに五箇条の誓文に諸侯の誓約が求められ、江戸では西郷と勝の間で江戸開城に関する交渉が成立、翌月一一日、江戸城が無血開城される。維新政府にとっては予想外の順調なペースでの事態進展のなかで、ここに見た対外関係の処理が集中的に取りあげられたのである。四月一二日、伊達宗城に対し岩倉は、「御一新如レ斯平穏に整候事は不思議にて、全国名分条理の一和にてなりしと存候。薩長尤多功と考へ候由。守成尤かたく、維持の策天下公論を以聖断相成度」(33)と率直な気持を語っている。だが、岩倉は見通しが甘かった。会津・仙台を中核とする奥羽越列藩同盟は徹底抗戦の姿勢を固め、奥羽・北越の各地に激戦が展開、対外的課題の解決はすべて戦争終了後に追いやられる。そして旧幕勢力との長期戦を予想して一月二一日申し入れた諸外国の局外中立が、逆に維新政府の手足をしばることとなり、四月二日横浜に入港した旧幕購入の最新甲鉄艦ストーンウォール号の引渡し要求(最初は閏四月二三日)を、米国公使は局外中立を理由に拒絶しつづける。

(3)　支配の正統性

維新政権は、国威宣揚を第一の国家目標に掲げて成立したが、他方、支配の正統性を、公議輿論と「議事院」から汲み出そうとしていた。慶応四年一月一七日、「職制」中に各藩から貢士を徴することが規定され、閏四月二一日の「政体書」では貢士は議政官下局議員と位置づけられ、上局とともに立法の権を執る官として、租税章程以下の審議項目が明記される。五月二四日には貢士対策規則が定められて、議事所は菊亭家に設置され、月三回の対策提出日が決定された。これに従い、貢士たちは各人の対策を持ち寄って示し合うため、月三回の会合日をつくるのである。貢士を媒介とした諸藩の横の連合の試みである。五月二七日貢士は公務人と、さらに八月二〇日公議人と改称され、一〇月二八日の藩治職制の中では、公議人は藩論の代表者として位置づけられ、執政・参政中より選任すべしと規定されることとなる。

八月一日、空文に流れるとの理由で右の対策提出が廃止され、不時諮問となるが、佐倉藩公議人依田学海は、同月二四日その朝令暮改性を下局議長事務取扱の高鍋藩士坂田莠《はぐさ》に強くなじっている。依田はまた九月一〇日には他の公議人と共に下局議長秋月種樹《たねたつ》(高鍋藩世子)に面会、事務を極論する(34)。同月一六日、議事所で議事の体裁をめぐって全公議人会議が開かれ、これを踏まえ、同月一九日山内容堂を総裁とする議事体裁取調掛が設置される。同月二〇日、天皇が東幸するに伴い、全公議人が東下を命ぜられるが、その際の沙汰書は、「議事院の儀は広く会議を興し万機公論に決するの御趣旨にして最重大の挙」、「実に一日も不可欠は公議」と明言し、朝廷と列藩とが気脈を通じあって公議を興す姿勢を強く打ち出していた。

(4) 版籍奉還

半年以上にわたる各地での激戦の末、明治元年九月二二日(九月八日改元)、会津藩主松平容保《かたもり》が降伏したことにより、戊辰戦争はついに終結した。前月一九日に旧幕府海軍副総裁榎本武揚が艦隊八隻を率い江戸湾を脱走、一〇月箱館を占拠したとはいえ、事は蝦夷地に限られ、全国的な意味はすでに持ちえなかった。東北諸藩処分案がほぼ固まった一二月四日、岩倉は各国公使に局外中立の解除を要求、各国公使は同月二八日、局外中立廃止布告を東久世に通知する。甲鉄艦が政府に引き渡されたのは、明治二年一月六日のことである。

戦争の終結とともに、政府は諸藩等の力を糾合し、その上に自己を超越的な形で位置づけようと、明治元年一二月、天皇の東京再幸後「天下の大小侯伯及中下大夫上士に至迄召させられ、輿論公議を以て国是の大基礎を建たせらるべき思召」だとして、翌二年三月一〇日まで(後四月中旬に変更)の東京参着を命じている。また同じ一二月五日、東北戦争で議事政体開設が延びたが、「広く会議を興し万機公論に決すべしとの御趣意を以、今般改て仰出だされ、東京旧姫路邸を以当分公議所と御定相成、来春より開議」すると、再幸にあわせ公議所の開設(三月七日)を宣言する。

このような形で確立される政府の基礎を固めようと、薩長両藩士が中心となって動き、天皇が京都滞在中の明治二年一月二〇日、「制度典型軍旅の政より戎服器械の制に至るまで悉く朝廷より出で、天下の事大小となく皆一に帰せしむべし、然后に名実相得始て海外各国と並立すべし」とする版籍奉還上表を薩長土肥四藩藩主がおこなった。但し政府は、上表をただちには受けいれず、東京再幸のうえ会議を経、公論を尽くさせたうえで指示する、と回答している点は注意してよい。

国家目標の正面に据えられていた条約改正問題も再びとりあげられ、議定東久世は明治元年一二月二三日、条約改正の意思が政府に存することを各国公使に通告、折り返し、改訂を欲している条項に関し各国公使から質問が寄せられている。京都では、版籍奉還上表と同じ二年一月二〇日、閣議において、条約改正のため全権使節を各国に派遣するとともに、清国と国交を締結するため同国へ使節を送る方向が確認される。東久世に対し、「西洋各国へ使節として遣わされ候旨兼て仰付け置かれ候処、弥《いよいよ》当年遣され候御治定相成候に付、此段更に仰出だされ候事」と達せられるのが同月二八日のことである。戦争によって中断されていた外交問題として、あと一つには浦上キリシタン問題が存在していた。天皇制の権威確立のためにも、諸藩や草莽からの政府批判を押さえるためにも、信徒の移送措置よりも根本的な方針の樹立が検討され、外国官知事伊達宗城の明治元年一二月の「御手帳留」にも、神道家小野述信や僧侶でのち神道家となる鴻雪爪《おおとりせっそう》の名が留められている。その小野は同月外国官出仕洋教取調御用、明治二年三月教導取調御用掛に、鴻は明治二年五月教導局御用掛に任命される。

(5)　維新政府のジレンマ

だが国家目標といっても、所詮相手のある話である。英国を先頭とする欧米資本主義列強は自国の商品販売市場や生糸・茶等の購入市場として日本を位置づけていただけであって、それ以上ではない。そのために何よりも必要なことは日本市場の平和と安定なのであり、それが故に、横浜への早急な新政権高官派遣を強く要求したり、戦争の激化と商品移送の攪乱を恐れ局外中立姿勢を長期に維持したのである。欧米列強にとって第二に必要なことは自国商人の身体の安全であり、それが故に、日本のような国では寛容さではなく、厳格な裁きこそが求められるとして、日本政府の内々の打診を一蹴、神戸事件の責任者とされた瀧の助命を外国側が要請することを拒絶したのであり、外国人に対する暴行者への厳罰姿勢を法令として発布することを、再三再四日本政府に強要したのである。

そのような彼等にとっては、財政危機に苦しむ維新政府が、慶応四年六月、改税約書の規定を利用して生糸・茶の輸出関税を引き上げ国庫収入の増加を図ろうとしたことは、彼等の商業利害と正面から対立する行為であり、結局、下関事件賠償金残高支払の延期と抱きあわせで、政府の試みを挫折させる。

彼等を不快にさせたのみならず、激怒させたものは、対日貿易の根幹に関わる日本の通貨制度の崩壊現象であった。軍費の決定的不足から、維新政府は巨額の太政官札(金札)を発行するとともに、劣位の二分金・一分銀を濫造、同じく軍費不足に苦しむ薩摩・安芸・筑前をはじめとする全国の諸藩は贋二分金を製造、国内の経済活動を大混乱に陥れたばかりではなく、外国人貿易商の手許にもそれらは大量に蓄積されていったのである。パークスをはじめとする各国公使は、明治元年末から、くり返しこの問題の解決を迫った。金札の兌換性賦与と、外国人が所蔵している悪贋金銀貨すべての正貨との額面通りの交換が、彼等の要求であった。彼等の要求は、対話書を見るかぎりでもきわめて高圧的であり、政府当局者にいいあらわせないほどの屈辱感を与え、そしてこの事態は風説としてたちまち全国に伝えられていく。

王政復古クーデタ期に見られたような楽観的な三位一体観、すなわち〈条約改正・国威発揚を軸とする壮大な国家目標〉〈天皇を核とし、諸藩から推戴され統合する朝廷国家〉〈国家をささえ、それを安定化し、そして国民的合意を調達する諸藩機構(国家の軍事力は諸藩の軍事力に依拠するものとされていた)〉といった予定調和的イメージを脅かしたのは、現実の国際環境だけではない。戊辰戦争という激烈な全国的内乱がひきおこした諸藩の内部変化もその一つであった。戦争は冷酷な唯物論者である。勝利しなければ意味がない。桎梏となった封建的門閥制度は解体され、軍隊は諸隊化するか藩内身分制を破壊しつつ士族軍団化し、軍事的に有能な人々(彼等の多くは幕末勤王派として弾圧されている)が藩の指導部に一挙にのしあがり、藩内官僚制が急速に形成されていく。戦争に従軍した人々の国家意識は強化され、彼等の自負心は昂揚する。長州の諸隊勢力や西郷を指導者と仰ぐ薩摩の士族軍団はその典型であり、後者については「政府の議も兵隊は相用ひ申さざる位にて取押は君公に無レ之ては迚も治り難[35]」と明治元年末に語られるほどとなるが、それは土佐や久留米、佐賀や柳川、筑前や秋田等、戊辰戦争に維新政府側として参戦した各藩に多かれ少なかれ共通していえることであった。明治二年一月、岡山の前藩主池田茂政もごく内々に実兄にあて、「此程奥羽出張の者共罷帰候処、甚過激にて、既に沸騰にも及ぶべき程に有レ之候に付、彼是心配仕候て取鎮居申候得共、右の者共は、朝廷より仰出だされ候職制を口実と致し、政体を恣に致し、主人を軽蔑致候所行有レ之候に付ては、往々此儘に打過候ては如何相成るべき哉[36]」と心中の恐怖を洩らしている。彼の挙げている人々は、幕末岡山藩を攘夷主義の方向でまとめあげた江見陽之進以下の藩士指導者たちである。

国家意識に燃え、自らの軍事力に自信を持ち、諸藩の軍事力を合体させて国家を強化しようとする諸藩士や草莽層からは、維新政府の対外的姿勢はややもすれば軟弱に見え、「洋癖家」と非難の言葉が投げかけられるのであり、政府当局者からは、彼等は実情を知らない書生論者と批判され、「攘夷家」のレッテルが貼られることとなる。

戊辰戦争期にさらに強化された対外強硬意識や維新政府への批判意識は、明治二年三月から四月、天皇の東幸と諸侯以下の東京参着の時期に一挙に表面化する。三月七日、天皇の京都出発当日には、諸藩士や数百の十津川郷士が出発を阻止しようとし、東京・横浜近辺では各国代表団の人々が、行列に対し無礼を働いたとして、馬や馬車から引きずり下され、パークスをはじめとする人々は、攘夷主義の発現だと激昂し、政府に対し犯人処罰を強く要求する。政府、とくに外国官所属の官僚は深刻なジレンマの中に立たされる。

明治二年四月一七日、公議所が外国問題を取りあげ、外国官判事の中井弘(薩)・山口尚芳(肥前)を呼び出した時、二人はきわめて率直に、日本が外交問題で直面している諸問題を二つに分けて諸藩議員に説明している。

第一は外債・通貨問題である。外債は下関事件の賠償金未払い分一五〇万ドル、オリエンタルバンクよりの借入金五〇万ドル、英商オールトよりの借入金一〇〇万ドル、その他総計六〇〇万ドルほどあるが、即今内外費用夥しい中からいかにして日本が弁済するのか？　また、外国人の手に落ちている悪貨総計は三〇〇〇万両、今その正貨との差額の弁償を求められているが、そのために必要となる金高は六〇〇万両、「之を弁ずるの道、果して如何」。しかも各国公使より、悪貨中に諸藩贋貨の存在が指摘されているが、これにどう回答するのか？

第二は開鎖問題である。開くとなれば、今の交際で永続するのか、鎖すとなれば、「彼来り抗するの節、之と対応するの道、果して如何」。外国人殺傷より英仏の駐兵は増加し、「我堂々神州にして古昔未だ外侮を受ず、其軽侮を招く、今日より甚しきはなし、之を清浄するの法、現在実地上に施すの道如何」。「府藩県の士員兵隊等、道路通行の節、外国人と行逢乱暴に及ぶの時に当り如何して之を制すべきや、将《はた》政府の威権を以之を制するの力あるやと即今各国人より問訊するの節、其信実の確答、果して如何」と。この報告を受け、公議所は二二日と二三日の両日、外国問題に対しおのおのの議員が各自の見解を発表する。

公議所に対してと同様、維新政府は明治二年四月二二日より五月下旬にかけ、宮堂上諸侯および中下大夫上士、そして行政官六官学校府県五等官以上の人々(公議所＝下局に対し、これを上局会議と呼んだ)に対し、当面する緊急の国家的課題を率直に諮詢する。一つは前述した版籍奉還・知藩事任命の件であるが、その他、(1)祭政一致・皇道興隆の方策(すなわちキリスト教対策)、(2)蝦夷地開拓・ロシア対策、(3)「独立自主」の体裁を確立するための外国交際の方法、(4)困窮の極に達し、外国貿易の上からも一日も放置することができない国家財政の再建策如何、の四件であった。とくに会計問題では、歳入総高一九八万石(税収を草高《くさだか》七九二万石の二五％と計算)に対し、歳出三二四万石、赤字現米一二六万石とする詳細な収支一覧が附され、支出中には、金札三〇〇〇万両兌換のために計画された内外債三〇〇〇万両の償還経費にかかわる一ヵ年当り六六万石余の支出が計上されていた。[37]

(6)　太政官政府の成立

維新政府は、ここに見た深刻な国家的ジレンマをいかに解決しようと試みたのだろうか。それは二つの方向において遂行されていく。

第一は、対外関係における矛盾の最大の集中点である通貨問題への抜本的な対応である。それを放置しておくならば、日本の国家的・経済的従属への主要因に早急に発展するものであり、また通貨の国家的独占掌握問題は、諸藩に対する国家主権の第一義的問題であったからである。維新政府は、明治二年二月、二分金と一分銀の製造を中止することを各国公使に回答、五月二八日には諸侯会議の決定だとして、金札の発行停止、紙幣製造機械の焼却処分、明治五年までの正貨との引替えを布告、同日、贋金製造者の厳罰方針をも明確にした。そして七月には外国人所持の悪贋金銀貨の正貨引替えを各国公使に約束し、一二月には、諸藩札製造そのものを禁止する。その一方で、二月太政官内に造幣局を設置(七月大蔵省造幣寮となる)、三月には大隈重信が新貨の形状と単位につき意見書を提出、一一月には各国公使・領事に新金銀銅貨の品位および新貨・旧貨・外国貨との関係について通告する。大阪における造幣寮の建設(開業式は明治四年二月)は明治初年の近代化政策の象徴ともいえる大事業であり、明治三年二月には英人キンドルが造幣工業首長として雇用され、造幣事業に絶大なる権限をふるうこととなる。明治二年一一月、政府は鉄道建設資金を名目として、英人レーとの間に一〇〇万ポンド借款起債を契約するが、借款金は、実は鉄道よりも新貨鋳造用の銀塊購入にはるかに多く使用されたのであり、また、その一部は、金札引替え用の新紙幣製造費用としてドイツの印刷業者に支払われることとなる。この国家の威信をかけた大事業の総まとめとして新貨条例が発布されるのが明治四年五月のことであり、事業の総責任者として明治二年八月大蔵省造幣頭に任じられるのが井上馨であった。

この新たな通貨政策と連動する形で、明治二年二月、外国官のもとに通商司が設置される(七月には大蔵省のもとに移行)。その使命は、三都の商業資本家をはじめとする各地の豪商を為替会社・通商会社に組織し、大規模な資金貸付を通じて輸出産業を振興するとともに、対外貿易を通商会社のもとに統轄することによって輸出を増大させつつ、獲得した正貨(貨幣製造材料となる)を国家の側に掌握することにあった。大隈重信がその責任者となり、同年三月には外国官副知事兼会計官副知事となった(七月大蔵大輔)。そして六月、会計官判事山口尚芳と長崎府判事兼外国官判事井上馨が大阪に、会計官権判事伊藤博文が東京に、会計官権判事五代友厚が横浜に赴き、三所に開設した通商司事務を指導することとなる(なお為替会社は古金銀回収業務を托されていたことに留意せよ)。

第二は、戊辰戦争の過程の中で高まった国家的意識を、それなりに組みこむことに努め、それを通じて国家機構と諸藩との関係を調整し、安定化させようとしたことである。明治二年三月の待詔局開設も、草莽一般の政治意見を汲みあげようとの政府姿勢を具体化したものだが、さらに五月には非違を取り締まる弾正台が開設され(これも政府批判勢力が設置を求めていた)、ここに、明治二年三月の東幸阻止事件で中心的役割を果たした柳川藩の古賀十郎など、対外強硬論者で攘夷家とみなされた数多くの草莽層が送りこまれる。同年七月には、政体書に基づいた国家機構から、律令制度に範をとった二官六省・集議院・大学校・弾正台制に国家構造が大きく改編されるが、その中での二官中の神祇官や弾正台・集議院・大学校等には、多くの非薩長派で対外強硬派が重要な地位を占めることとなる。そして集議院長官には明治二年九月より、彼等を支持する立場にあった大原重徳が就任したのである。

外国官もきわめて微妙な力関係のもとにあった。大原は明治二年四月二九日、攘夷派とみなされていた自己の立場を弁明しつつ、外国交際は彼我の信義が大切としながらも、「(万一)渠《かれ》兵力を以相迫り候様申掛候はば(中略)やむを得ず全国の力を以て相接すべく御決定兼て有レ之度」と主張、そのために第一に必要なことは国内人心の一致にあると強調している(38)。そして熊本藩士で公議所議員の鎌田平十郎ら一一名の議員は、五月一一日政府の外交政策を三条実美の面前で非難し、「今や王政維新の際に当て人心不和天下失望する者は他なし、政を立るに洋法を雑へ、人を用るに洋癖を挙ればなり」と断言、「毫も洋臭を帯びず、勇断識量ある者を撰挙して外国官とな」せと要求、さらに同月、鎌田らは再度国是を確立すべき建議を提出、「洋習を除かせられ、邪説を遠ざけさせられ、其上にて外国応接其人を得させられ、是迄の条約行る可き条件と行れざる条件を酌定し、彼に損なく我に害なき約束を立」てよと主張した(39)。五月二九日、外国官知事が伊達宗城から公卿の沢宣嘉にかわったのも、国内のこのような情況が深く関係していたものと考えられる。そして沢は、長崎府知事時代、彼のもとで活躍した島原藩士で平田派国学者のリーダーの一人丸山作楽《さくら》を、八月、外務大丞の要職に据えるのであった。

3　維新政権の矛盾

(1)　政府対諸藩の対立

明治政府は、その権力の正統性と支持の力を公議所(明治二年七月集議院と改称)から調達する構造となっていた。だが、この建前は機能しただろうか。政府は、六月六日、のどから手の出るほどほしい正金を獲得するため、高一万石につき金札二五〇〇両宛を各藩に石高に応じて割り渡し、その員数の正金を規定の期限までに提出することを命ずる。藩の不利益は明白であった。公議所議員は、「天下の人心を揺動して国害を醸さんも測りがたし、よろしく停止あるべし(40)」と大きく団結し、翌七日から抗議行動を開始、岩倉をして、公議人が藩論(政府は諸藩に請書を書かせていた)と異なるのは奇怪だ、と憤激させる。

また政府は、外国人に対しては額面通りの引替えを約束しながらも、国内にむけては、明治二年一〇月、贋二分金一〇〇両に対し金札三〇両の引替え率を布告する。民衆にとってこれは非常に不当なことであり、彼等は額面通りの交替(「二歩は二歩」)を求めることとなる。集議院議員もことごとく不満、大原議長も政府に反対意見を上申するが、聞かれるところとならず、一〇月二日には、紀州藩議員伊達五郎(陸奥宗光の義兄)ら集議院で選ばれた幹事三名が岩倉や広沢真臣《さねおみ》に面会、是正方を強硬に申し入れていた。

この政府と諸藩の争いが構造的対立であることをきわめて明確な形で示した事件が、明治三年五月、集議院にかけられた藩制をめぐる争いであった。とりわけ、藩の現石収入の中から一割を知事家禄として差し引いた残りの五分の一を陸海軍費として政府に上納すべしとの原案に反発が集中する。集議院は「五分一海陸軍費は藩に備置、出兵其外平日操練器械、幷に一切の用途相弁じ」たしと全面拒否の態度で切り返し、政府は妥協案として、五分の一の半分を、政府が集約的に海軍を振興するために上納させ、残り半分を藩の陸軍に備える案を提案するのである。

しかし、政府の二次案に対しても不満は強かった。六月一二日の集議院の討議においても「五分一半高納の事、不便といふもの多し」と、議員で佐倉藩士の依田学海は『学海日録』に記している。このような感情は関東の諸藩ばかりのものではなかった。土佐藩も兵税に反対し、兵力をあまりに政府に集中することはよくないと主張、薩摩藩大参事の伊地知正治も、大反対の建白をおこなって帰国してしまったのである。そして七月、兵部省出仕で集議院御用掛の赤松大三郎は、集議院の構成その他の諸規定に関する建白書を提出、その中で集議院に対し予算審議権そのものを賦与すべきだと主張していた(41)。

結局、九月一〇日に布告された藩制においては、知事家禄一割を差し引いた残りの藩現石収入の一〇分の一を海陸軍費とし、「但其半を海軍資として官に納め、半を陸軍資に可ₗ充事」ということで結着する。国家の基礎を強化するためにこそ藩軍事力を強化しなければならない、という図式でとらえている諸藩としては、政府主導型で陸海軍改革を推進する動きに対しては本来的に警戒的姿勢で臨むのだが、この年一月から二月にかけて勃発した長州藩諸隊の大反乱(脱隊騒動)と、それを過酷に鎮圧した山口藩兵や政府の軍事行動を契機に、政府に対する距離感や反発はさらに拡大していった。他方、諸藩をひとしなみに平等に扱い、フラットな関係での諸藩の合意のうえに、その財政的協力を得て軍隊建設を漸次的に遂行しようとするかぎり、政府にとってはこれが限度であった。この、薩摩や土佐までも諸藩側の論理に立たせ政府に対立させるという政府対諸藩の対立構造を、何らかの形で破砕しないかぎり、事態はぬきさしならないものとなっていく。

(2) 国威発揚策の矛盾

明治二年七月の太政官制導入以降、諸藩の上に超越的に位置づけられた維新政府の威信を高め、それにより諸藩を糾合しようとする種々の試みが展開していく。

その一つが天皇の呼称を対外的に押し出そうという政策である。明治二年一一月、沢外務卿は「各国君主の称号は、其の本国の用例に拠り度に付、其の称号及敬称承知し度」と申し入れる。そして翌三年六月には、沢らは外国公使との会見において、各国元首の呼称を皇帝・帝王等いずれも中国文字をもって訳し来ったことは穏当ではない、日本は今後「顕津神天皇《あきつかみすめらみこと》」と称したいと発言する。外務権大丞柳原前光《さきみつ》は「上下の分を明にし、内外親疎の弁を立つ、一日此道なくば何ぞ国民を鎮服するを得んや、況んや我国の如き万世一系各国無類の国体を存す」と、日本側論理の説明をおこなっていた(42)。しかし、国際的外交慣例を無視した日本のやり方に各国公使は強い反発を示し、仏国公使は、日本がそうするなら、自国からの文書中にも皇帝の称号ではなく天皇の称号を使用するぞ、と切り返す。

天皇称号の問題は浦上キリシタン処分問題と連動していた。諸藩の批判を回避する意図も含まれていたが、基本的には、キリスト教が天皇制的支配原理とまったく異質だからこそ、この措置には明治二年九月に神祇官内に宣教使を置き、同年末に、三〇〇〇名の信徒の諸藩への移送を強行したのである。移送直後、各国公使に対し寺島は、「我国の政治制度とミカドの権威は、我国の宗教を土台に成り立っています。ミカドは国民が敬礼尊崇する天照大神ならびに天孫の御後裔であらせられます。キリシタンは、総ての国民が神聖なるものとして考えなければならない対象を公然と軽侮するのです。彼らは天照大神をまつる神社への参拝を拒否します(43)」と述べていた。だが、予想していたとはいえ、各国公使の反発はきわめて激しかった。公使たちにとっては、キリスト教と文明はそもそも一体不可分なのであり、キリスト教徒を日本政府が弾圧することは欧米文明に対する挑戦にほかならず、許しがたい行為だったのである。公使たちは政府の行為にくり返し抗議するとともに、この行為が本国政府と自国民の心証をいかに悪化させるか、日本政府の要求である条約改正問題にどのような悪影響を与えるかを力説する。他方、国内では、横井小楠はキリスト教を信じていた、との非難のため、政府高官であった彼の暗殺犯人を処刑することすら不可能な状態にあった。

維新政府の国威発揚政策は、対外的な緊張を増大するとともに、国内の亀裂をも深めていった。朝鮮との国交問題は維新政権成立当初からの重大課題であったが、明治二年二月、朝鮮が日本側書翰の受取りを形式を問題として拒絶したことから深刻化し、九月太政官は対馬藩宗家よりの対朝鮮使節の派遣を差し止め、政府の直接管轄の方向に動き出した。そして明治三年二月、外務省官員の斎藤栄・森山茂・佐田素一郎は釜山に渡り実情を調査した後、四月帰朝、共に対朝鮮強硬策を建白する。佐田はその中で、日本の兵は頗る戦いを好んでおり、「幸い朝鮮の挙あらば、之を斯に用い、其兵士鬱勃の気を洩らさば、則ち唯に一挙にして朝鮮を屠り大いに我兵制を練るのみならず、又皇威を海外に輝かさん」と、諸藩の不満を外に転ずることを力説していた(44)。さらに六月にも彼等は、天津での排外暴動を機会に再度建白し、暴動により仏英米も清国も朝鮮に介入できないこの好機を利用すべきだと主張する。なるほど、政府も、明治二年一二月、木戸を遣清朝鮮欽差大使に任命しているように、朝鮮問題を政治的に使おうとする発想と姿勢が十二分に存在していたことは事実である。だが脱隊騒動での脱走者が広く九州・四国地域に匿われ、また各地で征韓論が高まる明治三年の後半に入ると、その主導権を取ろうとすることはきわめて危険になってくるだろう。政府部内でも意見のまとまりはまったくつかなかった。

朝鮮問題以上に政府内部の対立を深めたのは樺太問題であった。明治二年六月、ロシア兵が樺太のハコドマリを占領、兵営陣地を構築したことから日露間の緊張が高まり、丸山外務大丞一行が九月同地に到着、交渉を重ねるが事態はまったく進展せず、明治三年一月には、外務省官員六名がロシア兵に捕縛される事件すら発生した。丸山は、ロシアの南進を阻止するには「五畿八道の全力を以て彼を圧掣するに非れば其実行はれ難く其功奏し難し」と樺太死守論を主張、[45]彼の意見書は外務省からただちに集議院に廻され、一〇月二三日にはそれをめぐって同院において討議がたたかわされるのである。外務省は、国論を結集して外国に当たるという政策を忠実に守っていた。丸山らは事態の重大さを訴えようと四月東京に帰り猛運動を展開、五月には随員だった豊津藩士川本永頼が政府の態度に憤激して自刃するが、結局運動は成功せず、七月一九日、丸山と外務権大丞谷元道之は樺太出張の任を解かれ、かわって開拓次官で慎重論者黒田清隆が樺太出張を命ぜられ、全権をもってこの問題を処理することになる。川本の自殺とその理由は広く知れわたり、樺太問題は朝鮮問題以上に世の関心を集めることとなる。そして、政府の態度に不満な丸山らは対外問題をテコに政府に迫ろうと、征韓論陰謀を広く組織し始めるのであった。

この間の外務省の姿勢は、先に見たごとく、依然として、挙国一致体制をつくるため集議院に依拠すべきだ、とするものであった。明治三年五月、外務省は「外務の任務中急務の件」を上申し、朝鮮、樺太、対清交渉、キリスト教対策の四大項目について説明しているが、結論として「右にて集議院え御下げ有」之候様仕度」と要請していた。[46]だが政府は前年とは異なり、外交問題を集議院に諮ろうとはしなかった。そして六月の天津暴動直後、右大臣三条実美らは兵庫県知事に対し、この事件で「御国内草莽攘夷論を主張致し候輩(中略)諸人を煽動し又は彼に習ひ暴動抔万一にも有」之候ては決して相済まざる次第」[47]と厳戒態勢を指示するのである。

(3)　維新官僚内の分裂

国家の対等性を回復し、政府に対する国民の信頼をかち取る最大の武器である条約改正の旗は、明治二年七月三日の知藩事への沙汰書中に、「外国御交際の儀は先達て御沙汰の通、独立自主の体裁立たせられ候様、条理を以て追々御談判相成るべく候」と明言されているように、依然として掲げられていた。対清国交樹立という外交課題も、条約改正へ側面から圧力をかける要素を持っていたことは、寺島外務大輔の「清政府へ条約を結候事は、西洋諸国へ使節遣はされ候時を好機会と奉レ存候」との沢外務卿宛書翰（明治二年七月四日付）からも明らかである。ただこの時期は、担当の外務省を除き、この課題を積極的に取り上げる動きは乏しかった。それは、外務省が「〔条約改正は〕御国力充実致さざる内、其論に渉り候ては返て然るべからずとの御論も有レ之」と指摘するように、なによりも対外的な財政・経済上の不均衡性の急速な是正こそが第一だとする意識が強くなっていたからであった。これがために、貨幣制度の抜本的改革と、外国貿易に焦点を絞った全国的な経済統制＝通商司政策とが、車の両輪として全力をあげて維新政府により推進されることになるのである。そしてこの動きは、きわめて当然のことながら、政府直轄地八〇〇万石の強力な収奪体制を形成することにもなるのであり、行政の合理化を理由として、明治二年八月には大蔵省は民部省を合併、政府内でもっとも強大な官庁に成長する。税収の大幅な不足は、先の収支報告からも判るが、事実明治二年一二月、一〇〇万石の税収不足の事態を政府は『太政官日誌』上に報告する。この財政窮状を解決するため大蔵省は、朝廷に帰順し朝臣化していた多くの旗本（彼等は所領を安堵されていた）の地方《じかた》知行を全廃し、極端に削減した蔵米《くらまい》支給に切りかえるとともに、彼等の家臣団を完全に解体させる。さらに同月、諸大名にならって形式的に版籍奉還上表をおこなった一橋・田安両藩に関し、その上表をうけいれ、両藩に対し廃藩置県を断行するのであった。

大蔵省の直轄領徴税強化と全国的な経済統制政策は各方面から強い反発を受けることとなる。なによりも、民衆は政府を信用しなかった。太政官札・贋金につづき、明治二年から三年にかけては大凶作という災厄を負った民衆は、各地において一揆を含むさまざまな抵抗闘争を組織する。しかも、この闘争には、すでに民衆がつくりあげてきた国内市場を土台にしての経済統制反対闘争が深く結びついていた。たとえば明治二年八月の上田藩の全藩一揆は、贋二分金問題とともに、通商司政策の中に組み込まれていた上田藩産物改の廃止を要求していたのである。

諸外国も通商司政策には強く反対する。最大の利害関係国英国は、各地の領事が現地当局と交渉するとともに、パークスが外務省・大蔵省に強硬に抗議を申し入れ、統制政策の全廃を要求した。彼は一八七〇年四月一九日の本国外相宛書翰において、大阪の例を、「大阪では巨大な連合体が設立された。それはもし成功していたとしたら、通商為替会社の名のもとに、同市のみならず当国の広汎な地域での商業を危険に陥れていただろう。規則は貿易を深刻に阻害する目的をもっていたし、条約に保証された自由原則に違反したものだった」と的確に報告する。(48)

このような内外の圧力のもとに、当初の政府の壮大な目論見はもろくも崩れ、明治二年一二月には大阪貿易商社の独占権が廃止され、三年三月には大阪為替・通商会社規則が大幅に改訂され、八月には、京都・大津・敦賀・兵庫・堺に派遣されていた大阪通商司官員が召還されるとともに、佐渡通商会所の方針が修正され、そして九月には隠岐・石見に開設していた通商司支署が廃止されることとなる。

さらにこのような大蔵省政策は、維新官僚内の分裂をも引き起こすことになった。大蔵省の政策は木戸の後援のもと、大隈・伊藤・井上らによって展開されていくが、強圧的な指令と民衆の圧力との間で苦しむ知県事など地方民政担当者の反発は強く、彼等に突きあげられつつ、大久保・広沢(真臣)・副島(種臣)・佐々木(高行)グループが大蔵省に対する反感と対立を深めていく。明治三年四月、国元への書翰中に「民部は世評通の訳にて、今形《いまのかたち》置かれ候ては、天下の人心離反に至り如何の形体に立至り候も計り難」しと大久保は認めていた。(49)この政府内の分裂の結果、大隈らの勢力削減を目的に明治三年七月、大蔵民部合併省が分離され、民部省の責任者に広沢真臣が就任する。

おわりに

政府対諸藩の対立が激化し、国威発揚策が逆に諸藩の独自行動化と政府内各省間の亀裂に帰結し、さらに政府強化政策を推進させてきた政治集団自体が内部分裂を起こすという、約言すれば、独自の軍事力を有さない維新政権の政治的凝集力がきわめて稀薄になった明治三年七月の二七日、薩摩藩士横山正太郎は、「上下交々《こもごも》利を征《と》って国危し、在朝の君子恣意妄行する」と、政府の秕政一〇項を集議院に建言、帰路自刃する。人々は、これを薩摩全体の痛烈な政府批判にほかならないと直感した。九月に入ると、交代部隊を待つことなく同藩二大隊は帰国し、直後に徴兵解免願を政府に提出する。

従来通りのやり方はもうとれなくなった。かわって政府は、反政府分子の徹底的排除と、薩藩大参事西郷隆盛を維新政府の側にあくまでひきつけ、薩長土三藩の総兵力を結集する方法で事態を打開する方向を模索し始める。脱隊騒動の首謀者たちがひそむ豊後国において、熊本藩攘夷派の軍事拠点となっていた鶴崎有終館が廃止されるのが七月、一〇月にはその指導者だった河上彦斎や古荘嘉門が政府の指示をうけた熊本藩により外出禁止の処分を受けるが、同じ一〇月には、政府部内でも非政府ないし反政府的だとみなされた官員たちが罷免され始める。

政府が廃藩を計画しているとの風説が広まり始めるのが、まさにこの一〇月のことであった。政府に対する諸藩の反政府派・攘夷派の反感と対抗運動が次第に強まっていく。そして政府の収奪政策と統制政策は基本的には変わっていなかったのであり、一一月には豊後日田県、信州松代藩、奥州胆沢県の各地において大規模な農民一揆が勃発、それぞれ容易に収まる気配を見せず、信州では須坂藩・中野県へとひろがる北信大一揆に発展し、東北でも翌四年二月には福島県に一揆が引き起こされる。政府は各地に諸藩兵を派遣し鎮圧するが、その背後には脱隊士はじめ反政府士族の策動があるとにらみ、しかも彼等は京都・東京に存在する反政府派諸藩士と緊密に連絡をとりあっていると断定していた。これがために三年一一月二五日、政府は勅使岩倉具視を鹿児島・山口に派遣し島津久光・毛利慶親を上京させ、両藩の強力な支持のもと政府強化を図ることを決定(正式の勅使命令は一二月三日)、岩倉は西下する。そして、この政府の決定と岩倉の行動が、薩長両藩が廃藩置県を計画し両国の兵を東京に会して知藩事の廃止をたくらんでいるとの風説を創り出す。事実、明治四年一月、民部大丞吉井友実《ともざね》は松代藩に廃藩を勧告するのであった。

疑心暗鬼のうずまくなか、岩倉・大久保・木戸らが不在の東京を預っていた総責任者の参議広沢真臣（木戸となら ぶ長州藩代表者）が明治四年一月九日に暗殺され、政府当局者を動転させた。

ここにいたって政府は、明治四年二月一三日、薩摩・長州・土佐の王政復古勲功三藩に藩兵（＝御親兵）の上京を命じ、三月に入ると、外山光輔・愛宕《おたぎ》通旭《みちてる》両公卿をはじめ、反政府派・攘夷派・平田国学派の人々、そして彼等とつながりがあるとみなされた非薩長派政府官僚たち全員の一斉逮捕と投獄を強行する。四月四日に公布される戸籍法も、東京府に集合する諸藩士・草莽の流入実態を政府が詳細に把握するところに重要な直接的目的を有していた。

兵力は首都東京とともに、軍事的危険性がもっとも高いとされた地点に結集されなければならない。四月二三日、東山道と西海道に鎮台が置かれるが、前者の本営は石巻に、分営は福島と盛岡に、後者の本営は小倉に、分営は博多と日田に設置されることとなる。東京への三藩兵の結集は、薩藩がもっとも早く、三月から四月にかけて実行しているが、長州藩は第一大隊が東上の途につくのが五月下旬、土佐藩は最初の部隊の東京着が五月一八日、政府より命令のあった三藩の歩兵九大隊・砲兵六隊・騎兵二小隊がすべて東京で御親兵として再組織されるのは六月に入ってからのことである。この卓絶し集中化された軍事力を前提として、政府部内で急速に廃藩置県計画が具体化する。公議輿論や公論はすでに彼等の念頭には存在しない。諸藩に依拠し、その協力・協同によって政府の力を高めるのではなく、地方行政機関たる藩制度そのものを完全に廃止し、全国をすべて府県をもって掌握し、それをもとに強力な中央集権国家を急速に形成し、単一的に集中化された国家そのものの力量をもとに、国家的課題を一挙に解決しようとする壮大な野望がとってかわる。「今日のままにして瓦解せんよりは、寧ろ大英断に出て瓦解いたしたらんに如《し》かず」と大久保が日記に記すのは、廃藩置県断行二日前の七月一二日のことであった。

（1）　依田学海『学海日録』第二巻（岩波書店、一九九一年）一一一頁。

（2）　東京大学史料編纂所所蔵「平山敬忠日記」第三巻記載記事による。

(3) 中根雪江『続再夢紀事』第六巻(日本史籍協会、一九二〇年)二七七頁。
(4) 勝田孫弥『西郷隆盛伝』第三巻(一八九四年)一一九〜一二〇頁。
(5) 注(3)第六巻、三四二頁。
(6) 鳥取県立博物館編『贈従一位池田慶徳公御伝記』第四巻(一九八八年)一二九頁。
(7) 侯爵細川家編纂所発行『改訂肥後藩国事史料』第七巻(一九三二年)四一三頁。
(8) 宮地正人編『幕末維新風雲通信』(東京大学出版会、一九七八年)三一〇頁。
(9) 杉浦梅潭『箱館奉行日記』(みずうみ書房、一九九一年)六一一〜一二〇頁。
(10) 橋本素助・川合鱗三編『芸藩志』第一二巻(一九七七年)七頁。
(11) 注(7)第七巻、三八八頁。
(12) 注(3)第六巻、三七九頁。
(13) 岡山大学所蔵池田家文庫中「史料草按」第一七巻(A七―三九)所収史料。
(14) 岡山大学所蔵池田家文庫中「日置帯刀申立箇条」(S一―一六七―三)。
(15) 注(6)第四巻、一六九〜七〇頁。
(16) 羽山大学「彗星夢雑誌」二八篇上巻および同篇下巻にあり。なお本史料については第四章を参照されたい。
(17) 宇和島伊達文化保存会所蔵伊達家史料御重書乙第八五号文書。
(18) 注(6)第四巻、一五九頁。
(19) 鹿児島県立図書館所蔵「桐野利秋日記」(印刷物)慶応三年一〇月三日条。
(20) 注(17)御重書乙第八三号文書。
(21) 注(7)第七巻、五六〇頁。
(22) 注(2)に同じ。
(23) 注(3)第六巻、三五七頁。慶喜が大坂での長期滞在と同地での国家機構形成を構想していたことは、外国奉行所や開成所の分立案の具体化をすすめていたことからもうかがえる。
(24) 注(7)第七巻、六五〇頁。

(25) 注(6)第四巻、二八八頁。
(26) 注(7)第七巻、七三三頁。
(27) 宇和島伊達文化保存会所蔵「伊達宗城御手帳留」(一)(御重書甲二六の三)慶応四年二月一三日条。
(28) 注(27)(二)(御重書甲二六の四)慶応四年五月二二日条。
(29) 鹿児島県維新史料編纂所編『鹿児島県史料　忠義公史料』第五巻(一九七八年)一五三頁。
(30) 外務省調査部編『大日本外交文書』第一巻第一冊(一九三六年)四二四頁。
(31) 注(29)第五巻、五〇九頁。
(32) 『太政官日誌』第八号(慶応四年三月刊)に蝦夷地開拓策問への答論および見込書が掲載されている。
(33) 注(27)(一)(御重書甲二六の三)慶応四年四月一二日条。
(34) 注(1)第二巻、二五六頁。
(35) 注(7)第九巻、五二八頁。
(36) 注(6)第五巻(一九八九年)四七〜八頁。
(37) 丹波邦男の『明治維新の土地変革』(御茶の水書房、一九六二年)一二〇頁。
(38) 『太政官日誌』第四六号(明治二年四月刊)に本文書は掲載されている。
(39) 注(7)第九巻、八六八頁。
(40) 注(1)第二巻、三一六頁。
(41) 注(7)第一〇巻、五九四頁。
(42) 注(30)第三巻(一九三八年)六八一頁。
(43) 安丸良夫・宮地正人編『日本近代思想大系5　宗教と国家』(岩波書店、一九八八年)三〇九頁。
(44) 注(30)第三巻、一四〇頁。
(45) 注(30)第二巻第三冊(一九三八年)一一頁。
(46) 注(30)第三巻、一九二頁。
(47) 注(7)第一〇巻、五二五頁。

(48) FO 46/125, No. 60, 19/4/1870, Parkes to Clarendon.
(49) 注(29)第六巻(一九七九年)五七八頁。

第八章　廃藩置県の政治過程
――維新政府の崩壊と藩閥権力の成立――

はじめに――分析視角

我々は、廃藩置県への政治過程に関する研究をすでに数多く有している。筆者個人にとっては、とりわけ原口清氏の「長州藩諸隊の反乱」(1)、丹羽邦男氏の『明治維新の土地変革』、最近では佐藤誠朗氏の「天皇政権と人民闘争」(2)などから、そのするどい問題提起性、方法論的斬新性といった点において深い影響を受けてきたのである。

では何故、ここにあらためて試論を展開しようとしているのか?

それは従来の研究史に相当程度共通している一つの傾向に対する強い不満からである。それらはおおむね、一八六八(慶応四)年から一八七一(明治四)年の廃藩置県への時期を、自らの有する論理構造の出発点と位置づけている。換言すれば、当該時期はタブラ・ラサの時期、新たに事件が書きこまれ始めるべき受身の時間にすぎない。たまにそれ以前のことが言及されているにしろ、それらの事件と運動は、自らを不可欠なものとしてこの時期になんら刻印してはいないのである。

ところで、私のように幕末史の側から当該時期を把えようとしている者にとっては、このような傾向には奇異な感じを受けざるをえない。当該時期に登場するあらゆる人物と集団は、当時の言葉を用いれば、「癸丑甲寅」の年と呼びならわされていた一八五三(嘉永六)年・一八五四(安政元)年の事の発端から、戊午の大獄と安政七年「上巳の変」というドラスティックな局面の転換を経、禁門の変、甲子の騒乱の情勢の激変をかいくぐるなかで、個々の思想、独自な政治的人的関係、おのおのの地域に根ざした政治的経験・諸伝説をそれぞれ肉体化し、あるいはその双肩に担うようになってきた人々とグループだったのである。どんな人物にしろ、このような幕末十数年間の未曾有の歴史的変革期の刻印なしに、明治元年段階の政治的舞台に登場することは不可能であった。この意味においては、当該時期は、ある歴史的時期の出発点というよりは、むしろその到達点と位置づけるべきなのである。

しかも、一八六七年一二月から六九年五月の箱館戦争の終結にいたる一九ヵ月間の全国的な戊辰戦争は、それ以前にはいまだ政治舞台の第一線に登場していなかった厖大な人々・集団・勢力の力量を掘り起こし、彼等を意識化させ、組織化することによってはじめて遂行が可能となったのである。このような民衆そのものをも含めた政治的底辺の急速な拡大と自発性の喚起こそが戦争勝利の決定的な鍵となる。大久保利通は「丁卯ノ冬起業ノ時ニ当ツテハ、朝廷十分ノ力アリ、故ニ神速ニシテ其功ヲ観ル(3)」とまで言いきっている。

では、戊辰戦争を完遂するための民衆へのアピール、その政治的イデオロギーはなんであったか? それは「御一新」のスローガンのもと、旧幕府と朝廷とを極限的にまで対比させ、新政権の下において、はじめて民政の安定と外圧に耐えうる国家的民族的結集が実現されうるとするものであった。一八六八年三月一四日の「億兆安撫国威宣布」の宸翰にいう、「〔近来の事態のまま推移せば〕遂ニ各国ノ凌侮ヲ受ケ、上ハ列聖ヲ辱シメ奉リ、下ハ億兆ヲ苦メンコトヲ恐ル、故ニ朕ココニ百官諸侯ト広ク相誓ヒ、列祖ノ御偉業ヲ継述シ、一身ノ艱難辛苦ヲ問ハス、親ラ四方ヲ経営シ、汝億兆ヲ安撫シ、遂ニ万里ノ波濤ヲ拓開シ、国威ヲ宣布シ、天下ヲ富岳ノ安キニ置カンコトヲ欲ス」と。

なるほど、鎖攘論は、それを生み出した政治的枠組みが崩壊したことにより一八六五(慶応元)年一〇月までに消滅する。だが、ナショナルな意識と運動は、これ以降も弱まるどころか、政治的底辺の拡大とも相まって、より深く広いものに発展する。しかも、ナショナルな問題への接近の型は、明治にはいっても、おどろくほど幕末期のそれと同一のものであった。一八六九年四月、外国官が公議所に評議を要請した「外国官問題十七条」の冒頭はこう切り出さ

れている。(4)

第一、〔国を〕開カントセハ、方今ノ交際ニテ永続スヘキヤ、将タ別ニ交際ノ道ヲ建設スヘキヤ、果シテ如何、

第二、〔国を〕鎖スニ至ラハ、断然之ヲ掃攘シテ可ナルヘキヤ、

第三、若シ彼軍兵ヲ以テ来リ攻ルノ節、我ニ対応スル兵備ナクンハ、我国人、皇室ト共ニ倒レテ止ムヘキカ、当然ナルヤ如何、

一八五三年から始動しはじめ、六八年から六九年にかけ、旧政治体制を瓦解させることによって、その頂点に達する維新変革への厖大な人々・集団の政治参加、その一方で同時に旧幕府の形成していた国家機構を引き継ぎつつ、急速に、創世期の国家にあらゆる権力を集積し集中しようとする新政権の国家官僚との間の矛盾は、すでに六八年四月段階ですら、木戸孝允をして「今日諸方ノ為体、全く前年我国戦争後諸隊ノ難制勢と同日ノ気味不少哉に相聞」(5)といわしむるまでになっていた。しかも、この矛盾は、六九年三月から七月にかけての、戦時から平時への——自発性と能動性の喚起から秩序化と序列化への——国家体制への急速な転換の際に、鋭く表面化することとなる。

さらに、平時移行期の新政権の基礎を脅かす第一の基底的要因に、圧倒的多数の農民・町人勢力が存在する。彼等はその強い反封建的要求を連続的に一揆の形で爆発させてきたが、一八六九年には戦争遂行の過程で引き起こされる金札の濫発、悪貨鋳造、贋金の流通、そして同年の大凶作などは彼等のぎりぎりの社会的生活諸条件を解体の状況に投げこんでしまった。しかも、彼等は生活そのものの解体の危機を、幕末期同様、外国交易と結びつけつづける。六八年二月の段階で、甲州郡内のある農民は日記にこう記す。(6)「十ヶ年已前より横浜え異国人参り、将軍様御承知ノ上交易いたし、連々差置候ニ付、其節より長州毛利様参勤不仕、先公方様長州征罰ニ御上り被遊、〔将軍死去後〕一ツ橋中納言様、当将軍と相成候得共、上上治り方ニ相成不申、将軍様、長州と近々合戦仕候得共治り方に不相成、当風分ノ義は、将軍様大坂より何方え御越被遊候哉一縁不相別趣、上々治り方に不相成候ては下々迄難渋いた」すと。

第二の要因、それはハリー・パークスを先頭とする欧米列強の、彼等の資本主義的諸要求を阻止するいかなる微小な障害をも破砕しつくそうとする鉄の意志である。そして、パークスの心からの協力により、不平等条約の完成版として日墺通商条約が調印されるのが、六九年九月のことであった。

では、以上のような政治状況をどのような矛盾的構造として捉えることができるのか、そして矛盾のいかなる展開が廃藩置県を帰結するのか、これが本論に設定された課題なのである。

1 明治二年七月成立の太政官政府の特質

一八六九(明治二)年七月に成立する二官六省の太政官政府(私は本論の行文中において、これを狭い意味での「維新政府」と呼ぶこととする)は、結果論的にみれば、ごく短命の政府であったにすぎない。だが、発生史的(したがって国家論的)に考えるならば、戊辰戦争を朝廷側で遂行した諸勢力全体を律し結合している正統性——ひいては、幕末史の中にまでそれは遡及するのだが——そのものの国家的制度化と位置づけることができる(その政治イデオロギーに関しては、前述のように私は考えている)。

一八六三(文久三)年八月一八日以降、孝明天皇と一・会・桑政権を最大の窮地に追いこんだ偽勅論の再現を阻止し、「長州ガ朝廷ヲ擁スルトカ、薩州ガ廟算ヲ運ラストカ云フ諸藩ノ臆説ヲ予防」、あわせて「天下公論」を結集すること[7]によって幕府勢力に対し朝廷権力を安定・強化すべく、諸藩盟約が検討されるのが早くも一八六八(慶応四)年一月、「五ケ条の誓文」とその儀式もこの文脈で出てくることは多言を要しない。

このような憂慮は、奥羽列藩同盟が成立し、新政権が全国の総力をあげてこれを破砕しなければならなくなる段階において、よりいっそう深いものとなる。しかも一八六八年六月、奥羽北越同盟軍政総督府が発する「討薩檄文」の鋭くついたものこそ、まさにこの点であった[8]。曰く、

一、薩は反幕のため尊王攘夷を唱え、権を握るや、一変外国公使を参朝せしむ、

一、薩は権を握るや、皇国の制度典章を廃し、摂家華族を擯斥す、

一、王者の師を興さんとせば、須く天下と共に其公論を定め、罪案已に決して然る後徐に之を討ずべし、然るを倉卒錦旗を動じて、遂に幕府を朝敵に陥れ、列藩を劫迫して征東の兵を調発す、

「天下公論」結集の一媒介として貢士制度が設けられたのが一八六八年一月一七日、閏四月の「政体書」でより明確に規定され、五月に公務人、八月に公議人と改称、戊辰戦争のクライマックスにあわせ、天皇が東京に向け出京するのが慶応から明治と改元された六八年九月二〇日、翌二一日、在京公議人中毎藩一人東京に赴くべしとの達が出され、ついでことごとく公議人東下の命令が発せられるとともに、「実ニ一日モ不可欠ハ公議ニ付、弥以テ藩論ヲ一定シ、公議ヲ振起シ、朝廷ニ於テ大ニ議事ノ制ヲ御興立可被為在ニ付、追々其制ニ基キ皇国一致気脈相通シ候様、銘々可致尽力」との「公議振興の詔」が発せられる。すべては政治・軍事の展開と不可分離なものとしてその時期時期に機能せしめられるのである。

九月二二日、会津藩降伏の時期から、平時へ向けての国家構想が検討されはじめるが、岩倉は一〇月二一日に提出した十五ヵ条意見書の第五条において、「議事院取調の事」をあげ、「五ケ条御誓文ニ基キ取調被仰付度候」と主張、(9)京都還幸を経、各方面からの反対を押しきり三月再東幸、東京で国是決定という新政権における最大の山場を前に、岩倉は一八六九年一月二五日、建白書を提出、「政体の事」・「君徳培養の事」・「遷都論反対の事」とともに「議事院ノ事」という項を立て、こう主張する。(10)

抑大政維新ノ鴻業ハ何ニ由テ成就シタルカト言ヘバ、即チ天下ノ公論ニ由テ成就スト言ハザルヲ得ズ、多年有志ノ人ガ大義ヲ明ニシ名分ヲ正スコトヲ論ジ、而テ幕府ノ失政ヲ責メテ遂ニ今日ノ盛運ヲ致シタルニ非ズヤ、将来ニ於テモ議事院ヲ設置シ、施政ノ法度ハ衆議ニ附シタル上廟議一決シ、宸裁ヲ経テ施行セバ、縦令異論百出スル

モ、容易ニ之ヲ変更スルコトヲ得ズ、

新政権は、戦時から平時への移行、安定した権力基盤の確保を以下の二つのコースでもって実現しようとする。第一のコースは諸藩の公議を結集するための公議所の開設である。議長の高鍋藩世子秋月種樹が「抑制度律令ハ政治ノ本、億兆ノ頼トコロ、以テ軽シク定ム可ラズ、先後緩急ノ分ヲ審ニシ順次ニ細議シ以テ聞セヨ、朕親シク之ヲ裁決セン」との詔書を読みあげるのが、公議所(場所は旧姫路藩上屋敷)開設第一日目の正午過ぎ、時あたかも再幸の行列が出京する日にあたっていた。巧妙に組まれたタイム・テーブルである。公議所はこれ以降、四月一七日には「外国官問題十七条」ならびに「外国官問題四条」を、五月四日には「郡県議」をというように、基本諸課題に取り組んでいくのだった。

第二のコースは、天皇東京着直後におこなわれる宮公卿諸侯中下大夫上士などへの国是諮詢(四月二〇日開始、五月二一日には上局会議も加わる)である。四月二二日、輔相三条実美は、国是諮詢の意義をこう訴える。(11)「〔自分実美〕在職諸公及列侯ト共ニ心ヲ同シ力ヲ戮セ、以テ今日ノ計ヲ為スニ非スンバ、焉ソ国勢ヲ挽回シ万世ノ基礎ヲ立テ、皇国ヲ維持シ可申哉」と。また岩倉も、同月二一日の門下生宛暁諭において、「今度東京御会議ハ誠ハ皇国興廃ノ機会ニシテ、皇室ノ安危モ亦将ニ是ニ於テ乎決セントス」(12)と述べている。

四月から六月にかけて彼等に問いかけられ、今後の国家の基本課題とみなされたものは、第一「祭政一致皇道興隆」、第二「版籍奉還後、府藩県三治の制を以海内を統一するにつき、諸侯を知事に任ずる事の是非」、第三「蝦夷地の儀皇国の北門、直に山丹満洲に接し、北部に至っては中外雑居に付、開拓教導の儀」、第四「信義を尋ね条理を追い、愈以独立自主の体裁を確立するための外国交際の儀」、第五「会計の事」の五項目であり、これらは客観的にみても、掛け値なしの、明治二年から廃藩置県にかけての第一級の国家課題であった。また第二項の「版籍奉還」にしろ、新政権はあくまで「公論」によって是認されたという形式を踏まえたうえで、知藩事制を導入しようとしている姿勢を看過すべきではない。

さらにわれわれが留意しなければならないことは、国是諮詢行為はそれなりに徹底しておこなわれたという事実である。

京都に当時在留していた公卿の橋本実麗が、第一・第二・第三項への回答を求めた「日野前亜相回章」を正親町亜相から伝達されたのが六月一日、そこでの意見開陳の要請を受け、実麗は翌二日、「勅答ニ及ブ……府藩県三治ノ制ヲ以海内統一可被遊御趣意ニ付、改テ知藩事ニ被任候思食之旨、実ニ穏当ノ御処置、可然御儀ト存候、早ク御決定被遊候様ト存候」と返答、さらに第四・第五の諮問項目を彼は六月一一日に受領している。(13)

鹿児島藩の場合、東京藩邸重役の内田政風が、第二・第三の諮詢に藩として回答したのが五月二五日、残り三項への回答は同月二八日のことであった。(14)

このような経過をふまえ、始めて六月一七日、政府は「広ク公議ヲ被為採」たとの理由で版籍の奉還を許すことになったのであり、また六月二八日には、「今般国是大基礎御確定、追々御施行被為在候ニ付」との理由で、群臣を率いての、天皇による、国是一定を天神地祇および列祖の霊に告げる「御告祭」がとりおこなわれる。一八六八年三月一四日の同様の儀式が新政権の出発とその姿勢を高々と国民に告げたものだとすれば、今回のそれは、新政権の確立を内外共に示すものである。さらに翌二九日、新政権確立に功のあった戊辰戦争戦死者の招魂祭が執行され、当日をもって九段招魂社(後の靖国神社)が発足する(すべてが論理的に、したがって歴史的に展開するのだ)。

戦時から平時への移行 ─→ 公卿諸藩、あるいは公議所を介しての国是諮詢と公論の結集 ─→ 国是確定(と招魂祭)という段取を経てようやく七月、神祇官・太政官の二官、民部・大蔵・兵部・刑部・外務・宮内の六省、また集議院(公議所の改組)、大学校、弾正台などの国家機構、地方には留守官(京都)、開拓使(北海道・樺太)、按察使(奥羽)をはじめとする府・藩・県の地方行政機構が設置される。

では、このようにして確立した維新政府の特質はなにか？

第一に、府・藩・県三治一致体制の活動を前提に、維新政府が諸藩の上に超越的に存在し、機能するということである。したがって維新政府の論理の中では、薩長が他の諸藩と質的に異なる扱いを受ける論理はいまだ確立していない。むしろ「薩長ヲ輦轂ノ下ニ置、大政ニ関セシメンコト、益朝廷両藩ヲ偏信スルノ物議ヲ起シ、天下不平ヲ生スルノ基ト成、大ニ不可然」[15]との批判、「東西藩各功罪夫々御処置之事、何ツ迄モ薩長ト云ナカレト公論」[16]「抗王命者は両藩〔薩長〕抔と申誇りも有之」[17]という混沌たる状態がきわめて生じやすかった。それがゆえに、大久保・木戸・板垣・後藤の四名は、七月八日の官制改革の際、「劇職を免じ散官に任ず」との理由をもって、共に閑職の待詔院学士に任じられたのである。

第二に、「天下公論」「公議輿論」の制度化は、いわばこの維新政府の構造の内部に不可欠なものとして定置されていたという点である。維新政府が広く国民に政府の諸施策と政治姿勢を知らしめるために印刷・頒布したものこそ、『太政官日誌』とならび、『公議所日誌』および『集議院日誌』であった事実を想起されたい。

このことは、なにも日本人の間でだけ了解されていたのではない。在日外国人も同様であった。

駐日英国公使ハリー・パークスは、公議所開設直前、彼の妻に、「すべての問題が付される議会(a Parliament)が開設される。完成した暁には、政治的統一(political unity)が実現されるだろう」と書き送るが[18]、その後公議所の活動を注目しつつ、本国政府に「公議所(the House)についていえば、上記の諸例〔外交および貨幣問題での議論〕は、既に同所が統一した本格的国家機構(the united and regular Government)を確立する上で(in promoting the establishment of ……)、有効な機関(an useful instrument)たりうることを証明している」と報告していた[19]。

また、パークスは、四月から開始される国是諮詢の一連の施策に関しても、「国家顧問会議(National Council)は、新政府の機構に不可欠(indispensable)なものと考えられている。そのような制度(an institution)をつくりあげることこそ、最近の革命(the recent revolution)の推進者達にとっての最初の課題の一つ(one of the first objects)だったのである」と政府に報ずるのである。[20]

第三に、この維新政府は、その成立とともに、すでに不可欠の構成要素として固有の栄典制度、国家的価値序列を作り上げたという点である。国是諮詢のさなかの六月二日、戊辰戦功賞典が与えられるが、それは賞典禄一〇万石以下五〇石まで、親王公卿諸侯以下第一親兵隊まで九六の個人および団体、他に一時賞金一万両以下を多数の者に賜うというものであった。九月一四日には己巳戦功(箱館戦争)賞典が与えられるが、それは、賞典禄二万五〇〇〇石以下五〇石まで、旧公卿諸侯以下兵隊軍艦など三四の個人および団体など、他に一時賞金一〇〇〇両以下を多数の者に賜うというものであった。そして最後に、同月二六日、復古功臣賞典が与えられる。五〇〇〇石以下五〇石まで、旧公卿諸侯以下二八名、他に一時賞金として名古屋藩の田中不二麿が一〇〇〇両、高知藩の神山郡廉が五〇〇両を賜った。これをみても明白なように、確立した維新政府の価値基準は、王政復古から戊辰・箱館戦争にかけての国家的貢献度より成立していた。したがって、そこに貫流する論理は、薩長の排他的国家権力の占有とは、まったく異質のものたらざるをえなかったのである。

2　太政官政府と政治諸集団

本節では、一八六九(明治二)年七月に確立した維新政府の抱えている問題を、人的側面からよりくわしく検討していくこととしよう。

第一は、宮廷・公卿グループである。前節で指摘したように、維新政府内の政治的権威・威信は、一に幕末から戊辰・箱館戦争にかけての彼等の働きにかかっていた。

復古功臣賞典を例にとれば、木戸・大久保・広沢がおのおの一八〇〇石であるのに対し、三条・岩倉がおのおの五〇〇〇石、中山忠能・中御門経之がおのおの一五〇〇石、正親町三条実愛・大原重徳・東久世通禧がおのおの一〇〇〇石、そして沢宣嘉が八〇〇石を賜るという対等かそれ以上の政治的評価を与えられている。三条・岩倉のそれは説明を要しないが、中山・中御門・正親町三条の三名は、主として三条や岩倉がまったく朝廷内で働きえなかった一八六七(慶応三)年一〇月から一一月にかけ、討幕の密勅をはじめ決定的・代替不可能な働きを遂行したがゆえであり、東久世と沢は一八六三(文久三)年七卿落以来の功、そして大原重徳は一八五八(安政五)年条約勅許問題以降における数多くの国事周旋活動の功によってであった。

戊辰戦功賞典を例にとれば、西郷の二〇〇〇石、大村の一五〇〇石は当然として、対等な位置で、征討大将軍・奥羽征討総督の嘉彰親王(仁和宮)が一五〇〇石、征東大総督の熾仁《たるひと》親王が一二〇〇石を賜っている。

このような彼等は、幕末から維新にかけての政治情勢の中で、各々独自の人的関係を作り上げていく。三条は長州系、岩倉は薩摩系と見なされつづけるが、たとえば沢は生野乱後潜伏していた豫州や讃州の豪農・草莽および国学者たちと深い関係をもち、また正親町三条などは、日記をみても薩長とはほとんど関係を有せず、むしろ大名家では大垣や宇都宮の戸田家と密接であり、一八七一年一月、身辺警固の兵を彼は宇都宮藩および同支藩の曾我野藩(元山陵奉行の戸田忠至が六六年諸侯に列せられ下野国高徳で一万石、七〇年八月下総国曾我野に転封)に依頼(21)、その後館林藩にも頼んでいる。

闇斎学派の中沼了三(22)は、幕末、和学者の谷森善臣(大和守)・樹下茂国(石見守)と並んで朝廷学習所儒者となっていたが、彼は同時に十津川郷を朝廷直轄とするのに尽力、同地に設けられた文武館には子息の清蔵や高弟加藤謙次郎を赴かせ、また彼自身仁和宮の伴読を献身的に勤めていた。このような背景のもとでこそ、仁和宮が征討大将軍となるとともに、中沼は参謀として従軍、ついで一八六九年正月、明治天皇の侍講にまで登庸されるのである。

熾仁親王にしたところで人的関係は複雑であり、ごく一例をあげれば、国学者の中心人物矢野玄道が、一八七〇年二月に京都から東京に出た際、五月から九月まで彼の住んでいた所は数寄屋橋内元平戸藩邸の有栖川宮仮殿であり、彼はそこで開塾、あわせて熾仁親王に進講していたのだった。[23]

また各地で発生・組織される草莽諸隊も、積極的に彼等とのつながりをもとうとする。赤報隊と綾小路俊実・滋野井公寿の関係、九州草莽と花山院家理の関係を除くとしても、有栖川宮と蒼龍隊、[24]押小路実潔と集義隊、[25]沢宣嘉と越後草莽隊[26]等々、これらが明治初年の政局をすこぶる複雑化する一因となっていくのだった。

したがって彼等と薩長の関係は、ときには対立的にすらなる。一八七〇年八月、留守長官の中御門経之は、長州出身の京都府知事槙村正直に対する積もる不満を、こうぶちまける。「全京師ハ府一手ニて万事取計度見込ノ旨ハ、兼て承知致居候、今度槙村東上、其辺広沢へ談込候義ト令遠察候、実ニ依怙ノ事ヨリ天下ノ大事ヲ誤り候てハ、人心難治、何共困入」[27]と。

第二は諸藩の問題である。先に指摘したように、維新政府は薩長を他諸藩とは質的に異なるものとして扱う内在的論理はいまだ確立していなかった。あくまで量的に優勢な大藩として位置づけられている。しかも、他の諸藩の内部においても、封建的軍役制度から諸隊制度への転換が幕末期から急速に遂行され、戊辰戦争はそれを決定的なものとしたのである。一八六六年八月段階で大村藩士江頭隼之助は木戸に対し、「扨当時如斯砲術相開候上ハ、器械ハ勿論、銃隊モ何レ彼ノ規則ニ不基ハ不叶儀トハ相考罷在候処、今度尊藩御実戦ノ御模様相窺、不堪欽慕、則無二念西洋銃隊ニ相改申候、右ニ付而ハ総軍制改革可致」[28]と書通していたが、戊辰戦争は旧来の軍制では遂行はすでに不可能となっており、各藩ともに、全力をあげ、草莽層・豪農層のエネルギーを吸収しつつ、諸隊を編成していくのであった。高知藩では迅衝隊・断金隊等々、広島藩では神機隊・応変隊・新隊等々、岡山藩では耕戦隊・精鋭隊等々、徳島藩では親衛隊、名古屋藩では正気隊・集義隊等々、例挙にいとまない。

一八六六年七月、小倉城を自焼、香春に藩庁を置いた小笠原藩においても、六八年段階で維城隊・神機隊・飛輪隊など、諸隊編成の軍隊を有し、積極的に農兵のとりたてをおこなっていた。同年六月飛輪隊長奈倉徳右衛門は、企救郡下曾根村農松本市太郎の入隊許可を次のように出願する。「私隊中え別紙ノ者、農作差支無御座候付、入隊仕、非常ノ御奉公仕度段願出、兼て心掛宜、且刀等所持仕居候、此者何卒欠跡え御差加可被下候」[29]と。

ここでは今後の行論に関係する久留米藩の軍制に関し若干言及しておこう。同藩も戊辰戦争には、旧来の藩兵組織のままでは参加することができず、結局、幕末期脱藩、五卿太宰府滞在中は護衛の責任者的立場にあった水野正名(渓雲斎)が一躍藩の参政に抜擢され、京都において秦林親等と図って新激隊なる有志隊を編成[30]、さらに箱館戦争では国元筑後において応変・山筒二隊の農兵を組織、これが同藩の箱館戦争での主力部隊となるのであった。「戊辰ノ当時海内紛々、為メニ我久留米藩モ朝命ヲ奉シ兵ヲ出シテ東征西討、為メニ藩政非常ニ疲弊シ、已ニ北海ニ出兵ノ朝命ヲ拝セル当時ニ至リテハ、最早如何トモ為シ能ハサル場合ニ陥レリ、此時ニ当リ吾人之レヲ坐視傍観〔シエズ〕、四方有志ノ士ヲ糾合シ、応変・山筒二隊ヲ編成シタリ、此二隊、元来久留米藩士族輩ノ団体ニ非スシテ、全ク忠君報国ノ丹心止ム能ハサル人民有志ノ団体ニシテ、国民義勇ノ一団ナリ、元来久留米藩兵トシテ蝦地ニ従軍セシハ、実ニ我応変・山筒二隊ニ外ナラス」[31]と、後年、元隊員は誇らかに記している。事実、三年限の己巳戦功賞典をみれば、山口藩の二万五〇〇〇石、鹿児島・岡山両藩の一万石に続き、徳山藩と久留米藩がおのおの五〇〇〇石の賞典禄を得ているのである。

久留米藩[32]はその後、水野正名が一八六九年一一月大参事に、弟吉田博文が権大参事に、六八年一月、藩内佐幕派の中心人物不破美作を暗殺、七生隊を組織した小河真文が七〇年一月応変隊参謀、応変隊等の常備軍への改編に伴い、同年一二月、常備隊四番大隊参謀兼務、元下妻郡溝口村の医で、筑波山挙兵にも参加した典型的な草莽の士古松簡二(清水真卿)が六九年中小姓組に抜擢され、藩校明善堂で教鞭をとることとなる。また同藩の勤王派グループには水野を含め真木和泉の影響が強烈だったが、幕末国事に奔走、北畠四郎、伴林光雄などを同地で庇護、六七年一二月、上方の情勢を聞き、急遽脱藩・上京した井上幸也(津福村神職)、川口誠夫(安武本村神職)、鹿野淳二(吉田村神職)の面々は、戊辰戦争従軍後、軍にはいり、井上は六九年一月、応変隊輔備役、七〇年一二月、常備隊五番大隊軍監兼小監察に、川口は六九年一月、応変隊輔備役から同年五月、六番隊半隊長に、鹿野は、六九年七月応変隊入隊、ついで半隊司に、七〇年一二月には四番大隊一番小隊長となるのである。(33)

このような各藩藩兵の諸隊化は、きわめて複雑な政治問題を惹起しかねない。自藩の諸隊問題に心身をすりへらしていた木戸は、一八六九年一月段階で「諸藩挙て賞論ノ事而已、自然ト驕気ハ相募リ、藩力ヲ以我儘」(34)「幕府が挫候とも、幾多ノ尚小幕府が出来候様ノ次第」(35)と、いらだちを抑えることはできなかった。

第三は草莽層の独自的な活動である。彼等の動きは、思想的枠組みは漢学系・国学系と両様でありつつも、すでに安政期からめざましいものがあったことは周知のことに属する。そして、彼等の活動が最高潮に達するのも、戊辰戦争の時期であった。各地で発生・組織される数多の草莽隊には言及をさけ、明治初年の軍隊問題に関連するものだけにしぼるにしても、第一に、畿内の郷士層中特殊かつ強力な位置を占める十津川郷士隊が存在、新政権の親兵取立の最大の対象となるが、一八六八年八月現在、各地に転戦している郷兵五〇八名、さらに同月末には、京都河東練兵場に二百余名の郷兵が詰めていた。(36)彼等は同年末現在、徴兵七番隊や「第一御親兵」と呼ばれている。これとは別に、各地の草莽層が幕末期から多数上京、赤報隊や鷲尾隆聚の高野挙兵組となっていくのだが、その中心部分が当初黒谷浪士隊、後に親兵二番隊として北越に出征する。また越後では、地方草莽隊としては最大の規模の、豪農層よりなる居之隊(元方義隊)・北辰隊・金華隊の三隊がその活動を積極的に展開する。

一八六九年以降になると、このような親兵は第一・第二・第三・第四・第五大隊に編成され(37)、本営が伏見練兵場に置かれる(いわゆる「伏見兵隊」)。ただし、第三・第四大隊は東京に配置され(38)、さらに徴兵七番隊が第一遊軍隊に(39)、第二親兵が第二遊軍隊に(40)、そして越後三隊が七〇年二月二五日、第三遊軍隊となって(41)、三隊ともに兵部省の支配の下、東京でその任を負うこととなる。

その規模ははっきりはしないが、十津川郷兵の場合、一八七〇年四月の兵部省制定郷兵伏水出役規則によれば、毎年三〇〇人、伏水練兵場に入営、三月、九月の年二回、一五〇名宛交代というものであった。(42)

もちろん、親兵は各方面からの草莽・有志者層から供給される。讃州和田浜村の名望家高村太平は、沢宣嘉が豫州に隠れていた時、大いに沢のために尽力するところがあったが、一八六七年一二月、沢より募兵の要請を受け、十五、六名を率いて上京、親兵となっている。(43)その一人同郷の太田常三の例をみると、六八年三月、太平とともに上京、二条城親兵に入隊、同年六月、伏水練兵場に繰り込み、六九年三月再幸の際、正親町公董陸軍将に率いられて東向、五月上旬蝦夷地にわたって箱館戦争に加わり、七月降伏人八〇名を伴って八月一日品川着、同月一五日船で大阪着、七〇年四月一日、十津川郷士一五名護送番兵を兵部省より命ぜられ、十津川集議官に赴き、同月一一日帰陣、同年一〇月大阪城へ編入といった兵歴をもつようになる。(44)

このような草莽層は、一方で士大夫的な自意識を、他方で強烈な朝廷直属意識を有するのだが、しかも、以上のように、曲りなりにも親兵に組織されたものの周辺に、類似の意識をもった草莽の徒がいくつもいくつも結集していく。一八六九年五月、押小路実潔が、党を樹てたとの理由で謹慎を命ぜられるが、その内容は、大和国宇和郡野原村郷士小和野監物が、押小路を頼み、三〇〇名ばかりの草莽の士を京都において集義隊なるものに組織したことにあった。同隊には草莽のほか、鳥取藩や香春藩の者も加わっていたが、小和野は隊員を親兵に加入させようとしていたようだ。だが危険を感じた軍務官の弾圧により、同隊員中一七〇名は各出身地に引き渡し、脱走や謹慎その他を除く「御奉公相願、心得方宜敷者」一〇六名が、親兵に繰り込まれることとなる。また同月、「即今攘夷」の陰謀ありとの理由で解隊、首謀者河合縫之助(八条家家来)以下が死刑に処せられた多田隊にしろ、多田郷士とともに京都町人、医師、十津川郷士、鳥取藩士などが加わる複雑な構成をとっていた。(45)政府による、たび重なる「浮浪の士」取締りの根源も、このあたりにあるのだが、しかし、草莽のこのような動向は、諸藩軍制の諸隊化と同一の根から発生・再生産される構造をもっている以上、有効な取締りは不可能に近い。

ところで、一八六九年の三月から七月にかけ、日本における近代への巨大な過渡期は、第二段階に入りこみはじめていた。狭義の意味での維新変革期は、朝廷・公卿グループ、軍事改革派、草莽、豪農商層等々、あらゆるアクティブな政治的諸集団が、民政安定(当然これは後の項と関連してこざるをえず、そのかねあいをめぐって、この了解にはきわめて広い幅をもってくるのだが)と、より強力な外圧に抗しうる民族＝国民的結集の実現を目指し、旧国家体制とそれを支える諸機構と諸勢力を破壊していく急激な政治運動期であり、民衆の政治的関心への喚起と積極性の引出し、あるいは彼等の、特定目的への政治的軍事的組織化が当面の生死を決する課題となる。だが、幕府権力と奥羽越列藩同盟勢力を破砕しつくした後は、新政権の掌握した、相当程度整備された旧幕国家機構を、いかに十全の国家機構に改変し、その国家権力を前述の二つの任務に利用するかという、歴史的に新しい段階の課題がするどく提起される。

だが、この新しい課題の実現は、維新変革期で要求された政治のスタイルとことごとく衝突せざるをえない。自生性や社会性の尊重ではなく、上からの制度化と、序列化・行政化が求められ、土着的な国家観念と風土への愛着の鼓吹ではなく、合理的抽象的な国家への拝跪が命令され、以前は口外がはばかられた西洋的な文物・制度が、もしそれがこの新しい国家にとってより効率的なものであると考えられるならば、遮二無二日本に導入されるべきなのである。

ここに、一八七一年四月、某処に下問された政策問題とその模範回答があるが、これは、今述べた事柄を側面から照射しているものなので、全文を紹介する。(46)

問

赤心報国ノ主意、御一新ノ前後ニ当テ差別アルコト、

答

前、藩ヲ脱シ家ヲ棄、雨浴風櫛、同盟ヲ扶ケ、縉紳ヲ憤励セシメ、侯伯ニ建言ス、死ヲ来テ尊攘ノ大義ヲ主張ス、奸吏ヲ倒シ外夷ヲ屠リ、以テ赤心報国ノ魁タラン事ヲ願フ、

後、豈計、王政復古、百事維新ノ盛世ニ遭遇シ、念ヲ奉シテ旧籍ニ復シ、日新開化ノ機運ヲシラシメ、天下ニ先シテ国弊ヲ洗除シ、挙テ朝政ヲ奉戴セシメムトス、或ハ家ニ帰テ篤行勉励、其職ヲ尽シ、陋愚ヲ説諭シテ時勢ヲシラシメ、知覚ヲ開キ、挙テ国力ノ強富ヲ志シ、倶ニ制度確守シ奉リ、以テ赤心報国ノ殿タラムト願フ、

「維新前は報国の魁に、維新後は報国の殿たれ!」、命ずるのは国家であり、命ぜられるのは、国家機構の中心部から除外されているすべての政治活動家たちである。だが、命ぜられる活動家たちが、あくまでも、癸丑から戊辰までの自己の全経歴の上に立ち、中心部の人々と対等の立場を主張しつづけたらどうなるのか? 残念ながら、この模範回答には、彼等を蹴落す方策は書かれてはいなかった。

しかも国家と国家権力の問題は、散文的に、歴史教科書風に人々に提起されるのではない。それにより接近している人々にとってはより切実に、そうでない人々にとっては、むしろ警戒を要するものとして一人一人の政治活動家に個々具体的に提起される。したがって維新変革の過程に、他より一歩先んじてかかわることのできた薩長土肥出身の人々が、よりスムーズにこの国家官僚への転化の道を歩みはじめることができたのは当然のことである。蛇足ながらつけ加えるとすれば、彼等の政治思想のゆえにそうなったのでは決してない。彼等の全政治構造の中において占めた位置のゆえである。国家と国家権力は、すべてのものを黄金に変えた王ミダスの指先に似ている。それに触れるや、すべてのものが、従来みえたものとは異なる構造と角度の下でみえてくる。これまで是であったものが一変して非に、それまで打倒すべきものであったものが逆に自らの立場を補完するものに。自らの手に掌握された国家権力、自らの前に使用を待っている、複雑かつ組織的、さらに命令一下機能する国家諸機構、今までは想像もしえなかったほど巨

額で、使用自由な国家財政、これらをもってすれば、維新変革期以前に考えていたコースとは違った道をたどって、歴史によって与えられた課題を解決しうるはずだ、彼等はそう確信する。

木戸に(若干角度は異なるが大久保によっても)庇護され、大隈や伊藤・井上などに代表される創世期の官僚層(その下部には大量の官僚候補者がひしめきあっている)は、しかしながら、いまだ天皇制官僚とも、あるいは藩閥官僚とも呼ぶことはできない。唯一の可能な呼称は維新官僚である。なぜか?

第一に、彼等は、出身藩によって多大の制約を負わされている。一八六九年六月、鹿児島藩より、政府出仕の者、制度取調御用掛森有礼他二八名、「撰挙其当を得ず」との理由で、強硬な免職願が弁事役所に提出されるが、政府が留めえたのは、そのうち、外国官判事町田久成のみであった(47)。

第二に、この時期の大隈・伊藤的官僚層は、いまだ天皇制と結合しておらず、むしろ矛盾する部分すら有している。なおこの点は後述する。

第三に、これがもっとも重要な点になるが、この時期は、国家構成の論理からいっても、薩長などの藩出身者が、排他的に官僚機構を掌握することが不可能であった事実である。逆に官僚の人選自体が、幕末から戊辰にかけての維新政府への貢献度を基準としておこなわれていた。この意味では、「せめて兵部省なりとも、他日ノ柱に屹度力を貯へ気を養ひ置可申と兼て大村〔益次郎〕等ともに密に相謀り過候(48)」との木戸の述懐中に含蓄されていることに注意すべきである。

具体的にみれば、太政官、大蔵省、民部省、兵部省などには、木戸的立場に立つ官僚層が多かったにしろ、それはいまだ決定的なものになりえておらず、他の官省などはなおさらのことであった。外務省を例にとってこの点を明らかにしてみよう。外務卿からして、薩長グループではまったくない沢宣嘉であったし、島原藩の尊攘派で著名な国学者丸山作楽が外務大丞、この丸山が一八六九年八月、ロシアの箱泊占領に対し、樺太へ外交交渉に赴いた際の随員は

次のような顔ぶれであった。(49)

外務大丞　丸山　作楽(島原)
開拓判官　岡本　丈平(徳島)
外務権大丞　谷元　道之(鹿児島)
外務大訳官　鄭　永寧(長崎)
外務大録　斎藤　実俊(水戸)
　尼子　久誠(水戸)
　千賀　春光(島原)
　生駒　正臣(香春)
　上田　畯(一橋)
　吉益　正雄(盛岡)
外務中訳官　大築　尚正(佐倉)
開拓大主典　堀　基(鹿児島)
　鈴木(掛川)
　久保村(福井)
外務権大録　大竹　勝運(島原)
　伊東　祐保(島原)
　川島　元盈(島原)
　宮本　依之(金沢)

外務少録　副田美佐遠(香春)
　本多阿伎良(島原)
　田中　則之(竜岡)
外務権少録　中村　真金(島原)
　広田　千秋(島原)
外務史生代　加藤　秋悏(柳生)
　会沢　正名(水戸)
　小山　進(飯山)
　吉田　季胤(柳河)
　藤下　道義
　星合　定近(熊本)
　倉沢　稲城(伊那)
　色川　国臣(高松家)
　高麗　信之(川越)
　飯島　信利(高島)
　秋山　義政(水戸)
　久留　熊臣(鹿児島)
　永松　瑞枝(島原)

外務省掌代	木内　重光(水戸)		大宮　弘幸(土佐)
	湯浅　元起		鯉沼貫一郎(壬生)
	本木　知貞(水戸)		日下　秀任(福岡)
	坂口　　匡(五島)		室田　義文(水戸)
	森　　有国		畑　　経世(笹山)
	杉原　重恒(一橋)		弓削　長邦(水戸)
	貞方　広道(五島)		北川　正俊(柳河)
	風間　信親(長崎)		豊原　忠順(水戸)
	土井　豊築(島原)		川本　永頼(香春)
	吉国岡利達(金沢)		水野　茂義
	栗原　繁樹(島原)	外務附属	深尾
	柴　　友之(小城)		河野
外務使部	中村　思誠(水戸)		平山　茂夫(長崎)
	山上　道則(土佐)		落合　光夫(長崎)
	吉村　重時(苗木)		金　　　子(水戸)
	小松　良明(和歌山)	給仕格	菊田　広一(甲州吉田)
	柴田　徳氏(静岡)	同次席	布施　政弘(水戸)

彼等の出身藩を一瞥するだけでも、維新政府における官僚制の内包している問題の困難性を感得することができよう。

丸山は、樺太から帰国後、樺太問題をめぐって太政官内で対立、一八七〇年七月、辞表を提出することとなるが、その際彼は部下に対し、「其他官員悉ク大学校、集議院等エ追々御繰込ニ相成候間、同様相勤呉候様[50]」と頼んでいる。ここにみるように、大学校や集議院事務機構は、薩長の影響の大して及ばない官庁であり、同様なところとして、他に神祇官や、弾正台、待詔院などが存在する。大原重徳が六九年九月より集議院長官となり、熊本藩での安政以来の尊攘派リーダー轟武兵衛が、同年八月から集議院次官、翌年一月より弾正大忠に任ぜられる所以なのである。そして維新政府内の少しの対立すら、「太政官御政事不相変不評判、何様両三年ヲ不待、太政官も相崩候半と奉愚案候[51]」と一般にみなされる政治情勢の中にあっては致命的なものに容易に転化しうる。政府部内でも、「朝廷ニハ追々御変革ニて、議院は頗る正論、屹度国家ノ柱礎と相成申候、洋癖は大ニ折れ候……段々有志ノ者ニも沸騰ニ付、驕奢ノ体は大ニ相折れ、東久世殿・容堂殿等ノ馬車も被廃[52]」(一八六九年六月一〇日)と十津川郷士に通信する者(中沼了三らしい)もいる状況では、七月八日の太政官政府発足当初から、ぬきさしならない政府内対立は必至であり、待詔院出仕(学士改め)になったばかりの大久保が同月二二日、事態収拾のため、再び参議に任ぜられなければならなかった。

3　太政官政府の諸矛盾

本節では、以上のような過程と、政治的諸集団を背景にして成立した維新政府がいかなる諸矛盾によって崩壊していくのかを、同政府の本来的に有していた構造的矛盾と、政策展開のなかで発展する矛盾との二つに分けて考察していきたい。

(1)　構造的矛盾

維新政府を国家構造の角度から検討する場合、政府・諸藩対抗、君主制、帝都所在地の三点が、その国家構造の内部で如何としても解決しえない矛盾として浮かび上がってくる。

(イ)　政府・諸藩対抗

前述したように、維新政府は、府藩県三治一致体制を前提に、諸藩に超越的に存在すべき政府であった。そして両者間の関係を安定化し、あわせて権力の正統性を賦与する媒介の場が公議所・集議院だったのである。したがって、一八六九(明治二)年段階では、九月二日に贋金問題と刑律、一二日に大学校での皇漢学合併問題、一九日に海陸二軍強化問題、晦日に宣教使と氏子改め、一〇月二三日に蝦夷地開拓の義答議等々と、政府の基本課題がそれなりに図られており、九月二九日には臨幸もおこなわれた。

だが、そこでは当初から維新官僚との間にするどい対立が発生し、しかも同所そのものが諸藩の不満の結集する場に発展していくのである。議員たちは非常にしばしば連名建白をもって意見を表明し、しかもこの建白は、またたくまに全国的に各方面の人々によって写し取られていく(当時の争点は『日誌』ではまったくわからない。建白こそがすべての対立の要である)。はやくも「外国交際十七条」に関する議員幹事への建白がそうであり[53]、廃藩の動きを憂慮する「御国体論説」[54]、同再議がそうであった[55]。六月六日、政府は金札の流通を図り、あわせて正貨を獲得するため、諸藩に対し一万石につき金札二五〇〇両を下渡し、同額の正貨差出しを命ずるのだが、すぐさま同月九日、「列藩議員一同」は、公議所議長に対し建白を呈し、「金札御貸下ノ儀、三都商賈ノ為ニ両替仰付ラルル姿ニテ、〔各藩より〕出金ノ儀ハ覚束無[56]」しと、政府を鋭く非難する。この建白も、ごく短期間のうちに全国的に知れわたる。あと一つ、五月段階の彼等の建白を紹介しよう。公議所のあり方をめぐる根本的なものである。

一、議事院ハ元洋制より出て、議長及其局官員洋癖者を御登用故、時好ニ投し和魂を奪ひ、双刀を廃し抔の論を公然と読み上る者あり、議員不平ノ事、

一、森〔有礼〕五位、廃刀ノ論を唱へ横行するよし、是神州ノ罪魁、宜く典刑を正すへきの激論沸騰す、然るを副

議長となし置く、因て人心弥不平ノ事、
一、公議所を設けられ、輿論を尽し、国是一定万世不抜ノ基を立させられ、議員ハ即議定官ノ股肱腹心にて、百事公議に出さるハ御趣意かと思ひしに、会議ハ律令を定むるを要務とし、非常臨時の事に至りてハ、会議ノ関ハる所に非すとの法則なり、如斯ハ藩々より議員選挙も無益なるべし、
一、此程建議外国交際等ノ大事は御採用ノ有無、御教示奉仰候事、
一、弾正台を設け、弾劾余力を遺さす、朝廷百官及府藩県に至る迄、聳動屛息紀綱厳粛ならしめ給ふへき事、(57)

議員は尾張の大津武五郎、秋田(久保田藩)の初岡敬治、平戸の小関与右衛門、高鍋の坂田莠ら一五名、公議所の抱えていた問題を列藩議員の側からズバリと切り込んでいる。

この問題を久保田藩の初岡敬治の行動を取り上げて考えてみよう。(58)

初岡は同藩(平田篤胤の出身藩であり、平田国学の影響のきわめて強い藩であることに注意せよ)勤王派の代表的人物で幕末から活動、藩校明徳館の本教授、戊辰戦争で苦戦のなか上京、公務人として政府出兵のため強力な要請運動をおこない、同年一二月、東京に移り軍務局に出頭、翌年三月公議人となる。同年五月には「国体確立の建議」をおこない、「今や要路人、腥膻夷狄の醜体を欣慕し我赫々たる皇国の美風を厭棄」すと、維新官僚を激しく非難、七月には集議院幹事一二名中の一人に入札をもって選出される。

彼は、七月初め、招魂社大祭に「天涯烈士皆垂涙、地下強魂定嚙臍」との句を付したキリストを踏みつけている武者像(絵は自分が画く)の大幟(一丈七尺×九尺)を自藩から献納、軍務局から却下を命ぜられるが、問題の本質は、これらが同藩全体の輿望を担っての行為だったところにある。久保田藩主が郡県の議につき、政府に建白のため介川作美を上京せしむとの報に接した同藩東京詰平沢毅は、八月一日、藩主宛にこう諫言する。(59)

一、今般知藩事被仰出候ニ付、介川作美御建白持参いたし、尚書生拾余名、東京へ御用被仰付、多分早打にて罷

登り、続キテ湯沢給人拾三人上京致シ候由、……向キニ在邸者並触下在邸者一同ヨリ、知藩事ノ儀ニ付、御伺書差出候節、太政官ヨリ藩公用人御呼出ニテ御説得有之趣ニ御坐候、其後招魂場御祭リノ節、邸中ヨリ献納ノ御旗ニ、天涯烈士皆流泣、地下強魂定噬臍と相認、是れ一般ノ評判ニ相成候、尚又招魂祭ノ節祝砲花火向〔の御伺を政府に出し、其後〕書生十人当七月十三日、待詔院へ罷出、知藩事之議論有之趣、其以前ニも諸官へ参リ過激ノ議論致候もの有之、今又湯沢給人十三人上京と承り、其論大抵君臣ノ名義絶るに不忍と申心より、前後不顧罷登リ候由、外人ヨリ之レヲ見候ヘハ、中情可好とハ思間敷、何トナク朝廷ヘ不平ケ間敷儀申出候様ニ相当リ、久保田藩一同ノ不平ノ様ニ相成、帰する処ハ、御前ノ御不平ニ相当リ候、

一、郡県封建是非論……夫レ郡県論ハ薩長土肥始ヲ唱ヘテ、三百諸侯従テ之レニ和ス、且夫今名ハ郡県ニシテ、其実ハ封建ニ似タリ、禄高拾ケ一〔藩知事家禄〕トハ申候得共、公事ノ費用旧臣ノ禄高分与スレハ、恐クハ天朝ヘ納ムルノ余分ナキニ近シ、然ラハ天朝、諸侯ノ禄高ヲ割テ自ラ与ヘントノ私ヨリ出タルニハアルマジキナリ、

一、外国交際ノ事……夫レ草莽無位ハ逆路ナリ、朝廷在官ハ順路ナリ、逆路ノモノハ其心常ニ不平ナリ、順路ノモノハ其心常ニ平ナリ、無位ハ坐ニ当テ論ス、在位ハ事ニ当テ施ス、論者ハ多ク過激ニ渉リ、施者ハ多ク委蛇タリ、一ハ逆路ノ不平ヲ以テ過激ノ事ヲ論ス、一ハ順路ノ平心ヲ以テ委蛇ノ政ヲ施ス、是レ無位在官ノ論不合シテ、終ニ岐シテ二トナル、古今ノ同弊ナリ、

初岡は、九月にはいり、「奸可斬、夷可払」とうたいながら剣舞、いわゆる「剣舞事件」を引き起こす。すなわちこの「奸」は木戸・大村・後藤を指したものと解釈されたのである[60]（同月大村、京で暗殺）。これをめぐり久保田藩と長土両藩間で大きな対立が続くが、初岡自身は、一八七〇年三月帰藩、権大参事として藩政を改革していく。木戸は六九年九月一〇日付広沢宛書状中、警戒すべき人物として「古松、河上、大橋〔照寿〕、初岡[61]」と、久留米の古松簡二、熊本の河上彦斎などと並べ、初岡の名前をあげていた。

当然のことながら、このような対立は月が進むにつれてより深刻なものとなり、ますます維新政府の権力基盤を不安定化させていく。「集議院廃セラレザレドモ、公議人ハ皆帰休ヲ命ゼラレタル由、弁官ニテ議ヲ発スレバ集院之ヲ討テ非トシ、集議院建白スレバ弁官害アリトシテ不行、毎事二途ニナリテ不一揆、政事是ガ為ニ壅滞シ、両党相争ノ姿アリ、不可両立勢也ト云」[62]と、一八七〇年一月段階では受けとめられるようになる。まさに「両党相争」の事態である。これが同年九月段階にいたると、権力基盤の不安定化は極限状態に達する。同月一〇日集議院が閉会、その後の見込みが立たなくなるのである。「東京ノ世評ニ、公議所抔ハ有ルモ何ノ益無之、今度十四ヶ条〔此年五月下問の藩制に関する十四ヵ条を指す〕、御下問ニ付テ異議ヲ出ス者アラバ、判官ニテ説諭シテ圧伏シテ決議ニ及ビタル也、輿議ヲ取リ衆議ヲ聴クコトナク言路ヲ開クト云ハ虚妄ナリトゾ、余已ニ論ジテ、一公議ヲ圧伏シ、一藩ノ口ヲ噤シ、二百余人ノ口ヲ鉗シテ天下億万ノ口ヲ塞ントスル策ト謂タリ、不誤ニ似タリ」[63]と、松代藩士がいきどおりをもって述べるのが九月一五日のことである。

しかしながら集議院は維新政府の国家構造にぬきさしならない形で定置され、国家支配の正統性を賦与しつづける源泉である。しかも看過すべきでないことは、維新政府が諸藩の上に超越的に存在し続けようとするかぎり、その構造が変革されないかぎり、いかに薩長土肥といえども、自らが維新政府と対立関係に陥った場合は、集議院こそが、自らの依拠すべき唯一の場であったという事実である。このことは、一八七〇年六、七月、藩歳入五分一兵税を維新政府が提起したことにより、尖鋭な形をとって表現される。

高知藩も板垣、谷干城、片岡健吉など、ことごとく不満、「藩にて兵隊を養、其上五歩一は両税の形」「我が高知藩ノ如キ戊辰ノ役ニ尽力、其レガ為藩疲弊、然ルヲ陸羽等反賊ノ藩モ同一視」[64]といきまき、権大参事林亀吉は、七月、兵税反対、兵力をあまりに政府に集中することはよくない、「今姑ク各藩知事ニ委任スルニ如クハ無シ」[65]と建白、同月、鹿児島藩権大参事伊地知正治も同様六害ありと大反対の建白をおこない、帰国してしまう。その第一・第二をこ

こに示そう。(66)

一、管内ノ会計スラ困究一同ノ折柄、更ニ歳入五分ノ一ノ献金ヲ奉スニハ、列藩ノ常備兵ヲ不残廃シ候上ナラデハ難相成候、是其一、

一、皇国全部ノ出来米三千万石ノ内、租税千二百万トシ、内八百万石ノ租ト諸運上トヲ合テ現四百万石ハ朝廷ノ直入ノ姿ナルニ、更ニ外二千万石ノ租八百万石ヨリ五分一ノ献金ヲ年々朝廷ニ御取立相成候条理、古今万国ニ押テ実ニ不相当成ベシ、是其二、

このように主張する伊地知は、表裏一体の問題として、国家財政を確立するため、政府が基本条例を制定、それをもとに集議院に予算案をかけるべきだとの論点を含め、次のように集議院強化案を提起する。

……世運開化ノ時務ニ応ジ、広ク西洋法御採用相成候上ハ、制度又西洋ニ準ジ特権無之候てハ偶被召建ノ詮モ薄キ歟ト奉存候、夫全国ノ制度被仰出候度々、必衆議院ノ評議ヲ不経ハ御布告不相成事、基本条例ニ基キ出入歳額多少有之節、衆議院ノ不経評議ハ不可行事トノ二事ニ御座候、永世国規ト相成候事件ハ、衆人納得ノ上ナラデハ不被行、官ニテ金穀ノ出入も、衆人疑念ヲ起ス処、万一不弁ノ節も国中一同ニて相弁候事柄も可有之故、先ツ右二事、衆議院ニ特権相成候ハヾ、実ニ名実相当、永年太平ノ御助ト奉存候、

さらに、維新政府的国家構造の下では、国民の力量を組織し、あるいは依拠してことを遂行しなければならない場合、その媒介は唯一集議院であったという事実である。政府機関以外の国民の側からもそのように思われていたことは、衝撃的だった一八七〇年七月二七日の横山正太郎諫死事件からも明白である。横山が自尽したのは、太政官や民部省宛建白の帰途ではない。集議院宛建白帰途、津軽藩邸裏門においてであった。

単なる行政ではけっして解決できなかった最大の政治課題の一つは、条約改正事業であった。一八七一年一月、明年七月(西暦)の改正期限を前にした外務省は、弁官に宛て、至急集議院を開院せられたしと申し込む。「此度こそは、

預め海内に御布告有之、広く衆思を被聚、是を時勢に参し、是を人情に忖り、是を公理に断じ、卓然各国と平行並立の御権利相立候様の条約相成、旧幕の姑息を以て物議を生じ、国体を堕候様の覆轍を不被為踏様仕度」(67)というのが開院要請の理由であった。

以上のような構造的矛盾は、維新政府の内部の論理で止揚することはまさに不可能である。だとすれば、いかなる方途があるというのか?

(ロ) 君徳培養

君主制の構造をとる維新政府関係者にとっては、明治天皇をどのような教育によって、明確な国家的政治的判断を有し、国政の最終的決定(宸裁)をなしうる君主たらしめるかは、いうまでもなく日夜頭を悩ましつづけた根本的課題の一つであった。岩倉も、一八六九年一月の建言の第二に「君徳培養ノ事」を掲げている(68)。だが、天皇の教育方法の考え方は、旧来の伝統的朝廷教育、それに深くかかわりつつ幕末の国学的漢学的国体論にもとづき天皇の政治的君主としての意味と機能を強調する帝王学、あるいは欧米諸国の政治文化体制に関する教育を組み込んだ君主教育論(ただし、このカリキュラムは文字通り五里霧中である)等々に分岐せざるをえない。そして、現実には、朝廷内の強い要求を前提に、伝統的朝廷教育を加味した国体論的教育が展開されていく。

一八六八年六月、高鍋藩世子秋月種樹が侍読となるが、六九年一月には、平田国学の総師平田銕胤が皇学所御用掛をもって、また前述の中沼了三が漢学所御用掛をもって、おのおの侍講に任ぜられる(同年四月、福羽美静も侍講となる)。銕胤とともに東京に赴いた西川吉輔は、同年七月の郷里宛書状の中に、「禁中は平田家素読本蔓延(69)」と誇らかにしたためている。

同年九月には、中山忠能と正親町実愛が君徳培養の任を帯ぶることを命じられるが、前月にはすでに松平慶永が、この月には大原重徳が、そして翌三年三月には、東下してきた玉松操が侍読となるのであった。

この顔ぶれからも、ある傾向がうかがえるが、中沼を例にとれば、「〔彼〕近比政府洋僻ニ流ノ事慷慨」[70]せりと一八六九年三月段階で実愛の日記に書かれており、また七一年三月の岡藩の尊攘派の領袖で当時宮内大丞であった小河一敏の岩倉宛書状中にも、「中沼の申如く、耶蘇と洋学と真同物とは難申可有御座候へ共」[71]云々と、中沼の反キリスト教反洋学思想の立場が言及されている。

したがって、君徳養育問題に関しては、木戸的な維新官僚の意見は、ほとんど通りにくかった。この問題は本来的には皇族や岩倉・三条・中山・正親町三条・大原などの責任分野であった。一八六九年一月、大久保は岩倉に、木戸と副島種臣を侍読に推薦しているが、[72]まったく実現していない。木戸にとっては、このような君徳養育方法には憤懣一方ならず、大村に宛て、「京都の様子、殺気も相応に有之、其に平田大学（篤胤養子で久保田藩士の平田銕胤を指す）とか中学者、主上の御前へ出講釈とか申候由」[73]（一八六九年二月一六日）とか、「〔京都の動静〕久留米と肥後、宮堂上方、平田派其驥尾に随ひ」[74]云々（同年三月一〇日）と書通している。

上述の事態は、一八七〇年末にいたるまで変えることはできなかった。換言すれば、維新政府の構造よりすれば、君徳養育というそれ以前よりの朝廷の重い歴史と伝統を負っている分野は、彼等の発言すべき分野ではありえなかったといえよう。もしそこに手をつけようとすれば、それは政府構造の変換と不可分離にしか遂行しえない課題だったのである。

(ハ)　**帝都所在地**

政治の中心の、すなわち天皇の所在地をどこにするかという発想自体、きわめて国家的発想の強いものであった。国家権力の行使を自由・無制限たらしめるのに可能な場所はどこか、という観点からのみ提起されるからである。一八六八年九月の東幸も、諸藩や公卿の強い反対を押し切ってなされたが、六九年三月の東京再幸計画も同様の反対が立ちふさがる。

一般には、この再幸論の出所は、新政権の中心部分に位置するグループであると理解される。「主上御出輿前ハ、殊ノ外動揺仕候趣ニ御座候、全ク遷都ノ議論と申事ニ御座候、薩長土ハ東京ニ遷都議、強て相立、熊本ハ遷都不宜、此節諸侯御召寄も京師にて可然旨申立、彼是議論盛ニ相成、誠ニ御出輿以来ハ人気騒立候由ニ御座候(75)」と書通されている通りである。

ところで当然のことながら、維新変革は、その後維新官僚に成り上がっていく者たちだけで遂行されたわけではない。その数十倍数百倍の、種々さまざまの集団・勢力の合力によってはじめて遂行され、しかもそれら集団・勢力の帝都観はおのずから維新官僚層と相違する。

反対勢力の有力な一つは、「貴族的反対派」である。仁和寺宮嘉彰親王、久留米藩主有馬頼咸、近衛忠房らが再幸反対の建白をなしたらしい(76)。有馬の場合、二月八日、供奉前衛の沙汰をこうむるも、反対のため一四日免ぜられ、藩情不安の口実をもって帰国する。このことが、同年五月七日、彼が軍務官副知事を罷免される真の理由となる(77)。

第二は、権力の中心部分から離れている諸藩藩士や草莽など政治的活動家の厖大な層である。「東京遷都は洋学者流の説、今暫ノ処、遷都は勿論、御再幸ノ御義も御延緩ニ相成候様(78)」というのが、彼等の一貫した主張となる。

第三は、古代以降、とりわけ近世では、禁裡・公卿・寺社の存在が自らの生活の大きな前提となっていた京都市民の反対であった。

ここで、維新官僚層の発想とは異質な二つの帝都観(この違いは保守的、進歩的といった違いではない。維新変革に参加した者の中での政治的・社会的立場の違いに由来する)の存在について検討しておこう。

一つは、広い意味の国学的国土観にもとづくところの、京都を日本国の政治的のみならず文化的・教養的、いいかえれば国土的・風土的な意味においても中心においていこうという考え方である。したがって、この考え方の延長線上には、畿内の天朝領化、畿内守衛のための親兵取立てといった構想が浮かび上がってくる。当然のことながら、この発想は、草莽・豪農層、とりわけ畿内近国の草莽・豪農層に強烈であった。それが否定されるのが始めからわかっていたら、幕末以来のこの地域における彼等のあのような活性化は存在しえなかったろう。

山本一郎(速夫)なる草莽は一八六九年二月、次のような建白をおこなう。(79)「近畿の内に御親兵を培栽なし給ひ、京摂に於て講文演武の開場あらせられ、御親兵を琢磨し給ひ、其中より人才を選挙」すべし、「幕政の偽治ここに年久しければバ、非常の御仁政にあらざれバ、王化の浹洽ハ甚難し、而して非常の御仁政甚難からず、税斂を薄うし給ふ也、其外国々に御坐候広原廃寺の除地等、税を収め給ハず、規則を立て村中に忿あらざらんやうに仕り、万民作り取にせしめ給ハバ、僻地の民程豊饒相成候わん、御親兵文武の士にて百姓豊饒ならバ、富国彊兵外に候ハじ」と。

第二の型は、国土観的帝都観にもつながるのだが、天皇の機能のさせ方を政治的にではなく、むしろ教化的に、「文化的」になすべきだというものである。この場合、遷都はもちろん、行幸そのものも、天皇の政治的利用として排斥される。押小路実潔は、一八六九年四月、万里小路博房宛に次のような手紙を送っている。

一、実ニ聖上ヨリ創業ノ有様、質素純朴ノ御政体ニ被為基候得ハ、皇国万万歳ノ御基本相建、上下無隔御徳沢ニ浴〔さん〕、

一、神武創業ニハ、公卿モ殿上人モ無シ、諸侯モ無ケレバ武士モ無シ、何卒真実御一新ナレバ、当今役向ノ外、悉ク官位ヲ廃止シ、更ニ其人鴻業相顕シ候節、官位ヲ給リ候得ハ、実ニ官位モ高大ニ難有相成リ、人才モ自カラ出来申候て、御政体相建候事必定、

一、〔行幸すれども〕実ニ真中ノ動カヌ事ニ気カツカヌト存候、皇国ノ万民ヲ動カス大極ノ天子ガ先ニ御動坐被為在てハ、大ニ違フヤフニ奉存上候、

一、太政官モ病気ノ外ハ駕モ馬モ不用ニて、金銀穀布モ多分余り、会計官も金穀ノ沢山ニは偖々置処無是、万民衣食満足ノ上ハ借人モなし、持丸長者ノ説ヨリモ十倍致シ候、(80)

このような考え方は、農民的な世直し的王政復古観にも一脈共通するものがある。

さて、東幸反対の動きは、直前の三月一日吉岡徹蔵(美作)、高橋竹之介(越後)、福田秀一(肥後)、古松簡二(久留米)、依岡城雄(倉敷県出仕)、里見鋼之助(軍曹)、伊藤源介(軍曹)が三条の許に建白書持参で面会強要をおこなうまでにいたり、三日には吉岡ならびに古賀十郎(柳川)が、三条に面会を申し立てて退出せず、押し問答が続く間に薄暮となり、結局三条が鳥取藩主の議定池田慶徳に命じ、私宅に引き取らせる事態となった(81)。同時に京都市中は騒然たる状況となり、とくに畿内草莽層の雄十津川郷士の動静に極度に神経をとがらせた政府(一月、横井を暗殺したのも同郷士だった)は、六日、現米五〇〇〇石を年々下賜するという破格の恩典を与え鎮静しようとしたが成功せず、伏見練兵場から郷兵百数十人が脱走して十津川郷京都邸に結集、七日夜半邸門を出て鳳輦に追随、中止方ならざれば供奉せんと、水口にまでいたり強要したのである(82)。

再幸を強行した政府にとっても、しかしながら反対派を弾圧することはきわめて困難であった。第一に、遷都を決定すること自身、岩倉の反対も含めまったく不可能であり、あくまで「行幸」の形式をとらざるをえず、いつでも還幸が論理上ありえたからである。第二に、当時の政治情勢からして、できるだけ早く安定した(これは再幸の強行と矛盾しているのだが)権力を確立しなければならなかったからである。

したがって、当面なんとかして、反対派の取込みを図ろうとする。三月九日には、後藤の発案で、「浮浪輩駕御」のため待詔局建立の議が出され(83)、同月一二日、待詔局設置が決定、一六日には、十津川郷兵を含んだ伏見兵隊一〇小隊が、陸軍将正親町公董に率いられて東京に赴き、古賀・吉岡などの反対派の中心人物は東京において弾正台(五月創設)の中核的役割を果たすようになる。

その後も七月二九日には福岡藩主が、「東北平定故速ニ還幸有之、京畿ノ民情を慰安被為在候様(84)」と建白、また八月には「朝廷も来月十五日比、一ト先還幸ノ由(85)」との噂が出回っていた。藩士・草莽グループも七月建白、還幸すべし、条約改正などは京都で確定せよと主張する。メンバーは巣内式部(軍曹、大洲)、深瀬太郎(大洲)、檜垣幸三郎(下総)、堀田秀夫(肥後)、鯉沼貫一郎(壬生、鯉沼九八郎の叔父、元蒼龍隊)、岡田太郎(柳川、元蒼龍隊)、吉見禎助(長府)、吉村春樹(福岡)、松大路兼人(福岡)、湖水渡(京都)、大館住之助(柳川)など二〇名[86]。

三月の東京再幸に引き続き、京都を大きな混乱に陥れたのは、同年一〇月の中宮東京行啓であった。市民はもちろん、各藩士・草莽の反対も強かったが、次第に色を濃くしてきたのは、薩長に対する他藩の反感と反発であった。九月一四日、京都三条四条両橋への張札は、今回の行啓を、「諸藩ノ兵士ヲ悉ク遠ケ、主上・中宮ヲ関東ニ幽閉シ、已等ノミ畿甸ニ盤拠シ、実ニ以漸々天下諸侯ノ兵食ヲ制シ、遂ニハ一人も己ニ抗スル者ナカラシメントノ大姦謀也[87]」と非難する。維新政府は、中宮行啓を、①明年三月には主上とともに還幸する、②大嘗祭は必ず京都でおこなう、との二点を京都市民に約束することで、ようやく実現させることができたのだった。

留守長官中御門経之は、一八七〇年一月、この間の苦衷を岩倉にこう述べている。「何分当京は、国母も被為在、且御代々山陵も被為在根本ノ御地、実御大事と存上候、当地人心動揺仕候ては、天下に響き候儀、不容易儀と奉存候、既に此頃、諸藩草莽ノ徒、還幸ノ事可申立、若御採用無之候はば、東京焼払攘夷可致抔専申居候由、都下人民は唯々還幸而已御待申居候折柄、遷都ノ形相相顕候ては、人民鎮撫ノ道も無之、何共恐入[88]」と。

しかしながら維新政府は、三月一四日、京都市民に対し還幸延期を布告、府下人民産業基本金を下付することで、動揺の緩和を図ろうとしたのである。

この年にはいると、長州の脱隊騒動とも連動しつつ、還幸実現のための挙兵を図る動きすら現れる。元越後草莽隊の中心的組織者高橋竹之介・井田年之介、また土佐出身の南条新九郎らが中心となり、同年二月、東京で第三遊軍隊に組織された越後草莽隊に、挙兵のための加担方を強く要請する。結局失敗しているが、計画は、皇居に放火、天皇を路に要し、京都に奉翟する、という大規模なものであった[89]。

こうなってくると、三条も「京一掃除御処置無之ては始終の折合如何」[90]（一八七〇年四月）と岩倉と相談、しかし名案なく、他方中御門は中御門で、「京師居残諸官省ノ中、刑部ヲ始追々御廃止ニ相成、弥以京師ハ御顧念被為在間敷形に相見へ、民心不一方恐怖ノ姿ニ候、尤只京師人心ノミナラズ、諸国人心大ニ疑ヲ相生、物議紛紜不可謂候」[91]と不満をかくさない。

この年もおしせまった一二月六日、三条の下で、中山、徳大寺、正親町三条、万里小路らは、明春も還幸しないことを決しているが、他方、国学者の矢野玄道は、一〇月の建白で「京都をやめ、遷都の趣あり」[92]と政府を批判、あわせて京都での大嘗祭挙式を強く主張する。

一八七〇年末にいたっても、問題の状況はまったく変化はない。悪化の一途である。しかも、維新政府の構造の下では、先にも記した通り、遷都は明言できず、かといって還幸もすることは不可能、反対派の強圧的弾圧は政府部内の対立と結びつき、危険が大きすぎるという、動きのとれない事態が続く。そのような中で、民間ではまた還幸説が流布される。宣教使の一員として長崎に下っていた西川吉輔宛の東信はこう述べている。「来春還幸ノ説、道路ノ説ニあらず、聢と其御模様有之様相伺申候、又、来三月ハ条約書書替ノ期限ニ有之趣、必一変事可有之由も窃ニ聞込申候」[93]と。

(2)　**政策的矛盾**

ここでは、廃藩置県に直接関係する四つの主要な政策的対立にしぼって検討していく。その他の諸問題は第4節においいて、それぞれ言及する。

(イ)　**外交問題**

維新変革は、いうまでもなく、欧米列強が軍事的に脅迫しつつ押しつけた不平等条約体制にいかに立ち向かい、民族と国家の危機をいかに打開するかという課題を解決するためのものであった。したがって、国内的な阻害要因が除去された以上、新政権は、なによりもまず、この課題の実現をもって、自らのレゾン・デートルたらしめなければならなかった。この点は、新政権の中で誤認していた者は誰一人いなかったのである。岩倉は、この問題の有している重要性とその解決方向を、一八六九（明治二）年二月の段階でこう定式化する。

大政ノ朝廷ニ復スルニ方リ、天下ノ人ハ窃ニ以謂ク、必ズ断然ト攘夷ノ令下ル可シト、豈ニ図ランヤ、外国ト交際ヲ開クノ令ヲ発シ、継デ英仏蘭米等諸国公使参朝ス、是ニ於テ天下ノ人大ニ疑惑ヲ抱テ曰ク、旧幕府ノ時ニ在テハ洋服ヲ着スルモノハ禁門ニ入ルヲ禁ズト、

一、今ヨリハ外国ニ対スル事ハ、天下ノ人ト議論ヲ合一ニシテ之ヲ処スベシ、一朝若モ葛藤ヲ生スルコト有ラバ、亦条理ノ在ル所ニ由テ其曲直ヲ判ズベシ、之ヲ裁断スルニ兵力ヲ仮ラザルヲ得ザルトキハ、断然ト開戦スベシ、

二、今ヨリハ、皇国ノ海外万国ト交際スルハ、皇威ヲ墜サズ、国権ヲ損セザルヲ以テ大眼目トスベシ、是故ニ、英仏孛米等諸国ト既ニ締結シタル通信貿易条約ノ如キモ、之ヲ改訂シテ皇国ノ独立ヲ保護セズンバアルベカラズ、

三、今ノ如ク外国ノ兵隊ヲ我ガ港内ニ上陸セシメ、又居留洋人ノ我ガ国法ヲ犯スモノアルモ、彼ガ国ノ官人ヲシテ之ヲ処置セシムル等ハ尤我ガ皇国ノ恥辱甚キモノト謂フベシ、〔改訂して〕以テ我ガ皇国ノ権ヲ立テザル可カラズ、

四、清国・朝鮮ハ我ガ皇国ト同文ノ国ナリ、宜ク速ニ勅使ヲ発遣シテ旧好ヲ修メ、以テ鼎立ノ勢ヲ立ツベシ、(94)

言は正鵠を射つ。が、現実に展開していくのは、以前と同じパークスのリードの下での、欧米側の一方的交渉に終始する。岩倉もその「脅迫」の対象にすぎない。弱小国の悲哀いう方なしである。悪貨鋳造をめぐっては外人に不満続出、パークスは例の剣幕で外国官に厳重に抗議する。一八六九年四月三〇日（陽暦）付の妻宛手紙で、彼はこの模様

を次のように報告している。

「私は彼等をこっぴどく叱りつけてやった(I scolded them so severely)ので、彼等は今後の結果がどうなるか、ようやく驚き、結局悪貨鋳造差止めの手段をとることになりました(95)」。

さらに、外人に対する暴行に抗議、四月三日、パークス以下、高輪英公使館から引揚げという重大な事態も発生、ようやく一〇日に一応収拾されるのだった。

その後、七月一九日、三条は各国公使と悪二分金引換協定を結び、同月二二日には英国王子エジンバラ公が横浜に来朝、二八日天皇に謁見という、維新政府にとっては、前年二月の各国公使謁見行事を上回る重大儀式にぶつかり、さらに九月、不平等条約を悪化させただけの日墺条約を締結せざるをえなかった。

当事者の大久保ですら「英公館、要路ノ人ヲ恥シメ、児童ノ如ク愚弄(96)」すと、その憤激を手紙に記すほどだから、世上に、欧米列強と新政府の関係がどう流言蜚語されたかは容易に想像しうる。

四月には京都にまで、「主上御母堂の仕丁長谷川万次郎、英吉利人行違ノ節、仗を以打ちやくし候処、直様横浜え帰り、数百人東京え押寄、右長谷川相渡さるや、左も無候ハバ、玉座近く発砲に及ぶべしと。終に長谷川を夷人手に渡され候処、横浜におゐて剣を以ずたずたに切と、誠ニ可歎極み也(97)」との噂が流れ、また五月には、長崎在住の人物に「〔英人〕港ヲ渡セ、関八州ヲ借セ、邪教ヲ広ヨ(98)」と言いはっているとの東信が達している。

このような状況に置かれては、政府担当者を、在野の人々や政府内でも衝にあたっていない人々が「洋癖家」となづけ、逆に担当者たちが批判者を「攘夷家」と非難するのは、当然のなりゆきであった。

前出の一八六九年五月の列藩議員建白中にも、「外夷益猖狂、四海益困窮、正士野に伏し、洋癖朝に立つ、洋臭を帯びざる勇断果決識量ある者を選挙して外国官とし、応接の極意、宜しく戦守を以て和の本とし、全国の臣子嘗胆枕戈を以て其意を励し、捨身取義を以て結局とすべし」とあり、大原重徳も建白して、「今日ノ儘ニテハ綱紀何ノ時ニカ皇張セン、億兆何時ニ歟綏安センヤ、不得止全国ノ力ヲ以相接スベク兼テ御決定有之度[99]」と主張、愛宕通旭も同じく五月、「急務は外国事件ニ可被為在ト被存候、〔今日の姿〕旧幕ノ覆轍ヲ履ミ玉フニ似タリ、断然御目的ヲ被為立度、当今之形状ニテハ唯彼ノ虚喝ヲ受、且彼ニ役セラレ候[100]」と政府の外交態度を非難する。

維新政府は当初から矛盾の中に立たされる。国際的諸関係を維持し安定化することを前提に外交交渉を進めようとすれば、不平等条約体制の破砕といった巨大な課題の解決は到底おぼつかない。かといって、維新政府的国家構造の下で、国民的力量を結果しようとすれば、それはきわめて容易に政府のコントロールから逸脱し、逆に国家自体を窮地に追いつめていってしまうだろう。しかも政府部内でも、国民的なアピールの下で条約改正問題を取り上げ、国内政治問題に利用しようという勢力も厳然と存在しているのである。

パークスの側でも、このような情勢を的確につかんでいた。彼は一八六九年九月(陽暦)、こう本国政府に報告する。これまで一貫して「夷狄の排除」(the expulsion of the barbarians)を主張してきた鳥取・岡山その他中部・西部の諸藩の武士たち(those clans of the middle and western provinces)は、現在ひそかに不満をかこっているとの風聞が流れている。彼等が失望していることは、現政府下において、旧幕府の時ですらみられなかった外国とのより親密な友好関係が、東北平定後出現してしまったという事実である。彼等はいっている、このままではすまさせないと[101](Things, they say, can never be allowed to go on this way)。

しかも問題をいっそう紛糾させていったのが、一八六九年六月二四日の露兵による樺太箱泊の占領と兵営陣地の構築事件だった。外交問題の原点的位置にある蝦夷地問題は一歩処理を誤れば致命的問題に発展しかねず、九月、外務大丞丸山作楽は同地に赴き、全島維持の方針で交渉にあたるが、七〇年一月二二日、厳寒の同地で日本人六名がロシア側に捕縛されるという衝突事件まで勃発、なんら進展をみないまま、丸山は四月に東京に戻り、政府に全島維持の方針を確立させるべく猛運動を繰り広げる。だが、政府は、パークスの強力な働きかけもあり、樺太放棄の意見も強く、また樺太問題の担当者として、兵部大輔前原一誠と仲の悪かった同大丞黒田清隆をあてようと大久保などが動き、五月九日、黒田は開拓次官に任ぜられる。樺太問題は、発生以降、欧米公使との外交折衝にもまして国民的関心をもって注目されてきていた。しかも渦中の丸山は、非薩長土肥系の政府高官の代表的人物であり、かつ平田国学の重鎮の一人である。事は単なる外交問題に止まらず、深刻な政府内対立に発展する。この間の経緯を、丸山の下で樺太に渡った同じ島原藩士土井豊築の日記によりつつ検討していこう。

五月六日には、政府の態度にいきどおった樺太随員豊津藩士川本永頼が自刃する。

五月一三日、過日薩藩黒田良助ハ開拓ノ次官且柯太ノ全務ヲ命ラレ候コト、右ニ付一同望ヲ失シ不平ノ趣、

六月三日、昨日一同黒田エ罷越、宿論承リ候処、矢張以前同様、天皇ヲ各国ニ書生ニ出シ人才ニ仕立候ナド、勿体ナキコト也、且柯太ノコトモ雑居ノコトニ付、宜重様魯王エ自ラ御頼ミニ相成度ナド、言語同断ノ申向也、

六月一一日、山上・畑ト、大人ガ三藩仁ナラザル故カ、事ノ運バザルヲ歎キ、我輩ノ尽力ノ足ザルヲ悔ヒテ歌ナド作ル、

六月一二日、大丞御帰、集会、丸山ヲ始メ尼子・川島・副田・本田・加藤・小山・色川・高麗・坂口・土井・山上・大宮・畑・北川・豊原等也、今朝岩倉家エ大丞御出ニ相成、委曲情実被仰上候処、其程ノ事ニ御座候ハバ、三条エモ急ニ相談可致候間、条件相認、速ニ差出候様トノコト、

六月一三日、大丞御帰、今日岩倉公エ懇ニ被仰上候処、弥御請宜由、

六月一五日、大丞帰レ、今早天、三条公ト徳大寺公ニ謁シ、条件委曲被仰上、御受モ宜重、副島（種臣、当時参議の一員）ノ差図ヲ以岩倉公エ御責ニ相成候処、第一御踏ハマリノ由、

六月一六日、三条公・徳大寺公ノ仰ニ、丸山ノ申立、至極愉快ニハ有之候得共、何事モ広大ニシテ、殊ニ金穀ノ策略ナドハ御信用難被成、其故黒田ノ策ニ御決定ノ由、

六月二三日、申過ヨリ大久保エ、日下・色川・小山罷越、面会不致、木戸エハ、会沢・畑・阪口・豊原罷越、
六月二五日、〔外務〕省ヨリ某二人来テ、大丞エ朝鮮征罰ノコトヲ論ズ、大丞ヨリ、沢公〔宣嘉、外務卿〕御見込ニテハ、迚モ此儘行立候形勢ニ御座候間、向ノ見込通ニ任セ置、失策ニテモ有之候ハバ、其時手前ノ見込モ行可申トノ事也、且、黒田ノ建白ナドヲ誰一人信ズル者ハ有之間敷段、御咄ノ由、七ツ時頃ヨリ沢卿エ、丸山・川島・久保村・副田・本多・会沢・日下・武田・北川・中村参上、吉岡〔鉄蔵、弾正台大巡察よりこの当時外務権少丞になっている〕、森山〔茂、外務少録〕輩来シ由、沢卿ヨリノ御諭ノ義ハ、廟堂エ倒ルルコトハナシ安ク、併、今一応卿様ヨリ三条公・岩倉公エ篤ト御示談有之候迄、見合呉候様、左候ハバ、卿モ一同御倒レナサレ候トノコトも、
七月八日、今夕討薩ノ議、静岡藩ナドへ密通ノコト、畑エ大丞ヨリ御咄ニ成ル、
七月九日、東又九郎〔草莽活動家〕来リ、久敷大丞ト火ノ見ニテ密談有リ、
七月一二日、未過、中島中弁〔錫胤、国学者、太政官中弁に在職中〕相見、申半頃被帰、承候処、辞職候テハ再出六ヶ敷候間、今暫相勤呉候様、私ヲ以申入候由也、
七月一八日、〔大丞の辞表却下される〕、就テハ川島ト進退被遊候間、川島始六士ハ暫ク忍テ外務省ヲ相務呉候様トノ事、其他官員悉ク大学校・集議院等エ追々御繰込ニ相成候間、同様相勤呉候様トノ事、大丞曰ク、今天下ニ沢卿ヲ除テ他ニ御頼可申上人物ハ無之由、
七月二九日、大人是迄御尽力ニ相成候件々、詳ニ御咄ニ相成、如今薩長土肥ノ権アル朝廷ニテハ、迚モ皇威ヲ海外エ耀候コト覚束ナク、依テ壊裂ヲ謀候ノ外ニ策ハ之有マジクトノ事也、余ニ朝鮮行ヲセザルヤト問賜フ、
八月六日、本多、相見、共ニ朝鮮行ヲ望、大丞エ願フコトヲ談ズ、未上刻頃ヨリ中村同伴、広田ニ至ル、同人モ朝鮮行ヲ大丞エ御進メ可申上由、

八月八日、中村エ寄リ、内地ヲシテ死地ニ陥候策ヲ互ニ語ル、

八月二十六日、〔大丞に〕朝鮮ノ情実、彼ヲ討ツト策略ナド承ル、

以上、やや長く抜萃してみたが、ここからも種々のことが明らかになる。第一に、太政官内で自己の主張を通すための樺太全島維持派の猛運動の存在、第二に、沢外務卿、副島参議、中島中弁などの微妙な役割、第三に、薩長土肥グループに対する激烈な反感と、それが政府「壊裂」運動へ発展する経緯、その際の静岡藩の意味、第四に、樺太問題の困難さの認識が「征韓論」への傾斜と表裏一体のものであり、しかも、それは単なる外交問題というよりは、内地を「死地」に陥れる政治問題そのものであったことなどである。

すでに外務省では、この年の四月、今後の朝鮮政策に関し、

①すべての日本勢力を朝鮮から引き揚げさせるか、

②木戸に正使を命じ、やむをえない時は開戦も辞せずとの決定をおこなうか、

③清と国交を開き、その後で、「皇国支那と比肩同等の格に相定候」うえは、朝鮮を一段低い格とし、交渉不調の際は開戦するか、という「対鮮政策三ヶ条」[102]の伺いを太政官宛に差し出しており、樺太問題の頓挫と同時期に、朝鮮問題が前面化し、九月には吉岡弘毅などが朝鮮に差し遣わされることとなる。ここに、朝鮮問題をテコに在野の外交政策全般への強烈な不満を組織しつつ、維新政府を窮地に追いつめんとする「征韓論陰謀」が形成されていく。主要な協力者は、久留米藩の古松簡二・篠本廉蔵、豊津藩の静野拙三・建野郷三・夏吉利雄・二沢一夫、島原藩の中村誠七郎、笹山藩の畑経世、土佐脱藩の岡崎恭助等々の面々である。[103]

附論　横井暗殺者処刑問題

この問題は直接的な外交問題ではない。しかしながら、横井暗殺事件は(イ)で指摘した「洋癖家」対「攘夷家」の図式を理解するうえでの典型的事件である。また暗殺の一つの理由に、彼がキリスト教流入の積極論者であることがあ

げられており、この点は新政府の重要な外交問題とかかわるので必要な範囲で検討してみたい。横井小楠暗殺事件は、一八六九年一月五日に発生、暗殺者は[104]、石見郷士で岡山藩の義戦隊員だった上田立夫、備前沼村の名主の子で上田同様義戦隊員だった土屋延雄、郡山藩出身の柳田直蔵、十津川郷士の前岡力雄(彼は鷲尾隆聚の高野山挙兵に参加、天皇の大坂行幸の際の天覧撃剣試合の参加者の一人[105])と中井刀祢尾、名古屋藩出身で十津川郷士と関係していた鹿島又之允の六名、謀主の上平主税は、十津川郷士の長老的存在で、一八五三(嘉永六)年九月、ペリー来航の直後、藤井秀蔵とともに総代となり、五条代官所に書を呈出、十津川古来の由緒を述べ、応分の力を国家に尽くさんことを申請、また一八五八(安政五)年一月には、梅田雲浜を介し、京の長州藩邸で、長州十津川間の交易を約し、一八六三(文久三)年四月には総代七名中の一人として、中川宮に「弥攘夷一決ノ御沙汰ニ付テハ、十津川挙郷戮力王事ニ勤ミタシ」との建白をした当の人物である[106]。

幕末から戊辰にかけての草莽運動の一つの典型ともいうべき彼等が暗殺に走った第一の理由は、新政権の中核部分が諸藩出身者によってのみ占められていることへの不満である。加担者の一人岸和田の医師中瑞雲斎は、獄中から「諸藩陪臣ノ身分其儘ニて高位高官を以参与ニ被為任、其人々、堂上方ノ上に被列、専万国公法を主張被致候て朝政を被議、縦令宮堂上及諸侯伯より如何なる御正論ノ御建言御座候とも御採用ニハ難相成、依之て自然と政権参与に相帰、万民常に不平を抱き帰服仕兼、終ニは斬姦ノ暴挙等ニも至リ候[107]」と建白している。第二に、横井は、「洋癖家」の中でもとくに「夷賊に同心し天主教を海内に蔓延せしめんとす[108]」とみなされていたからであった。このような横井の捉え方は暗殺者グループに限られなかった。暗殺当日、橋本実麗は、日記に、「伝聞、参与横井平四郎、今申剋比、慈光寺物見下辺ニて被殺害、此者、異国ノ事而已相唱、於皇国大害ノ由、全天譴ノ風説有之云々[109]」と記している。

政府の高官を殺害した者は当然死刑である。だが高官がキリスト教の蔓延を図ったためと主張される(しかも横井の場合、廃帝論者という誹謗がそこにからまってくる)と、一変して複雑な政治外交問題に転化する。新政権は周知のように、旧幕の邪宗門禁制を引き継ぐ。それはなによりも創世期の天皇制国家の最大の敵対物としてキリスト教を認識したからであった。だが、欧米列強のあのような強力な抗議にもかかわらず、一八六八(慶応四)年閏四月、百余名のキリシタンを逮捕、長州・福山・津和野三藩に分付、その後も、この問題での外交的な対決姿勢を崩さなかったのは、一つには、この問題でのごく微小な譲歩たりといえども、ただちに激しい政府批難と政府内対立を将来することが明白だったからにほかならない。したがって、暗殺事件がこの問題とからまっている以上、大久保らがはっきりと暗殺者たちの死刑を要求し続けるにもかかわらず、決定になかなか持ち込むことができなかった。

刑法官知事大原重徳は、早くも二月、犯人たちの寛典処分を主張、(110)五月から刑法官知事(七月八日刑部卿に転ず)となった正親町三条実愛も死刑には反対、日記六月一六日の条に「横井平四郎斬殺人御所置ノ儀、予所存、彼卿(岩倉を指す)説論反体、依之反覆討論之、然猶不決、前条ノ儀ニ付、佐々木四位(高行、刑法官副知事、後に刑部大輔)書通有之、刑法官中ノ評論、又反于所存、於今者不知所為、慨歎ノ至也」(111)と書いている。彼は七月二三日、刑部省の横井斬殺人処置伺を受け取ったが、「熟考可答ノ間、先抑留之畢」と、そのまま手許に留めおき、翌二四日、面会しに来た大原と「横井平四郎殺害罪人御処置ノ儀」に関し「示談」するところがあった。

政府部外でも、五月(?)、犯人の上田・鹿島・土屋の三名を預けられている福岡藩の藩士山内俊郎が、死刑は人心の向背にかかわると助命を歎願、(112)七月、吉見貞輔・和田肇・堀田秀夫が「至急建言」として、死刑反対を建白、また八月上旬、丸山作楽、巣内式部、吉見貞輔、和田肇、三輪田綱一郎、伊藤良馬、中川潜叟、疋田源二郎(国学者、大学校教官候補者にもなったが、愛宕事件で死罪)などが、「忠愛ノ赤子」云々の理解で、死一等を減ずることを建言する。(113)

このような混沌とした状況に直面した政府は、死刑決定の強行を断念、八月一日、正親町三条に対し、一〇〇日間の猶予を与えるのである。(114)九月には、死刑に反対の弾正台から、大巡察古賀十郎が九州に、小巡察小野実正が備前に出張、横井に不利な資料をさぐり、一〇月一日には大原が岩倉に手紙を送り、「此者共〔横井斬殺人〕を被行刑候ては、人心不平を抱、実以朝廷ノ御為筋に左右なく一命を捨相勤候者無之様可相成」[115]と、強力に死刑反対論を展開する。さらに一一月(?)、福岡藩主自身が、自藩に預けられている三名の助命歎願をするにいたる[116]。

八月一日から一〇〇日目といえば一一月一二日だが、直前になっても死刑を決定することができず、一一月五日、天皇の臨御の下で御前会議が開かれる事態にいたったのである。ここで弾正台は、「横井欧米の学風に心酔し、耶蘇教を信ぜるを以て志士の憤激を買ひたるもの」と発言[117]、情状酌量せんことを主張、参議内では副島などが同調、結論が出ず、一二日、一四日と、異例の御前会議が続けられたが、結局、一二月九日「狼藉者御所分先御見合」との太政官布達が出されることとなる。いかに維新政府内での分裂が深刻なものであったかが明白である。

しかも、このことは、維新政府の国家的権威の低落と直接関連している。政府の外交政策でのまったくの行きづまりは、諸藩士・草莽・民衆の間での不満と政府批判を促進させていたが、この時期での犯人処刑決定は、火に油を注ぐことになりかねない。むしろ、外交面で、対外的摩擦を賭しても、なんとか国内批判の鎮静を図るほうが、死活問題となる。一八六八年閏四月、長崎でのキリシタン弾圧がおこなわれた後、一時表面化しなかった弾圧がこの一〇月から全面的に再開するゆえんである。加賀・薩摩など全国一八藩に分付投獄された者、七〇年一月にいたるまで、総計三千四百余名、さらにキリスト教の蔓延を断乎阻止すべく、七〇年一月、「大教宣布の詔」が出され、宣教使が長崎に派遣され、同地では全国にさきがけて氏子改が徹底的におこなわれていく。正親町三条は、日記の六九年一二月二〇日の条に、大教宣布直前の状況を、「参朝、諸省台大学等人々参集、大納言実則、一同え示云、邪教蔓延、庶民疑惑有之、依之皇国ノ大道宣布可有之、宣教使可被出ニ付、教書宣下以下夫々被為見之」と記している。

犯人死刑の決定は一八七〇年八月の段階でも依然としてなしえない。八月二八日、岩倉は刑部卿正親町三条に対し、「昨年以来延引は全弾台申立ニ付て也、此儘延引ノ条、彼是差支有之」と、死刑決定を促しているが、正親町三条は、

「連類各引マトメ遺漏無く可致処断」とはっきりした返答をしてはいない。この問題の進捗は、維新政府の構造の大きな変換なしにはまったく不可能であったのである。

(ロ) 軍隊編成問題

封建制的軍事編成＝軍役体制の解体過程の中で、維新変革は次の三つの軍事組織を作り出していった。

第一が草莽・豪農商層が担い手となる親兵組織である。これは、一方においては、諸藩兵力に対抗しつつ、新政権の国家基盤を確立しようという性格をもつ。一八六八年一一月、越後居之隊は、刑法官判事松本新作や松浦武四郎により次のような親兵取立ての建議を政府に提出する。[118]

今日大政既ニ朝廷ニ帰シ、此御時ニ当リ、天兵御仕立被為成ヲ以テ先務ト奉存候、其略、御親兵ヲ始メ、国府自ラ国府ノ兵ヲ置キ、知県事ニ自ラ知県事ノ兵ヲ置キ、其制大抵一万石百人ト為ス、如此、地トシテ天兵アラサル無ラシメハ、満天下所謂万里ノ長城ト相成可申ト奉存候、議者或ハ云ハン、諸侯ノ兵悉ク天兵也、何ソ新ニ兵ヲ募ルヲ以センヤト、固ヨリ然リ、雖然、諸侯ノ兵各其主アリ、万一其主ニシテ陽ニ天朝ヲ戴キ、陰ニ私意ヲ貯フモノ有之トキハ、其兵其主ヲ捨テテ、力ヲ天朝ニ尽スモノ、恐ラク少カルベシ、其甚シキニ至リテハ、各一方ニ割拠シ、朝命ヲ奉ゼザレバ、乍恐朝廷孰レト与ニ社稷ヲ御護リ被為遊候ヤ、

事実、前述したように親兵組織は、「伏見兵隊」を中核として成立してくるし、府県兵としても、この居之隊を含めた越後三隊は、一八六九年二月、越後府知事の指揮下に、つづいて七月水原県知事の指揮下に入り、さらに一二月兵部省に管轄替えとなるのをはじめとし、長崎府[119]や箱館府[120]にも府兵が存在した。甲州では一八六八年五月、甲府勤番中帰順者を護衛隊に、六月、武田の遺臣八六名を護国隊に、七月、旧八王子千人同心を護境隊にそれぞれ組織する。[121]

他方、旧幕臣の再編成隊を除外した草莽・豪農商層の親兵・府県兵への参加上の特徴は、その身分上昇上のシンボル機能にある。先の居之隊建白でも、親兵の有資格者について、「天兵ハ各州無二勤王ノ者ノミヲ精選シ、万石ニ百

人ナルトキハ、万石中二千石ヲ以テ兵食ト為」すと述べられていたし、十津川郷士に関していえば、彼等が幕末に栄誉としていたのは、究極のところ「禁闕守衛」[122]の任を特権的に担うところにあったのである。その意味では、この親兵・府県兵論の目指すものは、文字通りの有志隊、富有なる階層による栄誉ある志願兵制(いいかえれば「士官」集団)なのであり、やがて登場する近代的官僚制的軍隊とは、構成原理において決定的に相違・対立する。それがゆえに、第三遊軍隊は、一八七〇年五月の解隊帰耕願の中で、その理由に、兵制改革によって日本刀から洋刀に変わったこととともに、「我隊良家ノ子弟、一兵卒ヲ甘セザル」ことをあげたのであり[123]、十津川郷士は繰り返し、一兵卒としての銃隊編入を嫌厭し、禁門守衛拝命を要求するのである。

第二が諸藩の諸隊組織である。当然その中にはそれぞれの地域の草莽層を大量に含みこんでいたが、この諸藩諸隊は、自らを太政官政府内の藩兵＝国軍として位置づけ、その全国的結集こそが、日本の軍事力を強化することなのだと思惟するのであった。しかも、このことは、諸隊なりの横断的でナショナルな意識の強烈な存在をも意味する。そして自らの存在の正当性を、「外患を攘はんと欲する者は、封建に如くはなし、内憂を除かんと欲する者は、郡県に如くはなし」[124]というスローガンに定式化する。大学生徒(当時大学は諸藩士・草莽が生徒として多数結集する場であった)城井立造は、こう建白する。

朝廷御基本被為建候ニハ、第一兵権ヲ備置、賞罰与奪を明するにあり、然ニ外夷窺窬ノ日ニ当リ、各藩ヲ弱し、末を軽くするも可悪、上策ハ藩ニ常備兵を置、其中三ケ一ヲ以朝廷ノ備兵ニいたし、惣勢十万なれハ、又其中三万を御警衛とし、残七万を七道に置き、一道ニ一万兵宛備へ、平常ハ調練、非常ノ節、臨機其方便々を以鎮定致バ、士気日奮、兵力益強く相成、只内擅権ノ憂反賊ノ害なきのみならず、皇国ノ武威を海外に耀し、万国をして恐縮寒胆せしむる事目前ノ義と奉存候、

其次ノ策ハ、天下真粋憂国ノ士を募、新に御親兵御備置、救弱抑強、賞罰公明ニ御執行相成候バ、実ニ御政道有

信有威、億兆愚夫愚婦ニ至迄、誰か尊奉せざらん(125)、

したがって諸隊化した諸藩兵にとっては、対外的緊張が強まることが、あるいは対外強硬政策を展開することが、自らの政治的社会的存在を確実にするために必須な条件なのである。一八七〇年から七一年に、征韓論と征韓陰謀が展開されていく理由の一つがここにある。

第三が徴兵制を前提とした近代的官僚制的軍隊組織である。この構想の具体化は、第一・第二的な軍事組織の展開と、その出発点からするどい矛盾を引き起こす(126)。すなわち、諸藩兵の強化に対立し、親兵・府県兵の取立てと対立するのである。早くも一八六八年八月、政府は府県の兵員取立てを差し止める命令を発するが、不十分だったのか、六九年四月、「於府県、往々兵隊取立候向も有之趣相聞、御一定ノ御規律ニモ差支、且一度兵卒ニ取立候者ハ、復旧ノ儀ハ別テ難渋ノ筋モ有之、旁其弊害不少」と、再度府県兵取立てを厳禁する。他方、六八年閏四月に開始された万石一〇名宛（当分三名）の諸藩からの徴兵も、六九年二月、「東北平定ニ付、更ニ兵制御詮議振も被為在候」との理由をもって、各藩に帰休させられる。

大村益次郎は諸藩兵の利用には、薩長藩兵を含め反対であり、一八六九年四月一二日、東京の治安を憂慮して、政府は山口・鹿児島・高知・佐賀四藩主に東京皇居守衛を命じたにもかかわらず、大村が反対、結局、同月一七日、右の命令は取り消されるのだった(127)。

六月下旬、御前会議で大村は藩兵利用論の大久保と大議論を繰り広げ、「藩兵ヲ外ニシ、農兵を募、親兵トスル(128)」自説をまげず、七月二七日、軍制改革の拠点たらしめようとした大阪視察のため、東京を出発する。

この大村が九月四日、京都三条木屋町の旅宿において襲撃を受け、その傷が元で一一月死亡した事件は、この年一月の横井暗殺事件に引き続く、第二の政治的大事件であった。

暗殺者(129)は長州藩の神代直人・団伸二郎・太田光太郎、久保田藩陪臣金輪五郎、白河藩出身軍曹伊藤源助、越後居之

隊隊員五十嵐伊織、宮和田光胤第二子たる進、そして信州伊那の農、権田直助に教えを受けた国学者関島金一郎の八名である。神代は幕末より諸隊に入り、団も戊辰戦争に諸隊で出兵、金輪は相良総三の同志で江戸薩邸グループの一員、一八六八年一月九日には赤報隊の代表として相良とともに、大原侍従の建白を携えて上京している。[130]伊藤は、六七年八月、中岡慎太郎らによって組織された陸援隊の隊員、[131]鷲尾隆聚の高野山挙兵には副長の一人となり、[132]その後親兵の軍曹となった人物、五十嵐は巻氏の出、寺泊の旧家五十嵐家を継ぎ、方義隊(後の居之隊)組織の中心となって働き、沢為量が奥羽鎮撫副総督として東下するや、これに従い、凱旋とともに京都の沢邸に滞在していたのである。

彼等にとって大村は、政府高官中もっとも「西洋学」になずんだ人物として、とりわけ軍隊編成の官僚制的純洋式化の中心的推進者(裏返せば、親兵の非草莽化、非志願兵制化論者であり、同時に諸隊組織の解隊論者として)と受け取られざるをえない。斬奸状が、「此者専洋風を模擬し神州ノ国体を汚し、漫に蛮夷ノ俗に変じ」云々と述べるゆえんである。神代もその口供書において、「私儀、国学為修行、京都矢野玄道方入塾、当今ニ至リ、外夷ノ御取扱御手厚被為在、却て人民ノ苦不容易、就てハ、外夷ノ悔リ日々増長し皇威不相建、〔大村儀〕兼て開港ノ説を主張し、今日ノ形勢ニ立至リ候も、必竟彼ノ所為ニ可有之」[133]と主張する。

木戸をはじめ大村的軍制改革論者は、今回の事件の支持者として背後に秋田の初岡、京都の矢野とともに、長州の大楽源太郎がいるとにらみ、大楽は九月二九日、私塾西山書屋での教授を禁ぜられ、山口近村に謫居を命ぜられるのであった。

大村暗殺襲撃事件は、官僚制的軍隊編成がいかに困難か、それが草莽隊的・諸隊的軍事組織との間にどれだけ対立を引き起こさざるをえないかの、集中的表現にほかならなかった。この困難性を認識すればするほど、強引に、力ずくでその目的を実現しようとする。長州藩出身の官僚と在藩官吏の間において、大村事件を直接の契機に、「此儘差置候ては、遂ニ強兵不可制勢ニ立至リ可申も難計」[134]諸隊を解体、あらためて常備軍を編成、仏式に改め、旧諸隊の中からしかるべき指揮者と兵卒を精選、階級制を確立するという兵制改革案が立案され、いよいよ実施されるに及び、ここに全国の耳目をこの一点に集中せしめた長州藩脱隊騒動が勃発する(一一月中旬より)。

それは第一に上からの洋式化一般に対する強烈な反発であった。[135]「当今ノ時勢ニて攘夷相成不申儀、固より承知罷在候得共、風俗異人様ニ相成候義、余リ甚敷儀に候」。

第二に軍事改革による諸隊的要素払拭への囂囂たる抗議である。彼等は藩庁派上官・重臣達の徹底的罷免を要求、また仏式軍隊化を拒否する。「兵制ノ義ハ、彼の長を取り、吾の短を捨候儀、固より違論無之候故、洋銃洋砲洋服を用之儀至極御尤候得共、被髪脱刀ニ相成候てハ、世上ノ人気ニも懸り、余甚敷御事也」。

第三に、「被髪脱刀」[136]政策の中心人物として大村が糺弾される。「已ニ両京ノ御親兵御取建相成候節、大村氏此等〔被髪脱刀政策〕を用、遂ニ木屋町ノ事件ニ立至リ候、然則此騒擾を醸立候罪、果して何処ニ帰シ候哉」。

第四に、諸隊的ナショナリズムが貫徹する。「近来御軍政向ニ付ては、偏ニ西洋ニ流溺仕候様相成、初メ尊攘と被仰出候御国是とハ齟齬仕」「他日大攘夷ノ御廟算相立申間敷候」。

藩庁と木戸・井上馨などは、脱隊騒動を幾回かの危機を経た後、ようやく一八七〇年二月一〇・一一日に弾圧することに成功するが、このもっていた意味は、長州藩軍隊編成の問題だけに決して止まらない。全国の諸藩は質的に同一の問題を抱え込んでいたからである。脱隊騒動に対し、どのような態度をとるべきかは、武士・諸隊の一人一人に鋭くつきつけられた問題となる。

一八七〇年に入り、兵部省大阪出張所でも仏式訓練を導入するが、反対論はきわめて強く、三月二五日、兵部少輔久我通久は前原大輔に「大阪今般陸軍御創業ノ秋に当り、今日省中ノ取計振に付ても衆人不服、物議を生じ、密に彼是沸騰仕候」[137]と実情を訴え、四月五日、同所に入隊した鳥取藩兵九七名は、脱刀を肯ぜざるをもって、七日除隊を命ぜられ、[138]同月一三日、在京の宇田栗園は岩倉に、「大阪出張の兵部省抔、洋癖如何にも甚敷、恣に脱刀して他出致し、ビイドロ障子椅子に靠り候抔は申迄も無之、一同ノ模様少し志有之者は実に長太息ノ外無之由、藤村四郎抔も本官を辞し可申趣内々申居候、河田〔左久馬〕抔は猶更にて、決して再び兵部ノ出仕は不欲趣に候[139]」と書き送っている。

以上のような困難性を抱えていたがゆえに、大村的路線は七月段階でも進展しなかった。「徴兵の儀、今以不相運、実以日夜切歯ニ堪不申候、兎角御地兵部省ノ論ニてハ、後来ノ目途更ニ無御座候、只婦人女子ノ戯ノ如キ事計喋々論談致候由、誠以恥しき事に御座候[140]」と山田顕義は、七月九日、木戸に通信する。しかもこの七月は、兵税五分一問題をめぐって維新政府と諸藩間の対立が激化、結局政府が敗北したのだった。大村路線の挫折である。

兵部省政策への諸藩の不満は、九月下旬の諸藩常備兵員令(万石六〇名)に対しても如実に現れる。ある松代藩士はこう述べる。「天下常備兵員御定ノ布告有之、兵員ノ減少甚シキコトナラン(本藩三千人ノ軍役、唯五小隊三百余人)、然ニ再ビ非常ハ無之ト云事ニヤ、今年唯十一艘ノ船ニ四ヶ所ノ開港場ト東西南北ノ海岸ノ局外中立ノ警衛ニ備ントスルガ如キ、児戯ノ如キコトニテ、万国ノ笑侮取ラジトスルトモ笑侮レザルヲ得ザル也、是ヲ日誌ニ誌シ、中外ニ布タハ尤笑止千万也[141]」。

だが、維新政府の構造の下で大村的路線が貫徹できないとすれば、しかも政府と諸藩との関係が不安定化の一途をたどり、親兵組織とも矛盾を深めつづけるとすれば、とりうる方策は一体なにになるのか?

(ハ)　大学・教育問題

大学校を京都に創設することは、矢野玄道をはじめ、幕末期国学者たちの共通の夢であり、王政復古は、絶好の好機と彼等の目に映ったのである。一八六八年四月までに矢野は学制、学官服務規程、学生心得などの草案をすでに作成しており、繰り返し要路に対し、大学開設を促していた。六八年九月、新政府は皇学所および漢学所の設立を決定、皇学所は一二月一四日、開講式をおこなうのだが、六九年三月の東京再幸、七月八日、昌平学校を中心に、開成学校、医学校を大学校分局とする大学校制度が東京に確立されたことにより、京都中心の大学校体制を考えてきた国学者たちは不満をかくすことはできなかった。大学問題は当初から帝都所在地問題と不可分離な関係にあったのである。平田鉄胤、西川吉輔の両名は三月、学校御用につき東下を命ぜられ、大学校創設事業に関係、東京中心もやむなしとの立場をとって、矢野らと意見の相違をきたしていたが[142]、強硬派の矢野、角田忠行、竹尾正胤(東一郎)、渡辺重石丸(鉄次郎)などは七月一五日、東下した沢宣種(八月より大学大丞)・山田阿波介にあて、「此度は、事により当学校も暫く東京に御移しにも相成る可きやの趣、左様の義これ有り候ては、再び恢復の期有るまじく、此辺の処は能く能く御配慮、惣本宗たる御学校聊も動き申さず候様、御周旋ノ程仰願奉り候[143]」と懇望している。だが結局「大敗北」に終わり、京都の二校は廃止される。その後、一二月に大学校代なるものが同地に置かれるが、中御門留守長官が、翌七〇年一月、岩倉に宛て、「府ノ学校に被遊候共、矢張御入費は可相掛、而人心は動揺仕候ては実に不容易、夫より小々ノ形にても大学校ノ名相存候ハバ、大に人心も安堵と存候[144]」と述べているように、京都大学校問題は、帝都所在地問題とからみ依然として大きな問題たりつづける。

京都大学校問題が未解決のまま、東京の大学校では、釈奠・素読廃止や学神祭をめぐり、八月から九月にかけ、国学派・漢学派が激しく対立する。が、この対立は維新政府の構造そのものから発生した基本的対立とはみなしがたい。大学問題を収拾不可能としてしまった紛糾は同年一二月頃から展開しはじめる。

同月、太政官は大学校に対し、①今より大学と称すべきこと、②外来生徒廃止のこと、③即今在寮の生徒、大学区域中の員外寮に引き移し、爾来その現額の減ずるに任せ、さらに入寮は許可せざることを達し、あわせて、開成所を大学南校、医学校を大学東校と改称させる。大学行政上における和漢学と西洋学の対等化であるとともに、諸藩士・草莽の結集場となる大学寮の縮小をねらったものであった。柳川藩卒族の岡田太郎は、一八六八年蒼龍隊に加わり、その後東京で草莽活動をおこなっていた人物だが、六九年一一月、どういう手づるか、大学校校掌(判任、従九位)になる。が、右の達と関連するらしい学則改正への動きへの反対運動を、得業生・諸有志とともにおこなったため、七

十余名のものとともに、一二月末免職となっていた。(145)

この紛糾が第一段階だとすれば、一八七〇年二月の大学規則の制定は、第二段階への突入であった。すなわち、前年六月の達には大学校の目的を、「神典国典ニ依テ国体ヲ弁ヘ、兼テ漢籍ヲ講明シ、実学実用ヲ成ヲ以テ要トス」と定めてあった(この作成には平田や丸山などが深く関係したと思われる)のに対し、今回は、「内外相兼ネ、彼此相資ケ、所謂天地ノ公道ニ基キ」云々と、国体論的色彩や漢学色が大幅にうすめられたのである。だが大学規則が頒布されず、希望者のみ見ることができるといった事実からもはっきりしている通り、政府部内でこの意見が決定的に優位に立っているというわけでもなかった。

しかも、国学者中の強硬派玉松操と矢野玄道が、二月から三月に東京に着き、ともに大学中博士に任ぜられる。この東下組も含め、中心人物がすべて東京にそろった平田国学派は、その結合をますます強化しており、土井豊築は丸山から、「近日、丸山、三輪田〔元綱〕、矢野、米川〔角田忠行のこと〕と改テ義兄弟の約を結び、国家の為被成度思召」あることを密かに聞いていた(四月一六日の条)。

このような彼等は、四月二七日、矢野・玉松連名で大学問題の建白書を提出、(146)五月四日には、中博士で昌平黌以来の漢学者芳野立蔵など一〇名が、「学政は大学官吏ではなく、大学教官に委ぬべし」(147)との建白をおこない、同一の立場の舎長・生徒なども、「学中一切ノ事以テ教官ニ任」ずべしと建白する。翌五日には矢野、玉松、奥並継(神祇小史)他四名の連署で二〇ヵ条の建白が出されていく。(148)

大学内の国学漢学両派が固く結束、辞職も辞せずとの決意をもって政府の大学政策に激しく抗議し、しかも大学官僚の中で島義勇大学小監が、楠田英世大丞・小松彰両大丞と対立して教官を全面的に支持、参議中副島種臣が矢野をはじめとするこのグループの人々に親密な関係を作って強くバックアップするなかで、政府部内は泥沼に陥り二派に割れたまま、結局、収拾不能を告白する形で、七月一三日、大学別当松平慶永、大監秋月種樹、小監島義勇、大丞楠田英世、同小松彰などがすべて罷免、(149) また大博士平田銕胤、中博士芳野世育・矢野玄道・岡本保孝、少博士藤野正啓・岡松真弥・木村正辞、大助教頼惟復・川崎行充、中助教小中村清矩・松原衢・榊原芳野・黒川真頼・岡千仭なども罷免され、大学本校も閉鎖、連動して、七月二五日、京都の大学校代も廃止される。

当時の国学漢学の第一級の学者たちが一斉に罷免されたことは、圧倒的多数がその両者の教育を受けていた知識人・武士身分の人々に対して大きな衝撃を与え、そして、政府の威信を大きく低下させることとなったのである。

ところで、政府の学政方針が決定されたうえでの罷免でない以上、その後も依然として手詰り状態が継続していかざるをえない。土井日誌から関係部分を抜いてみよう。

八月二日、学校掛ニ、徳大寺〔実則〕、副島〔種臣〕、秋月〔種樹〕任ラレ候由承ル、

八月三日、副島参議、学校掛被仰付候ニ付、万事御相談願度旨、矢野〔玄道〕先生エ申来リシ由、石川ヨリ承ル、

九月一一日、昨夜、先生ヨリ承候ヘバ、学校モ程能相運ビ、既儒者ニテ召レ候人モ有之候テ、矢野・米川両先生モ不平ノ由ニ候ヘ共、迚モ両先生ナドニハ御任セハ無之、

九月二〇日、米川先生ハ学制取調御用掛被仰付候ト承、後醍院〔真柱〕翁モ本官ヲ以学校御用掛被仰付、今ニ至テ皇学ノ盛ナルコトヲ御欣ノ由承ル、

九月二一日、師〔ここでは矢野を指す〕モ学校エ御掛ノ由承ル、

ここにもある通り、閉校された大学の今後の基本方針をめぐり、政府の責任者としては徳大寺・副島・秋月が出、学者としては矢野・角田、後醍院〔薩摩出身でありバックとしてはもっとも安全なものをもっていた〕などが、西洋学者の西周・津田真道などとともに学政取調御用掛に任ぜられて、この問題を検討することになる。

そして、その解答が出ない間は、七月の罷免事件に加え、国家の基本政策たる大学・教育行政に関し、政府はその責任をまったく放棄しているのだとのきびしい非難を、維新政府は受け続けざるをえなかったのである。

(二)　民蔵分離問題

これまでの分析では、維新政府の政治的基盤と特殊歴史的国家機構の中での、創世期国家官僚＝維新官僚の機能の抱えざるをえない構造的矛盾とはなにかという課題を設定しながら、主要な諸側面に焦点をあててきた。が、本項では、従来、同質的だと措定しておいた維新官僚集団内の内包していた矛盾について考えてみたい。

よく開明派官僚といった用語が使用される。天皇制官僚における開明性とはなにか、と私は大上段にここで詰問するつもりはない。だが、問題をより限定して明治初年にしぼってみても、「開明」性なるものは、政府がまがりなりにも、政治を「主体」的に、換言すればゆとりを持っておこなえる諸条件を保持しえた時と場においてのみ、示すことができた。そして、一八六八年から廃藩にいたる時期は、残念ながら血まなこになってさがしても、そのような諸条件は、どこにも存在しなかった時期の一つだったのである。未曾有の財政危機と欧米諸国の強い圧力のもと、八〇〇万石の直轄地のみをもって、諸藩を統合しかつその上に超越した国家権力を、是が非でも維持しなければならないとすれば、外国債を、悪金引換費用を、金札引換費等々をどうしても捻出しなければならないとすれば、官僚制のもっている諸属性のうち、第一に現れてこざるをえないものは、徹底した専制的中央集権性であり、同時に国家的収奪性なのである。

大隈が実務の筆頭となり、伊藤・井上以下、吏僚的能力がきわめて優秀だった人才が蝟集した、当該時期の大蔵・民部両省の政策にもこのことが正確にあてはまる。

正貨流出を抑え、あわせて貿易に関連する全国的流通過程をことごとく国家が掌握しようとする、すぐれて国家官僚的構想をもった通商司が、大隈の指揮の下で設立されるのが一八六九年二月、五月には各開港場・要地に支署が設置され、八月には大阪に通商会社・為替会社が設立、以降各地に同性格のものが作られていく。この通商司政策は、維新官僚のもっていた専制的中央集権性や国家的専売制を検討するうえで恰好のテーマたりうるが、このような基本方向のもとでは、大蔵省と民部省が八月に合併され、維新政府の中でも異常に強力な権限をもつ巨大官庁になっていったことは当然ともいえるだろう。

だが、これまた当然すぎるほど当然なこととして、その結果としての諸矛盾は、維新政府と民衆との結節点であった地方官の部分に集中的に表現されてくる。

新政権の中核部分と同一レヴェルだとの強烈な自意識をもち、牧民官的な立場から民政を考えようとする地方官は、その強引さと画一性に耐えられない。一八六九年七月まで、最困難地の一つ越後府の判事を勤め、その後中央政局入りした前原一誠は、同年一二月、品川弥二郎に、「今日官途に居候ては世上ノ情態も不相分候得共、人心実に離叛、一府県ノ為民を願候民一人も無之、万一不測ノ事有之候とも、為王師には人足一人出候程も難測被相考申候、弟於越地抔は、現に承知ノ廉モ御座候故に、当今ノ急務は得民心、収攬人心候事第一也、然上にて制度ノ改革等如何様とも可成也[150]」と民蔵への不満をはっきりともらしているし、中御門留守長官も、七〇年八月、「大蔵省ニハ収斂ノ法厳酷ニ有之、衆人不服ニ候[151]」と述べている。だが、もし民衆の圧力に抗し切れず、あるいは牧民官意識から民衆に譲歩するならば、その地方官は即刻処分されるだろう。すこし後の事例になるが、七〇年八月には堺県知事小河一敏が、専断をもって飢饉救済に金を出し、また藩札・贋金・県札処理を勝手におこなったとの理由で罷免、九月に甲府県知事滋野井公寿が救荒処置に専断の事ありとのゆえをもって罷免、七一年正月、山形県知事坊城俊章が専断して管内の雑税を免除したが、翌月、同令施行を停止される。

このような不満は、新政権の中で地方官として成長していく若手民政官僚の間でも同様であった。木戸は六九年七月付伊藤宛書状の中で、「松方ナドモ、大ニ民大ノ処致ニ不同意申事モ有之申候、彼ハ民政モトドキ候趣ニて、評判ヨロシキ人故、彼ナドノ申事ハ、益世間へノ響強ク有之申候[152]」と述べざるをえなかった。

上述のことは、維新官僚の間に次第に大きな亀裂を広げていくことを意味する。民部大蔵政策を直接担当していく大隈・井上・伊藤、そしてその背後にある木戸たちのグループと、大久保・広沢・副島・佐々木グループとの対立は、一八七〇年にはいると、公然たるものとなる。大久保の認めたものの中からひろってみても、「大蔵省ノ号令、凡て人心ニ相触、迚モ居合候丈ニ無御坐候、則大坂府ニおひても御布令ヲ押留候事も有之、実ニ不相済候、如此事件屢有之候てハ、迚も民部大蔵ノ信義を得候もの無之、信なくして何ヲ以立可申哉」[153]（一八七〇・一・六）、「井上え沸騰ノ事件、段々疎暴ノ事有之、大ニ不平御坐候」[154]（一・六）、「摂ノ処も、造幣局ニハ井上アリテ、人心食肉ノ思をナシ」[155]（五・二二）等々、その対立を表現する史料に不足しない。

しかも、この地方官の不満や反木戸・大隈派参議の主張の背景には、容易ならざる民衆のいきどおりが広範に存在する。一八七〇年二月、大阪の「貧民」は、こう「謹上」する[156]。

一、奉願上候条々左ノ通、今日ヨリ御定メ不相成候デハ、市中ノ四民一統、府下在テ御政府ノ仇敵ト相成可申候、若活目ヲ御開キ被成、左ノ条々、今日ヨリ御定被下候ハバ、兼テノ御布告通、良民其所ヲ得可申候、天子ニ空言無之候ハバ、民ニも空言ハ無御座候、天子ヨリ御ウソヲ被仰出ルトキハ、民ハ其十倍百倍ノ大ウソヲ可申候事、

一、白米一升　　五百文

一、金相庭　　六十四匁

一、楮幣　　御廃止

一、弐分金ハ　　弐分

一、二分ハ一歩ニて急速ニ引替、其製造人、磔也、

一、御政事ハ徳川、

一、公家衆ハ堂上ニ復古、

一、典正精学万国公法御廃止、
一、交易条約建テ替、
一、社寺ハ寺社ト称復古、
一、神仏合体、以来ノ通リ、

さらに、大蔵民部政策に対する各方面の強い反対を惹起させたものが鉄道敷設事業であった。大隈らは、西洋化の最短距離は実物教育だとの考えをもっており、一八六九年一一月には、東京京都、東京横浜、京都神戸間などの鉄道建設を政府に決定させ、一一月には、英国人レーとの間に一割二分利付一〇〇万ポンド借款を結ぶ。

だが大隈らの行為は、世間には、「〔鉄道敷設の〕議、満朝ノ諸官悉不可ト云トモ不用ラレ、大隈民部大輔ノ独断ニテ、英公使ニ応接シテ之ヲ決定シタル由、不可トスル所以ハ、我国力余リアリテ作之ハ元ヨリ無論、金ヲ外国ニ借リテ作ル尚可也、今ハ不然、我地ヲ質トシ英人ニ之ヲ作ラシムル也、外務省ヲ置ルレドモ、其官員アルトモ無ガ如ク、外交ノ権民部省ニテ執リ、大隈一己ノ応接ニ決断スル由、世挙テ大隈ノ擅恣ヲ誹謗憤怒スル由[157]」と伝えられる。

政府関係でも、中御門留守長官は、「一年ノ御用度猶目途不被為立折柄、鉄橋鉄道ヲ被為作候義ハ、大ニ人心ニ関係シ、只西洋御心酔トノミ申唱、恐入候[158]」と反対、前に触れた伊地知の建白でも、「文明全盛ノ国体、可羨者多シ、就中俗眼ニて取興度ハ鉄道蒸艦ニ候得共、不測国力ニ妄挙センニハ、万事不可救ベシ、一旦不幸夷人目的相違候節ハ、弥大政府ノ御払高相重可申ハ勿論」と以下六件の「大害」を列挙、「断然鉄道ハ先ツ御廃止ノ方ト奉存候[159]」と述べ、兵部省もこの問題では猛反対の立場をとっていた。

このような大紛糾の結果、大隈らの勢力を削ぐため、一八七〇年七月一〇日、民部大蔵合併省は分離され、民部省御用掛に広沢が任命される。だが、民蔵両省の合併は、諸藩に超越し統一国家の体裁を早急に作り上げなければならなかった維新政府にとっては、唯一のとりうべき道であったからこそ合併されたのではなかったか？　しかも、そのことが維新官僚内部の対立を必然化していくことも、所与の国家構造のもとでは不可避的であった。いかにしてこの矛盾から彼等は脱出できるのか？

4　矛盾の諸段階

これまで個別に分析してきた維新政府の諸矛盾は、では、どのような相互関連を有し、いかなる諸段階を経て展開していくのだろうか？

第一段階は、一八六九(明治二)年七月、太政官政府の成立より開始する。

政府のもっとも神経をとがらしていたもの、それは、藩知事制を導入し、府藩県一致体制のもとで活動すべき諸藩の動向であった。一八六九年八月から一〇月にかけ、政府は弾正台に命じ、南海九州筋、山陰山陽筋、北陸道筋、東山道筋、関八州筋、越後出羽筋、磐城岩代筋にそれぞれ探索者を、駿遠二ヵ国の静岡藩にはとくに尾崎弾正小巡察を派遣、以下の諸点に関し報告させる。

一、藩家中の団結・和合状態如何、
一、禄制改革による離禄者の状況如何、
一、藩家中の朝廷奉戴の度合如何、
一、朝廷より命ぜられたる正金上納に関し民衆に負担をかけているか、またその結果、民衆が朝廷に怨恨をいだくようになったか、
一、藩内作毛状態如何、
一、藩内高免に関し、藩側に奸計ありや無しや、
一、藩内民情如何、

一、藩内金札相場如何、

一、藩にて贋金製造の形跡・噂ありやなしや、

そこでは、このように報告されている。

総体水戸辺ヨリ北方ノ民ハ、兎角朝廷ヲ訛リ、不服ノ様子相見エ候、其内福島領中ノ民ハ格別不服ニ相考候[160]、

二本松・三春辺所々ニテ、夜中ニ携鉄砲、押込抜刀斬殺奪衣服金銭事度々ニテ、甚ダ致迷惑事ニ御座候[161]、

〔水戸にて七月二六日、同族の〕因〔幡〕・島〔原〕・土〔浦〕・守山・府中・宍戸・水戸殿七人ノ衆、密談有之、寄合ノ趣意ハ不知、只十分一ノ減高〔藩知事家禄を指す〕不服抔、下説有之候[162]、

八月二日、島原・因州・備前・土浦・府中・水戸藩ニテ致内談、謀不軌ト申下沙汰有之候[163]、

金沢、朝廷を奉戴せざる而已ならず、王政を軽蔑嘲笑する、郡県一事ニ付沸騰少からず、強きハ暴言し、弱き者怨恨す[164]、

此地ノ人、旧政ヲ慕ヒ、当時ヲ毀リ候[165]〔新潟〕、

正金上納ニ付種々議論有之、庶民ノ毀言聞ニ堪ず、朝廷ニ波及すなり[166]〔金沢〕、

正金上納ニ付、領主行暴政候由[167]〔上総大多喜〕、

楮幣ハ喜不申、殊ニ大札ニテハ甚困リ候由、諸色ハ次第ニ高直ニ相成、貧民共極窮ノ由[168]〔越後村上藩〕、

いつ方も悪金一事ニ付人気騒敷、其上米価高値ニ付ては、兎角王化ニ服し兼候処も間々有之、歎息罷在候事[169]〔北陸道〕、

何れも二分金ハ一切通用不致、困迫セシ者不少候[170]〔山陰山陽道〕、

年貢納方ニ付甚ダ非道ノ事有之、下民共大ニ困迫シ、已に一揆モ起ルベキ模様ニ御座候、藩士風俗極メテ悪シ[171]〔豊後佐伯〕、

この報告書で明らかになることは、民衆の、とくに維新政府の貨幣政策への不満、政府の郡県制施行への諸藩の危惧感、戊辰戦争後の東北の荒廃、政府の静岡藩への警戒心等々の事実である。このような情況のもとで、六月には樺太事件、九月には大村暗殺事件、中宮行啓問題、そして一貫して横井暗殺者処分問題が存在する。だが、第一段階では、まだ個々の問題は個々ばらばらで、相互無関係に展開していく。

第二段階の幕は一八六九年一一月中旬、国家の論理と社会諸勢力との対抗の集中的表現たる長州脱隊騒動の勃発によって切って落とされる。

維新変革の栄光は、高杉が担ったのでもなければ、木戸が負っていたのでもない。全国の藩士・草莽にとって、それは長州藩諸隊のものであった。高杉や木戸は、その指導者という地位においてのみ、その光栄を分かち与えられたにすぎない。このイデアルティプスに自己を作り変え、あるいは作り変えようとしていた諸藩や草莽層の変革参画者にとっては、したがって脱隊騒動は他藩の人事《ひとごと》ではなく、厳密な意味において、まさに自己につきつけられた問題なのであった。しかもこの解答は二者択一的なものであり、第三の道は存在しない。逆の面からみれば、諸隊との不安定な共存関係を破壊してしまった山口藩当局者にとっては、徹底した反乱参加者の全国的追及と処刑、そのための、政府・諸藩の協力方への強引なまでの要請にいたらざるをえない。長州藩は全国的に追及の手を拡大していくが、同年三月、大阪(?・)で前年正月、国許を脱走、草莽として活動していた豊浦藩士細川某家来吉見禎輔(変名友松節三)と赤間関町人悴村屋徳次郎(同谷村篤太郎)および林直蔵(長州)を捕縛、彼等の書状をもとにきびしく糺問する。そこには、草莽の側での諸隊の理解の仕方や反政府運動のあり方を示す豊かな内容があるので、かいつまんで紹介しておこう(172)。吉見への糺問は次の通りである。

問、書状中「困難ノ趣」云々とは如何様ノ義に候哉、

答、於東京承候えば、国元諸隊、攘夷ノ説を確守仕候処よりして、国論両立動揺ノ姿と相成、諸隊ノ方討伐とも

可相成御模様ニ付、国家ノ大事此時節、国ニ報度と相考、何卒御鎮撫相成候様ニと見込、待詔院へ建言をも仕、宣撫使御下向、弾正台吉井幸助も西下ニ付、大巡察吉岡鉄蔵ヲ以、吉井召連ノ内ニ相加、……国家大事ノ際ニ付、一先帰国、大変不相成様周旋尽力仕度存慮故、困難ノ趣云々と相認候義、

問、意外云々とはなにか、

答、諸隊ノ者、是迄戦功も有之、攘夷ノ説を確守致し候由ノ者共ニ付、全渠等悪敷とは不相考居ル処、二月十日十一日ノ戦争ニ過半敗走脱去との風聞有之、折角西下尽力可仕存慮ども不相届、意外ノ事と相成故ノ義、

問、元肥後藩山田十郎〔信道を指す〕へ書状差送、書中ノ旨趣は如何様ノ義申越候哉、

答、十郎義、同志ノ者ニ付、東京肥後藩邸ニおゐて昨年始て面会仕、書中ノ趣旨は、時勢ノ風説、大概東又九郎等へ申越候様ノ事柄ニて御座候、

問、「西藩不愉快」とはなにか、

答、攘夷ノ説をも確守仕候程ノ諸隊、此度ノ戦争ニ失利及散乱候を不愉快と存候筋ニ御座候、

問、「実ニ旧幕同様ノ暴政」云々とは如何ノ事ニ候哉、

答、右様相心得候儀、一向無御坐、

問、谷村を馬関へ出立為致候義は、何を探索為致候哉、

答、諸隊ノ方、悪敷とハ不存故、敗走散乱と承候得共、いまだ確乎として正義相唱居候哉、政府ノ面々は正義同論ノ人々も在勤候哉、旁探索ノ為差返候次第、

問、亡名者二千、非名ニ死する者三百と有之ハ、確証有之哉、

答、弾正台加茂百十より小松晋一郎承、晋一郎より私承り候義ニ御座候、

また林への糺問は次の通りである。

問、「時勢紛々として危事累卵ノ如し、乍恐、鳳輦御在京は歎息ニ御座候」云々とは如何哉、
答、風説は、森藩衛藤干城、御当地住居金本顕蔵、近江郷士市川省吾、濃州何藩原熊太郎、岡藩矢野束、栗田殿内半井一斎、近江社家樹下耕雲〔茂国を指す〕、弾正台加茂百十殿、奥平藩某何、同藩藤木斯等より追々承り居、
問、「実は徳川家反逆ノ謀計有之、彼一門越前春岳其外」云々とは確証有哉、
答、民部少丞郷純蔵殿、租税正渋沢篤太夫殿、同福田作太郎殿、駅逓正原田正七殿、同田中廉太郎殿等、旧藩ノ親臣ノ処、御登庸ニ相成……、
問、「薩長其外西国ノ諸侯を打破、然ル上ニて復旧ノ大事を為んと欲す」云々とは如何哉、
答、衛藤干城咄ノ趣を以相認、
問、「金穀は勿論、国土を洋夷質ニ入、宝祚危急ノ政ニ御座候」とは、
答、衛藤・金本・加茂・藤木等より承り候事、
問、遷都反対とは、
問、「只今ノ御政体は法を先ニして、教を後するニ依て、万民方向不相立、悉塗炭ノ苦みを受」云々とは如何哉、
問、「正義ノ諸侯切歯憤懣ニ御座候」云々とは孰を「正義ノ諸侯」と指し候哉、尚正義と相唱候ハバ、如何様ノ持論有之を以正義と申候哉、
答、此段、衛藤干城・金本顕蔵・加茂百十殿より兼て承り居候は、柳川・久留米・大洲・明石・姫路・阿波・筑前等ニて御座候、持論ニおいては、第一、遷幸を奉従、近側ノ姦を払除、万世不動ノ御政体相立候様可致との持論有之由ニ御座候、

第二に、脱隊騒動は、反政府運動と民衆蜂起が結合しはじめたことを物語る。脱徒は目的達成のためには農民一揆すら引き起こす。陽暦三月六日付で英国公使館に入った情報でも、「奇兵隊の一つの目的は、農民の間で反乱(revolt)

を引きおこし、反乱参加者に、協力を求めることであった。一部の不満をいだいている僧侶たちも反乱に加わり、その数は五千から六千にふくれあがった[173]」と述べられていた。

木戸・井上や藩庁当局者がなにより恐れていたのも、まさにこの結合である。「諸隊暴動ハ取ニ不足、農商ノ沸乱甚以歎ヶ布、右ニ付、明義を相考候勘場地下役人等、宜く我が方ニ被為抱、根ノ病を抜候様御所置不被為在てハ甚危く奉存候、只今ノ向ニてハ、両国終ニ暴動諸隊ノ有と相成候様可相成必然[174]」と一月、広沢は木戸に訴えている。その後廃藩後も含めた数年間、当局者にとって、「脱徒」と農民一揆の結合の可能性は悪夢としてのしかかり続ける。

たとえば、一八七一年一〇月、「山口藩脱走野村昭三郎」なる者が高松県に潜入、捕縛されるが、余党探索のため「西郡兵隊」が出張、その結果「為指事件も無之」ということが判明、県庁は、「諸民安堵、猥ニ道路ノ浮説、信用在之間敷、依て此段為心得相達候事」との達を県内に布告しているのである[175]。

第三に、都市部、とくに京都・大阪の民衆の不満との結合が憂慮される。

第四に、第一と関連するが、諸隊の脱徒と各藩の反薩長派グループが結合、「天下恢復」を具体的に目指すようになる。鎮圧前の一月、井上は木戸に「既ニ奇隊ヨリ両三人肥後エ参リ居由、京摂間其外甚以懸念千万ニ御坐候[176]」と書き送っている。

第五に、諸隊の反乱は、政府内での意見対立と分裂を加速させる。戊辰戦争以来、政府に対しはじめて負目を感じた山口藩庁当局者ならびに長州派に対し、諸隊討伐に賛成せずの立場から参議の副島種臣、官庁として集議院、また東京薩藩邸勢力などが対立[177]、するどく不始末を非難し、ここに国学者グループも加わるのであった。この政府内分裂の集中的表現が、一八六九年一二月一九日、大村襲撃者処刑直前に起きた粟田口止刑事件を発端とする弾正台処分事件である。大村事件と脱隊騒動は前述したように深い関連があり、一二月中旬は騒動がもっとも高揚した時にあたった。在京都の弾正大忠門脇重綾(鳥取)、同海江田信義が止刑事件に関し上京を命じられたのが同月二五日、在京都の大小巡察が上京を命じられたのが七〇年二月一〇日、四月に本官を免ぜられたのが大巡察で青木義信・古賀正幸(十郎)・吉岡弘毅(鉄蔵)・前島文彬・新井一業・永田伴正・小笠原長清・大久保親彦、小巡察で免ぜられた者、吉村春樹・阿部信実・舟来龍・秋山恕卿・児島重武ら十余名、[178]大忠の門脇は五月神祇大佑へ、海江田は同月奈良県知事に移っている。

このような弾正台処分事件は、政府内にこれまで以上に大きなしこりを作り出し、五月八日、三条は諸省卿・大輔および弾正尹九条道孝以下大巡察にいたるまでの諸員を太政官に召集し、諭示しなければならなかった。[179]

第六に、脱隊騒動とほぼ時期を同じくして(一八七〇年四月)、雲井龍雄事件が発覚する。前者が勤王諸藩内部の分裂だとすれば、後者は、旧幕府・奥羽越列藩同盟側の反政府運動の開始であった。同事件の参加者は、米沢藩の他に旧会津藩士と静岡藩士、また東京府や日光県から出ており、幅広い結合を示していたが、脱隊騒動と同じく、農民蜂起と結びつく可能性を有していた点で、政府としてはきわめて厳戒すべきものだったのである。[180]

第三段階は、「危機の七月」である。これまでみてきたように、脱隊騒動は、当該時期の内包せざるをえなかった基本的問題を、きわめて明瞭な形で、全国民的に提示した。反政府運動は、農民一揆と結びつきはじめ、反薩長諸藩のまとまるべき核を提起し、同時に政府内に大きな亀裂を生じさせ、拡大させていく。

この傾向は七月に入るとすこぶる深刻になってきた。集議院抑圧政策は諸藩の離反を必然化させ、権力の不安定化を加速し、土佐や薩摩などの藩すらも五分一兵税をめぐって政府と鋭く対立せざるをえなくなる。政府内でも外交政策に関し、有力な丸山作楽グループが薩と衝突、大学は収拾のつかない状況に陥ってしまうし、弾正大弼池田茂政(前岡山藩主)も七月に辞め、軍隊の官僚制的近代化もデッドロックに乗り上げてしまう。このような府・藩・県一致体制の上にそびえ立っているべき太政官政府そのものが、権力結集核の稀薄な、諸勢力の相抗する場に転落するなかで、民蔵分離をめぐる木戸・大隈派対大久保・広沢派の対立が激化するのであった。もはや、これまでの国家構造のままでは、進退ともにきわまってしまう。そして、窮地の太政官政府に最後のとどめを刺したのが、七月二七日、鹿児島藩士横山正太郎の諫死事件であった。「旧幕府ノ悪弊暗ニ新政ニ移」る、すなわち、「輔相ノ大臣ヨリシテ侈靡驕奢、是其一」「大小官員外ニ虚飾、内ニ名利ヲ事トスル是其二」「朝令多替定其三」……「外国人ト定約ノ疎妄ナルヨリ常ニ物論ノ沸騰ヲ生ズ是其八」等と、横山が死を賭して公然と政府を非難したことは、とりもなおさず、横山の背後にいる鹿児島藩が、政府に強烈な不信任案をたたきつけたことにほかならなかった。

陽暦の一八七一年一月、鹿児島に滞在した英国公使館員アダムスは、その地の状況をこう報告する。(181)

武士の間には中央政府に対する大きな不満が存在し、昨年、政府との対立の結果、軍隊は江戸から引き上げられた。彼等の不満は、日本暦七月二七日に、集議院(Parliament)に提出された横山正太郎の意見書にほとんど十分な形で表現されている、当地では、横山は、武士の殉教者にさせられた、横山は、彼等の不平を直接天皇にぶつけるべく、藩内の有力者達によって切腹するようしむけられたとまで語られている、確かにその直後、薩摩の軍隊は江戸から引き上げられているのだ。

私は藩内の最有力者の言葉をここで引きたい。彼はいう、中央政府に多大の混乱がある、政策は朝令暮改で、仕事に不慣な公家は、いろいろな立場の意見を聞きいれ、結局なにもしないこととなる、金は浪費されつづけている、自分は鉄道敷設一般に反対しているのではないが、資金がないのだから、長い鉄道をつくるより、他の事業にふりむけるべきなのだ、と。

ここでわれわれは、一八七〇年二月末、高知藩が鹿児島藩に以下の三案を、事態収拾の方策として提示していることに注目すべきであろう。

一、大ニ朝権ヲ張テ、天下ヲシテ威服セシメ、仮令大国強藩ト雖モ、其議ノ出ル所ヲ不知カ如クナラシメン、是策ノ上也、

二、天下内外ノ病、日ヲ逐テ不可救ノ勢アリ、外ニ不破時ハ、必ズ内ニ破ルベシ、輔相ノ識見ヲ以テ、寧外ヲ破リ内ヲ整ルニ不如ノ大決断ヲ行ン、是策ノ中也、

三、薩長土三藩盟約ヲ堅シ、私ヲ去リ、公ニ就キ、朝廷ヲ輔翼シ、国脈ヲ維持ス、是策ノ下也、(182)

だが、七月にいたっては、諸藩に超然たるべき維新政府的国家構造のもとでは、国家意志自体の決定すら困難に陥っている。すでに、この上策の施行は不可能である。

第二案は、高知藩が考えついただけではない。木戸など、もっとも痛切に、国内の政治的統合を、維新政府の主導のもとで実現させていくためには、この方途しかないと思いつめていた。「今日天下ノ事、只々上下ノ権より瓦解仕候、誓て上に其権を握し、平均ノ勢を作成し、妨るものは忽ち一刀両断と申処は、どこまでも不可失事と奉存候、必竟何も其種をこしらへ度(183)」と大村に語る彼は、朝鮮使節に任ぜられることを切望、一八七〇年六月には、「朝鮮、公理ニ服セザル時ハ、我モ亦則チ断然ノ決無カル可ラズ(184)」と、対朝鮮強硬策を建白している。高知藩でも、板垣や後藤は、この時期、しきりに征韓論を主張する。だが、七月に入り、対朝鮮強硬外交が、急速に武士層の間で政府をおいつめる政策の主要スローガンとして前面に出るに及び、木戸たちの思惑をはるかに越え、政治の道具として使うには危険が大きすぎるようになってくる。中策も採るべきではない。

とすれば、残された方策は、高知藩が、はっきりと下策と認めたもの以外に採るべきものはないではないか。幕末から戊辰にかけて、共通に確認されてきた正統性の唯一の制度化としての維新政府体制を変質させ、なんら支配の正統性を保証されてはいない薩長土の私的権力を急速に形成させていくこと、しかもこの中に、キャスティングボート的立場に立った西郷以下の鹿児島藩当局と藩軍事力を全面的に吸収しつくし、絶対に反政府勢力の側に回らせないようにすること、まさにこの一点に、その後の木戸・大久保・岩倉らの総力が結集されていく。

5　急　転

大久保・木戸・岩倉らの緊急課題は、いかなる非難が起こることも顧慮せず、しゃにむに人事の主導権を掌握することであった。「於当時、必其忠臣義士、世ノ見ル所ト有異モノ、人望モ無之事ト被察申候、人望ノ帰スル所ハ、則後世ヨリ見ル所ニシテ、現在ハ実ニ六ツケ敷事ト被相考申候」[185]と、木戸が民部権大丞林友幸に書通するのが九月、大久保が「御変革ニ付、御施行手順」として、「御輔導ノ任」「民蔵ノ権政府ヘ御握ノ事」「冗官ヲ沙汰スル事」等々の筋道を三条に示すのが[186]一〇月のことである。

太政官では、平田派の中弁中島錫胤が九月二日、岩鼻県知事に転ずる。

集議院は、九月一〇日、閉院を命ぜられ、閏一〇月一七日、集議院長官大原重徳以下担当官が罷免、大原は麝香間祗候となる。

弾正台では、渡辺昇・河田景与とともに、弾正大忠の要職にいた轟武兵衛(照幡寛胤)が一〇月二日罷免される。

これまで決定延期のままであった横井暗殺者たちは、一〇月一一日、ついに処刑され、翌一二日、この問題に微妙な態度をとりつづけてきた刑部卿正親町三条実愛は大納言に転ずる。

また京都における反京都府勢力の中心であった留守長官中御門経之は、一二月一二日罷免(同日、大納言も免ぜらる)、留守官自体、同月二三日、宮内省に併合される。

君徳養育に関しては、一二月四日、大学大丞加藤弘之が、洋学者としてはじめて侍読となり、大きな変化を見せはじめたが、後述するように、一八七一年三月、中沼了三が侍講を罷免、彼に代わって五月三〇日、大久保と接近していた熊本藩当局者の推薦によって元田永孚が侍読となり、さらに八月一五日には西周も侍読に任ぜられることとなる。

大久保・木戸たちが、反政府勢力の結集地の一つとにらんでいた熊本藩では、中央の動きと連動、一〇月一八日、河上彦斎と古荘嘉門に外出および旅人面会交通を禁じ、一一月には河上と木村弦雄を捕縛、古荘は、幕末以来の尊攘の士、阿蘇郡郷士豪農野尻武右衛門方に逃亡する。(187)

軍隊に関しても、東京に駐留してきた第三遊軍隊(越後草莽隊)は九月に、そして、第一・第二遊軍隊も一二月に解隊復籍させられ、代わって、新たな軍事力として、薩長の兵力を大挙東京に結集、あわせて両藩「老卿」ならびに西郷を上京させることによって、新たな権力核を確立しようとするのであった(岩倉勅使、一二月一八日、鹿児島着)。

6　激発から廃藩置県へ

局面突破の強引な行動は、当然のこととして、より強力な反動を引き起こし、その動・反動の増幅過程は、これまでの維新変革の各局面がすべてそうなってきたように、出発点では誰も予想していなかった結末を帰結させる。

一八七〇(明治三)年九月から開始された太政官内の粛清と薩長土提携の強化は、これまでの反政府諸グループの反発をますます強め、秋には、京都において、「吉之助、一蔵等、綱紀を紊乱し閑叟・春岳等、其詐術を賛す(188)」との弾劾書が現れる(ただし、薩藩・西郷の位置づけは彼等の間で分裂している)。反政府運動の中核としての「脱徒」を恐れる政府は、閏一〇月、「山口脱走人追捕」を達し、大楽源太郎・富永有隣をはじめとする「首魁」と諸藩の協力者たちを必死で探索する。

一一月にはいるや、政府がもっとも恐れていた反政府諸グループ・「脱徒」と広範な農民一揆との結びつきが現実の問題となってきた。一一月中旬から、「脱徒」の加わった日田一揆が九州直轄地の中心日田地方を震撼させ、九州反政府グループとの結びつき如何によっては、どう展開するか予想のつかない状況となり、しかも、同月下旬には、信州松代で「午札」一揆が勃発、この動きは翌一二月一九日には中野県一揆を引き起こし、ここに北信大一揆が藩・県権力を圧倒しさり、さらに、これまで政府のもっとも注意しつづけてきた奥羽地方の動向においても、一一月、三陸一揆が発生する。

しかも、日田一揆のさなか、豊後鶴崎から周防国大島郡安下庄に「脱徒」数十名が上陸、大島郡代官所に乱入する事件が起こるが、当時長崎で宣教使活動を続けていた西川吉輔は、その間の動向をこう「日記」に記している。(189)

十一月二十三日、知事云、此頃豊後比田県管轄下の百姓一揆アリ、租税の事ヨリ発スト、
十一月二十四日、日多県一揆且小倉ニも一揆差起リ候ニ付、為援兵、振遠隊二百五十人計リ出兵、
十一月二十六日、今日豊後比多県一揆援兵、大村ヨリ出張、
十一月二十八日、〔日田一揆は〕十一月十八日ヨリ発起、廿三日迄動揺、最初ニ県庁ヲ破却シ、獄屋ヲ破却シテ罪人ヲ放チ、庄屋ノ宅ハ数十軒破却ス、右説得ニ罷出候大参事一人・史生一人ヲ殺害ス、一揆ノ人数凡三万人余、長州脱走ノ奇兵隊徒ラ是ニ加ル由、
十二月七日、大楽源太郎巨魁トシテ、薩州・柳川等ノ脱兵も随従、山口迄ニ地雷火を仕掛ケ打入可申策略ノ処、同志ノ者四五人被召取、白状ニ及候由ニて露顕ニ及候也、大島郡并外一ヶ処ヨリ押寄可申策略也ト云、此輩人望大ニ附キ候趣也、

しかも、われわれがとりわけ注意しなければならないことは、各地域での農民一揆と反政府グループの結びつきというのに止まらず、東京・京都の各藩邸の動向そのものが政府の厳戒すべきものだったということである。ついに一月二三日夜には、東京神田鍋町で大学南校教師のダラス、リングの二人が何者かに襲撃される事件が発生する。木戸は一二月上旬、宍戸璣に、「於京都も、兎角久留米・秋田藩邸などへ浮浪ども入込候由にて、是までは、其故、一時相免れ候ものも有之由、於東京も、久留米・秋田藩邸へ所詮入込候よし、当春、於西京、長州ノ変動に応ぜし者を捕縛いたし候処、多は於東京秋田藩邸に潜匿いたし居候もののよし」(190)と書き送っていた。

事実、諸藩に根拠を置く反政府グループの動きは、東京・大阪・国許間できわめて活発になっていた。

柳川藩士久邦田邦彦は、一二月二〇日、柳川の神職で草莽・藩士層のリーダー、元蒼龍隊隊長広田彦邦(当時、有栖川宮の召との理由で在東京)に宛て、こう書通する。[191]

……鎮西中ハ殊ノ外宜敷、神州ノ正気ハ是ニ止ル哉共愚考仕候、西郷・水野・大楽・小河共合一ノ策、我藩中ノ同志今日ハ一千人計リ、尤血名ノ士、参太夫ガ輩皆引入、大参(大参事のこと)ノ中、出勤御差留、愉快々々、東肥モ今日ハ正論ニ出申候、

第一、鹿児島・米・柳・嶋原・佐土原・延岡・唐津、

第二、豊津・秋月・北筑西肥列藩中、

第三、東肥・平戸・大村、

是ヨリハ如何相成候哉、今ノ儘ニテハ喜悦ノ眉モ開申候、

また同月二七日、柳川藩士江口瀬兵衛は、広田宛、こう書通する。[192]

……米ノ方モ藩論一ニ帰シ、長一件専ラ周旋最中ニ御坐候、中ニモ順国隊・応変隊抔ハ、投死回復他事無之様子、追々小河・江島・下川・寺崎抔面会、決論仕候、熊谷氏モ十二月九日ヨリ、米人同道ニテ薩行致候、薩ノ国是清論ニ相成、長ノ諸隊ヲ相助テ、恢復ノ礎トナシ申候、依テ当十八九日頃ヨリ、米藩小河君モ薩行ノ筈、薩ノミナラズ両肥・大村藩、竹雄藩、小城、島原、豊後地ニテハ武田藩、豊津抔ハ大ヒニ奮発致居候、薩藩ハ既ニ来二月ニハ事ヲ発シ候姿ニ相見へ申候、右ニ付、長ノ諸隊ノ人々且米人抔ハ是非トモ薩ノ前ニ奮発ノ覚悟ニ御坐候、柳藩近日ハ奮発、常備ノ方振立申候、同藩曾我喜兵衛・森軍治・臼杵謙之助・堀牧太・東原作蔵抔、且又守衛隊中モ同様、藩中第一ノ急事ハ姦物ヲ掃候策ト相心得、此事専内論最中ニ御坐候、……(追啓)両三日、米藩へ滞留仕、帰藩仕候所、藩論一定ノ姿ニ相成、大分運ヒ付、既ニ小参事十時兵馬始メ四人ノ者出勤御差止メニ相成申候、年内ニハ定テ正議ノ論一定ハ顕然ノ事ト奉存候、大楽源太郎兄事、近日、米藩小河君周旋ニテ寺崎氏ニ潜伏、気遣

ヒ無之候、

両書翰ともに共通しているのは、薩藩と西郷に対する強い期待である。

また、一八七一年二月二一日、在大阪の福岡藩士的野秀九郎は東京の同藩士戸田鋤に、こう手紙をしためる。[193]

……畿内ニテ五条県支配下大ニ沸騰シ、別シテ大野川・十津川・野山等大ニ憤怒シ、已ニ旧冬事ヲ発スルノ勢ヨリ、京師詰飛切ノ有志、従テ依頼シ来リ候処、色々説得シ、兎角モ押謐メ置候、中国筋探索ノ為、正月中旬ヨリ小和野監物〔彼は集義隊事件で前出〕等備前ニ下リ、田淵慶順・加山十郎ヲ相尋候処、折角久留米藩ヨリ島正太郎ト申者、同藩大参事水野丹後并ニ小郷吉右衛門・古松簡次等ノ内下知ヲ請、備前田淵方へ参リ合セ、且又、作州ニノ宮郷士立石正介、淡路山本小金吾、伯州米子ノ家中西村伝九郎、隠岐村上謙吉等打寄リ内議致居申候間、小和野モ共ニ内議ニ加リ、中国ノ荒増ヲ承リ候処、備前ハ、田淵・加山ノ手ニ属スル士四百人、且ツ草莽輩モ多分有之、備中倉敷八木次郎右衛門、上野徳右衛門、木谷澄太郎手ニ士兵三百人、作州立石正助変名岡才兵衛・浮田七郎・妹尾三郎介等、士兵三百余リ、并ニ津山藩門閥ノ内沸騰ノ向、此セツ帰農商ノ兵ヲ手ニ付ケ士兵ト心ヲ通ジ、伯州米子因州藩荒尾駿河ノ家来老臣村川与市、大西清太郎等鴟梟トテ五百人、隠岐ニテ天野助九郎、渡辺助蔵、村上謙吉、卂上礼八郎等士兵ヲ募リ四百人計リモ有之ヨシ、四国ニハ讃州多戸《ママ》津藩大参事川口半助并ニ長谷川与市等モ通ジ、伊豫西上尾崎山人、但馬銀山山本郷豊之助、和田藩戸田謙次郎、古谷惣兵衛、戸田ハ撃剣師家ニテ、門弟同志ノ者、小豆島・淡路・摂河泉等ニ多分有之、……此セツ米侯ニ大隊ヲ引率シ東向致サレ、東京ノ振合ニ寄リ報知有之筈ニ御坐候、其子細ハ先般岩倉卿、薩州へ御下リニ相成、勅命ヲ下サレ候処、島津拝承致サレ、直ニ島津三郎・西郷吉之助等多人数引連レ東行致シ候間、若シ自己ノ議ニ候ハバ、速ニ報知有之筈ニ御坐候間、中国ノ勢ヲ合セ、一同ニ発シ、海路ヲ絶切、畿内ノ勢ハ浪華ニ火ヲ発シ、京師ニ打入、御所ヲ囲ミ、大宮ヲ始メ諸親王ノ御方々ヲ奉守トカ、御還行《ママ》ヲ奉促スヘクノ手段ニ候、在東京ノ有志ハ、其時ニ当リ、一策ヲ設ケ、兵ヲ合セ、鳳輦ヲ守護スルノ内議ニ御坐候、且ツ、京師ニハ諸藩兵ヲ不残引払、伏見屯所ノ兵卒二百人計リモ有之候得バ、皆是等ハ矢田帯刀・小和野監物等ノ手下ノ者ニ御坐候、伏見兵隊、追々除隊致候間、又々十津川・天野川郷士ヲ取立、伏見・京ニ詰サセ候様相成候間、是等皆々一味ノ者ニ御坐候、誠ニ猛虎ヲ庭中ニ放ツガ如キ、不思議ニ御坐候、将又、小和野監物等モ、当時ノ嫌疑ヲ除カセ、又々中国ニ下リ申候、立石正介、近々筑後表ヨリ上リ帰候得バ、当藩ノ実空《（ママ）》も弥相分リ可申、……

小野随正院若宮　実ハ九条殿御子ナリ

右ノ御方、中国ノ総督ト相定候事

覚正寺僧正　実ハ花園御子ナリ

今出川殿

阿野殿

愛宕殿子息

右ノ御方々ハ、東京ヘ下向致サレ候

中山春丸殿

先ツ右ノ御華族方、内々御一味ニ御坐候。

これによれば、愛宕・外山両事件は、単発的なものではなく、薩藩の兵力上京を機に、東京・関西の両地において兵を挙げようとする大規模で相互関連的なものであったことが明白である。

政府は全神経を張りつめて、全国各地の動向を凝視する。一揆が、諸藩士が、草莽が、個々ばらばらに動くのか、あるいは二者が結合するのか、または、全国的な連絡の下に展開しているのかどうか？

「久美浜県下人心不穏」の情報を元に、但州城崎辺を探索した児島巡察属は、一二月一七日、こう報告する。[194]

元奇兵隊同士と称する者、当地で十名許、医者の朝倉心斎、黒崎俊造、小山六郎、町人に垣谷直助、台屋伝左衛門ら五人、その外僧侶一両輩、自分から「同論同志」と売りこんだので彼等も自分の旅宿に来た。その際「種々謀計ヲ以彼等心中相謀リ、攘夷論等、私ヨリモ頻リニ相発」したところ、当地に「脱徒」両三人、因州には二十余人潜伏と彼等は口外した。隊長は相山五郎、富山某とのみ発言、「来二三月頃ニ到、積雪相融、行路自由相成候得バ、騎兵ノ輩ヨリ攘夷論ヲ以、必ズ人心可相動歟ニ憂慮」せざるをえない、「万一至急動揺ニ及候節ハ、官員ニては迚も防方は申迄も無之、日当今藩々御変革ニ付ては、三丹藩士ノ内、俄ニ困迫人も出来致居候頃、右元騎兵隊抔ノ輩、一時ニ挙ニ乗ジ候ては、実ニ朝廷ノ御不都合、此上も無之儀ト奉存候」。

地域草莽と百姓一揆の結合の可能性如何が、ここでも憂慮の最たるものであった。

草莽といえば、九月解隊後、越後に帰国していた元第三遊軍隊のメンバーに対しても、政府は不断の注意を払わざるをえない。伊藤某(元関係者らしい)なる人物は一二月八日から一七日まで、メンバーの動向を探索すべく、くまなく歩き回っている。[195]

十二月八日、大野村元第三遊軍隊小林政司方昼飯、

十二月十日、相田村元遊軍隊松田秀二郎方ニ泊ス、食客四人有之、皆壮強ノ者也、並柳村関屋孫左衛門、粟生津村長谷川鉄之進ヲ進退ヲ問、

十二月十一日、今町柳屋ニ行、宴ヲ開ク、会スル者、松田秀次郎、二階堂良碩、仙石鉄蔵、森川譲助、高橋彦兵衛、原健人、外山友之助外三人、皆勤王精義ノ士也、色々国事ヲ談ズ、友之助、十日程先、西京ヨリ帰リ候由、依テ西京ノ動静ヲ聞、

一、叡山竹林院ナル者慷慨ノ僧ノ由、当時討薩論主張ノ由……皆雲井龍雄党ノ由、同人党ハ四千人も有之由、何時ニても龍雄ニ命ヲ任せ候隊長体ノ者百人余ノ由、

十二月十三日、脇屋式部来ル、同人ノ咄、同人ハ沢家ノ家臣分也、外一人と実ハ当地へ探索ニ来る者也、
十二月十七日、関屋ヲ訪フ、在宿也、一別以来一年余ヲ経ル、大キニ悦ヒ饗応スル、夜同志三輩来リ、国家ノ事ヲ談ズ、浮浪体ノ書生等来る歟と問、近頃一切不来云、南条ノ行衛ヲ問、此節久保田歟箱館ト云、但シ当暮ハ久保田ナラント云、然バ岸直枝ノ知己ノ中ならんと云、どうして知ると云、僕、当秋京師ニ逢ト云、実は虚喝也、関云、君モ大キニ手広ナリト、僕シキリニ劇談ス、関屋大きニ困却ノ様子也、

日田一揆の内包している深刻さにかんがみ、政府は一二月一八日、「近来浮浪ノ徒、豊後路辺各所ニ潜伏致シ、時々暴行ニ及ビ候趣」と、陸軍少将四条隆謌を巡察使に任じ、日田表に派遣、北信大一揆も容易に鎮静せず、ついに兵部少丞沢宣種が信州表に一月四日派遣される。東京においても、反薩長諸藩には、久留米藩をはじめ厳しく探索網が敷かれ、この中で前述の久保田書翰が政府の手に入ったのだった。この緊迫した政治状況のなかで、一八七一年一月九日、木戸・大久保が岩倉とともに西下しているその留守の間、実質上の太政官政府総責任者たる広沢真臣が何者かによって暗殺、太政官政府を文字通り震撼させた。当時少弁であった内田政風は、その狼狽ぶりを、「参議広沢真臣殺害に遭ふ、挙朝畏怖、窃に民間に内諭して関門を設け、出入厳制の旧慣に復せんと、朝議殆ど之に決す[196]」と語っている。

事態は、恐しいきしみを立てつつ進行していく。九月段階で考えられていたことは、もはや過去のものだ。二月一六日、薩長土肥四藩は、明白にこう主張する。「〔浮浪中の〕賊、今ノ形勢ニテハ市街ニ出没候ノミナラズ、各藩邸内、又ハ官員士人ノ居宅ニ潜匿ヲ許シ、動モスレバ、在官ノ者、隠然声息相通ジ候義不少奉存候、賊徒逮捕ノ儀ニ付テハ、追々厳重被仰出候得共、各藩ニ於テ傍観打過候儀ハ、必竟彼是ノ同志、朝官ニ列シ、頑固ノ議論相唱候ヨリ起リ候訳ト奉存候、抑朝官方向一定、紀綱確立被為在候ヘバ、天意ヲ不憚、朝憲ヲ不恐、猥ニ暴行ヲ働候者有之間敷、断然ノ御処置[197]」を採るべきだと。疑問符をかけられた対象は、藩体制そのものと、薩長土肥グループ以外すべての在朝官人

に拡大される。

三月七日、外山光輔の逮捕を皮切りに、一三日には水野正名・小河真文逮捕、在東京の久留米藩主有馬頼咸が謹慎、一四日には愛宕通旭が逮捕、一五日には熊本藩尊攘派出身の江刺権知県山田信道が罷免、一九日には久保田藩兵が東京市中取締罷免、藩権大属川井晋一、少属清水勝馬以下が出頭を命じられ、二二日から二三日にかけては外務大丞丸山作楽、矢野玄道、中沼了三、権田直助、宮和田光胤父子、小河一敏、角田忠行、坂田諸潔、落合直亮、中瑞雲斎悴らが一網打尽に捕縛、二四日には陸軍少将正親町公董、翌二五日には同五条為栄が、さらに同じ頃兵部権少丞沢宣種がそれぞれ罷免される(大規模な粛清の内容は、ここではすべて省略する)。諸藩に対しての融和的な態度は、最後の一かけらも存在しなくなり、かつ在官者の反・非薩長系人物の総罷免が強行される。ことの本質は、誰が権力を保持するかの一点にしぼられる。この混沌とした過程のまっただ中の三月一六日、兵部大輔山県有朋は、木戸にこう進言する。「当今ノ形勢熟思仕候ニ、厳緩ノ目的位ニてハ百事瓦解、只可学秦始皇也、外ニ好手段ハ無之、暴断暴行ト唱、全国ノ人心一時戦慄仕候様無之てハ、大有為ノ目途ニハ達不申[198]」と。

外務大輔寺島宗則は、陽暦三月八日、パークスにこう説明している[199]。

……彼は、政府が中心的諸藩や高い身分の人々によって脅かされているということについては否定した。が、下級身分の武士間には憤懣が広くひろがっており、各地域の反政府分子の間では、相互に連絡がとれており、しかも、そのような行動に対し権威をつけるため、彼等は京都において某宮、あるいは天皇の某親族をかつごうと陰謀をめぐらしている、と寺島は考えている。信州においては、政府は、二〇〇〇名にも及ぶ大部隊の動員を余儀なくさせられた、と寺島は述べた。このことは、同地域での一揆が、決して局地的な性格のものではないことを明らかにしている。寺島はまたこうつけ加えた、反政府分子は復古的なスローガンを採用し、彼等は外人に対し、敵対的だと自ら述べている、彼等は、外人の存在そのものが、日本を不幸におとしいれたのだと考えている。

パークス、広沢暗殺事件を説明されたい。

寺島、広沢は、このような情報を得たので、柳川藩士の捕縛を命じた、正にその翌日に暗殺されたのだ。

パークス、信州・日田一揆を説明されたい。

寺島、松代一揆には旧会津藩士三三人が参加している。日田一揆は租税の不満からおこったのだが、それは長州や柳川、その他の多数の浪人によって醸成されたのだ。

パークス、信州一揆と日田一揆は互いに関係があるのか？

寺島、然り、関係がある、複数の手紙を我々は入手している、それによると、信州と豊後の浪人達は、これまでに連絡をとりあっている。

パークス、本当か？　では彼等のプランは一体何なのか？

寺島、豊後の浪人達は熊本藩に進入し、そこで、帰農させられた元士族の連中を糾合、熊本城を占拠、もしそれに成功したら、京都に上り、彼等の行動を聖化するため、皇族を擁立しようとしている。

パークス、そのような状況にありながら、日本政府は英国軍隊の撤退を依然として主張するのか？

寺島、今はしない、情況がかわったからだ、反政府分子は昔風の復古的スローガンを採用している、しかも彼等は、農民反乱をひきおこすため、物価騰貴やそれ故の貧窮は、外人を許容したが為だとの攘夷スローガンを再び声高にさけんでいる。


諸藩に対する融和的な態度が完全に消滅、権力保持の一点をめぐって、全精力が投入される時、ここに、薩長土三藩の精鋭部隊の上京命令(二月一三日)とともに、藩体制の廃止、藩庁機構の政府による掌握、藩兵制度の解隊と統帥権の政府への一元化が焦眉の具体的課題として、薩長土肥官僚の前に提起される。この課題がなまなましく前面に踊り出るのが、大粛清の荒れ狂う真っただ中の三月二九日の「御下問案[200]」においてであった。

一、諸藩ノ内、或ハ朝廷ト気脈不通、情実相悖り、自然御趣意不相貫事モ有之、因テ御政治折合候迄、当分知藩事皆出京ノ上、滞京被仰付、御下知筋ハ勿論、一体ノ処モ親シク廟堂ノ御旨相窺ヒ、以テ支配ノ藩へ下知相伝、

一、士卒民トモ移住自由、

一、士卒ノ武職ヲ解キ、家禄ハ禄券、売買自由、

一、兵隊ハ人別百分一デ募ルコト、

一、武官ハ朝廷専握、

だが、廃藩置県によって、あらゆる事態が解決するといったなまやさしい状況ではさらにない。廃藩置県の強行は、同時に一八六九年から七一年まで、国民の前に提起され、維新政府を追いつめてきたすべての諸問題を、彼等が、全面的に引き受け、積極的に解決することなしには保証されない。藩を媒介としない国家権力と民衆の直接的対応のなかで、民衆と反政府分子の恐るべき結合を阻止するためには、政府は何をなし、何をなしてはならないのか？　換言すれば、民衆を権力側に引きつけるべき当面する民政課題とは何か？　一八七一年四月二五日、「下民病トスル事件」に関し下問される。[201] その病とは、

一、仏法御廃シ、耶蘇御弘メ歟ノ事、

一、仏教御廃シモ不得止共、死後落付ノ事、

一、日本ノ金銀、外国へ流入ノ事、

一、米穀ハ価下レ共、諸色高価ノ事、

一、商社ハ交易ニハ可然、内国商法ニハ不都合ノ事、

一、官員身持不都合ニ付テハ、御政令も慥ならざる様被存、安堵不成事、

一、開拓養豚ハ御勧メアレ共、従前仕来リノ儀ニ付勧農ノ御沙汰無之事、

一、県ニ於テ御登用ノ役人、従前不宜者ニテ、民心不服事、
一、旧来各私費ヲ以テ勤メ来ル祭礼ナド、節倹ニ致シ可申布告アレドモ、窮民御救ヒハ無之事、
一、県下ニ於テハ賄賂行ハレ、下情通ジ兼候事、
一、県員ニ岡引目明シ顔役ナドヲ採用セラレ候、布令改レ共、弊ハ更ニ不改候事、
一、天子ハ最早御着用物モ替リ、朝廷ハ最早外国ノ属国トナリ候トノ事、最早異教ニ入リ給候也トノ事、
一、県下ニ於テ官員卑キ者ノ娘ヲ妾トセラレ、不宜者ノ路、是ヨリ開ケ候事、
一、国内ニ於テ商法商社等ノ事ハ、詰リ〆買〆売ニナリ、損失多ク、難渋ノ者多ク有之候事、
一、御一新前ノ貸借御取上ゲ無之ニ付、却テ難渋者ハ不融通ノ事、
一、府下ノ小学校ノ規則不宜ニ付、小児輩不宜風儀ニナリ、失費モ多ク難渋ノ事、
一、外国御交際ノ弘ク成行ハ、日本国ノ追々狭ク衰微成行ベキトノ事、
一、方今草莽ヨリ御登用ノ者ハ、何レモ下民ノ為ニ不成ト云事、
一、宣教使ハ全ク耶蘇ナレバ、御創建も暫ク御見合ノ事、
一、牛豚南京米ヲ可食御布告アルハ、詰リ百姓御廃シ、商計リニ被成候歟ト云事、

より安定した地域行政組織の再編成と、武士身分ではないサブリーダーの養成、通商司政策の廃止と専売制度の撤廃などが、意欲に燃える新しい民政担当者の緊急の課題になってくるだろう。[202]

外交問題でも、政府のイニシアティブの下での局面打開なしには、権力基盤の極度の不安定化をくいとめることは不可能である。これがゆえに、参議副島種臣は五月一三日、樺太境界協議のためポシェット湾派遣を命ぜられるのであり、四月二七日、大蔵卿伊達宗城が欽差全権大臣として、修好条約締結のため、清国派遣を命ぜられるのであった。しかも清国との条約締結は、日本の最大の外交課題条約改正としっかりリンクさせられている。大隈は一八七一年一

○月、帰国した伊達にこう語る。

明年条約改正ノ時ニ臨、故障ノ条件書可改、不都合ノ条々、当節断然談判可相改、若シ彼ヨリ故障申出候ハバ、可及破約、此度ノ結約〔日清修好条規〕ヲ打出シ、各国公使ニ示シ、墨国ヨリ英ヲ致依頼候例有之故、相談の上可取計、(203)

ところで、以上のようなことを実行に移す場合、政府の極度に腐心せざるをえなかったことは、薩藩と西郷をあくまでも、どのような約束をも与えながら、政府に引きつけつづけ、さらに、この過程の中に引きずりこむことであった。しかも民間では薩藩大兵を動かすとの事態に対し、西郷が「遷都を止めらるべき事、封建ニなされるべき事、外国の条約を改め定めらるべき事」(204)との三ヵ条の建白をなしたとか、薩藩が「民部省ヲ廃シテ徳川家ニ委任スベシ、兵部省ヲ廃シテ鹿児島へ委任スベシ、刑部ヲ廃シテ尾州ニ委任スベシ、郡県政道ヲ改メテ封建ニスベシ」(205)との八ヵ条の建白をなしたとの風説が、全国的に蔓延していったのである。

西郷としては、「朝廷ノ御政事実行不相立、月給ニ心アル如キ役員ニテハ天下ノ事不可為、一藩充備ノ上御教授申上ゲン、都テ一国ヨリ天下へ推シ及サン」(206)との見込みがあったにしろ、それを反政府グループと提携しながら（心情的には同調する側面が強くありながらも）(207)遂行することは、自ら中心になって作り上げた維新政府を瓦解させることになりかねない、むしろ薩長土肥の緊密な（もちろん、井上のような人物は排除して）連携を自らのイニシアティブのもとに作り上げることによって目的を達成する方向が、安全で確実なのではあるまいか、彼は、一八七〇年の末から、七七年、城山で自刃するまで、解決することのできないこの矛盾に自問自答しつづける。したがって、自己の目的を達するためには、政府は西郷への対応に、微細なまでに配慮する。「西郷義ハ、兼て御承知ノ通云々ノ内情、御聞ノ通ニテ候えば、能々其時宜ヲ以御進退不被下候テハ、藩地ニ於テ閣下え奉願、御請合相成居候辺ヲ中立候様相成候テハ、甚不都合ト懸念仕」(208)と、七一年二月、大久保が岩倉に述べる通りである。

粛清の荒れ狂った三月をはさみ、二月から五月にかけて、反乱の全国的展開を厳戒する政府は、各地に手を打っていく。七〇年一一月晦日、大動揺の渦中の日田に派遣された民部大丞松方正義は、翌年二月二二日、農民一揆と反政府分子が結合する可能性のもっとも高い奥羽地方の要福島に派遣され、四月一日には、胆沢県参事野田豁通が、「東京九州ノ形勢ニ付、松方大丞え件々商議」(209)のため同地に出張、三日、「東京九州ノ事情、篤ト及談合」、四日には胆沢県管内の民情、とりわけ「窮民ノ情実、租税ノ事、各県施政不一定ノ原由」に関し示談、六日には野田に対し松方は、「外山従四位、愛宕従四位陰謀露顕云々ニ付、管内ノ儀モ含ヲ以極々取締いたし候様」こまかに指示を与えている。

奥羽は松方だけでは足りなかった。四月二三日には弾正大忠渡辺昇、民部権大丞林友幸が盛岡県出張を命ぜられる。同地の民衆と久保田藩反政府分子などとが連携しようとする動向に対処するためであった。野田は五月九日、胆沢県下で渡辺と面会、「柳川藩鈴木一郎ト名乗、盛岡エ向通行ノ者有之、少々不審ノ筋有之候付、何方エ相達居候哉、篤ト探索ヲ遂候様」(210)との内命を受け、即刻捕亡方に指示を与えている。越後も依然として探索の目が向けられていたが(211)、九州にも当然のことながら密偵が派遣され、克明に情報を捉えている(212)。すなわち、

四月二十八日、津田山三郎ヲ訪フ、生、薩藩ノ事情ヲ逐一ニ問フ、実ヲ以テ告グ、聞毎ニ慨歎曰、奸ナリト、此度薩長土御召ノ件等、頗ル不服ノ態ナリ、

五月二日、柳川ヲ経テ、市在ノ情ヲ察スルニ、皆藩論ニヨリ不平ヲ訴フ、其原ヲ尋ルニ、本長藩ノ献白ニ依リテ此事ニ及べリト、怒自ラ長藩ニ帰ス、

五月十六日、〔豊津藩にて〕小谷子来リ訪フ、静野・小島・滝等ノ動静ヲ問フニ、皆御嫌疑ニ仍テ上京ノ命ヲ奉ゼリ、畢竟攘夷ノ志アルモノハ、悉ク御蕩除アル御趣意ナラン哉ト、

五月十七日、小谷子、赤沢理、中村勇太郎、白川与一郎ヲ誘ヒ来リ、終日時世ヲ談ズ、生等皆言フ、兵勢ヲ張ルニ攘夷ヲ以テシ、親ムニ信ヲ以テス、此ノ如クナラズンバ、何日カ人心一致、方向一途ナス可キヤ、余出兵ノ

原ヲ尋ヌルニ、生等皆曰、更ニ大赦ヲ行ヒ、諸藩幽閉禁錮ノモノヲ免レ、人材黜陟アルベキ一ナリ、各国交際ニ至リテハ、速ニ自主独裁ノ権ヲ建テ、兵勢ヲ張ルニ攘夷ヲ表シ、交ルニ信ヲ尽ス二ナリ。

薩長土三藩の大挙上京は、諸藩を驚愕させる。維新政府の大原則と正面から衝突するものだからである。四月、豊津藩常備兵隊長一同は次のように政府に出願する。

窃ニ聞ク、頃日朝廷、大兵ヲ数藩ニ徴シ、東京ヲ警衛セシムト、微臣等怯惰ナリト雖モ、国家多事ノ際ニ方リ、一隅ニ暇爾タルハ、実ニ所不安也、是ヲ以テ隊下一同ト意ヲ決シ誓ヲ立ツ、以為ラク、正スベキハ名分ナリ、重ズベキハ職掌ナリ、夫レ国家常備ノ兵ヲ建ル所以ノモノ、必ズ之ヲ有用ノ時ニ用ント欲ス、今乃チ有用ノ時ニシテ、汗馬ノ労ヲ実地ニ尽サズンバ、何ヲ以テ兵ノ兵タルヲ知ン、時世ヲ安視シ勤労ヲ名藩ニ譲ル、武門ノ所恥、東京出役ノ日、皇城ノ一面ニ守備スルヲ得バ、素ヨリ当ニ薪胆ヲ業ト為シ、若シ非常ノ変アラバ、大号令ヲ奉ジテ斃ン而已、(213)

だが、三藩の挙兵上京の目的こそ、従来の「国家常備ノ兵」制を、力ずくでも解体せしめんがためではないのか。あとはどうなろうと、この一点のみは、満天下の憤激を買おうと、遂行しなければならないのである。

四月二三日、石巻と小倉に鎮台が設置され、六月五日、御親兵第一連隊第一大隊半大隊四小隊は石巻鎮台白石分営出張を命ぜられ、一二日、部隊は兵部省前に整列、鷲尾隆聚・船越衛両兵部大丞より白石出張の軍令状を受け、品川に行進、午後六時、品川沖を出航、横浜出航は一五日午後二時、一六日朝塩釜入港、一七日朝同地を出発した部隊は一九日夕白石城に入城、そして調練始めは、まさしく廃藩置県の当日、七月一四日のことであった。(214) 東京と二鎮台およびその各分営に全軍事力を集結させつつ、文字通りのクーデタ方式によって自らを成立させた藩閥権力の前途に、はたして何が待ちうけているのか？(215)

戦いか然らずんば死、血みどろの闘争か然らずんば無、かくの如くに、問題は厳として課せられている。

ジョルジュ・サンド

(1) 明治史料連絡会編『明治政権の確立過程』(御茶の水書房、一九五六年)所収。
(2) 佐藤誠朗『幕末・維新の政治構造』(校倉書房、一九八〇年)所収。
(3) 『大久保利通伝』中巻(一九一〇年)七四二頁。
(4) 『明治文化全集　憲政篇』(日本評論社、一九二八年)五一頁。
(5) 『木戸孝允文書』第三巻(日本史籍協会、一九三〇年)二九頁。
(6) 『大月市史　史料篇』(一九七六年)四三二頁。
(7) 『岩倉公実記』中巻(一九〇六年)二七六頁。
(8) 『岩倉公実記』中巻、五一二頁。
(9) 『岩倉公実記』中巻、六〇三頁。
(10) 『岩倉公実記』中巻、六八六頁。
(11) 『明治文化全集　正史篇』(日本評論社、一九二八年)六四頁。
(12) 『岩倉公実記』中巻、七〇六頁。
(13) 「実麗卿記」(東京大学史料編纂所写本)当該月日の条。
(14) 鹿児島県維新史料編纂所『鹿児島県史料　忠義公史料』第六巻(一九七九年)二六四頁。
(15) 『大久保利通伝』中巻、八五五頁。
(16) 『岩倉公実記』中巻、八五五頁。
(17) 妻木忠太『前原一誠伝』(一九三四年)七四九頁。
(18) Dickins, *The Life of Sir Harry Parkes*, II, p. 116.
(19) Correspondence respecting affairs in Japan 1868-70, presented to both Houses of Parliament by Command of Her Majesty 1870, Parkes to Clarendon, June 26, 1869.

(20) *ibid.*, Parkes to Clarendon, Apr. 13, 1869.
(21) 『嵯峨実愛日記』第三巻(日本史籍協会、一九三一年)明治四年一月一四日、同月二〇日の条。
(22) 「中沼了三先生伝」(十津川中学文武館『志道(大正一一年度)』所収)。
(23) 『愛媛県先哲偉人叢書・矢野玄道』(松山堂書店、一九三三年)一八六頁。
(24) 「蒼龍隊人名簿」(東京大学史料編纂所写本)。
(25) 「大日本維新史料稿本」(東京大学史料編纂所)明治二年五月二七日の条。
(26) 二階堂保則『風後余草』(一九二八年)七七頁。
(27) 『中御門家文書』上巻(一九六四年)二九六頁。
(28) 『松菊木戸公伝』上巻(一九二七年)七〇二頁。
(29) 「(慶応四年)軍事方書類」(北九州市立中央図書館所蔵)小笠原家文書六一。
(30) 『維新日乗纂輯』第三巻(日本史籍協会、一九二六年)三〇四頁。
(31) 「公文類聚」(国立公文書館)一五編四〇巻。
(32) 以下の記述は『久留米市史』下巻参看。
(33) 以下の記述は「勤王殉国事蹟」(東京大学史料編纂所)第二二巻参看。
(34) 『松菊木戸公伝』上巻、一二八〇頁。
(35) 『木戸孝允文書』第三巻、一三二九頁。
(36) 『十津川記事』中巻(刊行年不明)二七・三〇頁。
(37) 『法令全書』明治二年五月七日の条参看。
(38) 『法令全書』明治二年一〇月二〇日の条参看。
(39) 『法令全書』明治二年三月一〇日の条参看。
(40) 『復古記』第一三巻(一九三〇年)五八一頁。
(41) 『法令全書』明治三年二月二五日の条参看。
(42) 『十津川記事』中巻、六一頁。

(43)「勤王殉国事蹟」第一〇巻。
(44)同右。
(45)「大日本維新史料稿本」明治二年五月二七日の条。
(46)西川吉輔文書(滋賀大学経済学部附属史料館)宗教三三一「奉職記事雑」。
(47)『忠義公史料』第六巻、二八一頁。
(48)『木戸孝允文書』第三巻、四五六頁。
(49)「土井豊築日記」(島原市社会教育課所蔵)明治三年二月一日の条。
(50)「土井豊築日記」明治三年七月二〇日の条。
(51)津久井文書(大分県立大分図書館)一五五、明治二年七月一四日付津久井賢之助書状。
(52)「編年雑録」(東京大学史料編纂所写本、本紙は臼杵藩が蒐集した風説、探索書を一八七〇年に編纂したもの)第九一巻。
(53)「編年雑録」(東京大学史料編纂所写本)第八九巻。
(54)「編年雑録」第九〇巻。
(55)「編年雑録」第九二巻。
(56)「編年雑録」第九一巻。
(57)「編年雑録」第九三巻。
(58)若木武之助『初岡敬治先生伝』(一八九三年)による。
(59)三条家文書(神宮文庫)五門三九八四。
(60)彼の帰国の際の送別者は吉岡弘毅、湯口慊、新宮簡、古賀十郎、那須拙速(人吉藩)らの人々であった。
(61)『木戸孝允文書』第三巻、四三五頁。大橋照寿は大橋順蔵(訥庵)の養子で儒者。
(62)「莠草年録」(国立国会図書館)第一一三巻。
(63)「莠草年録」第一一六巻。
(64)『佐佐木高行日記』第四巻(東京大学出版会、一九七三年)三四六・三八九頁。
(65)『佐佐木高行日記』第四巻、三九〇頁。

(66)「大日本維新史料稿本」明治三年七月是月の条。
(67)『条約改正関係大日本外交文書』第一巻(一九四一年)二〇頁。
(68)『岩倉公実記』中巻、六八六頁。
(69)西川吉輔文書学芸二一五「見聞雑記」。
(70)『嵯峨実愛日記』第三巻、明治二年三月一一日の条。
(71)『岩倉具視関係文書』第五巻(日本史籍協会、一九三一年)三一頁。
(72)『明治天皇紀』第一巻(一九六八年)明治元年一二月二五日の条。
(73)『木戸孝允文書』第三巻、二六二頁。
(74)『木戸孝允文書』第三巻、二七九頁。
(75)津久井文書(大分県立大分図書館)二五六、明治二年三月一〇日付津久井賢之助書状。
(76)「大日本維新史料稿本」明治二年三月一日の条。
(77)本荘季彦「維新直後の久留米藩情」(『温知会講演速記録』第一九輯)、および『井上達也報国日記』による。
(78)三条家文書(神宮文庫)五門一四、明治二年二月中瑞雲斎建白。
(79)三条家文書(神宮文庫)五門三九九一。
(80)三条家文書(神宮文庫)五門三八。
(81)「大日本維新史料稿本」明治二年三月一日の条。
(82)『十津川記事』中巻、四三頁。
(83)『嵯峨実愛日記』第三巻、明治二年三月九日の条。
(84)「編年雑録」第九三巻。
(85)「編年雑録」第九四巻。
(86)「勤王殉国事蹟」第二二巻、岡田太郎の項。
(87)「編年雑録」第九五巻。
(88)『岩倉具視関係文書』第四巻(日本史籍協会、一九三〇年)三三五頁。

(89)『風後余草』七七頁。
(90)『岩倉具視関係文書』第四巻、三六三頁。
(91)『中御門家文書』上巻、一一六頁。
(92)『中御門家文書』下巻、一六四頁。
(93)西川吉輔文書宗教三一一「奉使長崎総記」、明治三年一二月四日の条。
(94)『岩倉公実記』中巻、六九三頁以下。
(95)Dickins, *The Life of Sir Harry Parkes*, II, p. 117.
(96)『大久保利通文書』第三巻(日本史籍協会、一九二八年)一六二頁、明治二年四月二六日。
(97)西川吉輔文書学芸一一五「見聞雑記」。
(98)「土井豊築日記」明治二年五月二八日の条。
(99)「編年雑録」第九〇巻。
(100)同右。
(101)注(12)に同じ。
(102)『大日本外交文書』第三巻(一九三八年)一四四頁。
(103)丸山正彦『丸山作楽詳伝』(一八九九年)一二六頁以下。
(104)暗殺者の項は、田中時彦「横井小楠暗殺事件」(『日本政治裁判史録(明治・前)』一九六八年)参看。
(105)『十津川記事』中巻、二・一二頁。
(106)『十津川記事』上巻、一・二・七頁。
(107)三条家文書(神宮文庫)五門一三。
(108)前掲、田中「横井小楠暗殺事件」六八頁。
(109)「実麗卿記」明治二年一月五日の条。
(110)前掲、田中「横井小楠暗殺事件」七二頁。
(111)『嵯峨実愛日記』第三巻、明治二年六月一六日の条。

(112) 「編年雑録」第九三巻。
(113) 「編年雑録」第九三・九四巻および『巣内信善遺稿』による。『肥後藩国事史料』(第一〇巻)は一八六九年一二月一九日の項に丸山らの建言を収めているが、轟武兵衛が待詔院次官だったのは八月一四日までであり、また丸山は九月樺太に渡っている。「編年雑録」を信ずれば、八月六～八日の建言である。
(114) 『嵯峨実愛日記』第三巻、明治二年八月一日の条。
(115) 『岩倉具視関係文書』第四巻、三一八頁。
(116) 「編年雑録」第九七巻。
(117) 『明治天皇紀』第二巻(一九六九年)明治二年一一月五日の条。
(118) 『風後余草』五六頁。
(119) 『法令全書』明治元年八月一七日の条。
(120) 『法令全書』明治二年八月二三日の条。
(121) この項は『復古記』による。
(122) 『十津川記事』中巻、四〇頁。
(123) 『風後余草』六六頁。
(124) 三条家文書(神宮文庫)五門一〇七八、「封建郡県ノ儀ニ付献言書」(明治二年六月四日、待詔局宛、差出人島原藩士井上参四郎・同坪田嘉十郎)。
(125) 三条家文書(神宮文庫)五門四九五九。
(126) この場合、政府部内でも意見がまとまらなかったことに注意しておく必要があろう。明治二年五、六月頃、軍務官判事河田左久馬(鳥取藩士)は次のように建言する(三条家文書(神宮文庫)五門五一〇五)。

「〔服制の事〕我皇国中興復古百度維新ノ盛際ニ当リ、軍服ノ制未ダ定ムルニ暇アラズ、是ヲ以テ海内将士概シテ胡服ヲ用ヒ、其制貴賤顚倒華夷雑乱、其髪ヲ断ズル者アルニ至ル、国体ヲ失フノ甚シキ、今コノ一新更始ノ時ヲ失ハズ、東西古今ヲ取捨シ、速カニ別ニ一種軽便穏当ノ軍服ヲ制シ、稍国体ヲ存スルモノヲ定メラレ、厳ニ断髪ヲモ禁止……

〔剣術の事〕二技〔銃と剣〕偏廃セズ、銃陣ノ余暇、大ニ撃剣ヲ講ジ候様御厳命有之度……

攘夷論の事)今其処置厳酷ニ過ルトキハ、一時ニ屈服スト雖モ、却テ制御ノ道ヲ失ヒ、禍変ヲ激成スルノ基ニテ、亦士気ヲ養所以ニアラズ」。

また谷干城も、明治二年五月、次のように述べている(「大日本維新史料稿本」(東京大学史料編纂所)明治二年五月是月の条)。「近来政体総て洋癖、名は復古と雖も、真の御復古に非ず、殆ど日本を変じて洋夷と為すに至る、豈不悲哉、外国交際の事に至りては、別て旧幕に劣れり、是れ正士渇望の意に背き、不平無聊の徒として口を藉か令むるに至る、仰ぎ願は正士の心に協へ、已に死する者の魂をして地下に慰ましむの御政体に御引直し有り度事なり、……夫れ士は君父師三つの者に従ひ、仁義忠孝其の心を薫じ、撃剣為砲其の筋骨を練る、而三尺の剣其の腰を不去、専ら廉恥を以て其の行ひ砥ぐ、恥を恐れて不恐死、是皇国の万国に卓越する所以なり、今時洋夷の邪説を唱る者、動すれば云帯剣を廃し和魂を去る、此れ可恐也、孰か忍ぶべからざらん、此輩を誅戮して、而後ち皇威を張んと欲す」。

河田や谷のような人物を核とする政治集団は、明治前半期をまとめてみる場合、藩閥の中に組み込まれてはいても、その中心部にはけっして位置することのなかった集団であった。彼等は、一面では権力と伝統ならびに「国民」との接着剤的機能を果たすのだが、一度、この政治構成要素が権力の外側に出たときには、政治危機をもたらす危険性がきわめて大きく、当局者にとっては常時頭の中に入れておかなければならない集団であった。後発国の近代化問題を取り上げる場合には、政治構図の中に必ず位置づけなければならない一つのカテゴリーなのである。

(127)　『大久保利通伝』中巻、七二六頁。
(128)　『大久保利通伝』中巻、七二七頁。
(129)　田中時彦「大村益次郎襲撃事件」(『日本政治裁判史録(明治・前)』)参看。
(130)　『維新日乗纂輯』第三巻、三三八頁。金輪五郎も含む草莽の志士達に関しては、高木俊輔『幕末の志士』(中公新書、一九七六年)および同『それからの志士』(有斐閣、一九八五年)を参照されたい。
(131)　田中光顕『青山余影』(一九二四年)二三〇頁。
(132)　『十津川記事』中巻、二頁。
(133)　「朝廷え御願出控」(山口県立文書館所蔵、毛利家文庫、一ノ四三)。
(134)　柏村信「旧山口藩脱隊沸騰旨意書並考証」(山口県立文書館所蔵、毛利家文庫、六八ノ一一八)。

(135) 以下の記述は、『奇兵隊反乱史料・脱隊暴動一件記事材料』(マツノ書店、一九八一年)による。
(136) 「被髪脱刀」の当時有していた意味は、前注(126)の河田建言からもうかがえるが、「土井豊築日記」明治三年八月二六日の条にも、「武田云、耶教ヲ彼是申候へ共、脱刀剃髪ハ則邪教ナラズヤト、尤ノ事也」との記述あり、もって当時のこの問題に対する「皮膚感覚」的理解の内容が明らかである。
(137) 『前原一誠伝』八〇四頁。
(138) 「大日本維新史料稿本」明治三年四月五日の条。
(139) 『岩倉具視関係文書』第四巻、三七二頁。
(140) 前掲『奇兵隊反乱史料・脱隊暴動一件記事材料』一五七頁。
(141) 「莠草年録」第一二七巻。
(142) 柿沼広身『葎堂日志・三』(柿沼菊雄氏蔵、MFは東京大学史料編纂所所蔵)明治二年七月二七日の条。
(143) 『愛媛県先哲偉人叢書・矢野玄道先生略伝』(一九一五年)一五八頁。
(144) 『岩倉具視関係文書』第四巻、三三五頁。京都大学校問題は、阪本是丸『明治維新と国学者』(大明堂、一九九三年)第6章・第7章を参照されたい。
(145) 「勤王殉国事蹟」第一二巻、岡田太郎の項。ただしこの問題は、まだ不明の点が多い。
(146) 伊藤武雄『復古の碩師玉松操』下巻(金鶏学院、一九二七年)六〇頁。
(147) 『東京帝国大学五十年史』上巻(一九三二年)七五頁。
(148) 前掲、伊藤『復古の碩師玉松操』下巻、六〇頁。
(149) 前掲『東京帝国大学五十年史』上巻、八八頁。
(150) 『前原一誠伝』七七五頁。
(151) 『中御門家文書』上巻、二九六頁。
(152) 『松菊木戸公伝』上巻、一三〇九頁。
(153) 『大久保利通文書』第三巻、三七六頁。
(154) 『大久保利通文書』第三巻、三七七頁。

(155)『大久保利通文書』第三巻、四四八頁(ただし史料編纂所書入本による。薩長藩閥にとって不都合なところは史料を改竄してしまう一例である)。
(156)三条家文書(神宮文庫)五門一一八五。
(157)「莠草年録」第一二五巻。
(158)『中御門家文書』上巻、一一七頁。
(159)「大日本維新史料稿本」明治三年七月是月の条。
(160)三条家文書(神宮文庫)五門四九四六、篠原資「東山道筋探索記」。
(161)同右。
(162)三条家文書(神宮文庫)五門九〇〇、浅田政次郎「探索書上」。
(163)三条家文書(神宮文庫)五門四九四六、篠原「東山道筋探索記」。
(164)三条家文書(神宮文庫)五門八九三、戸田恭太郎「北陸道筋探索」。
(165)三条家文書(神宮文庫)五門三九八九、檜垣孝三郎「越後出羽探索書」。
(166)三条家文書(神宮文庫)五門八九三、戸田「北陸道筋探索」。
(167)三条家文書(神宮文庫)五門四〇九九、下坂昆吾「関八州探索」。
(168)三条家文書(神宮文庫)五門三九八九、檜垣「越後出羽探索書」。
(169)三条家文書(神宮文庫)五門八九三、戸田「北陸道筋探索」。
(170)三条家文書(神宮文庫)五門八九一、和田肇「山陰山陽探索記」。
(171)三条家文書(神宮文庫)五門八六四、堀田秀夫「南海道九州筋探索記」。
(172)「朝廷事往復書其外控」第一巻(山口県立文書館所蔵、毛利家文庫、一ノ三六)。
(173)FO 46/124/42, Mar. 12, 1870.
(174)『奇兵隊反乱史料・脱隊暴動一件記事材料』五〇頁。
(175)「松岡調日記」(香川県志度町多和文庫蔵)第三一巻、明治四年一〇月一三日の条。
(176)『世外井上公伝』第一巻、三九四頁。

(177)『佐佐木高行日記』第四巻、二八四頁。
(178)『維新日乗纂輯』第三巻、三六五頁。
(179)『明治天皇紀』明治三年五月八日の条。
(180)田中時彦「雲井龍雄ら陰謀事件」(『日本政治裁判史録(明治・前)』)参看。
(181)FO 46/137/17, Feb. 11, 1871.
(182)『忠義公史料』第六巻、五三二頁。
(183)『木戸孝允文書』第三巻、三九三頁。
(184)『大日本外交文書』第三巻、一四六頁。
(185)『松菊木戸公伝』上巻、一三三四頁。
(186)『大久保利通文書』第四巻、六八頁。
(187)『肥後藩国事史料』第一〇巻、明治三年一一月某日の条。
(188)『中御門家文書』下巻、二二〇頁。
(189)西川吉輔文書宗教三二一。
(190)『木戸孝允文書』第四巻、一六五頁。
(191)三条家文書(神宮文庫)五門五六七九。
(192)同右。
(193)同右。
(194)三条家文書(神宮文庫)五門四九四二、児島巡察属「但馬国城崎辺探索書」。
(195)三条家文書(神宮文庫)五門五七〇四、「探索大概」。
(196)『国事鞅掌報効志士人名録』(一九〇九年)三三五頁。
(197)『松菊木戸公伝』上巻、一三九三頁。
(198)徳富猪一郎『公爵山県有朋伝』中巻(一九三三年)九〇頁。
(199)FO 46/138/31, Mar. 17, 1871.

(200) 江藤文書(佐賀県立図書館蔵)三一八ノ六。
(201) 西川吉輔文書宗教三二一「奉職記事雑」。
(202) ここにおいて、「文明開化」なるスローガンがきわめて特殊歴史的な政策スローガンとして、権力の側からこの時期から打ち出される必然性が出てくる。西川吉輔文書宗教一二九「辛未七月二十四日講録」は、廃藩置県直後、権力がどのようにして民衆を国家目標に統合しようとしたかを示す好史料なので紹介しておく。
「漢土始皇一新、明清ノ一新、俄国(ロシア)一新ノ時ニ生レ逢タナラバ、嘸魂モ天外飛揚スル計リデゴザロウ、既ニ此間モ被仰出タル御詔ニモ、更始ノ時ニ際シ内外時勢不得止次第、外国併立又ハ万国対峙等ノ御文ハ恐ナガラ朝廷ニモ深ク御謙遜ノ御儀ト察ラレ、却テ実用有益ナル西洋所有ノ御採用、殊軍務ハ勿論、海陸軍御組立ノ御模様ヲ拝観スレバ、富国強兵、皇威ヲ海外ニ暉カサレ、宇宙無比、第一等ノ強国ニ遊バルル深外遠謀ノ御主意ヲ、併立対峙ナドノ所デハ有間ジク恐察奉ル所デゴザル、斯ル御時世ニ当テ御一新ハ朝廷而已ノ御事トウカト思テ居テハ相済ズ、一郷一村一家一人、各旧習ヲ一新シ、一反ノ地ヲ開拓スルニモ、一厘一毛ノ買売ヲスルニモ憤発勉強シ、其富ヲ極ムルニ到テハ、一家ノ富カ一村一郷ニ及ビ、一郡一国ノ富カ遡テ朝廷ノ富トナリ、詰リ富国強兵ノ御手伝ト相成リ、殊更ニ「自由ノ権」ノ御授ケ被下ルレバ、豪富ノ力ヲ以テ大船ヲ造リ、万国ニ押渡リ、国産ノ夥キ、通商ノ術ヲ以テ彼ヲシテ疲弊セシムル程ノ有力ニ到ラバ、農商ノ力ニテモ万国ヲ圧倒スル場合、何ゾ難トスルニ足ンヤト可申御時世、実ニ末頼母シク勇マシキ事ニゴザル」

士族は眼中になく、農商と国家の一体感、それを結合する媒介としての「自由ノ権」が、政治学者の創造する図式のように鮮やかに訴えられる。ただし、この「自由ノ権」というのも、西川の手帳頭注にあるように、「次官判云、自主自立ノ権ヲ授ケラルニアラズ、二権ヲ差支ナキ様ニ被成下ト云主意」であり、主体はあくまで国家であった。他方、これまでの広い意味における「国学」的世界観は、未熟なりとも、豪農の在地的主体性と自らを囲繞する世界とを統一する枠組みを有していたが、一八七一年のクーデタにより、公権力によって外的に壊滅せしめられ、巨大な精神的空虚だけが存在するだけだった。この深々とした深淵に架橋したものこそ、政府の提供するスローガンを逆手にとり、社会的な人間主体論と新しい世界とを統一しうる理論的枠組みを人々に提起した、希代のジャーナリスト的教育者福沢諭吉だったのである。
(203) 伊達宗城「御手帳留」(宇和島伊達文化保存会蔵)明治四年一〇月一六日の条。

(204)「莠草年録」第一三〇巻。
(205)「莠草年録」第一三一巻。
(206) 三条家文書(神宮文庫)五門三九四九、「午十二月一日写　薩藩情実聞取書」。
(207) 西郷は、一八七一年陰謀事件に深く関与していた中村恕助、落合直言(直澄の弟)、堀内誠之進、小和田広人(監物と同一人物か?)、中島龍之助らを鹿児島に預り、彼等の多くは一八七七年、西郷軍の下で戦死をとげている。
(208)『大久保利通文書』第四巻、二二二頁。
(209)「野田豁通日誌」(東京大学史料編纂所写本)一八七一年四月一日、三日、四日、六日の条。
(210)「野田豁通日誌」一八七一年五月九日の条。
(211)『木戸孝允文書』第四巻、二〇六頁。
(212)『佐佐木高行日記』第五巻、二七四頁以下。
(213)「明治四年日記(公用方日記)」(北九州市立中央図書館所蔵)小笠原家文書一三六。
(214) 宇野量介『仙台獄中の陸奥宗光――陸奥宗光と水野重教』(宝文堂出版、一九八二年)六一~四頁。
(215) 岩倉は廃藩置県直後、英代理公使アダムスにこう語っている(FO 46/141/63, Sep. 7, 1871)。

"Iwakura there stated that the most difficult question which the Government had to deal with since the restoration to the Mikado of the Government power was that of the Daimios. These nobles had always been to a certain extent independent, but during the last dynasty of Shôgunate, their power had been considerably curtailed.

When, however, the Shôgunate came to an end, they again became almost independent. Now in order that the Emperor's power should be strong, it was absolutely necessary that the power of these Daimios should be broken and the work of centralization accomplished. The Daimios must be in fact abolished. It was to concert measures for the attainment of this object that he went on his mission last December."

(補説)　廃藩置県の評価に関しては、松尾正人氏が一九八六年に『廃藩置県』(中公新書)を出され、その後一九九五年に出された『維新政権』(吉川弘文館)によって自説を補強されている。同氏の論は廃藩置県への過程を内在的・自生的なものと見る従来の通説に立ったものであり、明治四年に入ってからの徳島・鳥取・熊本・名古屋藩等の「廃藩」への動向も強調されている。また高橋秀直氏も一九九一年の「廃藩置県における権力と社会」(山本四郎編『近代日本の政党と官僚』(東京創元社)所収)の中で、廃藩置県への自生性を「開化への競合」という表現で、さらに強調的に主張されている。

このような見解と筆者の見解は相当異なっているが、その論議は廃藩置県の位置づけ方だけにとどまっていても生産的ではなく、征韓論分裂および岩倉・大久保政権の位置づけ方と内在的に結合させた時、はじめて意味をもってくると筆者は考えている。筆者は廃藩置県の帰結こそが征韓論分裂であり、一般的に廃藩置県に求めようとしている天皇制的藩閥官僚制の諸特性を明治七年から九年にかけて確立する岩倉・大久保政権に求めるべきだ、と思っているからである。したがって、どこがどのように食い違っているのかに関しては、もう少し時期を待って論じてみたい。

第九章　八王子千人隊の静岡移住
——千人隊之頭志村源一郎を中心として——

はじめに

旧幕臣の明治元年静岡移住[1]に関する史料は、移住が新政府の圧力のもと、きわめて性急に実行させられたこともあり、多くの場合断片的なものしか残っておらず、我々が有するイメージも「窮乏下での大量の無禄移住」といったものに未だとどまっているといえるだろう。[2]また駿遠参三国が静岡藩に管轄されることになった明治二年後半以降ようやく可能となる元幕臣の帰参願と勤番組編入過程に関する史料も非常に乏しい。

但し、このような状況は今回徳川宗家文書を利用した『静岡県史資料編16 近現代一』の刊行によってかなり変化してきたといえる。静岡藩の成立から解体にいたる構造的・数量的な枠組みがまとまった形で提示されることになったからである。

本稿は、新たに与えられたこの枠組みを利用しつつ、一移住士族に焦点を絞りこみ、継続的で生活実感ある移住の具体像を再構成することを主要な課題とする。[3]その際、幕府という一国家機構がいかなる過程のなかで静岡藩なる藩機構に縮小転成するのかという問題に留意しつづけることになるだろう。

1　移住前史

八王子千人隊之頭志村源一郎（知行は表高五〇九石の地方知行[4]）は慶応四（一八六八）年六月一七日、静岡移住のための運動を開始するに当たり克明な日記を認めはじめる。(5)この日記はなかば静岡移住公務日誌の性格を有しており、そこから我々は八王子千人隊全体の静岡移住の実態を相当程度把握することが可能となる。

よく知られているように、千人隊之頭・千人同心は江戸防衛のため甲州街道の要衝八王子に置かれた長柄同心十組(百人一組)の土着集団であり、各組の長を千人頭と称していた。寛政年間の改正により定員は一〇〇〇名削減されて九〇〇名に減少、さらに幕末期に六名が「御暇」となり慶応四年六月現在八九四名、その内組頭と同心世話役の定員は各々一〇〇名であった。(6)元来一〇名の千人頭も嘉永四年窪田鉄三郎が組中取扱不良に付無役閉門となり、(7)幕末期には一名減の九名である。

幕末期の幕府軍制改正は当然のことながら八王子千人同心にも波及し、文久三年二月には御鎗奉行支配から講武所奉行支配となり、さらに慶応元年九月陸軍奉行支配に編入される。慶応元年から二年の第二次征長の役にもその主要な構成部隊の一つとして、長柄方は千人頭山本弥左衛門・同石坂弥次右衛門(惣領の石坂鈴之助も千人頭見習となって参加)の、また砲兵方は千人頭見習原嘉藤次・同見習窪田喜八郎の指揮のもとに参加、九州小倉にまで赴いている。なお後者の砲兵方一大隊は八箇小隊(組頭三九名、同心二六〇名計二九九名)から構成されていた。(8)

第二次征長の役完敗によって幕府の軍制改正はいっそう加速され、慶応二年一〇月二八日、八王子千人同心は千人隊と、また千人頭は千人隊之頭と改称される。さらに江戸城開城直前の慶応四年三月八日、千人隊之頭河野仲次郎(志村源一郎の実弟)は歩兵頭並格を、同頭の山本弥左衛門・中村左京・志村源一郎・窪田金之助・石坂弥次右衛門の五名は大御番格を与えられることとなる。(9)(他の荻原頼母と原半左衛門は不明。荻原土岐次郎は当時九歳ゆえ与えられなかったのか?)(10)

千人隊の幕府陸軍への統合過程は慶応三年以降の千人隊之頭三人の惣領(志村太郎・山本錦太郎・石坂鈴之助)(11)の歩兵差図役任命にもよく表現されている。とくに千人隊之頭原半左衛門の悴で第二次征長の役に千人同心砲兵方責任者として活躍した原嘉藤次は慶応四年三月八日、歩兵差図役頭取勤方より歩兵頭並に昇進、同日奥詰銃隊頭を兼帯、(12)幕府陸軍局中央部にすわることになる。また八王子千人同心の関係者と思われる野沢子太郎なる人物も慶応四年には大筒組之頭並の地位についていた(13)。

慶応三年から四年にかけての幕府瓦解前後の激動は千人隊の動きにそのまま現れていた。慶応三年二月には別手組・小筒組に替わって千人隊が横浜に出張、諸関門と番所の警備を開始、同年四月には横浜の太田陣屋でオランダ式の練兵を披露してもいた。この横浜警備から最終的に千人隊が河野仲次郎指揮のもとに引揚げを完了するのは慶応四年一月二九日のことである。慶応三年一二月相州荻野山中藩陣屋焼打事件をおこした「武相賊徒取押」には千人隊之頭三名と六小隊が出張、近藤勇に率いられた幕府脱走歩兵鎮撫のため山本錦太郎が甲府に出兵するのが慶応四年二月一一日、(14)そして板垣退助等の東山道先鋒隊が八王子に入った三月一一日、前述の千人隊之頭九名と歩兵差図役三名は徳川家の功績を主張して「御寛大之御処置」を嘆願するのであった(15)。

徳川家の恭順方針に従うとはいえ、千人隊の維新政府への感情が好かろうはずはない。日光勤番役中途の慶応四年三月一五日に急死した千人隊之頭荻原頼母に代わって日光に赴いた同頭石坂弥次右衛門が、閏四月一日に一戦も交えず日光を維新政府軍に引き渡した、との隊内の非難を浴び、帰郷当日の夜八王子の自宅で自殺するのが閏四月一〇日のこと、翌々日の一二日には旧幕府脱走歩兵三、四百名の鎮撫のため歩兵奉行格銃隊頭歩兵頭兼勤多賀上総介と歩兵頭並原嘉藤次等が八王子に出張、千人隊内の不穏分子と本立寺・松門寺に屯集した脱兵との結合を阻止して、ようやく脱兵を野村宝泉寺に謹慎させるのであった(16)。

旧幕府内反維新政府分子と千人隊との連携の動きは客観的にも存在していた。四月には陸軍奉行並松平太郎が「有志出府」すべしとの書取を八王子に送っていたのであり、(17)五月彰義隊の活動に応ずる形で二〇〇名の千人隊員が出府、(18)河野仲次郎が同役惣代として江戸に急行、五月一五日当日には多人数の隊員を麻布祥雲寺に止宿させ、同月一八日までに八王子に連れ戻すことに成功する[19]。

維新政府側もこの点には極度に神経を尖らしていた。彰義隊事件直後の五月一八日、同政府は掛川藩に八王子警備を命じ[20]、さらに林忠崇等の箱根戦争最中の同月二六日、八王子警備掛川藩兵に対し、「沼津表脱走之兇賊ヨリ、此許千人隊方内へ一味ヲ乞候哉モ難計事ニ付、見張番巡羅弥以厳重、怪敷姿之者ハ直ニ搦捕、紀明可有之」と達することとなる[21]。

2　千人隊之頭の静岡移住

旧幕臣の去就問題は慶応四年五月二四日徳川家へ七〇万石を下賜し、駿府に封ずるとの決定がなされたことによってただちに提起される。徳川家は到底全家臣をつれていくことはできない。六月四日、徳川家は「御領知高相定候ニ付、多人数之御家来御扶助御行届難被成候[22]」との理由をもって、①六月以降の「諸手当」はすべて支給できない、②朝臣となるか暇乞いを願う者はすみやかに申請するようにと全家臣に達せざるをえなかった。それと並行して徳川家は駿河に連れていくことの不可能な旧幕臣の扶助方を鎮台府に懇請することとなる。また去就の決定は新政府の迫るところのものでもあった。六月七日、甲斐鎮撫府は八王子千人隊長官にあて、徳川家への封禄領地決定を理由に、千人隊の各人は同家随従か王室従事かのどちらかを選んで上申せよと迫っている[23]。

千人隊の内部では一人一人に駿河移住か朝臣化か帰農商かの三種の選択が鋭く迫られることになる。自問自答と激論の続く六月一七日、陸軍局の歩兵頭並今西可師太郎から、「徳川家ニテ御扶助難行届分ハ鎮台府御扶助被下、尤身分ハとこまても徳川家臣之御取扱之由、名前廿日迄ニ可申立」との書状が八王子に到着、千人隊之頭役の中で評議のうえ、とりあえず志村源一郎が一八日出府、四谷南寺町の千人隊屋敷に入り、八王子の責任者山本弥左衛門と連絡を取りつつ、三種の去就の結着を陸軍局との間でつけることとなる。

第一が御暇同心人数の確定である。六月二〇日夕刻、八王子から山口岩三郎が飛脚として出府、「鎮台府御扶助ハ不奉願、一同御暇ヲ相願候」との同地決定を報知、源一郎が出府する以前に千人隊内の移住希望三名、朝臣希望三〇名となっていたので、この報知によって御暇組は八六一名となり、この報を受け同月二八日、陸軍局は小筒組差図役頭取永持左司馬を介し全員に「御人減ニ付願之通御暇被下之」との通達を源一郎に達するのである。そして八月六日千人隊御暇同心の姓名高宿所帳を提出すべしとの大目付達書を受けた源一郎は八王子にその旨を急報、同月一〇日到来した同帳を彼は小筒組差図役頭取陸軍会計取扱中川虎一郎に提出した。この御暇同心には一名ずつ「辰六月廿六日暇済」との旧臣印章が交付されることとなる。[24]

第二の朝臣希望者に関しては、六月二八日、「近日御沙汰可有之」との今西の言葉が源一郎に伝えられたが、その後、日記に具体的な記載はない。なお朝臣希望者はその後増加し、七月二八日までに甲斐鎮撫府は六二名の八王子千人同心の帰順を認め、護境隊に組織している。[25]

第三の千人隊之頭の召抱・駿河移住願の検討に入る前に、石坂弥次右衛門と荻原頼母の相続問題にふれておこう。石坂鈴之助の父弥次右衛門家督相続願は源一郎出府以前にすでに陸軍局に提出されており、六月二〇日に鈴之助が高二〇〇俵の父弥次右衛門の跡を継ぐことが認められる。だが、荻原頼母の急養子はこの時点で誰にするか未だ決まっておらず、最終的に山本弥左衛門の次男其次郎とする旨の八王子からの連絡が源一郎のもとに届くのが六月二六日、その後も種々差縺れがあり、結局窪田金之助が出府、出局して頼母大病につき急養子願を陸軍頭並井上八郎に差し出すのが八月一九日、同月二二日には、急養子願を二〇日に中老織田和泉に進達したので、「此上ハ病死御届可差出」との陸軍局会計所通知があり、これを受け翌二三日「今廿三日暁寅中刻」頼母病死との届がなされ、同月二八日、井上八郎未出局のため、陸軍頭阿部邦之助や同並井上の代理格で小筒組差図役頭取陸軍会計用取扱桑島文蔵から源一郎は其次郎養子差許しの申渡しを受けるのである。

さて源一郎は出府した翌六月一九日、今西に面会、千人隊之頭の「御家御奉公之儀」を厚く申し立て、さらに翌二〇日陸軍頭阿部邦之助に「八王子同役河野共八人」の「御召仕之儀」を願い出で、「家材取片付憤発罷在候段」を述べたのであった(26)。

しかしながら、駿河移住の許可はすぐにおりたわけではなかった。源一郎は七月八日には陸軍頭並井上八郎に「御供之儀」を申し込み、また同月一二日には千人隊之頭八名と千人同心三名が加えられている駿府宿割書付や移住陸軍総計三六四四名との数字を示されはしたが(27)、それは未だ正式のものではなく、八月四日野沢子太郎(当時阿部邦之助宅に同居)は「駿府御供之儀ハ六ヶ敷事ニ成居候由」との不吉な情報をもたらしていた。事態を憂慮した山本弥左衛門と石坂鈴之助は八月一〇日に出府、同月一二日志村・山本・石坂の三名は陸軍頭阿部邦之助に「駿行之儀」につき歎願書を提出、心情を申し立て、あわせて千人同心大沢嘉津平・辻孝三・楠重次郎の三名も「憤発仕居候ものニ付是非被召連可被下」と懇請する(28)。結局、野沢の尽力で陸軍頭が「千人隊頭八人不残被召連候事」となったのは翌一三日のことであった(同心三名の移住願も許可される)。

だが移住願を開始したばかりの六月二一日、河野仲次郎が組頭日野信蔵と共に甲斐鎮撫府に出頭を命じられたとの急報が源一郎に届く。前述の五月の行動に嫌疑がかけられたのである。さらに七月二九日河野と日野は「御不審之次第有之」との理由で揚り屋入・居宅召上げの処分を受け、八月八日八王子の源一郎の家が仲次郎家族を引きとることとなる(29)。源一郎は仲次郎救出に関し井上八郎・原嘉藤次・野沢子太郎等に依頼するなど奔走し、さらに伊勢屋長兵衛を介し真田浪人北山藤三郎なる人物に甲府で赦免工作をしてもらうため、八月七日長兵衛に金一〇両を手渡していた(30)。

河野事件はしかし容易に解決するはずはなく、源一郎等は他方で移住の具体的な作業に取りかかりはじめる。陸軍局は七月段階で御移越御用取扱掛を設置し、陸軍関係者の静岡移住事務の一切を取り扱っていたが、八月二三日源一郎は千人隊之頭全員の持越荷物書と家族人数書付を掛りに差し出し、翌日志村太郎は掛りの六郷熊三郎(大筒差図役並)と船廻し荷物に関し、次のように取りきめる。
①陸軍頭が千人隊之頭に達する出立日の三日前に全荷物を最寄の揚場に差し出すこと。
②差出しの前日に書面をもって掛りに差出荷物の明細を連絡すること。
③差出し当日は付添の者が送状三通を持参、掛りの者が荷物と目録を照合したうえで請取証を渡すこと。
④送状一枚は掛りが引合印を押して請取証とし、残り二枚は「御引越掛」で使用すること。
⑤陸地持越荷物は掛りは担当しないこと。
千人隊之頭達はこれ以降八王子での家財整理と荷造りにかかり、家族・荷物とともに次々と出府してくる(但し志村・石坂両家は家族を暫時八王子に残すこととした)。そしてその際、千人隊之頭が引き継いできた「八王子日記新古共幷千人同心住居絵図御用箪司」等は山本弥左衛門が荻原喜重に預ける措置を取り(31)、また千人隊の武器弾薬類は陸軍局の指示によってことごとく売却し去ったのである。その内ミニー銃は甲斐鎮撫府が買い取ることとなった(32)。

＊

源一郎のもとに「支度出来次第駿行勝手次第可致」との通達が来たのが九月一八日、彼は一同と相談、志村源一郎・惣領太郎・次男力父子と石坂鈴之助は先発組として陸路駿河に赴いて宿舎を確保し、後発組は荻原新之助(土岐次郎の父)と窪田金之助が指揮をとって海路(霊岸島廻船方浦賀屋経由)で駿行し荷物運送に責任をもつこととなった。なお志村の陸行荷物は長持一棹・両掛一荷・船廻し荷物は長持五棹・箪司六棹(一二箇)・刀入小箪司一棹・小箪司包一箇・葛籠三箇・鎗二本となっている。

源一郎等は九月二〇日、「陸軍千人隊之頭(33)」沼津まで通行の先触を品川宿に差し出し、翌日「徳川亀之助重臣」印の通行用印章を陸軍局会計所より入手、九月二二日東京を出発、同月二六日沼津に到着し、城中の陸軍局で陸軍頭阿部邦之助・大筒組之頭並立田政吉郎に面会して印章を返上、改めて小筒組差図役頭取並で御移越御用取扱掛の金子龍太郎より、千人局の分は残らず小島陣屋宿割との指示を受け、翌日同地に向け出立する。この先触の場合は陸軍局が直接出している。

富士川の川支で多少予定が遅れ、源一郎等が小島に着いたのは一〇月一日夕七時のことであった。同地の責任者は井上周助（小島詰会計掛）、その他小島陣屋の長屋には陸軍御用取扱上条芳之助をはじめ陸軍関係者の蓮池新十郎や河津三郎太郎等がすでに入居していたのである。

志村源一郎は休む間もなく翌一〇月二日、清水港に向かった。後発組の出迎えと船廻り荷物受取りのためである。同地には陸軍局移住掛の外川作蔵（大砲差図役並）・千野龍之助（小筒組差図役下役）・林清造（小筒組差図役下役並）等が出張して事務を執っていたが、後発組のニュースはなく、時間のゆとりを得た源一郎は同地から駿府町口加番屋敷（＝「一加番」）の陸軍会所に足をのばし、小筒組差図役山崎兼吉・同差図役下役並鈴木伴三郎（島田三郎の実兄）や砲兵の秋山貞次郎に面会、さらに草深御門外通り浅間下馬場町通りの長熊屋清兵衛方に旅寓していた旧知の中村敬輔（敬宇）にも「久々ニて」会っている。一〇月六日源一郎は清水に戻ったが「いまた東京同役着無之ニ付」、船頭宿に口上書を認め、着港したら家族荷物は差し置いて一両人小島に来るようにと伝言し小島に帰るのであった。[34]

だが後発組は清水に上陸はしなかった。九月二五日東京を出帆した彼等は一〇月一〇日沼津に上陸、陸路で一四日から一九日にかけ小島に到着したのである。各家族はそれぞれ陣屋内の狭い長屋に落ちつくこととなる。

ここで小島到着の総人数を見ておこう。[35] 山本弥左衛門は惣領錦太郎のほかに家族三人・家来二人、中村左京は家族五人・家来夫婦二人、窪田金之助は家族二人・家来二人、荻原土岐次郎は家族四人・家来一人、荻原其次郎は家族一人・家来一人、石坂鈴之助は家来一人、志村源一郎は長男次男のほかに家来二人、この外に大沢・辻・楠の千人同心三名が二十五番長屋に入るが、三人とも家族は八王子に残して来たのである。

彼等の東京からの船廻し荷物は沼津で積み替えられ、同地の船問屋川村半左衛門から清水の船問屋外木《とぎ》平左衛門に送られ、同港から興津宿船問屋角屋又兵衛に廻送、同宿から小島までは角屋が御伝馬問屋から人馬を差し出させて付け送ったのである。沼津から興津までは陸軍局御用荷物の取扱いで掛りの林清造が万事周旋し、興津小島間の賃銭は源一郎等の直払いとなった。全体で相当量の荷物となるため旧陣屋の二番左御蔵を借りることとなる。

一〇月中旬には沼津を拠点に全局が駿河に移住した陸軍局の全体的組織再編成が展開される[36]。それに応じ一〇月二〇日、志村源一郎・山本弥左衛門・中村左京・窪田金之助の四名は「駿府御警衛」を命ぜられて書院組に編入され、また荻原其次郎・荻原土岐次郎・石坂鈴之助・志村太郎の四名は小島陣屋同宿の河津三郎太郎・小長谷鎗三郎等九名とともに「陸軍学校生徒」の身分を拝命することとなった。なお千人同心の大沢等三名は小筒組に編入される。

この命を受け源一郎は沼津に赴き関係者と相談、二五日次のように今後の方針を立てる。すなわち源一郎は本居を沼津として荷物を移すこと、他は残らず小島を本居とし家族荷物とも同所に差し置き、「一人勤番之心得」で駿府に行くこと、生徒入の分は家族とも沼津に引越すこととしたのである。

この方針に従って、一一月三日荻原土岐次郎[37]と荻原其次郎[38]の二家族は沼津に出立(前者は沼津仲町木屋藤右衛門方に、後者は日吉村源左衛門方に借間)、同月七日石坂鈴之助[39]が沼津(日吉村伊七方の六畳を借間)に、また山本・中村・窪田[40]の三名は駿府に出発する。山本等三名は駿府着後、同地の十二番御長屋を宿所とすることとなる。さらに同月二三日大沢等三名が沼津に出立した。小島には大病の惣領太郎看病の源一郎(自らも瘡と痔で病気の身となっていた)と山本・中村・窪田の三留守家族が留まることとなる。

ではこの外の千人隊之頭関係者の静岡移住はどうなったのだろうか?

嘉永四年閉門処分を受けた窪田鉄三郎はその後も千人頭と関係をもちつづけており、慶応四年六月二四日には御用人支配となり、八月に入ると源一郎を来訪、「駿行決着之段」を語っている。但し移住の行動は源一郎等と共にしてはいない。

原嘉司馬(新七郎)は七月段階で駿府学校教示掛を命ぜられており、一〇月二一日には小島の源一郎等を訪れ、当面駿府本通二丁目鯛屋次郎兵衛方を旅宿としている旨を告げている。但しその後陸軍学校生徒から第四期資業生となっており、(41)本居を沼津に移している。父の原半左衛門(如雲)も明治三年二月現在では同居していた。(42)

河野仲次郎赦免工作はその後も続けられ、同人配下の沢田衛士は真田浪人北山藤三郎等とともに一〇月一六日八王子を出立、甲府で仲次郎を見舞い、源一郎に「命ニ子細無之、夜具等手当も有之候由」と報じていた。源一郎も明治二年九月八日、浜松奉行支配調役成瀬鐘次郎に赦免工作を厚く依頼している。

甲府の志村藤十郎の許から、自分の歎願により仲次郎は出牢、自分のもとに御預で謹慎の沙汰が出たとの源一郎宛報知があったのが同月二六日、翌一〇月二三日には仲次郎直筆で、本月一三日完全に赦免になったとの甲府発書状が到来する。

河野仲次郎は赦免後の一一月、千人隊之頭が陸軍奉行支配だった関係上(43)沼津に赴き、一二月三日旧陸軍局で、当時軍事掛少参事で同地にいた阿部邦之助と江原素六に面会、取りあえず六人扶持を明治二年九月分より与えられることとなり、翌明治三年一月に入り沼津一等勤番世扶助六人口給与が正式に決定される(家族引纏めは三月)。河野は向山黄村と親交があった関係もきわめて有利に働き、同年一一月晦日静岡学問所四等教示(俸金年百両)を拝命して静岡に移転、(44)明治四年二月には五等教示若林誠三郎の斡旋で横内御門内二十二番屋敷に入居している。さらに同年九月二一日には三等教授方に昇格した。千人隊之頭の中では破格の出世である。

3　旧千人同心の静岡移住

慶応四年六月二六日付で徳川家臣籍を離脱した旧千人同心が静岡移住を開始するのは、明治二年の後半になってからのことである。(45)源一郎の日記には帰参願で出頭がけに立ち寄ったり、家族引纏めのため八王子に戻りがけに顔を出した人名がかなり留められている。当然、元組配下の者が多いと考えられるが、その記述からいくつかの特徴点を整理してみよう。

第一に帰参者の人名である。最初に源一郎日記に登場してくるのが明治二年九月四日の条で、「堀江常吉悴音吉来、父常吉帰参願いたし度、願書案頼ミ来ル」とある。元組の者である。以下帰参者の名が日記に出てくるのを追ってみると、同年一二月渡辺三三、明治三年一月清水良平（浜松割付）、二月斎藤里五郎・三入定右衛門・塩野貫三郎・風祭保之允（後の二名は相良割付）、三月栗原熊次郎、四月野崎郁二郎、五月森田五郎次（浜松割付）・米山精次郎（同上）、六月落合重吉（同上）・落合文平（同上）・鈴木鋼之助（同上）、七月市倉猪三郎（同上）・野口周太郎・浜中勝太郎、九月松本富五郎（富右衛門弟）・藤本兵助（浜松割付）・野島彦兵衛（四月浜松割付）・石川万蔵（同上）・守屋音次郎（菊次郎養子）・本間昌平[46]（源平養子）、閏一〇月野崎庄蔵（浜松割付）・田村半兵衛（相良割付）、明治四年一月栗沢造酒造（三方原）、五月北島留蔵（源八弟で相良住吉港割付）となっている。

彼等の多くは八王子から持ち込んだ織物技術を生かしており、野島彦兵衛の語るところによれば「味方原字大クボミと申処御長屋へ入住居いたし石川万蔵と地隣之由、清水良平と申合織殿申立、願済ニ成り織物相始候」とある[47]。また堀江常吉の場合は静岡勤番組織物世話掛となり、明治三年八月には安西五丁目大林寺脇の役宅に引き移っていた。

第二に帰参願の方式である。源一郎日記の明治三年二月一八日の条には、八王子より帰参願の者一五〇名の名簿が東京に提出されたとあり、この名簿中に自己の名が記載され、かつ徳川家旧臣印章を持参し本人が静岡の藩庁掛に出頭すれば事はスムーズに運んだのである。許可するのは日記によるかぎり、藩庁掛少参事松平勘太郎と同権少参事杉浦八郎五郎の二人である。

但し問題は簡単ではなかった。名簿未記載の者、旧臣印章不所持の者、帰参願者が本人ではなく養子等の他の人物である者等のケースでは、人物認定自体から話が縺れてくる。

堀江常吉の場合がまず問題となった。彼は印章をもってはおらず、また由緒書も持参していなかったからである。結局、元頭の源一郎が本人願書に添願書を認めることで常吉の帰参願が認められた。

斎藤里五郎の場合も名簿の中には記載されておらず、同人父の斎藤幸右衛門や橋本陸之助・浜中金蔵は手紙で源一郎に添願書認方を依頼している。

話が書類調となると一層複雑になってくる。明治三年八月二六日、源一郎(当時沼津居住)のもとに堀江常吉の手紙をもって武藤新なる者が訪れ、悴欽吉を旧同心藤曲芳太郎の養子として帰参願させたいのだが、芳太郎の惣領か次男かが以前見習になっており、その人物の名前を調べてもらえないかと依頼する。源一郎の手許書類では調べがつかず、同人を同道して河野仲次郎のもとにいたり、そこで見習が清三郎なる名前であることが判明している。

九月一日には松本富五郎が、帰参願したいのだが、兄の見習・番代の年月がわからないので調べてくれと来訪、見習の年月はわかったものの番代の年月は判明せず、同人はやむなく八王子に立ち戻っている。

九月一一日には谷城《やしろ》修蔵なる人物を使いとして堀江常吉が手紙をよこし、旧千人同心和田伝蔵の株式を今回深美桂左衛門次男を養子として譲らせたいのだが、伝蔵の由緒書・親類書が混雑しているので調べてほしいと依頼してきた。源一郎は修蔵に対し「組之もの由緒書・親類書之本書ハ八王子引払之時、組頭(粟沢汶右衛門等)へ引渡し参候、外ニ控無之、調出来不申、八王子へ行、元の組頭へ聞合不申テハ、確トいたし候事わかり不申候」と返答し、さらに同趣旨の手紙を常吉に宛て認めている。

源一郎以外の沼津在住千人隊之頭へも添願書願や書類調願が輻輳したのであろう。旧千人隊之頭と千人同心の関係につき源一郎は九月一三日沼津勤番組に次のような伺書を提出した。

元御預ケ之千人隊之儀ニ付奉伺候書付

弐等勤番
志　村　源　一　郎

私共江元御預ケ之千人隊、去々辰年六月中御暇ニ相成、同年九月私共当地江引移以後当人共江御旧臣之御印章御渡相成、此節ニ至リ追々復籍願相叶候処、如何之訳ニ候哉、御渡洩ニ相成御印章所持無之者も有之、願之趣相叶不申候ニ付テハ元頭之廉を以私共添願仕候得ハ、願之趣御採用ニも相成候哉之趣ニテ、添願等致呉候様申聞候ものも御座候へ共、右ハ御印章御渡并復籍願共、当人共ゟ直ニ相願、私共一向関係不仕候儀ニテ、御渡洩之人名等相知不申候ニ付、断然相断可申とハ奉存候へ共、私共添願不仕候より願も不相叶、永世御藩籍へ《ママ》江家名を脱候様立到リ候テハ、旧来支配仕候者共之儀何共不便千万ニ奉存候、依テハ以後添願等之儀申聞候者も有之節ハ如何取計可申哉、此段奉伺候、以上

午九月

二等勤番
志　村　源　一　郎

この伺に「篤と事情承糺の上添願すべし」との達が来たのは一〇月二一日のことである。

この間の九月三〇日、守屋音次郎と本間昌平の両名が帰参願に付き添願書を依頼しに来たが、源一郎は伺中との理由で、静岡の山本・中村のどちらかに頼めと指示している。

養子をもっての帰参願は明治四年に入っても続いており、五月二八日には山田新一が来訪(当時源一郎は静岡居住)、松平与次郎家来某を自分の世話で栗原助五郎の養子として帰参願させているが、身許も確かな者なので、「万一其筋ゟ問合等も有之候ハ、可然相頼候」と頼み込んでいた。

第三は同心株売買問題である。第二において取り上げた養子のケースの中にもこの問題に該当するものがいくつかあったと思われるが、自分の兄弟や二、三男を独立させるため旧千人同心の株を買うのである。沼津病院調伊庭熊太郎は以前から同心株の件を源一郎に頼んでいたようだが、明治三年一二月、弟の梅四郎を黒沢増次郎の養子とすることに成功、梅四郎は浜松に割付けになっている。但し明治四年三月大沢嘉津平より元組頭斎藤忠次郎に頼んだ「千人隊売株」の件は、八王子から「持合之人」の当てがある東直吉が沼津に赴き事をまとめようとしたが、相手側が五人扶持希望だったため談合が不成功に終わっている。

同年四月一七日には元書院組の同僚で源一郎所属静岡勤番組十三番頬《づら》世話役の武田玄九郎が源一郎を来訪、実兄の遠藤彦一郎が「千人隊養子株引受申度ニ付周旋人江頼ミくれ候様」と頼みに来たので、源一郎は周旋人として堀江常吉を紹介している。

第四は、以上のことから当然のことだが、静岡藩庁は明治四年に入ると、いよいよ旧千人隊台帳が必要となってきた。三月二一日藩庁の監正掛は河野仲次郎に千人隊惣人員調を命じ、翌二二日、静岡在住の河野仲次郎・中村信七郎（左京改名）・山本錦太郎（或は弥左衛門か）と志村源一郎の四名が集会、そこでは引越の際元帳等を焼却したことが話しあわれている。集会の意見をもって代表の中村が二三日出局、事情を説明したが、下監正の山鹿一松は「元千人隊も追々帰籍相願、最早残少と被存候処、元帳無之、人員実ニ不分当惑」と述べ、元帳がないなら当月中に草案を持参してもらえば、局の控と突き合わせたいと再度要請、これをうけ四名は各々持合せ書類を持ち寄って書類を作成、四月二日四名は下監正の山鹿一松・清水又八郎に惣人員帳・朝臣名前・組屋敷名前・御暇転役之者名前の四種の基礎台帳を提出したのである。

4　志村源一郎の軌跡

(1) 身　分

静岡藩石高七〇万石に相応する家臣団の人数が五〇〇〇人前後であることは、慶応四年六月の段階ですでに見積もられていたことであった。勝安房も日記の六月一四日の条に「新に召遣る臣下大抵五千計ならては御撫育難出来の説なり」[48]と記している。事実同年七月から八月にかけて徳川家によって作成された「駿河表え召連候家来姓名録」では約五四〇〇名が新規召抱人数とされている。その中心が小筒組一六〇〇名、広間組三〇〇名、書院組二三〇名、大砲組一五〇名の隊員および各種幹部合計三〇〇〇名を数える陸軍局である。陸軍局が沼津を拠点としその駿河移住をほぼ完了させた一〇月中旬段階の同局構想では、前に見たように小島も同局の一拠点と考えられており、また一一月末には書院組・広間組・小筒組・大砲組は以降生育方頭取(立田政吉郎)支配と唱えるように指示され、かつ生育方の機構下に元掛・府中詰・学校掛・村落掛・器械掛・御普請掛・市在取締掛の諸掛が整然と設置される旨が達せられていたのである。[49]

しかしながら静岡藩は創立の六月当初から固有の矛盾をかかえていた。寄合・小普請の厖大な不勤家臣団である。彼等をどうするのか？　ここに徳川家の強い要請によって、同家が扶助しがたい旧家臣団に対する鎮台府扶助案なるものが登場するのであった。だが徳川家の「身分ハとこまても徳川家臣之御取扱之由」との希望的解釈にもかかわらず、鎮台府は扶助者は朝臣たらねばならないとの原則を崩さなかった。七月一九日に鎮将府(七月一七日鎮台府改称)は扶助を受ける者は朝臣たるべき旨を徹底させよと徳川家に厳達、八月二日には徳川家より家臣扶助を請願するのを停止させ、以後志願者は自ら鎮将府に申請せよとしたのである。七月下旬以降囂々たる不満と非難の声が寄合・小普請の人々からわきあがったのは当然のことであった。鎮将府はこの動きを抑え切り、九月二〇日「今以方向取失或ハ一時邪論ヲ主張シテ奉命不致今日ニ至リ自己ノ活計ニ差支候ヨリ追追願出候者モ有之趣際限モ無之而已ナラス右様心得違ノ者不埒ノ至」(50) として扶助願の出願期限を同月二五日とする旨を達し、さらにたたみかけるようにして同月二三日、徳川家臣に対し郭中屋敷は家作とも召上げ、郭外屋敷地は召上げ、家作は下付と令達する。(51) しかもその期限を一〇月末としたのである。(52)

静岡藩は創立から解体にいたる三年余の間、一貫して旧幕府構造の死重を負わされつづけることになる。鎮将府の態度の明確化に対応して徳川家は八月、無禄移住を差許し屋敷被収公者を紀州屋敷に収容する旨を達しなければならなくなり、九月七日、来る二〇日無禄移住者を「御雇ニ相成候外国船」で駿河に輸送するので高姓名家族書付を飯田町元火消屋敷調所に提出するように指示するのである。そして無禄移住の最終期限は海路は一一月八日、陸路は一一月五日だと一〇月二四日に達せられている。

東京での家を追い立てられ、禄と俸金の当てもないままの数千の無禄移住家族が九月下旬以降、駿河国のあらゆる寺院と畳の余裕ある家々に満ちあふれ始める。手当は一五歳以上の男子一日玄米五合、一五歳以下と婦人玄米四合、梅干二箇、その他少々である。(53) しかもこれは暫定措置にしかすぎず、恒久的な制度を藩体制の中に確立しなければならない。遠州の静岡藩接収の目途がついた明治元年一二月二五日、勤仕不勤共扶持支給(元高三〇〇〇石以上は五人扶持、一〇〇〇石以上は四人扶持、五〇〇石以上は三人扶持等々)が布達されるとともに、不勤者を中心とする駿河移住家臣の勤番組への組織化が決定される。そして明治二年一月、勤番組を統轄するとともに担当地域の地方支配をも掌握する特殊な機構として、府中・浜松・小島等一一ヵ所に各所奉行を設置することが達せられた。

但しこの時期で注意すべきことは、制度上は沼津奉行も設置されると達せられたにせよ、明治二年前半に出板された「駿藩各所分配姓名録」に沼津奉行の部分が完全に欠落しているごとく、依然として沼津は陸軍局が独自に地域行政も含め統轄しつづけていた事実である。以上の基本的動向を前提として、以下、書院組士志村源一郎の軌跡をたどっていくこととしよう。

＊

屋敷地上地は八王子でも同様であった。源一郎留守家族を預かる元組頭村松丈之進は、千人隊之頭屋敷地のみならず組屋敷まで上地すると一二月一八日に達があったので、御家族は「早々駿地へ引取候様」と手紙を送らざるをえなかった。源一郎は「拙夫全快迄」なんとかそちらで世話をしてくれ、「万々一の時ハ百姓之姿ニしてつれ来候様」との返事を認める(一二月二四日付)とともに駿府に出向き、一二月二八日妻の実家荒井甚之丞(慶応四年八月現在書院組頭取)に、長屋手狭のため預かってもらうことを依頼、日記に「家族之事頼、承知」と記すのである。

預け先を確保したうえで源一郎は村松に連絡、妻お金・三男胖・長女おとか・次女およしの一行四人(54)が旧知行所武州都筑郡山田村の梅二郎と武州荏原郡若林村の仙之助に伴われて小島の長屋に着くのが二月六日のことであった。かねて約束通り妻子を駿府の荒井家に送るが、同家は手狭を理由に断りの態度を示し、梅二郎・仙之助が「荒井方も手狭ニて実ハ迷惑之趣ニも相見」と小島に戻って報告するのが二月八日、翌九日源一郎は「元来荒井ニテ差置くれ候積承知ニ付家族ヲ呼候事ニいたし候処、今更彼是有之候テハ甚当惑いたし、父子病気ニ無之候へハいつれ共いたし候へ共、如此病気平臥ニテハ如何共致方無之ニ付、いつれニも荒井任セ候ニ付、病気全快迄兎も角もして置てくれ候様」との手紙を持たせて二人を駿府に戻したのである。だがこの手紙も甲斐なく、お金・おとかの二人は翌一〇日小島に善後策を相談に来る。

しかも各奉行支配下の勤番組組織造りが同時期に進行するのであり、その第一の課題は組士の宿舎確保なのである。このため二月六日、書院組頭取大岡左近の「小島ハ奉行江引渡ニ付、病中ニテも府中江引移候様」との手紙を携えて、府中詰生育方の原田声が訪れていた。

進退きわまった旧主家の窮状を見るに忍びず梅二郎が奔走、小島の醤油屋精作との間で借間の話が纏るのが二月一二日、お金等が同家の借間に移るのが一五日のことである。この間一二日には小島奉行支配定役川越助次郎が長屋調をおこない、一五日には従来小島の行政を担当していた小島最寄地方役下役溝口愛之助が源一郎の長屋を訪れ、二〇日までに引き払うべしとの小島奉行支配調役渥美豊次郎口上を伝えるのである。二月一八日仙之助を家来に仕立て愛之助に長屋(「陣屋内十五番御長屋」)を引き渡すと同時に、源一郎・太郎・力の三名は精作方に引き移った。この同じ日に山本・中村両家の家族は駿府に出立する(窪田はすでに旧年一二月一七日家族を駿府に引き移らせている)。

太郎の病気が全快し、同人が沼津に移るのが三月二五日、兵学校附属小学校に入学するため次男の力も五月九日沼津に移るが、源一郎の病気はなかなかよくはならず、駿府の三同僚にたびたび養生追願書の提出方を依頼しなければならなかった。五月に入り源一郎は小島の蘭方医天野篁斎や同地の漢方医石川玄純と相談、修善寺に入湯療治することとし、書院組の許可を得るのが同月一九日、同時に書院組六番隊(頭取杉浦鉦之進)組入の通知がもたらされる。

源一郎は病気療養のことで頭が一杯であったようだ。修善寺入湯の後は沼津に赴き、同地の野沢子太郎に杉田玄端への紹介をたのみ、六月二三日医局に行って杉田の診察を受け、さらに沼津にて療養するため書院組之頭宛の証書を杉田に依頼したのである。[55]

だが翌二四日、源一郎は生育方世話役助丸橋清太郎(元小筒組差図役下役並)より、「此程御書院組ハ陸軍之手ヲ離レ申候ヘハ、此方ニテ証書さし出候て済候事ニ無之」と告げられている。このため源一郎は二六日、同役三人宛に自分の療養願提出方を依頼するとともに、実否は医局に尋ねてほしいと申し送った。

しかしながら源一郎の行動はすでに書院組から疑念をもたれはじめていたのである。七月八日には「源一郎府中へ参候儀難儀ニ付沼津養生願いたし、実ハ沼津ニテ御奉公志願之由風聞有之」との中村の忠告が伝えられ、同月一七日には「沼津表ニテ養生願不相叶、早々静岡表へ罷越候様」との六番隊杉浦頭取の命令が達せられるのである。

このような事態になった以上、源一郎としては病をおして静岡に向かうほかなかった。杉田に静岡病院坪井信良宛紹介状を書いてもらい、小島の家族(長女のおとかは太郎・力の世話のため七月から沼津に移っている)のもとに立ち寄った後、八月二日静岡に到着する。

書院組は前にも見たごとく、元来陸軍局支配下にあり、静岡に置かれていたものの静岡勤番組の管轄の外にあった。書院組之頭は白戸石介、同頭並は大久保弾正、その下に六箇小隊が編入され、六番隊の場合は三〇名、隊ごとに頭取・差図役・差図役下役・嚮導役・組士の編成となっていた。任務は駿府城の御玄関・大手御門・仮御門・四ツ足御門・横内御門の交代警備であり、扶持米や俸金支給は隊内の嚮導役等の担当となっていた。

だが源一郎が出向いた明治二年八月は静岡藩制の第二次再編期とぶつかっていた。三河も含んだ駿遠参三国の藩域をようやく掌握することができた静岡藩が第一にやらねばならなかったこと、それは旧幕府構造の死重の受け皿としての勤番組の組織拡充の合理化、そして窮乏している旧幕臣を帰参者として大量に迎え入れることであった。ここに陸軍局関係諸機構は最終的にすべて勤番組組織に包摂されるとともに、各所奉行体制のもとでの地域支配機構は郡政掛として完全に勤番組と分離することとなる。

静岡の書院組も八月二三日勤番組の中に編入され、源一郎は二等勤番組となる。書院組内部はこの改変への不満があり、内部で集会を開き意見を上げている。この抵抗もあってか、九月には元書院組の御玄関その他の警備継続が認められるが、これも一一月五日、諸門警備は以降、勤番組の担当と達せられる。

依然として病気に苦しむ源一郎にとって書院組改組よりも大きな問題は小島借間立退問題であった。受け皿としての勤番組拡充の際まず藩がぶつかる問題が前回と同様、宿舎確保だったからである。

一〇月二六日小島から、家主の精作が役所に呼び出され「旅舎改替」の要求がなされたとの報知があり、翌二七日源一郎は静岡政事庁内各所調所に出向き、小島勤番組支配世話役頭取山本兼四郎に、小島表引払猶予の件を申し込む。その件は「小島本役所」に懸合ってほしいと回答された源一郎は翌二八日小島勤番組役所に赴き、支配世話役助中川新次郎にかけ合い、一一月二〇日までの立退き猶予許可を得るのである。そして家族を沼津在日吉村名主久右衛門借間(すでに太郎・力・おとかが同所で生活)に送り届けるのが一一月一九日のことであった。

ようやく家族全員の沼津引纏めを実現した源一郎は、次に惣領太郎との同居願を藩庁に受理させるため奔走する。一一月一〇日源一郎は静岡勤番組調所に出頭、世話役の平岡与一に、湿瘡を患い手当にも差支えているので沼津表学校資業生実子惣領のもとに同居したい旨の同居願を提出する。平岡は同居願は双方から提出され、両勤番組懸合の上ならでは難しいと回答、その後も同居願は不可と源一郎に答えたりしている。源一郎はくり回し調所に出向いて要請、あわせて元生育方会所(明治三年に入ると在静岡軍事掛となるものか?)にも赴き頭取介清水寛九郎に、資業生よりの同居願は御局の担当だと支援方を求めるのである。腰の重い静岡勤番組調所をなんとか動かし、一一月三〇日には世話役山本虎太郎から、当組は差支えないので今後沼津勤番組に懸合い、沼津側も問題なければ同居願は認められることとなるだろうとの回答を得るにいたる。源一郎は早速、旧知の沼津勤番組世話役頭取八田篤蔵(歩兵頭→陸軍用取扱→書院組頭取→現職)に返事方をよろしく頼むとの手紙を認めている。苦心の末ようやく静岡勤番組之頭久世平九郎から同居願の承認を得るのが一二月一七日、翌一八日に静岡政事庁詰沼津勤番組之頭附属渡辺鍬三郎と同和田惣太郎に引き合わされ、必要書類を提出、二〇日に沼津までの先触と継立帳を両人から請け取るのである。

源一郎は出立寸前の一二月一八日、元生育会所に出向、人がいなかったので片山雄八郎・清水又八郎・林清造・秋山貞次郎宛の暇乞口上書を認め、藤沢長太郎・立田政吉郎へもよろしくと書き加えて立ち去ろうとしたところ、出局してきた秋山と会うことができ、委細暇乞を申し述べ口上書を手交したのである。ここからも旧陸軍局との依然とした深いつながりが窺えるだろう。

源一郎が沼津に到着したのが一二月二三日、ただちに城中沼津勤番組調所に出頭、勤番組之頭附属名籍掛の金子佐一郎が応対、明日までに所属頬を極めておこうとの回答を得る。翌二四日に出頭した源一郎は、所属十七番頬(世話役頭取は後藤重次郎)の勤番組世話役平野雄三郎と同深沢七十人と面会、万事は世話役介小尾周橋に申し立つようにと指示され、ここにはじめて正式に家族と同居することとなるのであった(56)(但し制度上の所属は静岡勤番組のままである)。

激動の明治元年、二年にくらべると源一郎にとって明治三年はやや平穏な年となった。三月二八日には小尾から漢学・和算・洋学・手跡に関する芸術調が廻って来たが、御用筋として遠方に引越すこととなるならば御免相願度、そうでなければ漢学・手跡を申し立てると消極的態度をとり、七月一七日には兵学校一等教授方大築保太郎からの小学校教示方就職を世話しようとの申出も、「不快ニ付此度ハ御断申候」とあっさりと謝絶している。いかにしても体に自信がなかったのである。また九月一五日から開始された調練にも参加を断っている。

(2) 住宅問題

志村家の八王子における拝領屋敷地は二町三反九畝二八歩、静岡移住は住居の面でも極楽から地獄への転落であった。住む家自体がないのである。二月一八日の醬油屋精作方への長屋からの引越しは前述した通りだが、明治二年八月二日、余儀なく静岡の書院組に出向した際、まず中伝馬町大和屋要次郎方に止宿、五日、新通り二丁目大工甚四郎二階六畳一ト間に移り、一八日さらに下横田町三雲屋弥兵衛方旅宿鈴木綱太郎方に同居することとなる。この際、甚四郎には部屋代として二朱、同人妻には洗濯代一朱を渡している。そして綱太郎への部屋代として源一郎は扶持米札を利用したのだった。つまり八月二四日三斗四升の、九月一四日二斗三升三合の米札を渡すことによって、九月二三日の精算は次のようになる。すなわち、一ヵ月(八月一八日~九月一八日)宿料二分・諸賄二分・飯料一斗五升の経費に対し、米札五斗七升三合から一斗五升を引くと四斗二升三合が残り、金一両は時相場で米一斗一升四合だから、それをさらに差し引くと三斗九合ほど源一郎が綱太郎に貸という計算をおこなっているのである。しかしながら一一月末綱太郎一家が在方に引き移ったので、同月三〇日同人に飯料二両を払い、一二月から旧同僚の窪田家に同居することとなった。

ところで源一郎の家族が小島の醤油屋精作方を引き払うのが一一月一六日、源一郎は七月に家賃五両を払っていたので、この際は七月から一一月分の五両および同家の精作や下男下女等世話になった人々に別に四両二分を支払っている。一ヵ月遅れて源一郎が沼津に到着、同月晦日には久右衛門に九・一〇・一一・一二、四ヵ月分の部屋代(一ヵ月四〇匁)を渡している。なお源一郎は明治二年七月から石坂鈴之助の世話で、久右衛門から部屋を借りていたのである。

次の部屋代払は明治三年七月一二日、まず一ヵ月一両で正月から七月までの分が七両、次に金一分が久右衛門への色々の礼、さらに下男三人へ心附として一朱ずつ、同家下女二人に心附として二朱ずつを源一郎は渡していた。同年一二月九日の支払いも七月の例にならっておこなわれている。

しかしながら静岡への移住士族が永く旅宿生活であることは藩体制の安定を図る静岡藩としても好ましいことではなかった。(57) 藩体制が一応整理されてきた明治三年初頭、静岡藩は静岡勤番組士のうち自普請をなす者に対し屋敷地の払下げを開始する。沼津で太郎と同居する源一郎に対し、静岡で動いてくれたのは堀江常吉であった。源一郎自身も一〇月一日静岡に赴き、御台所町裏の払い下げられた二〇〇坪の土地(現状は水田)を調べている。明治四年に入ると源一郎は静岡に家を建て永住することを決意、同年二月八日家族を携えて静岡に戻るのであった(もちろん久右衛門には部屋代を払ってである)。家が出来上がるまでの宿所は前述の中伝馬町大和屋要次郎方であり、八畳二間と六畳一間を月一両二分の部屋代で借りることとした。また同月一二日藩庁に出頭、庁内出張の沼津勤番組世話役深沢七十人・石原卯八郎の両名から静岡勤番組分限掛世話役北条源吉・須藤長十郎に引き合わされ、翌日十三番頬(世話役頭取は大城雄三郎、世話役は佐藤忠蔵と武田玄九郎、世話役介は四名)に所属させられることになる。

ところで源一郎は払下げを受けた御台所町の地所が不満であったようで、種々相対替の相手を探しており、四月一五日二等勤番組九番頬小川勝次郎と、彼の所有地草深御門外熊野社通り屋敷地(二〇〇坪)との相対替をおこなっている。この際、源一郎は勝次郎に屋敷地地揚料として二〇両を渡したのである。

家の建築は五月下旬から開始、大工は横内町三国屋喜代治方江戸職人藤太郎である。工事代金の支払いの動きを見ていくと、五月二三日三〇両(手附金)、六月三日四両二分(井戸幷地搗料金)、一三日三分(上棟式祝儀)、一四日二〇両(工事費)、一五日一〇両(同上)、二二日五五両(同上)、二五日四両(建具内金)、二九日一六両二分(工事費)、七月四日一分(井戸囲い神酒料)、七日二両一分(井戸掘代)・四両三分二八〇文(建具残金)、一一日八両二分三朱五〇〇文、一三日一両一分(井戸浚直代)・二両三〇〇文(砂土中塗とヘッツイ代)、二〇日九両(工事跡仕事代金)・二両一分(屋敷廻り草取雇代)、二八日一両一朱五〇〇文(井戸掘直代)、二九日二両二分二朱(井戸手間賃)、八月二八日七匁五分(梯子代)・二分三四〇文(棚板と手間賃)、総計一七五両余の多額の支払いとなっている。そして源一郎一家が新居に引き移ったのは廃藩置県直後の七月一八日のことであった。

(3) 扶持米と俸金

幕府の諸手当が曲りなりにも支給されたのは慶応四年五月の分までであった。千人隊之頭の内志村・山本・石坂の三名には一ヵ月一七石七斗ずつの「御扶持米」が給されており、三名はそれを千人局の活動資金に宛てていたが、三・四月分は八月二日に、閏四月と五月分は同月一二日に小筒組差図役頭取の永持左司馬から支給されている。(58)

駿河移住の過程では、源一郎の日記を見るかぎり徳川家からの米金の支給はとくにない。俸金の支給は日記のかぎりでは一一月に開始する。同月二〇日、大沢他二名は七・八・九、三ヵ月分の俸金を受け取るのである。(59)

この時期の源一郎は病気であり、俸金の受領もかなり変則的である。一二月二四日、俸金六五両、内二五両は「御

警衛中御役金」との指令を源一郎は受けたが、同日駿府の山本が代印で受け取ったとして一〇月分俸金三両三分三朱

銭四二〇文が小島に送られてきた。源一郎が駿府に出向いた一二月二八日には一一月分俸金三両三分三朱銭四五二文

が手交され、翌二九日窪田が預かっていた七・八・九、三ヵ月分の俸金(一ヵ月三両三分三朱銭五一二文)が源一郎に

渡されている(一二月分は不明)。

明治元年一二月末には勤仕不勤共に世扶持を支給することが決定され、源一郎は三人扶持を給せられることになる

が、前述のように病気と療養のため、三人の同僚が源一郎の分を代理で受け取ることとなったのである。

明治二年に入り源一郎がはじめて自身で受け取ったのは静岡に出たあとの八月八日のことであり、六月分の俸金一

両三分と俸米三斗七升一合分の米札および三人扶持四斗五升分の米札を受領する(以下、米の支給は米札でおこなわ

れている)。八月一五日には一月から五月までの扶持米・俸金として一〇両、同月一七日にはさらに二両を、預かっ

ていた山本から渡されている。そして同月二一日には六月分俸米・扶持米八斗二升一合を一両一斗二升替で売り払い、

六両三分と銀五匁四分九厘六毛を手にするのであった。

八月二一日には七・八、二ヵ月の扶持米八斗七升(両月とも小の月であるため一ヵ月四斗三升五合なのである)を、

翌々日の二三日には七月分俸金(六分が米で三斗四升、四分が金で二両一分)が支給される。

九月七日には山本預りの一月以降の扶持米・俸金の残り一七両が源一郎に渡され、同日はまた八月分俸金として金

二両一分と米二斗三升三合が支給されるのである。

ところで源一郎の世扶持は三人扶持であったが、一月分から五月分までは二人扶持しか支給されておらず、この不

足分七斗四升が九月一〇日源一郎に渡された。彼は八月二一日受取の八斗七升と九月一〇日受取のこの七斗四升を九

月一四日、両に一斗一升四合替で売却し、代金一四両二朱を得ている。

九月以降は藩庁によって増扶持がおこなわれ、源一郎の場合には七人扶持支給となり、九月晦日に九月分扶持米一

石五升を支給された。また一〇月五日支給の俸金は金だけであり、五両一分と永一六六文を給されている。源一郎はこの九月分扶持米を一〇月七日に一両一斗一升三合替で売り払い、九両一分を得ている。

一〇月二六日には、同じ日に扶持米一石一升五合と俸金四両一分二朱が支給される(この回まで旧書院組の世話役が事務を担当している)。

一一月八日中村から受け取った五月分扶持米二斗九升代二両銭三五七文(両に一斗四升二合替)が同役三人が預かっていた最後のものであった。一月から五月までの源一郎の扶持金・俸金の総計は、以上を計算すると三一両余となる。

俸金支給は一一月二九日支給の一一月分五両一分二朱が最後で(60)、それ以降は扶持米のみ(大の月は一石五升、小の月は一石一升五合)となる。

ところで志村源一郎は明治二年一二月までは静岡で、明治四年三月分までは沼津で扶持米を支給されるが、前者は一ヵ月毎、後者は二ヵ月毎の支給である。そして同年四月分よりはまた静岡支給となるのである。ここで米の一両あたりの価格変化を追ってみると、明治二年一一月一斗七合五勺、一二月一斗七合、明治三年三月九升九合、四月一斗、五月一斗五合、九月一斗三升五合、明治四年二月一斗四升三合、五月一斗五升八合、六月一斗六升五合等々となっている。これをみても明治三年三月がもっとも米価が高騰した年であったことがわかる。当時藩全域が凶作に見まわれていた。

以上の扶持米は源一郎一家の生活費としてかつがつのものであり、到底家を建てる貯蓄は不可能である。ではどこからその金を得たのだろうか?

それは日記によるかぎり八王子の所有財産の売却費である。組頭村松丈之進とその子譲三郎が源一郎のために種々尽力しているが、そのことによって源一郎屋敷の裏の稲荷森の木の払代金が七三両(61)、源一郎家作払代金が一二五両(62)、畑地売払代金が五〇両(63)と、なんとか現金化することができ、それが窮乏する源一郎のもとに送られるのであった。

あと一つは元知行所からの未納年貢の駿行直前の取立てである。駿河移住準備のあわただしさのなか、九月一六日山田村の伊三郎から三〇両、一八日に同村の政五郎から四両、二二日には若林村の仙之助から五両を駿行途次の品川休所で請け取るのである。

5　沼津兵学校と志村太郎

明治元年一〇月二〇日陸軍学校生徒を拝命した源一郎の実子惣領志村太郎は一〇月末から病に倒れ、他の三名のようにすぐに沼津に移ることはできなかった。一一月二八日には野沢子太郎が、陸軍学校が一二月一五日頃開校するとの情報とともに、教育内容と人事に関し次のように連絡してきた。すなわち学校では、漢書は「綱鑑補・万国公法(64)・地球説略・地理全書・瀛環《(ママ)》志略・日本史・日本外史」を用い、また「英仏学ハ勿論算術国学馬術測量」の教育がおこなわれる。また教授陣には

学校頭取　西周助
一等教授方　赤松大三郎・大築保太郎《蘭》・伴鉄太郎《算》・塚本桓輔《算》
二等教授方　乙骨太郎乙《英漢》・浅井六之介《算》
三等教授方　万年精一《カノニエ練兵掛》・平岡真太郎《歩兵練兵掛》・森川大三郎《同上》・間宮鉄太郎《カノニエ掛》・天野釣之丞《同上》・蓮池新十郎《同上》・石橋槍次郎《英》・山内文次郎《仏》・黒田久馬介《算》・永持五郎次《仏》・蘭鑑三郎《英》・中根一郎《漢》

の面々が任命された、と。カノニエは仏語で砲兵の意であるが、このように明治元年末現在の教授担当課目が判明する兵学校史料は、筆者にとっては初見である。当時、野沢のところに山内文次郎が同宿していたので(65)、山内から入手したものか？

この野沢は一二月一五日には駿府への途中、源一郎父子を小島陣屋に見舞っており、函館風聞書を貸すとともに、

陸軍学校は来春開校になったと伝えている。
箱根湯治によって快癒した太郎が沼津に出立するのが明治二年三月二五日、当初は旅宿がなく、しばらく沼津脇本陣間宮喜右衛門方に逗留せざるをえなかった。兵学校はまだ附属小学校卒業生はおらず、太郎のように兵学校生徒に命じたものを予備科に編入、試験によって資業生として採用しようとしたのである。但し静岡藩は「当校生徒」に対しては一ヵ年俸金三〇両(「日記」明治二年六月二八日の条)を支給していた。

数ヵ月の教育を受け、資業生採用試験がおこなわれたのが九月四日から一四日、そこでの公用文章試験題目は「敗軍の後士卒を励す布告文」、私用文章試験題目は「剣客ニ与ふ書」であった。受験生は「大小学校」(この時には一部附属小学校生徒が受験したものか?)から一五〇名、及第生のうち甲科(平均中の上以上)は塚原直太郎(後の渋柿園)・鈴木三郎(後の島田三郎)・志村太郎の三名、太郎は算術が上の中の第三番の優秀な成績をおさめている。[66] 乙科(中の中~中の下)は平野録郎ほか二三~四名、丙科(下の上と下の中の強)は諏訪功ほか一九名、下の中の弱は落第とされた。三倍強の競争率である。

太郎の首位合格と弟河野仲次郎の出牢の報は九月二六日静岡の源一郎のもとに同時にもたらされたが、当日の彼の日記には「右悦ひ重なり歓ひの余り感涙襟ヲ絞り老の病症自ラ笑ニ堪たり」と記されている。

資業生の厳しい生活の中にも息抜きが試みられていた。太郎は学校には病気願を出しながら、同僚の林忍・野沢子太郎とともに五月五日「内々」熱海に遊びに行っている。また彼は惣領として八王子墓参を父に代わっておこなう立場でもあった。土用休みを使って六月二一日、太郎は八王子(と東京)に向け出立する。つれだって出発したのは薗鑑三郎・山本誉五郎・片山直人の三名である(七月一三日帰宅)。そして「大小学校」が「稽古」を再開するのが盆休みのあけた七月一七日のことである。

ところで明治三年閏一〇月二五日、太郎は医学修業のため静岡派遣を兵学校一等教授方大築保太郎から申し渡される。これは兵学校二等教授方乙骨太郎乙が静岡一等教授方を命ぜられたため、「同人医業修行之学生一同召連参候事」によってであった。源一郎も乙骨とは旧知の間柄であり、沼津でもしきりと行き来をしていたのだが、同月二九日には乙骨の家に赴き、「太郎従行之儀」につき頼み込んでいる。太郎は一一月二日未明静岡に向け出立、乙骨の「大周旋」で静岡病院「御構内寄宿南三番」に入居することとなった(その後「北二番」に引越し片山直人と同居する)。

医学授業は一一月一五日から開始されるが、その内容は次のようなものであった。

○解剖学　名倉(真斎か)
○窮理学　柏原学而
○化　学　石橋八郎
右ハ順々一日一科ツツ朝五時ゟ四時迄
○人身窮理　林　紀《研海也》
右ハ隔日午後
○治療書　林《会頭》　紀
右二七四九ヲ除クノ外毎夜宅ニテ講釈ス、三等医師ノ為ニスル也、寄宿生ハ内々聴聞也
二七ノ日昼後
○西医略論輪講　林　紀
四九ノ日午前
○イギリス書第四リードル　□事私令　医者中ケ間計也

静岡病院での医学修業が始まったのもつかの間、明治四年二月八日太郎は塚原直太郎・小川元次郎とともに鹿児島藩での医学修業を命ぜられ[67](身分は依然として兵学校資業生)、沼津に急行途中の翌九日、吉原宿で静岡に引き移る源

一郎等家族一行と出会い、源一郎は鹿児島にいる友人の蓮池新十郎(68)に惣領太郎をよろしく頼む旨の手紙を認め太郎に渡すのであった。

太郎は二月一四日沼津を出立、一六日東京に着し、翌一七日鹿児島藩邸で市来四郎・市来宗七と面会、委細のことを相談の上、宗七が同行し二一日船で横浜に赴き、外国飛脚船で二四日横浜出帆、途中神戸に寄ったあと二八日長崎着、三月三日「薩州手船」の蒸気船豊瑞丸に乗りかえて長崎出帆、四日川内川尻に寄港、翌五日鹿児島に到着するのであった。はじめは鹿児島下新町菩薩堂通り油屋(京屋)工藤直太郎方に滞在し、四月一四日に本学校寮二階六畳(二人部屋)に引き移ることになる。この間三月二一日藩知事島津忠義の学校見廻りがあり、志村・塚原・小川の三名も拝謁を許され、琉球紬一反ずつを下賜されている。

太郎は鹿児島から父宛に三月七日、三月二一日、四月九日、五月九日、八月一五日、九月一〇日、一〇月一七日の七回手紙を送っているが、この内三月二一日付手紙は同地修業の三河国重原藩藩士内藤忠蔵が、八月一五日付手紙は同じく重原県からの修業士族豊田善八が太郎から届方を依頼されたものであり、一〇月一七日付手紙は、集学所教師となるため同地から戻った吹田鯛六が届けたものである。他の四便は東京の両藩藩邸を介したもののごとくである。

太郎は高度の医学修業ができると期待に胸をふくらませて鹿児島に赴いたのであったが、鹿児島藩の思惑はむしろ沼津兵学校の人材を教師として利用するところに置かれていたようで、太郎は手紙の中で落胆の気持を、「修業もろくろく出来不申、先てハ算術教師ヲ雇候積り、日々小学校ニテ二時間算術ヲ教へ、一字間英人ウヰリス江通弁ノ授業有之候のみニ候間、静岡之方却テ稽古出来可申と後悔いたす候間、一ト先帰国之上相談いたし、一身之進退取極申度(69)」とぶつけている。また次便でも、「八月二十四日ゟ医学教授方高木藤四郎と申人ゟ受業始り、尤宅稽古ニて二七四九ニ候由、何か私之稽古之様有之(70)」と不満を漏らしている。

結局、太郎は父不快を口実として鹿児島で帰国願を申し出、同じく静岡から来ていた小林弥三郎が帰国するのに同道、一二月一一日沼津に戻り、同月一六日静岡の父のもとに顔を出すのであった。

沼津兵学校の資業生も廃藩の後は続々と東京に出、修業するか縁故者をたよって就職するようになっていた。太郎も明治五年一月一〇日、病気を口実とした資業生御免願が兵学権助から許可されるのと同時に、同僚の三田平蔵とともに東京に上り、英学を学ぶべく築地入舟町五丁目明治協庠に入学する。入門料一両二分、月謝二両一分の学校である。

おわりに

静岡藩は当初他の諸藩並の体制造りを意図していたにもかかわらず、結局、旧幕府構造の死重を最後まで担いつづけなければならなかった。その受け皿として創りだされ、定着させられていったのが勤番組なる静岡藩独特の藩士編成制度なのである。この動きと並行して藩士とその家族の最低限の生活を保証させるため、明治元年一二月、明治二年八月、明治三年閏一〇月(三人扶持取に翌月より増扶持支給)の三度にわたる扶持米制度の制定・改良がおこなわれる。そしてようやく藩体制が安定し始めた明治三年に入ると、藩士への屋敷地下渡しが開始されたのである。志村源一郎の場合では、下渡された屋敷地に一七五両の巨費を投じて新築した家に入るのは、皮肉にも廃藩置県直後の七月一八日のことであった。

さらに明治五年二月には勤番組組織そのものが廃止され戸長管轄下に移されることにより、完全に静岡県庁の支配下に置かれることになる。二百数十年の長い歴史と栄光の地八王子から過酷な状態下の静岡の地に源一郎・太郎父子が意を決して移住してきたのは、わずか三年半前のことであった。その静岡藩とその体制はすでに存在しなくなった。ここに彼等は再度の必死の転身を迫られることになる。源一郎四八歳、太郎二四歳、二二歳の愛娘おとかが金谷原開墾士族加藤善十郎のもとに嫁入りするのはこの明治五年二月のことである。

(1) 駿河国府中が静岡と改称するのは明治二年六月であるが、本稿では便宜上、差支えのないかぎり明治元年より静岡の名称を使用する。
(2) このような研究状況の中で我々に無禄移住の具体的イメージを与えてくれるものに原口清「府中(静岡)藩の駿河接収と無禄移住者の海上輸送」(『静岡県史研究』第三号、一九八七年)がある。
(3) 八王子千人隊の明治元年以降の動向に関し朝臣化した部分では、馬場憲一「明治維新における旧八王子千人隊同心の動向——護境隊の結成とその活動を中心に」(村上直編『江戸幕府千人同心史料』(一九八二年)所収)があり、また沼謙吉「明治維新期の旧八王子千人同心」(村上直編『江戸幕府八王子千人同心』(一九八八年)所収)には静岡移住について若干の言及があるが、その全体を捉えることを意図してはいない。
(4) 『武鑑』等ではこのようになっているが、『旧高旧領取調帳』によれば実高は七〇〇石弱となる。
(5) 東京大学史料編纂所所蔵「志村貞廉日記」(横半帳)九冊。明治元年から七年まで各年一冊、明治八～一〇年一冊、明治一一～一四年一冊。以下「日記」と略し、本文記述の日付と同一日かその前後日の場合には繁を厭うて注記を省く。
(6) 「日記」明治四年四月二九日の条にある監正掛問合に対する河野仲次郎答書に詳しい。
(7) 『八王子市』下巻(一九六七年)六四〇頁。
(8) 秋川市教育委員会発行『御進発御供中諸事筆記』上(一九七七年)七三頁。
(9) この件に関しては「日記」慶応四年七月一一日、明治二年一二月二四日、同四年二月一七日の各条による。
(10) 国立公文書館所蔵江戸城多門櫓文書(相続の部)第八〇〇号荻原新之助願書によれば、慶応元年現在新之助四三歳、長子土岐次郎六歳、弟恙三郎二四歳とある。
(11) 八王子市教育委員会発行「日光と八王子千心」(一九六六年)所収「石坂鈴之助録事」によれば、同人は慶応四年二月一〇日付で歩兵差図役に任命されている。但し三名とも同年六月二二日付で御役御免となっている。なお六月中下旬は陸軍奉行が陸軍頭となるなど、旧幕府体制が藩体制への移行に備え、大きく変貌する時期でもあった。
(12) 『大日本近世史料　柳営補任』第五巻(一九六五年)二三三頁。
(13) 「日記」明治元年九月一三・一四日の条には、野沢子太郎の駿行見送りのため八王子から野沢良三郎が東京に出て来ており、また明治三年三月一六日の条には、河野仲次郎が八王子から沼津宛に送った荷物の中に野沢子太郎の本箱もある。なお本稿に登場する人物の肩書に関しては「明治元年（八月）駿河表え召連候家来姓名録」（国立公文書館所蔵）、「（明治二年一月）駿府藩官員録」（静岡県立中央図書館所蔵）、「（明治三年三月）静岡御役人付」（同上）に依拠した。
(14) 慶応三年末から翌年二月までの行動については「日記」慶応四年六月二三日の条の金銭支出表の説明に詳しい。
(15) 『復古記』第一一巻、三四九頁。
(16) この件に関しては八王子市教育委員会発行「八王子千人同心について」（年不詳）、『復古記』第九巻、八三六・八七八頁による。
(17) 「日記」慶応四年六月二三日の条。
(18) 人数は前出沼論文による。前出「石坂鈴之助録事」では三〇〇名となっている。
(19) 「日記」明治二年九月九日の条に詳しい。
(20) 『復古記』第一〇巻、一六二頁。
(21) 『復古記』第一〇巻、二二三頁。
(22) 東京大学史料編纂所所蔵『（市川斎宮）浮天斎日記』第四巻、慶応四年六月の条。
(23) 『復古記』第一〇巻、五二四頁。
(24) 「日記」明治二年一二月二九日の条を参照のこと。
(25) 『復古記』第一〇巻、五二四頁。
(26) 但し原半左衛門の名は志村の請願の中には含まれてはいない。『幕末の八王子千人同心——粟沢汶右衛門一代記』（一九五八年）（以下『粟沢日記』と略記）によれば、同人は明治元年一〇月元知行所上総国永代村に移住する。但し後述のごとく、明治三年には沼津に居住している。
(27) 但し前出「姓名録」の陸軍局人員は三〇〇名、実際の移住人員はこの数字をさらに下廻っていた。
(28) 前出沼論文では楠は彰義隊呼応派のリーダーの一人となっている。
(29) 「日記」明治元年一一月二八日の条によると、河野の家族は一一月一〇日、妻方の実家横川十右衛門方に引き取られている。
また日野信蔵の家族は日野宿百姓久兵衛が引き取っている。
(30) 「日記」明治三年二月一〇日の条によれば、源一郎は江戸滞在中長兵衛に総計九五両を工作費として渡している。

(31)「日記」明治元年九月二〇日の条による。また「元帳」は焼却、由緒書・親類書は組頭に引き渡している。
(32)「日記」慶応四年九月三日の条による。なお武器処分過程は「日記」に詳しいが、紙数の関係上すべて省略する。
(33)千人隊之頭の名称は形式上は廃止されてはいない。「日記」明治三年二月八日の条に、移住期の実態と名称の間の矛盾に関し藩庁とのやりとりがあるが、源一郎の説明で納得している。
(34)源一郎が一〇月九日、八王子の留守家族のもとに送った長文の手紙は『多摩文化』第三号(一九五九年)に、村田光彦氏によって活字化されている。
(35)「日記」明治元年一〇月二八日の条。なお家来の名目で平野藤作(山本組)と大塚某(窪田組)の二名の千人同心が駿河行に加わっている。
(36)『静岡県史資料編16 近現代一』(以下『県史』と略記)一九一頁以下参照。
(37)「八王子千人同心史編集ニュース」第一号(一九八六年)によれば荻原新之助・土岐次郎の家族は明治三年四月、八王子に戻ることとなる。
(38)「日記」では廃藩までは沼津に居住、源一郎と交流を続けている。
(39)前出「石坂鈴之助録事」によれば、祖父石坂相応は明治二年一一月一四日沼津で没し、本人は病気のため兵学校を退校、同年九月二五日付で二等勤番になる。明治一〇年代まで沼津に居住し、源一郎一家との交わりも深い。
(40)山本・中村・窪田三家とは源一郎は交流を続けるが、その内窪田金之助(金吉と改称)は明治二年七月二一日静岡で病没する。
(41)沼津市明治史料館発行『沼津兵学校』(一九八六年)附表参照。
(42)「日記」明治三年二月二三日の条。
(43)「日記」明治四年二月一七日の条による。
(44)河野仲次郎はこの任官をよろこび、「四十四て四等教示に霜月のしまいに成りし至極結構」「曾作軍門将校官、自提宝剣贈龍肝、如今与国須更始、欣脱戦袍攀杏壇」とよんでいる(「日記」明治三年一一月四日の条)。
(45)『県史』一六〇頁には、明治三年三月現在で帰参士族二四八〇戸とあるが、これ以降も本稿に見られるごとく続々と増加するのである。
(46)「日記」明治三年九月一三日の条によれば、音次郎は五日市村百姓長左衛門悴で元地頭中山要人家来分、昌平は五日市村の医者である。
(47)「日記」明治三年九月三日の条。
(48) 改造社版『海舟全集』第九巻、一五三頁。また同日の条で海舟は必要扶持米を一五万俵＝六万石としているが、明治四年八月現在の扶持米は約一三万石（『県史』一三八頁）に達し、また明治二年二月現在の藩士総数六七〇〇名（『県史』六九頁）が明治四年八月では一万三七六四名に増加しているのである。
(49)「日記」明治元年一一月三〇日の条。
(50)『法令全書』（明治元年）三〇一頁。
(51)『法令全書』（明治元年）三〇四頁。
(52) この間の静岡藩の対応策に関しては静岡県立中央図書館所蔵「雲渓庵日記」による。
(53)『県史』五二頁参照。
(54) 前出『粟沢日記』によれば、一行が八王子を出立したのは明治二年一月二九日のことである。
(55)「日記」明治二年七月八日の条によれば、源一郎は下石田村の医師石井成斎（医局修業生、幕末杉田成卿塾で学習）にも診てもらっている。
(56)『県史』一五六頁にある勤番組組織方法の史料を参照のこと。
(57) 静岡藩士の借家・借間生活に関しては『県史』一六〇～五頁参照のこと。
(58) 但し旧幕府は千人同心組頭以下の六月分扶持米をも支給していた。「日記」明治四年三月一六日の条によれば、源一郎が返納しなくてもいいのかと勘定所に内々伺ったところ、「此御時節、右様之事申立御返納と申テも手数もかかり、且ハ上之御為ニも不相成、皆官軍方江引上られ候品ニ付、御家ゟ御咎無之」との回答を得ている。
(59)『県史』一九一頁参照のこと。
(60)「日記」明治二年一〇月二三日の条に勤務解除（「永引込」）への言及がある。
(61)「日記」明治元年一一月二八日の条。
(62)「日記」明治元年一二月二三日の条。
(63)「日記」明治三年一月二一日の条。

れる。
(64) 明治元年一二月「徳川家兵学校掟書」(『西周全集』第二巻所収)には『万国公法』は入っていない。変更があったものと思わ
(65) 「日記」明治元年一〇月二三日の条。
(66) 「日記」明治二年九月二六日の条では、甲科三名の成績は次の通りである。

(総合)	文章	算	素読	
中上強	上下	下上	上下	塚原直太郎
中上強	中上強	中上	中上	鈴木　三郎
中上	中中	上中	中中	志村　太郎

また大野虎雄『沼津兵学校と其人材』(一九三九年)六〇頁によると明治二年九月の第四期生は六〇名とあって本史料の数と違っている。
(67) 「日記」明治四年二月一七日の条によれば、同月一三日志村太郎は薩行のため沼津兵学校から「当三月ゟ十二月分」の出張手当七二両、「用意金」三〇両、「書籍料」一〇両、二月分(資業生)俸金五両、「静岡ゟ東京迄御手当」七両、総計一二四両を受領している。
(68) 『鹿児島県史』第三巻(一九四一年)六七一頁によれば、鹿児島藩は蓮池新十郎の指導のもと、明治四年一月沼津兵学校体制にならった本学校・小学校制を創設している。また志村太郎等三名の薩摩行は前掲大野虎雄の本には触れられていない。
(69) 「日記」明治四年一一月一四日の条。
(70) 「日記」明治四年一一月二日の条。

第一〇章　廃藩置県後の静岡県士族の動向
――二等勤番組志村源一郎家を例として――

はじめに

本稿は、一家族の事例をできるだけ微視的に分析することによって、旧静岡藩士族の廃藩置県後の基本的な軌跡と、そこで我々が踏まえなければならない基礎的諸問題を解明することを直接の目的とする。取りあげる対象は二等静岡勤番組（七人扶持）志村源一郎（貞廉）とその家族である。論をすすめる都合上、一八七一（明治四）年現在の家族表を示しておく。なお同家族の幕末から廃藩置県にいたる動きは第九章を参照されたい。本稿は前章同様東京大学史料編纂所所蔵「志村貞廉日記」（明治元～一四年、全九冊）を基本的な史料とする。

1　家長志村源一郎の軌跡

廃藩置県後は志村家の生活の中にも一歩一歩中央政府の新政策が浸透していっている。明治五年二月一五日には勤番組組織そのものが廃止されて戸長の管轄下に入ることとなり、五月一〇日には従来の「御扶持方」なる名称が廃止、現石高表示に切り変わり、源一郎の場合は年一二石六斗支給とされる(1)。同月は姓名表記でも大きな改革があり、各人は「是迄通称実名相用来候処、以来一名ニ取極」めるべしと指令され、源一郎は六月二七日、県庁戸籍調所に爾後貞《てい》廉《れん》とする旨を届け出るのであった。

彼の屋敷にもこの五月から番号が付されることになり、同月二七日戸籍調所の松平芳太郎・成瀬鐘次郎が来宅、

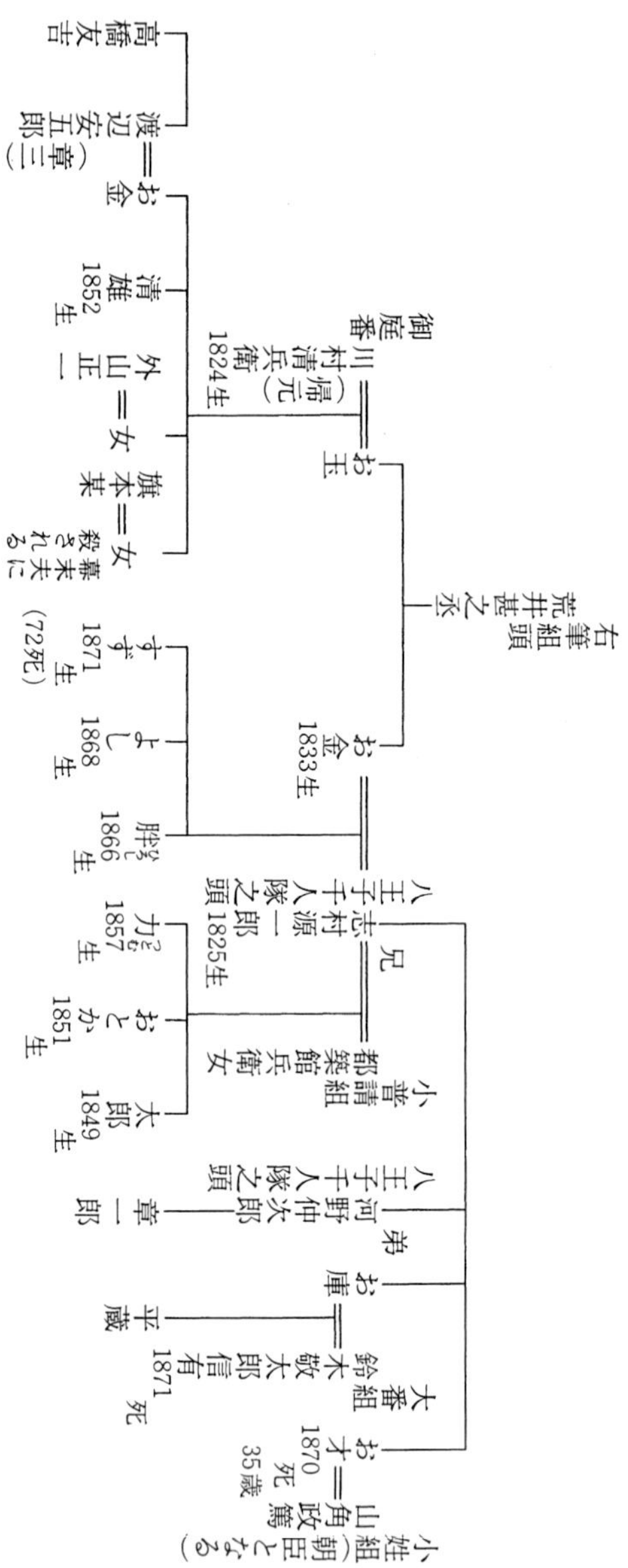

「第四拾六区八百三拾五番[2]」なる「屋敷番号札」を門につけている。この屋敷地に地券状が交附されるのは明治七年一月一二日(但し地券状は明治六年八月となっている)、そこには「第四大区五小区静岡水落町二丁目三十一番地、二百二拾六坪四合、沽券金十三円五十八銭四厘也、此百分ノ一ヲ以テ地税トス」と表記されていた。地券状番号は一〇六一号である。

天皇制イデオロギーの浸透政策も政府の新政策の一環であったことは周知の事実であろう。明治五年七月一一日、第四六区役所は「伊勢大神宮大麻国中一般拝受可致ニ付、最寄戸長等ヨリ相渡候間可受取」との布告を出し、二一日浅間社において朝五時から九時まで受取り、「御初穂八銭百文以上志次第之事」と指示している。九月二〇日には、二二日浅間社で伊勢両宮遥拝式(これは神嘗祭との関連のもの)挙行との「持廻り廻状」が到来、翌六年八月二二日には浅間社での権中教正平山省斎の神道説教を源一郎は聴問に赴いている。(3) 明治元年朝譴をこうむった彼の経歴に源一郎は親近感をもっていたためだろうか。

明治七年二月には県庁内に掲げられた明治天皇写真への参拝が求められ、一日源一郎は近隣の当主等と共に登庁参拝、志村家の家族参拝は翌二日のことであった。

しかしながら政府の新政策の浸透は、この時期県庁による士族の強固な管理掌握行政と並存していたのである。士族の移動には厳しい規制が加えられていた。その一因は家禄受領上の事務にあり、東京に出て職を見つける者は静岡に留守扱人を指名する必要があり、源一郎の例では最多で五家の留守を預かることとなる。また県外旅行の場合には県庁印章の携帯が義務づけられており、(4) 東京へ赴く際は到着後印章は静岡県東京出張所に納めなければならなかった。この規則に厳格に従えば、金谷への旅行では、印章は浜松県庁所在地の浜松にまで届け出ねばならず、これではあまりに手数がかかりすぎると、明治五年二月の場合には、当局は源一郎に対し旅行届書同様の書面を差し出させることで内々に済ます便宜を図ることとなる。(5)

ところで、廃藩置県直後の志村家の最大の問題は生活の窮迫であった。収入は家禄しかなく、仮に明治七年六月米価一石四円五六銭をもとに計算すると、一二石六斗の家禄収入は五七円五〇銭にしかならず、他方まず戸籍入用が差し引かれることとなる。明治五年末だと一石五斗支給月で七升八合もの量がこの名目で引かれ、さらに明治六年一二月からは一石に付二銭の学校税が、翌七年一月からは一二石六斗に九斗の禄税がかけられ始める。

静岡藩当時と比較しても、この現状は過酷なものであった。静岡藩の給与体系は扶持米と職務手当(俸金)の二本立であり、源一郎も書院組当時は扶持米の他に年六五両を俸金として支給されており、旧幕時代御徒で静岡に移住した山本政恒の場合でも、大番組・更番組所属時は年六〇両の俸金を受けとっていたのである。[6] 沼津兵学校資業生に対しても年四八両の手当がなされ、[7] それは明治四年に入ると六〇両に増額されている。[8] 静岡藩の禄制改革自体が、高禄者を皆無にして極端に禄高を低位に平均化させる一方、俸金制度を全面的に導入して藩内官僚制度を急速に確立するテコにする目的を有していたものであった。廃藩置県によって完全に消滅させられるのが、まさにこの部分なのであった。しかも前述した諸税が賦課され始めるのである。

この窮迫に対処するには何らかの副収入を工夫する以外に手段はなかった。時あたかも養兎ブームに入っていた。それは明治四年に始まり、翌五年から六年にかけて全国的な投機の対象となり、明治五年九月には河竹黙阿弥作「流行玉兎合」が村山座で上演されるまでになっていた。このブームは世界的な皮革需要の問題と関連を有していたのだが、大阪では明治五年末には兎の市立集会が禁止、東京でも明治六年一月、兎売買の集会が禁止されるや、投機家達は外人を使うことで対抗、同年一二月にいたると、東京府は兎税の徴収をおこなうにいたるのである。[9]

しかし、この現象の中に我々は、明治四年七月の廃藩置県以降の、今後の展望のなさと生活の逼迫から、なんとか金をつかもうとする都市部の人々、とくに士族の混沌とした欲求を見いだすことはできないだろうか？ 少なくとも源一郎の日記はそのことを語りかけているように私には思われる。日記での初出は明治五年一一月二一日の「中野又蔵え行、初面会、豚並兎ヲ一見ス、帰元老同道」の条だが、これ以降きわめて頻繁に兎の記事が出現する。そして翌六年二月九日の条には「〔妻の〕お金事山本へ行、兎二疋世話頼ミ相求メル……牡兎ハ白はた脱キ、牝兎は白黒斑也、代金二十五両也」とあり、大金二五両を支出していよいよ養兎事業に乗り出すのである。兎は三〇日で出産、六ヵ月で成兎となり、そのサイクルはすこぶる早い。彼の記事によると、かけ代金は並ものが生まれた時は一両二分、但しサラサが生まれた場合は二両二分とグンと高価となる(子供が生まれてから代金支払い)。ついに同年八月二一日には、源一郎自身が代金を取って人の兎に自分の兎をかけあわせるにいたる。この時彼は、並出産は二分、サラサ出産は一両と安価に価格を定めている。

毎日のごとく記されていく兎記事は、彼の日記中唯一異様さが感じられる部分である。しかも彼は兎のほかに明治六年二月二八日には綿羊二頭を大金四〇円を支出して購入、一日一頭八〇文ずつの飼料代を支出しているのである。このうち一頭は同年七月一九日に病死する。

兎の記事は明治七年一月を境に、その後一切出てこない。ブームが去ったとはいえ、明治五・六年の日々の兎記事は日記を読むものの心の上に重くのしかかってくるのである。

2　長男太郎の軌跡

志村源一郎は明治元年駿府移住の時に体をこわし、沼津兵学校に入学した長男太郎に家の望みを托していた。太郎は志村家の長男として、父をはじめとする家族の強い期待に答えなければならない立場に置かれていた。沼津兵学校に入学、乙骨太郎乙に率られての静岡病院行とそこでの医学修業、さらに鹿児島留学という太郎の在藩時代の経歴は、静岡藩の次代を担う若者としては最高のコースであり、藩体制が順調に存続しえたならば、静岡藩若手代表の一人として二等勤番組志村家の家督を相続、家名をあげたことであったろう。だが藩体制そのものが否定された現在、志村太郎は天皇制政府の陸軍士官コースを志望しない以上は、沼津兵学校資業生御免願を政府に提出、上京して新たな道を切り開かなければならなかった。

明治五年一月一〇日、兵学権助から御免願が許可されるや、ただちに太郎は兵学校で一期上級の三田《さんだ》平蔵(後の日本銀行幹部)と同道上京、同月一九日彼の周旋で築地入舟町五丁目にあった明治協庠に英学修業のため入学する。入門料一両二分、月謝二両一分の学校である。

月謝も高いが和英辞書も必要だった太郎は父にその旨を書通するが、二月三〇日付の返翰で源一郎は「辞書代・地

球玉代共、此節から甚当惑ニ付、先ツ勘考可致」と断らざるをえない経済状況のなかに置かれていたのである。(10)

ところで明治協庠は太郎入学直後の二月二六日、大火により焼失(この大火の後、銀座のレンガ街が建設される)、別の場所に移った後はあまり振わなかったらしい。当の太郎は月謝と下宿生活費だけでもと、四月二三日には月々五両ずつの送金方を父に依頼していた。

だが家の窮迫を知りながら平然と勉学を続けることは長男太郎のよく為しうるところではなかった。いかにしても金のかからず、そして若干でも収入を得ることのできる学校を探さなければならなかった。明治五年八月、彼は兵学校で一期上級の片山直人の世話により、横浜灯台寮に附設された修技校に入学する。同校は自費生徒中試験合格者を官費生徒とするシステムを備えていたのである。

ところで、この当時は自然科学系技術者養成のため必死の模索がおこなわれていた時代であった。西洋流の自然科学系高等教育システムは未だ皆無に近かったものの、他方、中等レヴェルの基礎学力の養成体制はすでに幕末・維新期には社会的にできあがりつつあった。これをいかに国家的に組織化するか、ここに課題の中心があった。その方策の一つが、文部省系学校システムの外部に各官省直轄の高級技術者養成機関を設置することだったのである。これは近代化一般という観点から考えるよりも、急速に創出しなければならない近代日本国家の、その基底部分を形づくるインフラストラクチュアをいかに造成するかという試行錯誤のプロセスとして、特殊に考えていく必要があるだろう。そこには一種の混沌としたエネルギッシュな雰囲気が充満していたのである(それは司法省法律学校や府県立の初期師範学校も共有していた空気であった)。これと表裏一体の関係だったのが、これらの諸機関の絶えまない組織改変と統廃合の動きであったのである。そして明治一〇年代後半に入り、ようやく文部省を中軸とした天皇制国家の教育体系の中に定置されていくこととなる。

志村太郎の入学した修技校は、右に述べた教育機関の象徴的存在であった。(11) 幕末開国の原因は通商にあり、通商は航海によって担われ、そして日本への航海者と船舶は日本の危険で恐るべきほど長い沿岸線に悩まされつづけた。日本の灯台は英国を先頭とする条約締結諸国の圧力によって建設され、さらに日本が西欧化するためには、まず沿岸航路での日本の船舶の安全航海がその前提とならざるをえない。鉄道・電信とならび灯台はインフラストラクチュア造りのセンター工部省の管轄下にあり、この灯台建設の指導者が英人ブラントンであり、そして明治四年、横浜の彼の役所(灯明台役所)の隣りに建設されたのがこの灯台寮修技校であったのである。そこでは製図・測量・三角術・代数・英語等工学系科学の高度な教育がおこなわれたが、沼津兵学校第四期資業生中抜群に数学が出来た太郎にとっても最適の学校であったといえるだろう。(12)

入学早々太郎は父に「灯台寮学校教師サンドマン。此人読書掛り、当年二十五歳之由。今一人ハパーレー。此人ハ取締ニて算術・図学等惣ニ学校之惣括ニ候由」(九月一六日付)と楽しげに手紙を書いている。

入学当初の授業内容は「英学ハ文法書諳誦、会話暗記、同自作、第二リージングブック素読及英語ニテ一字毎ニ解ス、作文・手習・算術」というものであり、辞書はどうしても太郎にとって必要であった。横浜「本丁三丁目」の瑞穂屋卯三郎店にヘボン辞書を探しにいったり、(13)翌六年二月にはウェブスター大辞書(代料一〇円か一一円くらい)と薩摩辞書(代料一三円か一四、五円くらい)を求めたいと、父に金の無心をしてもいる。

他方で自分の弟の力にも英語を勉強させようと、使用済の『倭英対訳解話』『教師洋学御手本』『対訳会話編』『洋学手本』等の諸本を静岡に送り届けてもいた。

また太郎はサンドマンにとくに気に入られていたらしく、明治六年一月には二人で下総上総辺を旅行しており、また同年三月には彼の世話で伊勢山宮崎町吉田仙吉方に転居している。賄料込の座敷料月三円の約束であった。

父親の源一郎も苦しい家計の中で月々仕送りを続けており、明治六年二月には二月分プラス旅行費用として六両を送っている。

そのような太郎はついに明治六年三月二〇日、「灯台寮技術二等見習中級」を拝命することとなる。ようやく肩の荷がおりた源一郎は、知らせを得た当日の日記に「誠ニ大悦いたし候」と認め、四月三日には静岡の家で親戚・知人を集め太郎の内祝を開くのであった。

太郎はこれより月一三円を支給されることとなり、別に衣服料として一五円が貸与された(14)。但し修学三ヵ年の入寮生活となるため、毎月五円と三〇匁は「食料筆墨紙」代として差し引かれるのである。

灯台寮生徒の寮は四月現在で六舎長のもとに数人ずつの生徒が所属する形をとっており、総計二五名の生徒が入寮している(15)。この中には後年の枢密顧問官江木千之の姿もまじっていた(16)。

寮中は西洋服着用が規則であったが、一〇時ランプ消灯後は和服も可とされた。外出時間は水曜日が午後三時から五時半、土曜日が正午から六時、日曜日が午前八時より午後七時までとされていた(17)。

官費制度は高級技術者速成の目的をもって導入されたものである以上、試験は年四回おこなわれる定めであった。春秋の大試は等(一等見習・二等見習・等外見習)・級(上級・中級・下級)共に昇降、夏冬の小試は級のみ昇降するのである。但し大試・小試共三度落第の者は罷免されると決められていた(18)。

ところが父子の喜びもつかの間、同年八月七日、修技校の規則改正のため太郎は免職されてしまう。工部大学校開設の動きが本格化し、修技校が大学校に統合されることになったからである(修技校の正式廃校は明治七年一月)。

父源一郎は明治五年末、太郎の就職がまだ不安定な頃、大蔵省戸籍寮七等出仕根本茂樹に太郎の就職斡旋を依頼していた。同人の父親に当たる根本公直は旧幕時代韮山代官江川太郎左衛門の配下で江戸詰の事務を長期にわたり掌ってきた人物であり、志村源一郎の故郷武州八王子は江川代官所の支配地でもあった。源一郎と根本家の関係はその頃よりのものと思われるが、明治六年八月、太郎の就職の見込みが再度なくなった時点で、源一郎は根本茂樹(根本公直は当時足柄県大属)に手紙を出し、「免職ニ付是非早々周旋方頼候段」を懇請する。しかし急には不可能なことであった。

＊

免職となった以上、金の見当もないままに東京に留らせるわけにはいかなかった。源一郎は太郎を静岡に帰宅させるため「道中入用金」五両を送り、八月二〇日に太郎は帰郷する。父は鈴木自誠なる人物に太郎の静岡での就職を依頼、彼が「四ツ足局」に地券状筆工として出頭し始めるのが九月一八日のことである。

だが、この仕事はごく短期間で終わった。太郎はまた静岡を離れることになったのである。

今回の再上京には源一郎の弟で太郎の叔父に当たる河野仲次郎が関係した。仲次郎は幕末八王子千人隊のリーダー的存在であり、隊内親幕集団の行動の責任を取らされて明治二年末まで甲府で投獄、静岡藩に来てからは、静岡学問所三等教授となり、それなりに活躍した人物であった。しかしながら、明治五年八月、「学校も本小共廃止に成り教示方一同免職」となってからは仲次郎も静岡では生活ができなくなり、家族は郷里の八王子に送り返し、自分自身は上京して就職口を探すこととなったのである。仲次郎はこの際、甥の太郎を同伴することとしたのであった。

河野仲次郎の東京での止宿先は原宿村四〇番地静岡県士族向山慎吉方である。慎吉の養父は向山黄村、中村敬宇とならぶ静岡学問所の中心人物である。何故、河野と向山は結びつくのか？　それには昌平黌がからんでくる。八王子千人同心のなかの中核的部分は昔から学問・漢学とは深い関係をもちつづけていた。この教養の上に彼等は『新編武蔵国風土記稿』や『新編相模国風土記稿』編纂に当たっての中心的な役割を果たしもしたのである。そして志村源一郎・河野仲次郎の兄弟共々、昌平黌寄宿入学の経歴を有していた(19)。幕府旗本、御家人には通学と寄宿の両制度が、諸藩士には書生寮の制度が昌平黌には備わっていたが、源一郎は天保一二年五月から弘化二年四月までの間と、弘化四年三月から嘉永元年一〇月までの間寄宿生生活を過していた(仲次郎は時期不明)。そして源一郎・仲次郎ともに学問出精につき、官板書籍を授かってもいたのである(20)(共に『詩童子問』五巻)。身分制度の厳しい江戸時代においては、徳川家家臣団の間では、ここだけがフラットな人間関係が成立しえた唯一の場といってよい。そしてこの卒業生のみが、その学問的力量を認められて、身分にかかわりなく地位の上昇をかちとることが可能だったのである。昌平黌出身者の横の連帯はきわめて強固であり、それはそのまま静岡学問所に持ちこまれ、黄村・敬宇を軸として結束していた。河野仲次郎が学問所教授になれたのは一に黄村の推輓により、源一郎にしても黄村や敬宇とはすでに旧知の間柄だったのである。

仲次郎・太郎の両人が静岡を出発したのは明治六年一〇月三一日、向山黄村の斡旋で熊谷県本庄宿に赴き、同所で同県学務掛少属諏訪慎と面会するのが一一月七日、早くも同月一〇日には、仲次郎・太郎は「本県雇ヲ以暢発学校教員」に任命される。辞令書の日付は一一月九日付、月給は一〇円である。

ところで、ちょうどこの時期は全国的にも小学校教育が軌道に乗せられようとする時期であった。その乗せ方は各府県によって当然ヴァリエイションをもっていたが、熊谷県はその一つの典型を示していた。同県はなによりもまず教育者を養成しようとした。つまり学校を建設させても教師がいない状況を打開するため、教師を養成しつつ学校を創っていく方策を採用したのである。その際の中核校こそがこの暢発学校であった。県は同校で教師を養成し中等教育を授けるとともに、県下の各地基幹学校に暢発学校教師を派遣し、教師の短期養成をあわせておこなうとする。このような学校教育のシステムを定めた熊谷県「学務概制」制定は、まさにこの明治六年一一月のことであった。(21)

ところで暢発学校が正式に開業するのは明治七年三月三日のことだが、それ以前にすでに甥・叔父とも各地に派遣され短期教員養成を開始する。太郎は明治六年一一月二三日、熊谷県南第一〇大区一小区武蔵国秩父郡大宮郷に学区取締井上久之助とともに出張、大宮郷の熊谷県大宮取締所を宿舎として教員養成をおこない、任務を終了して熊谷駅に戻るのは明治七年二月一三日のことであった。同年三月五日、太郎は県庁において「平素教授筋勉強」との理由で月給を三円増額され、ただちに上州富岡町第一九番中学本部鏑川学校に派遣され、同年九月からは上州緑野郡藤岡町の藤岡学校に移っている。

父源一郎はこの年の五月、静岡から太郎の勤務する富岡町に出かけ、太郎と家計のことを相談、翌六月から太郎は月五円の「助力」を開始するのであった。

静岡を出発してから一年一ヵ月ぶり、太郎は明治七年一二月三〇日静岡に帰省するが、翌年正月五日藤岡に戻るに当たって彼は旧千人隊之頭の同僚石坂鈴之助と静岡県士族堀内貞倚の二人を同道する。(22)(23)

太郎はその後も精勤を続け、この明治八年三月には暢発学校八等教員に、六月には七等教員に昇格している。

熊谷県は静岡の人材を求めていた。太郎が富岡で教育をおこなっている時は、静岡県士族の菅沼定静や水野政興と同宿していたし、(24)前述のように石坂や堀内も同県の学校に就職する。その要因の一つは、太郎の場合もまさにこれに該当するのだが、数学教育の指導者需要にあった。(25)明治の数学教育は伝統的な和算ではなく洋算をもって開始される。沼津兵学校とその関連学校は日本における洋算教育の草分け的存在であった。熊谷県はそこに眼をつける。早くも熊谷県成立(明治六年六月)前、第一次群馬県時代の明治六年五月に沼津小学校で洋算を修業した野口保三(静岡県士族)と滝野寿茂(東京府士族)が同県小学教員伝習所教員として就職、沼津兵学校第三期資業生大平俊章は明治六年九月から同七年二月まで数学教師として高崎の小学校に出張、つづいて明治六年一一月沼津兵学校第四期資業生の志村太郎が数学教師として暢発学校教員となり、明治七年三月には沼津小学校で洋算を修めた静岡県士族佐藤義勇が同じく暢発学校教員に任命されている。さらに沼津兵学校第三期資業生木部決(時期は不明だが)も暢発学校数学教師となっていた(後群馬県師範学校副校長)。

静岡藩の学校教育は、このように静岡県のみならず広い範囲での成立期学校教育の場に地味ではあるが、大きな影響を及ぼしたのである。

ところで叔父の河野仲次郎の場合はどうなったろうか。

彼は明治七年一月、高崎の第一八番中学区本部烏川学校に派遣され教育（恐らく漢学か）に従事していたが、暢発学校教員の地位より高いものを希望していたことは、同年四月一八日付の兄宛の「此度愛知県へ語学所出来、右頭取ニ吉川某と申人、宮崎立允之知己也。依テ向山・宮崎共、只今東京之好機会無之ニ付、此愛知之新築学校之書記生一員入用ニ付、右へ行へキ旨、月給十五両、宮崎申ニ付可然頼置候」との手紙にも明らかであろう。宮崎は静岡学問所で仲次郎と同僚（三等教授）の漢学者である。

ただ、この話は途中で立消えになっており、仲次郎が念願の東京での就職が同年六月一五日に実現、就職先は大蔵省記録寮、一五等出仕である。この報を兄になした手紙の中で、「木村凝之ニ梅也頭取ニ付、大ニ都合宜候」と仲次郎は認めており、木村凝之は旧幕期、兄弟のよく知る人のごとくであるが、書家として著名であった。記録寮は旧翻訳局をもその機構の中に継承しており、旧幕の人々が集まりやすい部局である。[26]

さらに太郎自身が明治九年一月一五日、東京に就職することとなる。東京に出たのは前年の九月六日、寄留先は芝新銭座町五番地根本公直方なので、彼の就職の斡旋は公直・茂樹父子だと想像される[27]（当時公直は熊谷県権参事、茂樹は太政官正院大主記で七等出仕）。太郎の就職先は内務省図書寮、一五等出仕である。

3 次男力の軌跡

どの時代でも次男次女の軌跡には屈折が多い。とくに志村家のような、出自は名門、長男は秀才といった家庭環境においては、この特徴は鮮明にならざるをえない。と同時に力の軌跡は静岡藩から初期静岡県にかけての中等教育（力は明治五年現在一六歳）の実態をも浮かびあがらせることとなるだろう。

力は兄の太郎と共に明治二年五月沼津に移り、兵学校附属小学校に入学する。同年七月一二日の父源一郎の日記には「小学校出金一分二朱、但六月分修業金二朱、謝礼金一分」と力の一ヵ月の学費が記されている。[28]

同年八月、力は一級から二級に、そして明治三年八月には三級に昇級していた。但し小学校で学ぶのと並行して私塾において勉強するシステムが採られており、明治三年五月には片山平三郎塾に入門、五経素読の教育を受けることとなる。五経のはじめは易経であった。同年一〇月からはさらに同人から算術の稽古も受けるようになる。

しかしながら志村源一郎一家は明治四年二月、沼津から静岡に移転したため、力も附属小学校を退学、静岡小学校に入学することとなる。源一郎日記二月一九日の条には「江連先生来、力素読之師ハ小学校教授方海老原熊太郎へ申込置候段被申聞候」とあり、小学校に入学するとともに小学校教授方の私塾において学習する仕組みであった。二月二一日、源一郎は力を伴い小学校に赴いて「入門」させ、短冊を差し出している。また同月力は素読を海老原熊太郎に、算術を同人父の伝次郎に、さらに手習を小学校教授方細田幽履に学ぶこととなる。

静岡小学校では教科ごとに学習願を出すことになっていたのだろう。源一郎日記三月一日の条には「力、数学短冊小学校へ出ス」とある。この数学は、沼津時代から力が勉強を続けていたもので、上達が著しかったものか、廃藩置県後の一〇月六日には小学校において、「数学本校江稽古罷出可申」と力に申渡しがあり、「小札」を手交されたので、数学に関しては本校にも登校することとなった。さらに翌一一月五日には算術甲科試験があり、同月一〇日褒美に石筆一二本、半紙六〇帖をもらっており、源一郎は師匠の海老原伝次郎に石筆二本、半紙一〇帖を礼に送るのであった。

素読試験は少し前の一〇月二一日におこなわれ、一一月五日、褒美にサスガ紙一〇帖、半紙一〇〇帖を授かり、源一郎は内祝をするとともに、師匠の海老原熊太郎にサスガ紙三帖、半紙二五帖、肴代金一〇〇疋を稽古御礼に送っている。

英語の勉強開始は明治四年一〇月二二日であり、私塾の師匠「海老原」とあるから、素読と同様海老原熊太郎のことであろう。小学校に英学短冊を提出するのは一一月二九日である。また江戸期の慣例と同じく、源一郎は一二月には歳暮として海老原・細田両家にはミカンと金一〇〇疋ずつを送り、年始には半紙二帖ずつを力が両家に持参している。なお漢学は叔父の河野仲次郎からも稽古を受けていた。

ところで、廃藩置県から明治六年にかけては、静岡の中等教育システムが混乱に陥った時期でもあった。沼津においては、沼津兵学校は明治四年一一月、沼津出張兵学寮と変更、明治五年五月には陸軍兵学寮教導団の中に合併吸収されることになったものの、兵学校附属小学校は明治四年一一月沼津小学校に転成、明治六年一月集成舎と改組、明治九年八月には第一四番中学となって明治的中等教育制度の中に自らをリンクさせることに成功する。しかし静岡ではそれへの試みは失敗する。

志村太郎等と同じく鹿児島に留学した吹田鯛六が静岡に帰国するのが明治四年一一月、彼は集学所の教師となって静岡の中等教育の改革を試みる。力も小学校や私塾学習のかたわら集学所に通学稽古を始めるが、明治五年三月一一日、いよいよ集学所塾生として寄宿入塾することとなる。月一両一分の謝金・食費である（他に源一郎は小遣として月一分を力に与える）。寄宿荷物は夜具・机・本箱のみ、また入塾と同時に海老原父子に当分稽古に行けないからと、源一郎は挨拶かたがた金一〇〇疋を礼金として渡すのであった。

しかしながら集学所の経営に困難が生じ、寄宿制度が中止されたのが五月、同月二一日に力は帰宅して再び通稽古を開始する。この稽古は午前中のみであったようである。なお七月には筆算稽古に鈴木久五郎の許に通いはじめる。

静岡学校・静岡小学校が廃止されるのが明治五年八月のことであり、源一郎日記の次の記述とどう関連させていいかよくわからないが、彼の日記の八月二八日の条には「力事、小学校ニテ調有之、明二十九日ヨリ英書修業ニ可罷出旨也」、また同月二九日の条には「力事、今日ヨリ小学校へ英学ニ罷出る。第二時より島田随時（沼津兵学校第二期資業生）掛也」とあり、八月末、力は静岡小学校で英語の学習を再開する。但しこれはごく一時的なものであり、九月二六日には集学所の寄宿制度が再開、源一郎は近所の女に三〇〇文を支払って力の寄宿荷物を運ばせる。この九月の段階では入費三分とされたのだが、翌六年一月には上等一ヵ月食費一両二朱・謝金二朱、中等食費三分・無謝金と二ランクに分けられることとなった。但し中等には土功の労務がかわりに課せられることになっており、源一郎は上等の方を選ばせている。また明治六年一月、源一郎は集学所教師と思われる田沢昌永に力の算術稽古を依頼しており、力は一月二七日より田沢の許で稽古を始めるのであった。月二朱、入門時の手土産は砂糖である。

だが、静岡在住の士族間の努力で維持されようとした集学所も沼津の例と違い、結局軌道に乗せることができないままに終わり、力は明治六年四月一日、集学所を退学することになる。静岡小学校はすでに廃止、ここに集学所も機能せず、静岡における中等教育システムはもろくも崩壊してしまったのであった。

*

かといって座食することは不可能である。時あたかも兄の太郎が灯台寮修技校の官費生になった直後であった。太郎は父宛に力を横浜に出せとの手紙を送り、力は四月分入用五両と道中入用・靴・「シャップ料」合せて五両、計一〇両を父から渡されて、四月八日横浜に出発する。太郎は力を自分が三月まで下宿していた吉田仙吉方に下宿させて、米国宣教師ブラウンの開いていた学校に力を入学させる。(30) 月謝は二円ないし二円二分であった。また力の経費として太郎が二円を補助(父が三円)することとなる。

しかし、家計の問題があったのだろう。源一郎はブラウン学校に力を在学させつづけることはできなかった。源一郎が太郎の手紙を携えて上京、工部省電信寮に奉職していた静岡県士族中山興を訪問して工部省電信寮電信技術学校への力の入学を依頼するのが五月三一日のことであった。(31) しかし正式の申込みには県参事よりの添翰が必要であり、(32) 手紙書類を整えたうえ、力が技術学校に試験を終え入学したのは六月二四日、寄宿先は中山方である。

この電信寮電信技術学校は電信機の操作・測量・建柱・接線・電池調整等を教育することを目的とし、当時の最先端の通信技術であり、かつ国家の神経系としてもっとも重要視されていた電信システムに関する実務技術者の養成機関であった。同校は生徒を四週間自費で入学させ、その後三級・二級・一級と昇進させ、さらに技術等外見習下級にいたらせる昇格制度をもち、三級生徒には月一円五〇銭、二級生徒には月三円、一級生徒には月五円を日当の形で支給していたのである(制度は通学生制度)。明治一七年八月には幸田露伴も入学している。

力は七月初旬、父への手紙で「去月二十四日入寮ニ成、日々出頭」「仏蘭西器械と申ヲ修業」と近況を報告したものの、電信技術生への道を内心望んではいなかったのであろう、また家からの仕送りは乏しく、学術には身が入らず、父源一郎を深く困惑させるのであった。

八月初旬、同居先の中山は源一郎に「力事、漢英書共不勉強ニ付、種々申候へ共不取用、厳敷(貴殿より)申付候様」との手紙を出しており、驚愕した源一郎は早速詫状を送るとともに、力に厳責書翰を出し、さらに太郎に対し力の教訓方を命じたのである。

中山宅に居づらくなった力は親戚の医師賀川杏亭の許に寄留先をかえるが、この賀川も力の行状に立腹し、九月中旬力寄留断の手紙を源一郎に送ってきた。

結局、力は一一月より汐留木挽町三丁目遠州屋伊兵衛方に下宿することとなった。その際、彼は父に対し、座敷料一両二分、常平社下等食料一両、筆墨幷飯の菜炭油代一両、合計三両二分を月々仕送りしてくれたら「節倹心ヲ用ひ賄ひ勉学可致」との手紙を差し出している。しかし力は一二月下旬には神田富山町一五番地の渡辺市蔵方に下宿先を移動した。

学校給費の方は、八月一八日三級生徒となって月額一円五〇銭を、一二月下旬には二級生徒に昇級して月給三円を日当支給されるようになったのだが、翌明治七年一月中旬から眼病と称して出校せず、下宿代も一月より滞納、父源一郎も次男の行動がわからなくなり、三月二日、「継母看病願いたし、一寸帰国可致」との手紙を力に差し出すとともに、熊谷県奉職中の長男太郎に「力事存意わかりかね候間、継母看病願いたし、一寸帰国いたし候様申遣、呼寄候上にて篤ト承り、殊ニ寄候へハ当分静岡へさし置候事」と自分の考えを伝えるのであった。

父に帰国を命じられた力が静岡に帰るのが三月二六日、この時は父の「申論」に対し、「此度急度相改候ニ付、今一度出京差許候様」と力は懇願、源一郎はその言葉を信用して四月一日出立させたが、結局、力には電信技術学校の勉強自体が生理的に合わなかったのであろう。太郎と会うため上州に赴いた往路と帰路の途中、源一郎は東京で力に関する情報を集めるが、中山は力が「一向出局無之」と語り、身元引受人の根本茂樹のもとにも力が近づかないことを知った源一郎は、六月二日直接下宿先の渡辺市蔵方を訪れ、力を同道して静岡に戻ることとなる。そして静岡到着直後の六月一四日、源一郎は太郎のもとに、力監督不行届を詰問する手紙を差し出している。

だが、電信寮技術学校には「生徒入校差許候月ヨリ向五ケ年当寮使役ニ充ヲ期約トス、故ニ此年限中ハ決シテ他ニ顧慮アルヘカラス」との厳則があり、それに違反すれば本人あるいは身元引受人が支給官費全額を償納しなければならなかった。力の事例はまさにこの規定に該当したため、源一郎は七月一二日、官費全額の二四円二分一朱の大金を弁償したのである。(33)

＊

父の詰問状を受け取った太郎は責任を感じたのであろう。ただちに返事を出し、「何卒手許差越くれ候様」と父に依頼した。暢発学校教員として自分の親戚知人を熊谷県下の教育機関に就職させる力をもっていたためであった。力が兄をたよって熊谷県に出発するのが九月、太郎は自分の就職にも世話をしてくれた学務掛少属諏訪慎に力の就職斡旋方を頼み、その結果一〇月、県下北第一五大区小四区緑野郡岡之郷村一一八番地観音寺内の岡之郷小学校（開校は一〇月二八日）に力の就職が決まった。月給五円、夜具・食事・炭油共一切学校賄い、そして月給五円は太郎の監督の下、三分一は「当人骨折料」、三分一は静岡仕送り、三分一は太郎預りとされたのである。

力は電信寮技術学校と異なり、学校教員の仕事は肌に合っていた。力の行状に関する日記記事は姿を消す。そして力は翌明治八年一一月九日には暢発学校教員試補に任ぜられ、神流川小学校に派遣されることとなった。

しかし熊谷県においては明治九年七月大規模な学校改正が断行され、これに伴って教員一同が免職されたため、力も教員試補を免ぜられ同月一七日静岡に戻ってくる。(34)

但し今回の帰県は兄太郎との相談が整ったうえでのことであったらしく、同月一九日には根本公直方に寄留していた兄のもとにあわただしく出発するのであった。

4　源一郎と静岡の家族の動向

源一郎の明治五・六年の軌跡は第1節で見たごとくであるが、ここではそれ以降の彼の生活および家族の動向を追ってみよう。

源一郎は静岡の自宅で明治六年九月より漢学塾を開いている。原因はいうまでもなく生活のためであるが、開塾に当たっては彼の昌平黌学習の経歴がものをいったにちがいない。

塾生は一〇人から一一人前後でそれほど多人数ではない。年齢は一三歳から一六歳である。太郎が明治八年一月熊谷県に伴っていった堀内貞倚も前年の三月三日、一六歳で志村塾に入塾していた父の塾生であった。

教育内容は習字もあるが、なんといっても素読が中心である。教科書は『小学外篇』も使用するが、やはり『国史略』『日本外史』が圧倒的に多く、この点ではオーソドックスな漢学塾のスタイルをとっている。

塾のサイクルは一月七日稽古始めで、この日は鮨を塾生にふるまっている。稽古納めは一二月中旬、また月謝は三〇〇文であった。

ところで静岡県においても明治七年頃から小学校建設に伴っての教師需要が増大し、源一郎も明治八年一月から伝馬町にあった一心舎に勤めはじめる。但し正規の教員ではなく、月給も二両三分と小額であった。

本格的な小学校教員として勤務するのは同年七月、上足洗村一五番中学九七番小学日省舎においてであった。勤務開始は七月一三日、学校取締三浦賢から訓導試補の辞令を受けるのは同月二七日のことである。ついで明治九年七月四等訓導補に昇格する。

但し小学校に勤務するかたわら、私塾経営は継続していた。明治一一年正月の稽古始めには村越兄弟、平岡兄弟、平野、小宮山(文三郎)、山本(清三郎)、柿沢(長次郎)、野々山、大竹、堀江の一一名の塾生が出席している。

ところで源一郎は三男の胖の教育に関しては明治五年一月九日、有名な書家菊池晁塘塾に入門させて習字を習わせはじめる。最初は定例の千字文楷書であった。入門謝儀一〇〇疋、束脩は二季二〇〇文ずつの定めである。つづいて同年六月一日、鈴木克己(耕山)の許に入塾させて漢文素読を始めさせたのだが、鈴木が同年九月東京に移転したため、一〇月からは柴田良作に漢文素読と英学を学ばせることとなる。英学の最初は『英学楷梯』である。また次女のよしも明治七年三月三日、菊池晁塘塾に入門、いろは帖を認めてもらっている。この際、扇子料として金二朱を源一郎は差し出している。

弟の教育については長兄の太郎も気にかかっており、明治七年四月九日付の父宛の手紙の中で、「胖も勧善訓蒙ヲ講シテ聞セ候方可然、其外小学課之本チト御読セ可然」と述べていた。胖が濠頭学校に入学したのは明治九年二月、新旧両様の初等教育の路線が士族層にはまだ併存しつづけていた時代だったのである。

さて源一郎にとってもっとも気がかりだったのは長女おとかのことであったろう。嘉永四(一八五一)年生れのおとかは青春期の十代後半を志村家の静岡移転というドラスティックな環境変化と極度の生活窮乏のもとで過さなければならず、明治二年には兄弟の沼津修学につきそって両親と離れ沼津に移ってもいた。そのおとかに縁談の話をもち込んだのが、源一郎の姉妹お庫の子、鈴木平蔵であった(おとかは明治四年五月、お庫のさそいで同家に同居していた)。明治五年二月三日のことである。平蔵は金谷原開墾方幹部であり、彼は開墾方の加藤善十郎(二二歳)はどうかと打診してきたのであった。平蔵の話によれば加藤家は元大番の家筋で、元高三五〇俵、現在は六人扶持で手当金六〇両、住居は金谷原の内伊之助原スゲ沢坂上である。

源一郎は平蔵の話をうけ、ただちに金谷に赴き、二月一〇日加藤善十郎の母と会っておとかの縁組を決め、おとかを伴って静岡に戻り、仕度をととのえさせて同月一六日、差添の者をつけておとかを金谷に送らせている。

金谷での加藤家からの結納は二月一六日におこなわれ、おとかが鈴木家から加藤家に引移りの日が二月二二日と静岡に報じられた二月一八日当日、加藤の母が源一郎宅に現れ、「結納も済候上申兼候得共、当日入用金五両持参いたしくれ候様」と申し込んだのであった。源一郎は一応その場では承諾したものの、このような状況ではおとかの結婚後が心配だと、翌一九日鈴木の許に手紙を差し立て、おとかの引移りの中止方を求め、さらに自らも二三日、県庁へ届け出ず内々金谷まで赴いたのだが、すでに二二日おとかは引き移ってしまっており、手紙が鈴木家に届いたのは二三日になってからであった。源一郎は加藤の母に懸合うのでは話が縺れると思ったのであろう、二月二五日仲人に立った田辺銀蔵に面会、「十八日加藤母堂被参候テ談し、金子之事承知いたし候へ共、右之次第此後共度々談事有之候様ニテハ、外ニ子供多く夫々かた付も不致テハ不相成、甚迷惑ニ付、今一応御談事ヲ遂ケ候上為引移度ニ付、手紙差出候処、行違手紙届不申、遂ニ為引移候事ニ成行候上ハ、此度ハ御約束ニ付金子も上ケ可申候へ共、此後ハ必御断申候間、可然申談置呉候様」と申し入れ、同日静岡に戻っている。志村家も困窮中なら加藤家も困窮の真直中、両家の生活の窮迫がなせる行違いともいえるのだが、父親源一郎の予感は不幸にも的中してしまった。このことが直接の原因かどうかは不明だが、おとか・善十郎の結婚生活はうまくはいかず、九月中旬源一郎は力を金谷に送って様子を探らせもしたのだが、ついに同月二八日、おとかの衣類と諸荷物が鈴木家に送り返されたのである。源一郎は離縁について、「懐妊ニも有之ハ其段加藤氏之方え申談、出生後ハ加藤方へ引取候事、若くわいにんにも無之候へハ何も子細無之」との条件をつけたが、おとかは妊娠はしておらず、やがて静岡の実家に戻ることとなった。不幸な娘に源一郎はなんの言葉をもって慰めえたのだろうか？

失意のおとかは翌明治六年七月四日より、士族授産のため開設された横内御門の勧工所に日々弁当持参で出勤することとなった。おとかは同所で裁縫の仕事をするようになったのである。

おとかに再縁の話がもち上がったのがいつかは日記では判然としないが、鷲山寔孝との縁談が整い結納がかわされたのが明治八年三月一〇日、同月一六日におとかは内々鷲山方に引き移り、やがて夫に随って東京に出ていったのである。

5　挙家上京へ

志村源一郎が挙家上京の意を決したのは明治一一年一月のことであった。同月一九日、上足洗村より佐野源次郎・佐野勘兵衛の二人が源一郎を訪れ、「学校暫時相休申候ニ付、外校へ勝手次第転校いたしくれ候」と述べたのである。源一郎はすぐさま了承、同月二七日には県庁に日省舎免務願を提出した。

すでに長男・次男・長女は静岡を離れていた。太郎は明治一〇年一月一一日、財政緊縮による行政改革で内務省図書寮一四等出仕を免ぜられはしたものの、同年四月二日には太政官法政局九等属として中央官庁に再就職を果たしていた。兄をたよって明治九年七月上京した力は、同年九月千葉県師範学校官費預備生となることができ、同年一二月には第四級生に登級、師範学校を修了するや、千葉県印旛郡下方村の下方学校に就職、家に月二円の仕送りをするようになっていた。そしておとかは夫とともに東京に移っていたのである。

源一郎は日省舎辞職勧告を期に今後の志村家のあり方を太郎と相談しようと、三月二日上京、ひきつづいて上京した一三歳の胖は長兄の世話で三月二八日、地方官会議議院小舎人雇に日給一二銭五厘で雇われることになった。

太郎と相談後静岡に戻った源一郎は水落町の地所と家屋を四月一五日大熊福顕に売却する。土地は地価金一三円、建物は七五円であった。そして収入源の金禄公債に関しては四月一一日、県庁に対し証書を東京で受領したい旨の願書を提出する。

挙家上京する志村源一郎の送別会が開かれたのは屋敷売却当日の四月一五日のことであった。参会者の中には旧八王子千人隊之頭の同僚山本自渓や旧千人同心で静岡移住に関し源一郎が面倒をみた堀江知行の顔もあった。

東京に出て落ち着いた先は四谷仲町三丁目一五番地の借家である。

三男胖の小舎人雇は五月三一日付で終了したが、大蔵省勤務の弟河野仲次郎の世話により六月二七日大蔵省給仕として就職することができた。そして七月一日に胖は六月二七日から三〇日までの給料として五〇銭を支給されている。日給一二銭五厘である。

源一郎は三男胖を就職させる一方で私塾教育を受けさせている。まず六月六日には借家近辺の熊切敬義の塾に算術稽古のために入門させる。入門料五〇銭、月謝二五銭である。さらに同月八日、四谷寺町一番地で開塾していた元沼津小学校教授方並の石川東厓のもとに漢学・画学稽古をさせるため入門させたのである。石川塾の月謝は二〇銭であった。

次女のよしは六月三日より四谷の鮫橋学校に出校させはじめる。月謝は二〇銭。そして同年一〇月には同学校でよしは裁縫・読物・算術・習字の試験を受けることとなる。

源一郎自身の収入はどのようなものであったろうか。

いうまでもなく、第一の収入源は金禄公債の利子であった。明治一一年六月一日、源一郎は東京府庁に出頭して明治一〇年下半年分利子として二八円三五銭を受け取っている。

金禄公債証書を受領したのは同年九月二一日、東京府庁においてであった。すなわち五〇〇円証書一枚(丙波号三一二三番)、三〇〇円証書一枚(丙あ号　二九五五番)、一〇円証書一枚(丙ぬ号　二一九七番)の七分利付証書三枚、額面総計八一〇円、外に増金として一円九六銭八厘が加えられていた。

同年一一月一〇日には三度東京府庁に赴いて、明治一一年上半年分利子二八円三五銭を領収している。

源一郎が公債利子のほかに収入源としたものに、以下の二つがあった。

一つは塙保己一の孫で和学者の塙忠韻が開設していた写字局での筆耕労働である。元来、源一郎は手跡には自信があり、明治三年沼津でおこなわれた「芸術調」においても、漢学と並んで手跡を申し立てるほどであった。塙は大蔵省租税寮一二等出仕兼修史館御用掛の肩書をもっていたが、家学の関係で各所に写本を納める仕事もおこなっていたのである。源一郎の日記には「塙ニテ内務省へ差出候本書三冊分筆耕料被渡候、三冊分合八十六銭五厘」(明治一一年一〇月一一日の条)とか「塙写字局納メ」(同年一二月二五日の条)、「塙写字始メ」(明治一二年一月六日の条)、「塙ヨリ巻二百十七、筆耕料一円一銭七厘受取」(同年二月一五日の条)といった記事が散見される。未刊の続群書類従の写本作成の仕事と推測される。

第二は愛知信元塾での漢学教師の仕事であった。愛知信元は志村太郎と同じ沼津兵学校第四期資業生であるが、数学にすぐれ、すでに明治八年には『筆算教授次第』と題する数学書も著していた。明治一二年二月には学習院の数学教師を勤めはじめ、後年は女子学習院も兼任することとなる。

彼はこの当時塾を開いており、推測するに長男太郎が仲介したのであろう、明治一一年九月三〇日より源一郎は愛知塾に勤めはじめる。稽古休みは毎日曜の他に第一・第三月曜が当てられていた。時間は夕刻四時よりとなっているので、信元は明治一一年当時いずれかの学校に勤務し、勤務後私塾を開いていたものか?「愛知学校」の終業は一二月二五日、始業は一月八日である。

なお源一郎は明治一四年四月から短期間、太政官会計部統計課人口調校正臨時雇として働いてもいた。

東京四谷の源一郎のもとには時折家族の者が訪れている。源一郎家族が上京した直後の五月一七日には早速おとかが顔を出しているし、六月太郎は忰の就職のためにいろいろと奔走する。夏中休暇であろうか、次男の力は七月二七日、川村帰元とともに吹上御苑縦覧に源一郎の家を出ている。力が下方村の学校に戻るのは八月一八日のことであった。

この八月二日にはおとかが来訪し、妹よしをつれて外出する。何か見物につれて行ったものだろうか。

おわりに

志村源一郎の日記は、明治一二年から一四年の間は記載がきわめて少なくなり、一一年までのように志村家の動向を追う道具としては役に立たなくなる。病気勝で苦労に苦労を重ねた源一郎の健康の急速な衰えが、もはや日記を記載する気力を失わせたに相違ない。源一郎は明治一六年五七歳で病死する。志村太郎は明治一四年、参事院一五等官相当となり、明治一七年頃まで在職するが(35)、その後東京日日新聞社に入社、ジャーナリストの道を歩みはじめる。何が彼を官界から去らせたのかは不明だが、東京日日新聞社への入社は、沼津兵学校第四期資業生で同窓の親友塚原渋柿園が仲介したものだろう。塚原は明治一一年以降、同新聞を舞台に活動していたのである。

以上で筆者のささやかな分析は終わる。史料の絶えたところに、歴史学の介入する余地はない。ただ以下のことだけはいえそうである。つまり旧幕臣で静岡に移住していった人々はひとしなみに、明治元年と明治四年、二度の大転回をいやおうなく体験させられた。明治元年の時は死に物ぐるいの奮闘によって、ようやく静岡藩の藩域に安住の地を見いだしえたかに見えた。その彼等を、廃藩置県は再び明治元年と同様の情況に追いやったのである。ここでもがき苦闘しつつ、その中で東京で幸いに職を得ることができた人々がそこで見いだしたものは、すでに昔の江戸ではなかった。わずか数年前になれ親しんだ、あるいは自分達の生まれ育った家には、よその人々が住みついていたのである。

この二度の大転回を経て東京で活動し生活するようになる旧幕の人々、とくに旧幕知識人の精神史は、豪農民権思想の一般論でも、あるいは都市知識人の一般論でも把握することは不可能であるだろう。それはいかなる固有の構造を有し、民権期の思想と精神のなかに、いかなる陰影をなげかけたのか、このような設問をするためには、我々はもう少し志村源一郎家のような微視的な事例研究を積み重ねる必要があるように、筆者には思われるのである。

(1)「日記」明治六年二月二七日の条に、今後扶持米一ケ年分一時渡となる旨の廻状があったと記されている。
(2)静岡県で大区制が導入されるのは明治五年九月二〇日、全体が七大区に分けられ静岡は第四大区となる。「日記」明治五年一〇月六日の条参照のこと。
(3)『日本近代思想大系5　宗教と国家』(岩波書店、一九八八年)一五四頁参照のこと。
(4)この問題は源一郎日記の中にも再三認められており、明治五年一月の志村太郎の東京行、明治六年一〇月の同人の熊谷県行、明治七年九月志村力の熊谷県行の場合にも、印章不携帯等必要書類のないことが面倒な問題を引きおこしている。
(5)本章第4節長女おとかの部分を参照のこと。
(6)山本政恒『幕末下級武士の記録』(時事通信社、一九八五年)四四頁。
(7)「日記」明治三年閏一〇月二五日と一一月一日の両条。
(8)「日記」明治四年二月一七日の条。
(9)『明治ニュース事典』第一巻(毎日コミュニケーションズ、一九八三年)四〇～一頁。
(10)これは第4節で見るように長女の結婚も関係している。
(11)『お雇い外人の見た近代日本』(講談社学術文庫、一九八六年)一一一～二頁参照のこと。
(12)志村太郎と同時に静岡県士族成瀬正忠(川村順次郎の子息)も修技校に入学している。「日記」明治五年八月五日の条参照のこと。
(13)「日記」明治五年一〇月一〇日の条。
(14)「日記」明治六年三月二九日の条に「技術見習等級月給表」が左のごとく記されている。

	一等見習	二等見習	等外見習
上級	十八両	十四両	九両

中級　十七両　　十三両　　八両
下級　十六両　　十二両　　七両
そして、「一等見習ハ官等十四等ニ当リ、二等見習ハ官等十五等ニ当ル」と注記がされている。

(15)「日記」明治六年四月一八日の条によれば左の通りである。
第一舎長　荒尾邦雄
　坂本復径、大城直質、寺内義真、家入安
第二舎長　小川直一
　安永義章、江木千之、井上正、光富和一
第三舎長　野上由貞
　早田謙一
第四舎長　小松利済
　日向次則、粕屋素直、船橋義一、阿部一
第五舎長　松村正業静岡
　志村貞鋥静岡　成瀬正忠静岡　成富倖（ママ）三佐賀　田原英一佐賀
第六舎長　久米耕造
　神戸盛敏、桜井忠政

(16)『江木千之翁経歴談』上巻(一九三三年)二五頁以下に長州人の目から見た内情が記されている。志村太郎の感じとはまったく正反対であったろう。

(17)「日記」明治六年四月一八日の条。

(18)注(17)に同じ。

(19)東京大学史料編纂所所蔵「志村源一郎系譜」による。

(20)東京大学史料編纂所所蔵「春秋試出精調被下物一件帳」によれば弘化元年正月のことである。

(21)『埼玉県教育史』第三巻(一九七〇年)一八三頁以下に熊谷県学務概制が掲載されている。

(22)　堀内貞倚は第4節で見るごとく源一郎塾の塾生である。
(23)　「日記」明治八年六月一七日の条によれば、石坂、堀内とも藤岡学校に勤務している。
(24)　「日記」明治七年五月二一日の条。
(25)　大竹茂雄「群馬における明治時代初期の数学教師」(『群馬文化』第二一二号、一九八七年)を参照のこと。但し大竹氏が熊谷県に勤務したとする愛知信元に関しては、同期生の志村太郎の手紙に何のコメントもないことから、今のところ判断を保留しておく。
(26)　記録寮は大蔵省諸帳簿の管理のほか、翻訳や編纂事業も担当していた。
(27)　当時の熊谷県は旧幕関係者と深いつながりをもっていた県であった。明治七年七月より熊谷県権令となる楫取素彦はそれ以前足柄県に勤務し、韮山代官所時代から足柄県にいたるまで中心的な官吏部分を占めていた柏木総蔵を筆頭とする江川一門の人々とはきわめて親密な関係をもっており、根本公直が明治八年四月一九日熊谷県七等出仕となり、同年一〇月一六日には同県権参事に昇進するのは楫取との関係なしには考えられない。志村太郎の東京内務省での就職もこの線から実現が可能だったと筆者は推定する。なお、太郎は根本公直の次女貞と結婚する(『明治史料館通信』第二一号(一九九〇年)三頁)。注(6)で言及した山本政恒にしても、浜松県勤務の後熊谷県に口を見つけ、群馬県時代まで長期に奉職している事実にも注目されたい。
(28)　樋口雄彦「史料紹介　沼津兵学校附属小学校の掟書追加」(『沼津市博物館紀要』第一三号、一九八九年)を参照のこと。
(29)　江連先生とは志村源一郎と千人隊之頭時代同僚の原半左衛門の弟で江連家に養子に入った江連堯則(慶応四年四月開成所奉行となる人物)のことと思われる。
(30)　ブラウン塾については『横浜市史稿』(教会編・教育編)を参照のこと。同塾では島田三郎や井深梶之助等も学んでいる。
(31)　技術学校は当初電信寮の中にあり、明治六年八月から汐留に移動している。
(32)　明治六年八月生徒二〇〇名募集の際の要項は『法令全書』明治六年七月三一日の条に示されている。
(33)　『明治前期財政経済史料集成』第一七巻所収の「工部省沿革史」二五七頁には修技学校修技生の修業人数を明治五年六四名卒業(退学零名)、明治六年四九名卒業(退学六名)、明治七年六五名卒業(退学二五名)としており、志村力はこの退学者二五名の内の一人だったことになる。
(34)　熊谷県が群馬県にかわるのが明治九年八月二一日のことであり、力の場合も基本的にはこのことが原因になったことと推定される。

(35) 明治一七年三月現在「太政官官員録」には参事院一三等相当として志村貞鏢の名前がまだ掲載されている。

あとがき

一九七三年四月より私は史料編纂所に勤務することとなった。そこでの最初の仕事が井伊家史料の編纂であり、また同年六月の北陸出張によって高岡の佐渡養順家史料を閲覧できたことが、思い返してみれば、その後の私の研究生活を大きく規定することとなった。

井伊家史料の編纂を通じて、江戸幕府の政治そのものが、自分の先入観に反して本来的に公武合体的なものであり（このモチーフを、七五年「朝幕関係からみた幕藩制国家の特質――明治維新政治史研究の一前提として――」という論文とし、八一年刊行著書『天皇制の政治史的研究』(校倉書房)第一章に収めた）、幕末史でいうところの公武合体派なる党派規定は再検討さるべきであることを痛感させられ、他方、高岡の産婦人科医佐渡養順に宛てた在江戸の実弟坪井信良の多量の書翰を解読するなかで、幕末期における非武士身分階層での情報交換の質量共のレヴェルの高さと、形成されつつある国民とでもいいうるものを具体的に感得することができたからである。

このことは、一方では、それまでの明治維新史研究では、私としては理解困難だった諸点の解明を通じての、自分なりの政治過程の論理的把握に向かわせるきっかけをつくることになった。座標軸の組みかえにより安政大獄までの国家権力の枠組みが見通せたとすれば、次に自分に納得させせなければならなかったのは、八・一八クーデタから禁門の変をめぐる複雑で錯綜した政治過程とその場、であり、これに関する自分なりの了解をつけることができたのが、一九八一年に執筆した「幕末過渡期国家論」(前出著書第三章に所収)であった。

次なる自分にとっての論理的課題は廃藩置県論であった。それへの従来の説明は、幕末期から見るとき、あまりにも筋道が通らず、そして結果論的説明でしかないと私には思われたからである。分析の際、私にとって非常に有難かったのは同僚河内祥輔氏の教えてくれた厖大な神宮文庫所蔵三条実美関係文書であり、また谷沢尚一氏に教示を受けた土井豊築日記の存在であった。「廃藩置県の政治過程——維新政府の崩壊と藩閥権力の成立——」は一九八三年初頭に執筆され、八五年五月刊行の坂野潤治・宮地正人共編論文集『日本近代史における転換期の研究』(山川出版社)に収められた(本書第八章)。

廃藩置県が未だ幕末維新期の総決算ではない、という私なりの結論からすれば、次の論理的課題は征韓論分裂とその後に成立する岩倉・大久保政権の歴史的位置づけを、これまた自分に納得させることであった。私にとって、この問題解明に勇気を与えてくれたものが、一九八一年に発表された坂野潤治氏のブリリャントな論文「征韓論争後の「内治派」と「外征派」」である。この課題の解明を私は、八三年四月からのイギリスでの在外研究でおこなうことにした。在日英国公使館と本国政府間で往復される公文書の史料的有効性を廃藩置県論文の作成時に、国内史料と比較する中でつくづく実感させられたからである。

在英期間内に四〇〇字詰原稿用紙一五〇枚の論文に纏めることで自分なりの納得をつけ、その結論部分のみを八五年五月刊行の『講座日本歴史　近代1』(東京大学出版会)所収「幕末維新期の国家と外交」第四・五・六節で発表した。本書を纏めるに当たり、右の発表論文に大幅に注記する形式で旧稿の主要な論証部分を収め、私の試論の実証的補強を試みている(本書第一章)。

なお、在英中に海軍省文書も可能な限り調査し、その中でフェートン号事件にかかわる史料も見出すことができたので、本書を纏めるに当たり、近代日本のプロローグを世界史の中に位置づけるべく書きおろした(本書序章)。

ところで、過渡期国家論の局面分析ではなかなか言及しにくい理論的諸問題については、それまでの自分なりの政治過程分析をふまえ、一九九三年二月刊行の『シリーズ日本近現代史1』(岩波書店)の総論「維新変革と近代日本」で自説を述べ、本書では若干手を加え、「幕末維新期の若干の理論的諸問題」と改題して収めることとした(本書第二章)。

また、文久・元治期と廃藩置県期の間にはさまる大政奉還・王政復古・戊辰戦争等の動きに関しては、従来も井上勲氏や原口清氏の仕事があるが、『岩波講座日本通史』の企画で維新政権論のテーマを与えられたのを機に、特に、狭義の攘夷主義が放棄された後の万国対峙政策とその矛盾に焦点を絞り執筆した(発表は九四年一月、本書第七章)。

以上が過渡期国家論にかかわる経緯であるが、私のあと一つの視角は、いわゆる「政局史」を社会史的な深みから幾重にも規定されるものとして把握しなおしたい、というものである。

その最初の仕事になったのが、静岡移住日記を残してくれた旧幕臣で八王子千人隊之頭志村源一郎の明治元年より没年明治一六年までの日記の分析であった。廃藩置県までとそれ以降の二本立の論文が『静岡県近代史研究』第一五号(八九年一〇月号)および第一六号(九〇年一〇月号)に掲載された(本書第九・一〇章)。

一九九三年から翌四年にかけ、奇しくもそれまで手がけ、考えつづけてきた四つのテーマを発表する機会を得ることができた。

一九八七年、同僚高木昭作氏の紹介で、紀州日高郡の在村医だった羽山大学の百余冊の風説留「彗星夢雑誌」を御子孫の山田仁丸氏が職場に御持参下さり、その内容の豊富さに魅了され、以後解読をつづけ、九三年二月、上記の『シリーズ日本近現代史1』に「幕末政治過程における豪農商と在村知識人——紀州日高有田両郡を視座として——」と題して発表した(本書第四章)。

なお、このシリーズ企画に参加していた私に対し、若い同僚の熊沢徹氏と横山伊徳氏は、それぞれ「幕府軍制改革の展開と挫折」、「幕末・維新の国際情勢——オランダから見た日本」という好論文を寄せる形で協力してくれた。ここに感謝したい。

一九九一年には、遣米使節村垣淡路守の用人を勤めた野々村市之進の関係史料が、御子孫の野々村てる氏によって史料編纂所に寄贈された。それは私の従来もっていた旗本用人のステロタイプ的イメージを一変させる史料であり、また安易に使用されている「幕府官僚制」なるカテゴリーに再考を迫るものであった。そして、その検討内容を、「幕末旗本用人論——江戸都市論に旗本社会をどう組み込むか——」と題し、九三年四月、福地惇・佐々木隆編伊藤隆氏退官記念論集『明治日本の政治家群像』(吉川弘文館)に発表した(本書第六章)。

前述の坪井信良の家兄宛書翰や羽山大学の「彗星夢雑誌」を始め、公務の中で始終逢着する多量の幕末情報と情報記録冊子「風説留」の歴史的位置づけに関し、ほぼ確信を持てる段階になった時、『思想』編集部の誘いがあり、自分の考えを中間総括する形で、九三年九月号の『思想』に、「風説留から見た幕末社会の特質——「公論」世界の端緒的成立——」を発表することができた(本書第三章)。

以上のように、社会史的な視座からの政治過程への照射を試みる中でも、幕末維新期研究を志した一九七三年以降、一貫して自分なりに了解をつけたいと念じつづけてきたテーマがあった。『夜明け前』の世界の歴史学的解明である。あの青山半蔵像において典型的に形象化された草莽の国学と国学者達は、階層そのものとして、歴史学的に検討しても維新変革の担い手の一翼であったのであり、明治初年の挫折も彼等の歴史的な意味で共有するものであった。この問題にかかわる数種の具体的史料を得、九四年五月、『日本の近世』(中央公論社)第一八巻に、「幕末平田国学と政治情報」と題し発表した(本書第五章)。今の若い人々は、あまりに古典的と思うかも知れないが、私はこの階層とグループの内在的理解なしには、国民的レヴェルでの幕末維新論は依然として完結しないと確信している。今後は、『夜明け前』の実際の舞台そのものに接近しつつ、より研究を深めていきたい。

ひるがえって顧みる時、私は本当によい研究環境に恵まれたと感謝している。入所以来、山口啓二・稲垣敏子・小野正雄、そして今は亡き河内八郎等のよき諸先輩の指導をうけ、繁忙な公務のかたわら実にのびのびと研究することができた。しかも職場は、明治以来の史料と史料情報の厖大な蓄積を有し、史料と史料情報の蒐集・研究・史料編纂と史料公開を設立目的とする研究機関である。この職場に勤務することがなかったら、本書で扱うことのできたほとんどの史料に私が遭遇することは不可能であったろう。

但し、若いと思い込んでいた私も年を重ね、若い人々の間では、国民国家論批判が大はやりである。私のように、日本近代における歴史的特質を形成過程から自分に納得のいく形で考えてみたい、といったタイプはすでに古くなってきたのかも知れない。しかし、この時期の史料を扱うたびに、その中に含まれている人々の厖大なエネルギーと熱気に圧倒され頭がさがる。〝安易な批判よりは内在的な理解を〟を座右銘に、もうしばらく自分のたどってきた小径を歩んでいくつもりである。

末尾となったが、出版事業の厳冬期を迎えている今日、この大部な著書の出版を引き受けていただいた岩波書店と編集に尽力して下さった沢株正始氏に心からの感謝の意を表したい。

一九九九年一月二〇日

宮地正人

■岩波オンデマンドブックス■

幕末維新期の社会的政治史研究

1999年 3月26日　第1刷発行
2015年 7月10日　オンデマンド版発行

著　者　宮地正人《みやちまさと》

発行者　岡本　厚

発行所　株式会社 岩波書店
〒101-8002 東京都千代田区一ツ橋 2-5-5
電話案内 03-5210-4000
http://www.iwanami.co.jp/

印刷／製本・法令印刷

ISBN 978-4-00-730227-5　　Printed in Japan

漢字人名索引

あ 行

か 行

さ 行

た 行

な 行

は 行

ま 行

や 行

ら 行

わ 行

片仮名人名索引

ア 行

カ 行

サ 行

タ 行

ナ 行

ハ 行

マ 行

ラ 行

ワ 行